生成と消滅の精神史

終わらない心を生きる

下西風澄
Shimonishi Kazeto

文藝春秋

生成と消滅の精神史——終わらない心を生きる

目次

第I部 西洋編

第2章　意識の再発明と近代

第3章　綻びゆく心

凡例

〔　〕は筆者補足。
〔…〕は筆者中略。
傍点　筆者が付した場合は（傍点筆者）と記載。

外国語文献からの引用は、原則として邦訳があるものについては邦訳を参照し、未邦訳の文献は筆者が訳出した。ただし、外国語文献の原典を参照した場合も、表現や意味の解釈などによって、訳文を変更した箇所がある。なお、特に重要な変更を行った場合は注釈で説明した。また、適宜副題を割愛している。

特にフッサール、ハイデガー、メルロ＝ポンティの著作については、慣例にしたがって略号によって典拠を示し、略号とページ数のみを記した。原典および邦訳は、以下の文献を用いた。略号は、フッサール全集（Husserliana：Hua）、ハイデガー全集（Gesamtausgabe：GA）、メルロ＝ポンティは主にGallimard版のタイトルより。また下記文献は、初出時にタイトルのみ（副題を省略）、またそれ以降の邦訳書のタイトルは省略して頁数のみを記載することもある。

Edmund Husserl　エドムント・フッサール

Hua I　*Cartesianische Meditationen und Pariser Vorträge*, hrsg. von. S. Strasser, 1950.
『デカルト的省察』浜渦辰二訳、岩波文庫、二〇〇一年。

Hua III/1　*Ideen zu einer reinen Phänomenologie und phänomenologischen Philosophie*, Erstes Buch, hrsg. von. Karl. Schuhmann, 1976.
『イデーンⅠ－Ⅰ』渡辺二郎訳、みすず書房、一九七九年。

『イデーンI-II』渡辺二郎訳、みすず書房、一九八四年。

Hua IV　*Ideen zu einer reinen Phänomenologie und phänomenologischen Philosophie*, Zweites Buch, hrsg. von Marly. Biemel, 1952.
『イデーンII-I』立松弘孝・別所良美訳、みすず書房、二〇〇一年。

Hua VI　*Die Krisis der europäischen Wissenschaften und die transzendentale Phänomenologie*, hrsg. von. Walter. Biemel, 1954.
『ヨーロッパ諸学の危機と超越論的現象学』細谷恒夫・木田元訳、中央公論新社、一九九五年。

Hua X　*Zur Phänomenologie des inneren Zeitbewusstseins (1893-1917)*, hrsg. von. Rudolf. Boehm, 1966.
『内的時間意識の現象学』立松弘孝訳、みすず書房、一九六七年。

Hua XIII　*Zur Phänomenologie der Intersubjektivität*, Texte aus dem Nachlass. Erster Teil: 1905-1920. hrsg. von. Iso. Kern, 1973.
『間主観性の現象学　その方法』浜渦辰二・山口一郎監訳、ちくま学芸文庫、二〇一二年。

Hua XIV　*Zur Phänomenologie der Intersubjektivität*, Texte aus dem Nachlass. Zweiter Teil: 1921-1928, hrsg. von. Iso. Kern, 1973.
『間主観性の現象学II　その展開』浜渦辰二・山口一郎監訳、ちくま学芸文庫、二〇一三年。

Hua XV　*Zur Phänomenologie der Intersubjektivität*, Texte aus dem Nachlass. Dritter Teil: 1929-1935, hrsg. von. Iso. Kern, 1973.
『間主観性の現象学III　その行方』浜渦辰二・山口一郎監訳、ちくま学芸文庫、二〇一五年。

Martin Heidegger　マルティン・ハイデガー

SZ　*Sein und Zeit*, 19te Auflage, Niemeyer, 2006
『存在と時間』（I）（II）（III）原佑・渡邊二郎訳、中公クラシックス、二〇〇三年。

GA 29/30　*Die Grundbegriffe der Metaphysik: Welt - Endlichkeit - Einsamkeit*, 1983.
『形而上学の根本諸概念――世界 - 有限性 - 孤独』川原栄峰・セヴェリン・ミュラー訳、創文社、一九九八年。

GA 40　*Einführung in die Metaphysik*, 1983.
『形而上学入門』岩田靖夫・ハルトムート・ブフナー訳、創文社、二〇〇〇年。

Maurice Merleau-Ponty　モーリス・メルロ＝ポンティ

SC　*La structure du comportement*, Presses Universitaires de France, 1967(1942).
『行動の構造』滝浦静雄・木田元訳、みすず書房、一九六四年。

PP　*Phénoménologie de la perception*, Gallimard, 1945.
『知覚の現象学１』竹内芳郎・小木貞孝訳、みすず書房、一九九七年（一九六七年）。

S　*Signes*, Gallimard, 1960.
『シーニュⅠ』竹内芳郎訳、みすず書房、一九六九年。
『知覚の現象学２』竹内芳郎・木田元、宮本忠雄訳・みすず書房、一九九二年（一九七四年）。

OE　*L'Œil et l'Esprit*, Gallimard, 1964.
『眼と精神』滝浦静雄・木田元訳、みすず書房、二〇〇五年（一九六六年）。

VI　*Le Visible et l' Invisible: suivi de Notes de travail*, ed. Claude Lefort, Gallimard, 1964.
『見えるものと見えないもの　付・研究ノート』滝浦静雄・木田元訳、みすず書房、二〇〇一年（一九八九年）。

PM　*La prose du monde*, Gallimard, 1969.
『世界の散文』滝浦静雄・木田元訳、みすず書房、一九八八年。

生成と消滅の精神史——終わらない心を生きる

苦悩がなかったら、たとえどんな喜びがあろうと、すべては一つの無限なお祈りと化してしまうことだろう。それは清らかではあるけど、いささか退屈だよ。

――ドストエフスキー『カラマーゾフの兄弟』

プロローグ

たとえば初夏の海にひとり佇んでいるとき、遠い水平線を飛ぶ海鳥の声を聴き、潮の香りを感じる。涼しげな夏の光に包まれて、風に舞う飛沫をぼんやりと眺めながら潮騒に耳を澄ませる。昔の恋人を思い出したり、これからもまた生きていくんだという不安を感じたり、この世に生まれてきた意味を考えたりする。愛する人をひどく傷つけてしまったこと、友の温かい言葉に救われたことを想い出す。神様はいるのだろうかと空を仰いで、一片の詩を口ずさむ。ふと我に返ると、湿った風が髪を揺らし、肌を優しく撫でるのを感じる。喜びも苦悩も、愛も絶望も、心のなかで生成し、消えてゆく。

ほんの一瞬のあいだにとめどなく押し寄せる経験が、途切れることなく延々と続いていく。知覚も思考も、記憶も感情も感覚も判断も、途切れることなくすべてが同時に到来する。私たちは、これらすべてのはたらきを「心」と呼んでいる。

あまりにも多すぎる。心と名指された存在に託された仕事は、あまりに過大ではないか。かつて、心はこれほど大きな役割を担ってはいなかった。過剰な役割を持つ「心」という存在は、歴史を経るごとにその重要さを増していった。なかでもここ二、三〇〇年のあいだ、心は人間の中心として地位を高めていった。文学者たちは心を悩ませる青年・少女を書き、画家たちは肥大化した心の自画像を描いた。哲学者たちは、精神と呼ばれるものの実体を克明に解明しようと苦心した。

自然科学はこれらすべての役割を担う心を「意識」と呼んで機能別に分解した。視覚、聴覚などの知覚能力や、記憶、言語といった脳を母体とする機能たちだ。しかし認知科学によって個々の能力や原因は次々と明らかになりつつも、意識とはこうした個別の機能ではない。むしろ、意識とはこれらの個別の機能が全体として生じているような場そのものであり、またその統合する全体であったはずではないか。こうして私たちは再び困難に直面した。

いったいこの心、あるいは意識と呼ばれるものはなんだろうか?

＊

私たちはいま、心という存在を見失っている。資本主義は精神を新たなる資本の対象として残酷に収奪し、インターネットは精神を脈絡なく縦横無尽に繋ぎ、私たちが自分で自由に制御できる心など消え去ってしまったようだ。あるいは、地球環境は劇的に変転し、グローバル化した大地を感染症が駆け巡り、精神などという実体のないものは塵のように消し飛ばされてしまうかのようだ。あるいは、かつて人間に奉仕する道具であった機械が人工知能として自走して社会の隅々に浸透し、もはや心を持つことは人間の特権ではないかのようだ。あるいは、二〇世紀に深刻化した精神疾患にはもはやガンよりも公衆衛生の予算がかかる時代となり、こんなにも私たちを苦しめる心など手放してしまったほうがよいかのようだ。

しかし他方で、こうした心の消失は、奇妙な言い方になるが同時に心の全面化の結果でもある。神から精神を人間に取り戻そうとした結果として資本主義は誕生し、意識をどこまでも拡張しようとした結果としてインターネットは人間を繋ぎ、精神の全能性が自然支配を可能にすると考えた結果として、地球規模での技術制御と生態系の破壊が行われた。あるいは精神というものを人間という制約を捨ててでも完全に近づけようという欲望が人工知能の開発を推し進め、こうした猛進して拡大してゆく精神の負担がその病を加速させている。

心の消失は、単に心の弱体化ではなく、むしろ心の無謀なまでの強化と同時に進行している副作用である。心を強化すること、それは図らずも心の弱さを顕にした。私たちはいま、心という厄介な存在をめぐって引き裂かれている。

本書は、あらゆる局面で引き裂かれてゆく心の問題をその原初から考え直してみようという目的で書かれている。民主主義は自律した個人の意識の連帯が可能にする契約であるよりも集合生物のように蠢き、自然は人間の知性による制御をひっくり返そうとしているようなこの時代に、どのような心の在り方がかつてあったのか、そしていかにしてこのような時代に辿り着いたのか、その変遷をはじまりから考えてみたい。そうでなければ、私たちはこれからの時代の心について、延々と無自覚なまま進んでゆくだろう。

銀河をめぐる彗星のように、心の軌道が分かっているならば、私たちは足掻く必要などない。その行く末を観察していれば、いつしか辿り着く終着点をじっとまなざすだろう。しかし、心は終わらない。これほどまでに厄介で、難解で、同時に魅惑的なこの心という存在は、数千年の人類史において、それでもずっと続いてきた。私たちが心に苛まされる理由も、あるいは逆に心に魅了され手放すことができない理由も、この長い歴史の中に確実に存在する。私たちはこの心の歴史を、いや心をめぐるひとつの物語を辿ってみようと思う。存在するようでもあり、存在しないようでもある、ときに曖昧で摑むこともできず、またときに堅固で動かし難い、この心というものが生まれ、形成された長い物語を辿ってみようと思う。

心とはなにか？　というあまりに広大な問いにどこから手を付けたらよいだろうか。まずは、ミシェル・フーコーの思想的前提と、リチャード・ローティの問題提起を手がかりに、物語の筋書きの設定を行ってみよう。

序章

心の形而上学とメタファー

Metaphysics and the Metaphor of Mind

ぼくの心にほかならぬこの心、それですらぼくにとっては永遠に定義不能のままだろう。

——アルベール・カミュ『シーシュポスの神話』

いままで精神も徳も、百度も千度も試みては、誤った。そうだ、人間とは試みだったのだ。ああ、多くの無知と誤りが、わたしたちの身体となった！

——フリードリヒ・ニーチェ『ツァラトゥストラはこう言った』

心の自明性――フーコーの考古学

本書は、心はどこまで自明か？　という視点で書かれている。心の自明性を問うということは、心などそもそも存在しないのではないかという地点にまで遡って考えることでもあり、心が存在するとしたらいかなる根拠のために存在するのかを考えることでもある。また、心が自明ではなくなんらかの理由で存在しているとしても、そこに理由や要因があるならば、私たちはその要因によっては、まったく別の心を持った可能性もあったのではないか、あるいはまったく別の心を持つことも可能なのではないかということも考えることになる。実際、近年の人類が「人工知能」と言って人間とはまったく別の素材と設計によって意識を構築しようとしていることを考えれば、少なくとも人類は意識が必ずしも自然発生的で一回きりのものではなく、なんらかの意志とアイディアによって構築可能な存在であると考えているはずである。そこで本書は「心とは一つの発明だったのだ（one of the inventions）」という立場を取ってみようと思う。

かつて、フランスの哲学者ミシェル・フーコー（Michel Foucault, 1926 - 1984.）は『言葉と物』のなかで、「人間」はたかだか二〇〇年たらず前に生まれたのだと言って思想界を騒がせた。フーコーにとって人間とは、単なる生物学的な存在ではない。あらゆる生物種のうちの一つとして人間＝ホモ・サピエンスが存在するのではない。「人間」は、ある特定の時代の特定の知識形態と制度が生み出した特定の存在の在り方なのだ。逆に言えば、私たちの持つ知識の形態や生きる環境、制度に支えられた存在としての人間は、その知識や制度が終わるとともに消えてしまう。実際フーコーは、一八世紀末に誕生した「人間」は、その背景にあった制度の撤退とともに消滅すると考え、「人間の終焉」を予告した。

フーコーの危惧した人間の終焉は、現代において、おそらくは彼の予想を大幅に超えて、まったく別のラディカルなかたちで訪れようとしている。ロボティクス研究の発展は人間固有の身体を奪い、人工知能の知的能力は人間のそれを凌駕し、神経科学は脳内に侵襲し、分子生物学は遺伝子をハックする。人間という存在は、物質のレベルではもはやオリジナリティを喪失している。これら技術発展による人間観の変容は「ポスト・ヒューマン」という名で新たな哲学潮流をも生み出している。人間という存在がその固有のアイデンティティを失ってしまうのか、あるいはそれでも人間の固有性は続くのか、それは分からない。それでも本書がフーコーから学ぶことは、人間という存在は自明に存在するのではなく、あくまでも可塑的でテンポラルな（仮初めの）存在であるということだ。しかしまた同時に、フーコーは人間の可塑性を落胆しているのではない。むしろ「人間」が消え去ってしまうことに、希望すら見出している。

それにしても、人間は最近の発明にかかわるものであり、二世紀とたっていない一形象、われわれの知のたんなる折り目にすぎず、知がさらに新しい形態を見いだしさえすれば、早晩消えさるものだと考えることは、何とふかい慰めであり力づけであろうか。[1]

人間が、あるいは人間の心が、ひとつの偶然的で仮設的なモデルにすぎないとすれば、それはあるタイプの人間にとっては自分の心を支える本質の瓦解する恐怖かもしれないが、あるタイプの人間には自分の心が肯定されうる別の世界線を想像することのできる「ふかい慰め」になるだろう。

本書はフーコーに同意する。人間や心は、与えられた自明な存在ではないし、必然的で本質的な存在でもない。また、唯一で決定的でもないし、変容不可能でもないし理想へと収束もしない。あらゆる歴史があり得たように、あらゆる人間とあらゆる心があり得た。本書はそういう視点に立つ。フーコーが人間という存在をひとつの「発明」としてその起源を歴史のなかから「考古学的」に発掘したように、本書は心あるいは意識[2]という存在をひとつの「発明」であると考えた上で、その創造と更新の歴史を辿ってみようと考えている。

フーコーの人間の発明論における重要な点は、それが自然発生的に生じたのではないということだ。「十八世紀以前に、《人間》というものは実在しなかった[3]」と言うフーコー。一九世紀頃を境に、言語、経済、政治、宗教など様々な知と制度の変化が起こったことが人間の誕生の契機ではあるが、あくまでフーコーはこの新たに誕生した「人間」は「知」が「みずからの手でこしらえあげた〔fabriquée〕」[4]ものだと考えている。この点を見逃してはならない。複雑で膨大な歴史の過程のなかで生み出された人間の誕生には、明らかに人間の意志、ある生物が自らを人間として成立させんとする欲望が働いている。だからこそ本書は、単に歴史的な事実を確認するのではなく、その歴史的な言説の背後に働いている「心」という存在をみずからこしらえようとする欲望や否応なき衝動を取り出すことを目指している。

人間は発明された。いや、正確にはフーコーがフランス語で語ったまま「l'homme n'est qu'une invention recente」[5]と言うべきだろう。なぜなら「人間」[6]という日本語によって名指される存在も、またべつの発明だからである。フーコーにとっては人間（l'homme）を発明したのは、一八世紀末のヨーロッパという特定の時代の特定の地域の知的な枠組みと制度なのだ。事実、日本においてフランス語のl'hommeや英語のhumanという言葉の訳語が「人間」として定着したのはそう古くない。明治以前の日本人はふつう人間のことを「ひと」と言っていた。大正時代から昭和初期にさえも「人間」という語は一般的ではなく、「Man」も「人」と訳されることが多かった。「間（あいだ）」という字をここに付け加え、「人－間」という関係性を前提とした概念を構築し、普及させたのは、和辻哲郎や三木清といった哲学者らの仕事によってである。とりわけ和辻は『人間の学としての倫理学』のなかで、そもそも「人間（じんかん）」という言葉は「人」を意味していなかったのだと分析している。それまで「人間」という言葉は「よのなか」や「世間」を意味し、西欧語のhomo、manなどは「人」と訳されることが多かった。これは漢字の本国である中国でも同じである。李白の「別有天地非人間」、蘇軾の「人間行路難」など、漢詩における「人間」の使用も本来は生物としての人ではなく、「人間社会」のことを表す言葉であった。しかし和辻は、日本で使用されることとなった「人《ひと》」という語はさらに不思議な言葉だと言う。「〝ひと〟の物を盗る」と言えば「他人」を意味し、「〝ひと〟を馬鹿にするな」と言えば「自分」を、「〝ひと〟は言う」といえば「世間」を意味する。和辻はこの多義的な意味を持つ「人」という概念を弁証して「人間は単に「人の間」であるのみならず、自、他、世人であるところの人の間なのである」[7]と言って「人間」という新たな存在を創造しようとしたのだ。

和辻の、関係性を重視した人間概念には、ドイツの哲学者ハイデガーのもとで学んだ経歴も影響を及ぼしている。しばしば指摘されるように、単独者として生きるハイデガー的な人間（現―存在）を批判的に乗り越えるために、和辻にはハイデガーの時間的に規定される人間存在を、風土という空間的な環境に依拠する人間存在として規定し直そうとする目論見があった。重要なことは、人間という存在は時代や環境を超えた普遍的な存在ではなく、私たちがいかに人間を捉えるのかという視線や思想によってこしらえあげられた存在であるという観点である。その観点から見れば、人間という文化的な存在だけではなく、「意識」という自然科学の対象にさえなる存在も、その概念形成や視線やイメージの形成の過程のなかで形作られていると考えることができる。

本書はこれから、その時代や環境、言語などの複雑な背景のなかから誕生した心という存在の形成過程を、あるいはその成立する条件を、それぞれの時代の哲学者の思想を通じて見ていこうと考えている。

心を語る心

心とはなにか？　という問いを巡って本書は書かれようとしている。しかしこの問いそのものが、答えを導くよりはむしろ新たな問いを生み出している。心とはなにかと問うている、あるいは問おうとしている、まさにものそのものが心だからだ。心の問題を考えるとき、私たちはいかなる問いを発しようと、その問い自身が問うているものそのものであるという自己循環の問題に突き当たる。

実際、哲学において心とは何かという問いに対しては様々な考え方がある。デカルトは精神の本質を「思惟すること」であると定義したし、スピノザの哲学においては精神も「神」の顕現のひとつの形態である。また現代の哲学では、心は一種の計算であると考える「機能主義」や、心は神経活動であるという「神経還元主義」、心は行動であるという「行動主義」など、百花繚乱の様々な考え方が定式化されている。これらの様々な立場の議論は複雑で、いかなる立場が説得力を持つのかに関して結論が出るような状況ではないが、全体の地図自体はわりと整理されている。たとえば、心は物質と同じものなのか、という問いを基準とすれば、心と物質は同じものだとする立場は「一元論」、心と物質が異なるという立場は「二元論」と呼ばれる。一元論を採用し、その一つのものを精神だと考えれば「唯心論」になるし、その一つのものを物質だと考えれば「唯物論」になる。また二元論を採用すれば、心と物質は相互に交流を持つことができるのかという第二の問いが産まれる。心と物質の相互作用を認める立場には「随伴主義」があったり、相互作用を認めない立場には「心身並行論」があったりする。

「心の哲学（Philosophy of Mind）」において、心はこうした様々な問いを基準にしたフローチャートのような分類によってその存在が規定される[8]。なぜこのようなアプローチが取られるのかといえば、哲学は基本的に「概念分析」をその仕事とするからである。哲学は思考の学問であり、思考は概念によって形づくられている。そのため「心」という概念も、「物質」という概念や、「身体」という概念など、様々な概念との比較分析を通じてその存在を明らかにしていくのである。

しかし、心の哲学が区分する心の存在について理解するということは、どのようなことなのか。厳密で論証的な概念区分について理解することだけが、心を理解するアプローチなのだろうか。いったい私たちは、何を理解すれば心について理解したことになるのか？　私たちは、物質について、神について、あるいは世界について、様々な概念の分析を詳細に検討することでなんらかの理解を前に進めることができるだろう。しかし、心についても同じようにできるだろうか。先ほどみたような自己循環――心について考える心――を前にしたとき、一抹の違和感が拭えない。

心はその意味で、まるでどこか「自画像」のようなところがある。心は認識対象でありながら認識装置そのものでもある。心について考えようとすれば、心がいかなる存在であるかという存在論のみならず、心についての私たちの認識そのものについても考えなければならない。

本書がここで「心」と呼んでいるものは、日本語の「こころ」という語感が喚起する感情や情緒を意味したものではないし、単なる知的能力のことでもない。ここで言う心は、世界を感受し、そのことを認識し、また認識している意識そのものについて認識しながら、また世界へと認識を折り返していくはたらきの全体を名指している。英語圏における「Mind」という言葉は、こうした広い意味を含ませて「Consciousness（意識）」にも近い意味合いで語られる。しかし本書が目指しているのは、「心」「意識」「精神」「認知」といった概念の分析ではない。それゆえ本書は、心についての概念分析とは異なるアプローチを取ろうと考えている。それは、私たちが心についていかなる概念を、そして「イメージ」を形成してきたか、その歴史を辿ってみようとするアプローチである。なぜ概念のみならずイメージを探ってみようとするのか。そこには、現代における哲学史的な問題が関係している。

形而上学からメタファーへ

哲学という学問は、とかく概念の定義や論理的な分析を重視する。なぜなら最終的に「自然」そのものがその正当性を保証してくれる科学に対して、言語による叙述をその方法とする哲学は、何もその正当性を保証してくれるものがないゆえに、自らが使うその言語の定義や論理に慎重にならなければならないからだ。こうして哲学はその分析からイメージやメタファー（比喩）を排除し、純粋に論理的な分析や叙述によって世界を捉えようとする。

しかし、にもかかわらず私たちは今、心についての概念の論理的な分析ではなく、心についてのイメージを語ろうとしている。そしてそこには事情があると言った。アメリカの哲学者リチャード・ローティ（Richard McKay Rorty, 1931 - 2007.）は『哲学と自然の鏡』において、イメージの混入を警戒してきた哲学は、結局のところイメージやメタファーを拭い去ることができていない、いやむしろ哲学こそメタファーに侵食されていると主張した。

われわれの哲学的確信のほとんどは、命題よりもむしろ描像（picture）によって、言明（statement）よりもむしろメタファーによって規定されている。[9]

たとえばデカルトは精神と物質の区別の論証を行い、思惟する精神という本質から哲学を基礎づけようとしたが、デカルトの論証の背景には、精神を自然という実在を反射する（表象する）「鏡」と捉えるメタファーが隠れている。ローティによれば、存在する事物を正確に反射する鏡のメタファーが、存在する物体とそれを思惟する精神という形而上学的な区別を可能にした。この鏡のメタファーはシェークスピアの戯曲（『尺には尺を』）などにも使われており、精神と物質の存在論的区別はデカルトの哲学的探求による創意というよりもむしろ、一七世紀における「教養人たちが読む書物のいたるところで前提されていた一つの描像」[10]から導き出されたものだったのだ。

ローティの大胆な提案は、哲学という「学問の女王」を自称してきた伝統に対して極めて挑戦的であり、またその帰結は恐ろしくもある。なぜなら哲学が数千年にわたって標榜してきた、あらゆる学問を基礎づける純粋な形而上学という立場は、いわば幻想にすぎないと告発しているからだ。ローティの主張をざっくばらんに言い直せば、哲学がやっているのは純粋なる「論理的な分析」ではなく、メタファーを通じた「イメージの投影」に基づいた叙述だという告発だ。言語においてメタファーが不可避の役割を担っていることは言語学においては指摘されてきた。私たちの使用する言葉は、徹頭徹尾メタファーに貫かれている。[11]

しかしローティの指摘がなによりもクリティカルなのは、学問の基礎であることを標榜してきた哲学の根本にメタファーが混入しているという点、そしてこのメタファーが本質的に哲学から振り落とせないのならば、哲学はその方法と役割を変更しなければならないと考えている点である。[12]もし私たちがローティの主張を受け入れるのであれば、哲学は概念体系としての「形而上学」から、イメージとしての「メタファー」へとその知的分析の現場を移動し、その歴史を辿っていく必要がある。もしも、哲学の歴史が論証の歴史であるよりもメタファーの歴史であったのだとしたら、そのメタファーがいかに創造され、また変容してきたのか、その物語を描いてみることによって、人間の自画像としての心の在り様の歴史を考えてみる道がありえるだろう。

本書は、かつてフーコーが考古学的に知の配置図の変遷を辿ったように、哲学におけるメタファーと概念の構築された歴史を辿り直してみるという作業に挑戦してみたい。ここには、哲学をそのまま行うことよりも、むしろ哲学が成立している条件をもう一度辿り直すことによって哲学をやってみたいという意志がこめられている。野家啓一はローティの宣告をうけて「「哲学の現在」に思いを致す者にとって、ローティの根本的な問題提起は、それを肯定するにせよ否定するにせよ、一度はくぐり抜けておかねばならない業火なのである」[13]と言った。結果として本書は、哲学史を書いてみようという試みになる。果たしてそれが哲学と呼べるのか、今のところは分からない。むしろある種の「物語」であるかもしれない。しかし、それは哲学と無関係ではないだろう。[14]

鏡としての心

本書は心について理解したいと考えている。しかも、心の概念のみならず心のイメージについて。果たして人類は、心をいかなるイメージで捉えてきたのか。心とはいったいどんなものだろうか？　心は時に頑なな「石」のようなものであり、また時に流れる「川」のようなものであり、そしてすべてをコントロールしている「機械」のようなものでもある。

ローティの議論をもう少し見てみよう。ローティによれば、プラトンに始まり、ロック、デカルト、カントに至るまで、哲学者たちは心を「鏡のようなもの」というメタファーによって捉えていた。鏡はそれ自身、何のイメージも持っていないが、そこに光を当てれば外界にあるものを映す。心もそれ自身単体では空虚なメディアでありながら、世界を参照することによって鏡のようにこの世界（自然）を映す。私たちはこの心の働きを一般に「認識」と呼ぶ。心は現実のコピーを作ることで世界を認識する。鏡は現実を正確に写し取らなければならない。このコピーを現実と照らし合わせ、それが同一のものであったとき、その認識は「真」であり、同一のものでなかったとき、その認識は「偽」となる。認識論ではこのコピーのことを現実の存在（present）の反復／再生産（re-produce）であることから「表象（re-presentation）」と呼ぶ。ローティの考えでは、哲学は心を鏡のようなものだと想定し、鏡に映る事物と像の同一性を根拠に知識を生産してきた。

> 伝統的哲学を虜にしている描像は、さまざまな表象――あるものは正確であり、あるものは不正確である――を内に含み、純粋に非経験的な方法によって研究することのできる巨大な鏡としての心という描像なのである。鏡としての心という概念がなかったならば、表象の正確さとしての知識という概念が思いつかれることはなかったであろう。この後者の概念がなかったならば、デカルトとカントに共通する戦略――いわば鏡を点検し、修復し、磨きをかけることによって、より正確な表象を手に入れようという戦略――は意味をなさなかったであろう。[15]

ローティの主張において重要なことは、哲学において正確な表象を知識と捉えるという概念的な研究が、鏡としての心というイメージを生んだのではなく、鏡のイメージが、正確な表象としての知識という概念を可能にしたということだ。

デカルトやカントの思想は後に議論していくが、ここで先立って結論めいたことを言えば、ローティが描いている「巨大な鏡としての心」という描像は、実はコンピュータや人工知能が知性を実現しようとする際に採用しているモデルに極めて近い。二〇世紀後半、コンピュータの初期のモデルが開発され、人工知能の研究がスタートしたとき、人間はいかにしてコンピュータに思考させるかに苦心し、そこに知識のデータベースを与えるようにした。人間の「鏡のような心」が世界の事物をひとつずつ写し取ってコピーを生産するように、コンピュータもひとつひとつ世界の知識を蓄え、それを組み合わせることによって思考するのではないか、という有力な仮説があったのだ。[16]

重要なことは、コンピュータが鏡のような心というモデルによって設計されたのは、コンピュータというたまたま登場した技術と相性がよかったからではないということだ。むしろ、私たち人間が心を鏡のようなものと捉えてきたからこそ、コンピュータという技術を創り出し、またそのモデルを基本として思考や知性、心が実現されるようにその技術を発展させてきたということである。別の言い方をすれば、コンピュータの登場の本質は二〇世紀の技術発展の問題ではなく、むしろ哲学の問題なのだ。コンピュータはデカルトやカントの哲学的洞察と直接的に繋がっているばかりではなく、古代ギリシア哲学以来の二千五百年におよぶ西洋哲学の歴史、あるいは人間が心というイメージをいかにして形成してきたかという歴史と密接に結びついている。

人工知能の起源と来歴

「人工知能の歴史は、およそ紀元前四五〇年ごろに始まった」[17]と言った哲学者がいる。ヒューバート・ドレイファス（Hubert Lederer Dreyfus, 1929 - 2017.）だ。紀元前四五〇年頃というのは、ソクラテスやプラトンが活躍した時代であり、いかにも奇妙な宣言である。言うまでもなく、ソクラテスの時代には人工知能どころか計算機すらない。ドレイファスによれば、プラトンが「徳は教えられる」と主張し、知をいくつかの方法論的な手続きに還元したとき、すでに人工知能と同じ知性の在り方が成立した。むろん彼の派手な言い回しのレトリックではあるが、実際に人工知能が目指す「知能」の理想的なモデルの原型が、ソクラテス／プラトンという哲学者によって構築されたのは説得力のある仮説であると言っていいだろう。すなわちドレイファスが主張しているのは、人工知能の歴史というのは単なる技術の歴史ではなく、ある思想の歴史、あるいは心のモデルの歴史だということだ。人工知能は突如として二〇世紀に誕生した技術ではなく、人間の心に対する捉え方の歴史の延長線上に結晶化した思想の実装であって、その起源にソクラテスやプラトンがいるということだ。

人間は「発明」されたのだというフーコーの思想、また心は人間が生み出すイメージと「共進化」してきたのだというローティの分析、そして現代のわれわれが到達したひとつの知能モデルである人工知能の「起源」は古代ギリシアにまで遡れるのだというドレイファスの着想、本書はこれらの前提に立って物語を辿ってみようと思う。そのことによって、現代にまで連なる私たちの心の、その存在の理由が浮かび上がるはずだ。

私たちはこれから、およそ三千年前の古代ギリシア世界から見ていくこととなる。しかし、私たちの起源は唯一ではない。ありとあらゆる起源があり得たし、ありとあらゆる結末があり得た。その意味で「起源」とは常に遡行される限りにおいて見出されるものでしかないし、「結末」もまた予定されたものではない。かつて西洋の偉大な哲学者ヘーゲルは、古代から現代に至るまで、理想へとむかって階段を登るように発展してゆく西洋の「精神史」を描き出した。しかしその理想的な物語は本当だろうか。むしろ理想を描いて発展すると考えるからこそ、その理想が頓挫したときに私たちは絶望し、心の終わりを想像してしまう。本当は、私たちの心は発展も収束もしないのではないか。はじめから、ただただ暗闇のなかで手探るように、新しい心のモデルを創造し、そして頓挫し、その生成と消滅が泡沫のように繰り返されてきただけではないか。心は生まれる度に消え、終わり続けてきたのではないか。ニーチェが「人間とは試みだったのだ」と言ったように、私たちも「心とは試みだったのだ」と言うべきではないか。

　したがって本書の辿ろうとする意識の哲学史は、理想へと向かいながらも挫折し、あるいはその理想を自ら解体し、逸脱し、困難を抱え、それを乗り越えて完成するというよりはむしろ、前へと進む度に何かを失い、綻びながらもかろうじて紡がれていった儚い流れに寄り添う。本書はこれから、心という人間の抱える難題についての、ひとつの起源、ひとつの物語を描いていく。

第Ⅰ部
西洋編

1

心の発明

The Invention of the Mind

胸の鼓動を聞けよとばかり
わが心が日輪に向い
星をおのが同胞《はらから》と呼び
春を神のメロディーと呼んだ時
森をゆすぶる微風の中に
あなたの霊　歓喜の霊が
心の静かな波となって揺れた時
その時　金色の日々が　私を抱きしめていた。
——ヘルダーリン「自然へ」

ホメロス——神々と自然

Homer, B.C. 8?

心のなかった時代

心は紀元前五世紀頃に「発明」された。今からおおよそ二五〇〇年前、古代ギリシアでソクラテスやプラトンといった哲学者たちによって、心は発明された。別の言い方をすれば、それ以前の人間に心はなかった。それがこの物語の出発点だ。

そもそも、現在の人類の祖先を辿れば、およそ二〇〇万年前に旧石器時代が始まり、人類は稚拙ながら道具を使い始めている。原始的な知性の発生と呼びうる現象は、約三・五万年前に登場したクロマニョン人に見つけることができる。クロマニョン人は、火を使い、道具を使い、壁画を描いた。生物学的にも紀元前一万年頃には脳のなかでも記憶や知性に強く関係する前頭葉の大きな進化が確認されている。いずれにせよ、人類の数百万年の歴史のなかで現代と接点を見つけることができるような知的な活動は、たった一万年ほどの期間に行われている。[1]

新石器時代に入ると、人間は道具を用途別に制作し、その制作過程では「もっと細く」などの原始的な言語の発生もあったと推測されている。道具はやがて装飾具へと進歩し、農耕や村、宗教といった様々な文化が発生した。そして紀元前三〇〇〇年頃、知性に革新的な変化を与える「文字」の使用が始まる。この時代のシュメール文字は行政管理の記録として粘土版に刻印されており、それなりの社会的な組織があったことが推測される。

文字の誕生は、人間に歴史を記録する術を与えた。過去を流れ去るものではなく蓄積するものだと考えることができるようになり、過去と現在を比較すること、そして未来への設計を考えることができるようになった。文字の誕生は人間の意識に一つの中心点を与え、そのことによって流れ去る経験のなかでの一貫性を構成するという心の原初的機能が芽生えると同時に、未来への不安という最初の苦悩を与えた。記憶するために使われていた意識のリソースは、文字によってその役割を小さくし、現在の世界への思考や未来の世界への予測に使われただろう。その意味で、文字の誕生こそ意識の人類史において普遍的な最初の変革であったに違いない。紀元前二〇〇〇年にもなると古代ギリシアではいくつかの政治的集団が現れ、国家間に戦争さえ起こった。しかしそれでも、「心」はまだ発明されていない。少なくとも、現代の私たちと共有可能なイメージを有する心は持っていない。[2]

古代ギリシアの人間の心について、とりわけそのイメージについて知ろうと思う時、まず頼りになるのは文学である。ギルガメッシュ叙事詩に次いで、西洋最古の文学である詩人ホメロスの『イリアス』

や『オデュッセイア』には、恋や戦争についての当時の人間の営みがありありと叙事詩の形式で描かれている。紀元前八世紀頃に成立した『イリアス』は、およそ紀元前一三世紀頃に起こったとされるトロイア戦争についての戦記物語である。そこには、国家の戦争と活躍する英雄たちの振る舞いが神々の言葉と共に書かれている。『イリアス』はもちろん神話であり叙事詩ではあるが、そこに描かれるトロイア戦争は考古学的にも遺跡発掘によって実在が有力視されている戦争であり、文学的創造であるよりは、むしろ戦争記録のルポルタージュ、あるいは神々や王家の系譜が記された歴史書でもある。すなわち私たちはこの物語を美しい文学として読むこともできるが、三〇〇〇年前の人間の心や行動の記録された資料として読むことも可能なのである。

この物語を一読してまず気づくのは、登場する人間たちがまったく自分の意志で行動しているようには思えないということだ。彼らは怒り、闘い、恋をする。しかし、驚くべきことに、彼らギリシア人たちは、ただただ「神々の司令」に従って行動しているだけなのだ。当時のギリシア一帯を支配していた神々は、ギリシアの奥地にあるオリュンポス山の頂上に住まう「オリュンポス十二神」である。アテナイの人々はゼウスを頂点とするオリュンポスの神々を強く信仰しており、疫病や災害がある度に、神々に供物を捧げ、祈り懇願した。しかし彼らは単に空想の神々を信仰しているのではなく、もっと直接的に神々と交流している。オリュンポスの神々の膝下に生きる人間たちは、自律した心がなく、神々に操縦され、ほとんどロボットのように行動している。例えば『イリアス』の物語の始まりに、ギリシアの英雄アキレウスが自らの婚約者であるブリセイスを国王アガメムノンに奪われるという有名なシーンがある。アキレウスは怒りに震えてアガメムノンに剣を構えるのだが、結局その剣を収める。いったいなぜアキレウスは剣を振るわずに怒りを鎮めたのか。それは、彼が自らの怒りを反省したり、冷静になったりしたからではない。アキレウスが憤り、今にも剣を抜こうとしたその瞬間、彼の背後から女神アテナが現れ、その怒りを鎮めてしまったからだ。アキレウスは自分の意志で刀を収めたわけでも、怒りを鎮めたわけでもない。その一節（第一歌）を見てみよう。

> アガメムノンがこういうと、ペレウスの子〔アキレウス〕は怒りがこみ上げ、毛深い胸の内では、心が二途に思い迷った——鋭利の剣を腰より抜いて傍《かたわ》らの者たちを追い払い、アトレウスの子を討ち果すか、あるいは怒りを鎮《しず》め、はやる心を制すべきかと。かく心の中、胸の内に思いめぐらしつつ、あわや大太刀の鞘《さや》を払おうとした時、アテネ（アテナ）が天空から舞い降りてきた。二人の勇士をともに愛《いつく》しみ気遣うヘレが遣わしたのであったが、背後から歩み寄ると、ペレウスの黄金色の髪を摑《つか》んだ。女神の姿はアキレウスのみに現われて、他の者の目には映らない。[3]

アキレウスは相手を殺さんとするほどの怒りの感情を抑えた。しかし、その行動を決定したのはアキレウスの心ではない。女神アテナが「髪を摑ん」でアキレウスを止めるのだ。最後の台詞にあるように、この女神は他の者には見えていない。すなわち、これは古代ギリシアの神々が人間を物理的に操縦したのだと周りの人間たちも考えてはいない。この描写から分かるのは、アキレウス自身が自ら行動したにもかかわらず、その意思決定はアキレウス自身のものではなく、神の指示に従ったであろうことが誰にも分かっているということだ。もちろんアガメムノンの側も同様である。そもそもアガメムノンがブリセイスを奪ったのも彼の意志ではない。次はアガメムノンの弁明（第一九歌）を見てみよう。

この件はこれまでもたびたびアカイア勢の面々が持ち出して、わしを責めたものであった。だが、その責めはわしにではなく、ゼウスならびに運命の女神《モイラ》、そして闇を行くエリニュスにある。その方々が集会の場でわしの胸中に無残な迷い《アテ》を打ち込まれたのであった――このわしがアキレウスの受けた恩賞（の女）を奪い取ったあの日のことだが。だがわしに何ができたであろう、神というものはどのようなことでも仕遂げられるのだからな。[4]

アガメムノンによれば、アキレウスの女を奪ったのは自分の意志ではない。たまたま自分に「狂気の神」であるアテ（アーテー）が取り憑いたためである。女を奪ったのも神の仕業であり、またそれに対する怒りを抑えるのも神の仕業である。現代の心の感覚からすれば、いったい彼らが何をやっているのかまったく理解できない出来事である。まるで舞台の上で演劇をしている役者のようだ。また興味深いのは、アガメムノンは「無残な迷い」が生じたために過ちを犯したと告白しているが、この「無残な迷い」と翻訳された言葉こそ「アテ」であることだ。「アテ」は人間の心が乱れる際にはしばしばその要因となっており、ここでは「無残な迷い」と訳されているが、場面によっては「狂気」や「罪」などと訳される。すなわち、人間に生じる感情や意思決定は神の取り憑きそのものであり、感情や意志と、神の侵入という出来事を区別することはできないのである。実際、この物語においては、神々と人間の区別さえ明確ではない。それゆえ、神アテナが戦士であるディオメデスに力を与える場面でアテナはわざわざ「これまでそなたの眼にかかっていた靄も掃い、神と人間との見境がはっきりつくようにもしておいた」[5]と言う。

この心的現象＝神の作用は、アガメムノンとアキレウスの間に生じたような劇的な場面にのみ到来する特別な現象ではない。『イリアス』において、すなわち紀元前八世紀に成立したこの物語においては、人間の感情のみならず、様々な日常的な意識現象は、ほとんど神と同一である。たとえば、オリュンポス十二神を統べる絶対神のゼウスが、部下の「オネイロス＝夢」という神へ指示を出す次のような一節。

「惑わしの「夢」よ、ここを発《た》ちアカイアの軍船をめざしてゆけ。アガメムノンの陣屋に着いたならば、わしの申し付けるところをあまさず誤りなく伝えよ。〔…〕その命を聞くより早く「夢」は出で立ち、たちまちにしてアカイア勢の軍船が並ぶ陣地に着いて、アガメムノンの許へ急ぐ。[6]

オネイロスは「夢の神」であり、ゼウスの命に従って人間界に降り立って地上の王であるアガメムノンの枕元へ向かう。するとアガメムノンは「夢」を見るのだ。現代ならば無意識の現象のひとつとされる夢が、神の到来と同一視されている。あるいは、「ゼウスの使者なる「噂《オッサ》」はその軍勢の間に、さながら野火のごとく燃え拡がり、急げ急げとせきたてる」[7]という一節もある。人間集団のなかに「オッサ」という「噂の神」が走り抜けると、人々は噂を話し出す。噂のような人間の会話さえ、この時代においては神そのものの現れなのである。

さてこうしたギリシア人たちの心をいかに理解すればよいのか？　心理学者のジュリアン・ジェインズ（Julian Jaynes, 1920 - 1997.）は『神々の沈黙』のなかで、「二分心（Bicameral mind）」というユニークな解釈を提示している。[8] すなわち、古代ギリシアの人間たちは、文字通り「二つの分かれた心」を持っていたというのだ。『イリアス』の登場人物たちは、アガメムノンやアキレウスに象徴されるように、彼ら固有の自我や意志を持っていない。彼らは神の声を聞き、それに従った行動のみを実行している。したがって彼らの心（脳）は、命令を下す「神」の部分と、それに従う「人間」の二つの領域に分割されていたというのがその主張である。ジェインズは、現代の統合失調症患者や幻聴の症例などから、人間内部で命令を下す声が発生し、それが聞こえる者はその命令に従うという研究を参照し、古代ギリシアの人間たちもこれに近い症状で行動していたのだと推測する。ジェインズは、癲癇患者らが右側頭葉の刺激で幻聴を聞くことが多いというケースなど現代の認知科学的観点から、かつての古代ギリシアの人間たちにおいては、言語の意味や構文にとって重要な役割を果たす脳左半球のウェルニッケ野に対応する右脳の領域で神々の声が生じ、両半球を繋ぐ前交連を通じて左半球の心で神の声を聴いていたのではないか、という大胆な仮説を提示した。

人間は神の声を聞き、神に操作されて行動している。このようなジェインズの解釈は独特ゆえに様々な批判もあるが、その想像力は興味深い。しかしさらにその想像力を膨らませて考えると、古代ギリシアの神々は、人間の心的現象だけを発生させていたのではない。神々は、海や風、夜や大地、そうした自然現象そのものでもあった。それゆえ人間は神の声を聞いていただけなく、動物の声を聞き、風の声を聞き、ありとあらゆる存在と共鳴しながらその心と行動を生じさせていた。

そこで本書は、ジェインズの帰結――人間の心と神々の直接的な関係を明らかにする――という観点に、ジェインズの著作ではあまり触れられていない詩人ヘシオドスの詩を読みながら、ここにもうひとつ「自然」という観点を加えてその想像力を膨らませていきたい。

神―心―自然

ホメロスの『イリアス』とほとんど同時期に書かれた、もう一人の詩人ヘシオドスの『神統記』は、宇宙誕生の歴史を神々の存在の系譜として書き記している。冒頭の「原初の生成」は次のような一節から始まる。

まず原初にカオスが生じた　さてつぎに
胸幅広い大地《ガイア》　雪を戴くオリュンポスの頂きに
宮居する八百万《やおよろず》の神々の常久《とこしえ》に揺ぎない御座《みくら》なる大地
通広《みちびろ》の大地の奥底にある曖々《あいあい》たるタルタロス　と
さらに不死の神々のうちでも並びなく美しいエロスが生じたもう。[9]

カオスは現在では「混沌」と翻訳され、宇宙（コスモス＝秩序）と対比的な概念として語られることが多いが、『神統記』においては巨大な空間を意味する。宇宙の始原は巨大な空間の開けに大地が生じ、また空や海が生じる。大地も「ガイア」という神であり、また空も「ウラノス」という神、夜も「ニュクス」という神である、さらに後に語られる「時間」の発生も、「クロノス」という神の出現によって説明される。すなわち古代ギリシア世界においては、人間の心的現象が神々の存在であるのみならず、大地や空や夜といった自然現象や、また時間といった現象さえ、神々の存在と同一の現象なのである。

ここから分かることは、古代ギリシア世界においては「神―人間の心的現象―自然現象」、という三つの存在が互いに三者一体の同一的な現象であるということである。そのまったく混濁した状況は、『神統記』の次のような一節を読めば分かるだろう。

さて　夜《ニユクス》は忌《いま》わしい定業《モロス》と死の運命《ケール》と
死《タナトス》を生み　また眠り《ヒユプノス》　夢《オネイロス》の族を生み
ついで非難《モモス》と痛ましい苦悩《オイジユス》を生んだ[10]

「夜」といった自然の現象から、「死」という人間の命運、「眠り」といった日々の活動、「非難」や「苦悩」といった心のはたらき、これらすべての現象が区別されることなく並列に神々の名として語られている。また、「戦闘《ヒユスミネ》どもと戦争《マケ》ども　殺害《ボノス》たちと殺人《アンドロクタシア》たち[11]」と歌われるように、殺人のような行為さえ人間の意志によるものではなく、神の仕業である。戦闘も神々に由来する行動なので、実は『イリアス』で描かれていたトロイア戦争も神々の争いに人間が巻き込まれるかたちで展開する。命をかけて戦うアカイア軍とトロイア軍は、利害関係で対立していたわけでも、互いに憎しみ合っていたわけでもないが、戦場では神が両軍に「互いの敵意を叩き込」んで開戦するシーンが描かれる。[12]この大戦争は基本的にはオリュンポス十二神の喧嘩であって、人間の戦争は神々の争いに巻き込まれた人間たちによる、いわば代理戦争である。

神々と人間に加え、自然現象も並列していたという観点から見れば、この戦争の冒頭が「落雷」という自然現象によって幕を開けており、また戦争の最中におこる諸々の自然現象も神そのものの振る舞いであることもよく分かる。たとえば神アレスがディオメデスに青銅の槍で貫かれて巨大な呻き声をあげると「暑熱の後に烈風が起り、雲間を裂いて漆黒の大気の柱が立ち昇る」[13]。大地を揺るがす地震、黒雲から放たれる落雷、兵士を襲う川の激流、こうした戦争中に起こるありとあらゆる様々な自然現象は、すべて神々の行為である。また実際の戦闘においては、自然現象が勝敗を分かつことも多いが、もちろんその自然災害も神の判決である。父なるゼウスが戦闘の勝敗を決定すると、敗軍へと矢を放つ。「ゼウスがイデの山上より轟々と雷を鳴らし、炎々たる閃光をアカイア勢の真直中へ放つと、アカイア勢はそれを見て肝を冷やし、全員蒼白の恐怖に襲われた」[14]。

宇宙の生成物語として自然を説明する『神統記』を読むとき、また『イリアス』の自然現象の描写に注目して読むとき、ジェインズの提唱した「神の声を聴く心」という二元的なモデルよりは、むしろ世界全体が「神―心―自然」の混然一体とした海であり、そのなかから、その都度の状況に応じて心が生成してくるというモデルのほうが古代ギリシアの心を理解しやすい。

世界はあらゆる現象を潜在的に抱えた海のようなものであり、大海のなかで波が生じるように心的現象が生じ、また時に神が現れ、また時に自然が動く。まるでそんなイメージの世界を彼らは生きていた。本書のテーマである「心」に関して言えば、古代ギリシアの人間にとって、心の地位はけっして高くない（あるいはまだ「心」と私たちが呼ぶようなモデルは確立されておらず、個々の心的現象だけが生じる媒体のようなものだった、と言ってもよいかもしれない）。一個の人間が抱く意志や判断などというものは極めて曖昧模糊とした存在であって、それよりも神々の意志や自然現象のほうがはるかに重要であった。心は現代のように特権的な存在ではなく、吹けば飛ぶような存在だったに違いない。

風のような心・動物のような身体

吹けば飛ぶ風のような心。それはまさにホメロス時代における古代ギリシアの心のメタファーだった。もしくは、メタファーと概念と存在がまだ明確に区別されていないこの時代においては、心は風そのものだった、と言ってもよいかもしれない。

古代のギリシアの人々は現代の私たちが「心／精神（mind/soul）」と呼んでいるものを「プシュケー（ψυχή：psyche）」と呼んでいた。プシュケーは「呼吸」や「風」の意味を持っており、日本語では「魂」と訳されることが多いが、文脈によっては「気息」と訳されることもある。またプシュケーと極めて近い語としても使われていた「プネウマ（pneuma）」も、同じく風や空気を意味する言葉で、これはラテン語の「spiritus（呼吸、微風、霊）」や現代欧米語の「精神（英：spirit　独：Geist　仏：esprit）」の語源でもある。古代ギリシアにおける心とは、「風」のようなものだったことは間違いない。古代、世界はまだ霊に満ちており、霊性を纏った風が地上を吹いている。人々はその霊性を帯びた風を吸って吐く。呼吸を通じ、風に交ざり、世界の霊と交流する。それこそが精神の在り方だった。psyche/pneumaとしての魂／精神は、自分の身体という境界に制約されたものではない。自分で精神を制御することはできないし、精神を所有することさえできない。

心の起源としてのプシュケー。これをいかに翻訳するかということに問題の鍵がある。『イリアス』において「psyche」は「魂」のほか、「命の息吹」と翻訳される。[15] それは、プシュケー（魂）が、「意志」や「感情」よりもむしろ「生命」や「呼吸」に結びつくものだったからである。ジェインズは『イリアス』におけるプシュケーが、人間の身体や血のようなものにさえ近い語り口で記述されることに着目しているが、これは実際に本文を読めばすぐに分かる。たとえば、プシュケーという語はしばしば戦闘における死の場面で次のように使用される。（第五歌／第一四歌）

槍を放つと、その槍をアテネ〔アテナ〕が導いて、相手の眼のわきの鼻に当て、槍は白い歯並みを貫いた。〔…〕ここにパンダロスの息〔psyche〕も力もともに尽きた。[16]

さらにアトレウスの子（メネラオス）は、一軍を率いるヒュペレノルの脇腹を刺し、青銅の穂は腹を切り裂いて、臓腑を掻《か》い出してしまう。命の息吹き〔psyche〕は撃たれた傷口から足早に消え去り、闇が両眼を蔽った。[17]

「闇が両目を蔽う」は死の慣用表現で、命が尽きるときにプシュケーは消え去ってしまう。しかし、プシュケーは突如としてその存在が抹消するというよりは、その身体から抜け出して大気中に霧散することによって失われる。魂は「口」や「傷口」といった身体の穴から抜け出して霧散する存在である。これまで見てきたように、『イリアス』の世界では、神々に取り憑かれて意志や感情などの心的現象が生じることを考えれば、身体から容易にプシュケーが抜け出してしまうのも当然である。すなわち古代ギリシアの心は、身体という境界にはまったく囲われておらず、身体への侵入も流出も当たり前に行われるのである。「心身問題」は現代の哲学でも重要な問いの一つであるが、古代ギリシアにおいてはまったくその意味合いが異なる。ここではプシュケー（魂）と対比される身体の概念とイメージも確認しておこう。

驚くべきことに、そもそも『イリアス』においては、「身体（body）」に相当する語が存在しない。もちろん彼らは肉体を持っていた。しかし、その身体の「全体」を名指す言葉が存在しないのだ。古典文献学者のブルーノ・スネルはこれに着目し、神話時代の身体表現を分析している。[18]『イリアス』において身体を指し示しているような語として、まずは「soma（ソーマ）」が挙げられるが、これはほとんど「死体」の表現に使用されている。また「体を洗う」や「槍が体に刺さる」などの表現において「体」として使われる「chros」は「皮膚」に近い意味であって、身体の表面を名指しているにすぎない（また「chros」は解剖学的な、剝くことのできる「皮膚（derma）」でもなく身体の外形・表面）。あるいは「四肢」を表す語として「gyia」や「melea」が使われることがあるが、これらは「力が漲る」や「疲れる」、「汗が噴き出る」などの、身体の具体的な表現において限定的に使用される四肢の描写であって、身体そのものを名指した言葉ではない。スネルがこれらの分析を通じて主張しているのは、古代ギリシアにおいては身体を「有機的な統一体」として捉える視座がなく、身体は個々の器官の集合と捉えられていたという点である。身体という統合された全体が存在するのではなく、腕や足、皮膚や骨といった個々別々の身体部位が存在したということだ。

また『イリアス』を読んで気づくのは、各身体部位の表現が「枕詞」としてしばしば使用されている、という現代語では見られない特徴である。『イリアス』では、身体や行為にかかわらず、人物に対しても「駿足のアキレウス」「眼光きらめくアカイア人」「黒雲を呼ぶクロノスの御子（ゼウス）」などの枕詞が頻出し、「稔りなき海」や「黒き船」というように海やモノにさえ常套の枕詞がついている。そのなかでも、身体部位や知覚能力に関する枕詞には興味深い特徴がある。たとえば神アテナには「眼光輝くアテネ〔アテナ〕」という枕詞がついているが、「眼光輝く」と翻訳されたギリシア語「γλαυκῶπις(glaukopis)」は、「γλαύξ(glaux)」が「梟」という意味である。すなわち、「眼光輝く」の原義は「梟の目（顔）」という意味を持つ。あるいは、ヘレには「牛眼の」という枕詞がついている。これら枕詞には知覚能力の特性を表す原義があり、それが動物の知覚能力の比喩としての意味を持っているのだ。

スネルが注目しているのは、「見る」という言葉である。[19]「見る」という意味で使用されるギリシア語は「δέρκεσθαι（デルケスタイ）」で、『オックスフォード古典ギリシア語辞典』でもこの訳語は「see」や「look at」と書かれている。しかしデルケスタイという語は、単に見ることではなく、視線／眼における特定の仕草のようなものを指し示している。具体的には、現在の英語であえて「look/see」とは区別して使われる「glare（睨む）」や「gaze（見つめる）」の意味を含んだ言葉で、たとえばこの語は「蛇(δράκων：ドラコン)」に転じ、蛇の不気味に輝く視線(uncanny glint)と近しいニュアンスを持っている。逆に蛇は、いわば「見る者」と呼ばれたことになるが、これは決して蛇の視覚能力の高さや眼の機能から名づけられたのではなく、あくまで蛇の睨むような支配的な視線（デルケスタイ的な視線）のメタファーなのである。

すなわち「δέρκεσθαι」という語は、「見る」という知覚能力一般に対して使用される言葉ではなく、いわば「目のジェスチャー」として、それぞれ特定の文脈に応じて意味を持つ言葉だったのだ。先に確認したスネルの身体の分析、すなわち古代ギリシアの身体は統合的な全体としての身体ではなく、個別器官の集合体としての身体、という点をあわせて考えると、『イリアス』において「見る」という視覚器官に対する純粋な機能としての語が存在しないのは当然である。別の言い方をすれば、純粋な「見る(see)」というような知覚能力は、統合された身体があってはじめて可能になる行為なのだ。

また本書にとって重要な観点を言えば、彼らの身体的な行為および知覚能力が、牛や梟、鷲、蛇といった動物たちのメタファーと連結しているということである。スネルは視覚能力に着目していたが、他にも頻出する「翼ある言葉」といった枕詞などは、発話や聴覚といった身体能力を補完する、素早い鳥のメタファーによって喚起される言葉である。彼らは「素早い言葉」という代わりに「翼ある言葉」と言う。ホメロスの時代の人間にとって、「見る」とは漫然とした行為ではなく、「鷹のように鋭く見る」や「蛇のようにじっと見る」という具体的な行為であったのと同様に、彼らにとっては純粋で独立した「素早さ」などは存在せず、「素早い」ということはそのまま鳥の飛ぶ姿だったのである。あるいは、戦士の戦闘シーンの前には彼らの武勇を称えるために、その衣装・武具を礼賛する描写が挿入されるのだが、ここでもまた「馬毛の飾り」「牛革の盾」「巨大な獅子の毛皮」「斑色の豹の皮」などの動物の身体によって人間の身体イメージを再構成するような衣装が選ばれている。動物の意匠を借りてその神秘的な力を得ようとする慣習は多くの古代世界に共通した文化であるとはいえ、身体を統一的存在ではなく個別の器官の集合として考えているというスネルの分析と合わせて考えれば、彼らが動物の身体を部分的に取り入れることによって、容易に自らの身体も変容可能であるものと考えていたという解釈も可能である。神に関して言えば、その身体的な姿をまるごと動物へと変容させることもあり、たとえば『イリアス』第一四歌では、眠りの神ヒュプノスがイデの山の高き樹の枝に鳥の姿となって座る様子などが描かれている。

動物のような身体器官、入れ替え可能な身体器官、という性質は、「風のような心」と相性がよい。心をどこか特定の身体という箱のなかにしまっておかなければならないのだとしたら、身体は統合的な全体として、すなわち安定の宿主としての性質が求められるが、心が身体の各部位や神々や大気のそれぞれに移ろうものであるならば、身体もそれぞれバラバラに存在していても問題が生じないからである。このような心身観を考慮すれば、ホメロス時代の古代ギリシアの心は、特定の場所をもたない、localization（局在化）不可能な性質を持っていたと言うことができる。彼らは心を局所に留まるものではなく、あらゆる世界に遍在して分散されたものと捉えていた。逆の言い方をすれば、現代的な心は、風のようであった心を、身体へとlocalization/embodiement（局在化／身体化）することで成立したものだと言えるだろう。

ホメロスの心、それは世界を感受する心であった。自我というローカルな拠点は世界が始まる起点ではなく、あくまで世界のネットワークの重要な結節点であり、私は鳥や風や海と、そして神々と共に心を分有する。継ぎ接ぎの身体を風のような魂が通り抜ける。身体は統一的な実体であるよりも、動物や自然との媒介であり、霊性に包まれた感受する媒体である。そこでは魂と身体の区別も曖昧であり、私と世界の区別も曖昧であった。このようなホメロスの心を裁断し、一個の孤立的な心を発明した人物こそ、ソクラテス／プラトンという哲学者である。

ソクラテス――心の時代の到来

Socrates, B.C. 469/470 - B.C. 399.

心の発明――ソクラテスとプラトン

ソクラテスは「風のような心」としての「プシュケー」の意味を決定的に変え、現代の「心」に極めて近い心の概念を創り出した。それは後の西洋の歴史を決定づけるほどの強烈な変容であった。

これまでの引用で見てきたように、たしかに『イリアス』にも「心」という言葉が使われている。すると当然、ホメロスの時代にも心はあったのではないかと思われる。しかし、原文であるギリシア語を見れば、「心」は多くの場合「プシュケー」ではなく、その意味がまるで異なることは明白である。ジェインズやスネルをはじめ、多くの研究がその語の意味の読解を試みているが、その一例を見てみよう。[20]

プシュケー以外に「心」と訳される言葉としては、「phrenes」があるが、これは「横隔膜」や肺の各葉を意味する言葉で憤怒の感情など、呼吸に関係する場面で使われる。また、同じく「kradie」は現代の英語「cardiac（心臓の）」に引き継がれているように心臓に関係する語で、「臆病さ」などに際して使われる。意欲を表す「テュモス（thymos）」はたしかにプシュケーと同様、それがなくなると死をもたらすような用法において使われているが、実際に「thymos」の機能としては、「筋肉を動かす力」という意味合いが強い。このように、ホメロスにおける心情を表す言葉は、心という独立した存在の性質ではなく、身体機能の延長として語られる言葉なのである。

しかし、ソクラテスはこうした様々な心の有り様を「魂（プシュケー）」という概念のなかに統合して「一つの独立した統一体としての心」を創り出す。その意味で、紀元前五世紀から前四世紀にかけて、イオニアの自然哲学者たちを経て登場したソクラテス／プラトン[21]という哲学者の対話篇の数々は、人間の心のモデルを最もラディカルに創り変えた大胆な実験の模様であり、歴史のエポックである。

まずソクラテスは、魂を風のように霧散してしまう存在ではなく、「一つの統一体」としての性質を持っているものとして扱うことから始めなければならなかった。ソクラテスの魂に対する議論が集約された『パイドン』を見てみよう。シミアスとケベスという若き青年がソクラテスに、魂は「魂が肉体から出ていくときには、ほんとうに、風に吹きとばされて散り散りにされてしまうのではないか[22]」と恐れを抱いて質問する。しかしソクラテスは、肉体は分解されるが魂は分割されないと答えて、魂の性質をこう結論づける。

まさに一なる形相のみをもち、分離・解体をうけることがなく、つねに不変の在り方において、自己同一性をたもつものが存在し、そして魂は、そのようなものにもっともよく類似しているのである。[23]
（80 B）

ここで「分離・解体をうけることがなく」と翻訳されているギリシア語は「διάλυτος（ディアリトス）」（dissoluble）に否定の接頭辞がついた「ἀδιάλυτος（ア・ディアリトス）」（in-dissoluble）、すなわち「分解不可能」である。現代の英語では「個人」を「in-dividual（分割－不可能）」と言うが、ソクラテスはまさにそのような、分割不可能な単位としての魂を定義した。現代に生きる私たちは、まさに「個人」という分割不可能な単位で心を所有していると考えるが、その起源をソクラテスにみることができる。

ソクラテスにおける魂（プシュケー）は、風のように大地を漂うのではなく、「分離・解体」されることはなく、「不変」で、「自己同一性」[24]を持つ、不可分の心である。この時代のギリシア語には「自己同一性」という言葉を直接表す言葉は存在しないため、翻訳は意味を汲み取った意訳である。原文では「ἔχοντι ἑαυτῷ」と書かれており、「保持する（have/hold）」という意味の「ἔχω」と、「それ自身（itself）」を表す再帰代名詞「ἑαυτοῦ」を使い、苦心して「自己同一性（それ自身を保ち続けるもの）」という特性を表現しようとしている。

さらにソクラテスのプシュケーは、神に吹き込まれる息吹のような受動的な存在ではなく、身体や感情、意思などをコントロールする積極的で主体的な役目さえ持つ。しかもそれはかなり強力な主体性である。[25]

> 魂〔psyche〕は肉体の諸情態を引きずりまわし、それらの主人となるようなもの、調和というような在り方のものよりは遥かに神的ななにものかである[26]　(94 E)

ホメロスにおける魂（プシュケー）からは想像もできない劇的な変化が分かるだろう。風のように大地を漂い、呼吸を通じて身体に入り、その生命を維持させるプシュケー。命が失われると、傷口から抜け出して再び中空へと飛び去ってしまう亡霊のようなプシュケーが、ホメロスの魂であった。それがソクラテスにおいては、肉体の「主人」としてその状態を意のままに操る存在になっている。また、心的現象は神の取り憑きであった神話時代と比べ、肉体を管理する心は神の取り憑きがない代わりに、自らが「神」そのものに近い存在へとならなければならない。これに伴い『国家』に至って魂にはさらに具体的で強い役割が付与される。

> 魂〔psyche〕には、およそ他の何ものによっても果たせないような〈はたらき〉が、何かあるのではないか？　たとえば次のようなこと——配慮すること、支配すること、思案すること、およびこれに類することとすべてがそうだ。[27]　(353 D)

〈はたらき〉と翻訳されたこの語は、ギリシア語では「ἔργον（エルゴン）」で、現代では「work（仕事）」という意味になるが、プラトン研究者のC・D・C・リーヴによる英訳ではその文脈から「function（機能）」と翻訳されている。[28]ホメロスにおいて「風」のようなものであった「魂」は、ソクラテスにあって「仕事」あるいは「機能」を持つような存在になったのだ。

さらに重要な点がある。ここで「配慮すること」と訳された箇所の原文は「ἐπιμελεῖσθαι」で、たしかに動詞「ἐπιμελέομαι (epimeleomai)」の第一義は「配慮する（take care）」であり、「配慮」が適訳である。しかし「epimeleomai」には、「manage/superintend（マネージメントする、管理、監督する）」の意味もあり、かつて古典研究者のポール・ショレイは「management」[29]と翻訳していた。[30] たしかに魂は「気遣う（take care）」ものである。しかし同時に、とりわけプラトンの魂論の展開において、魂の仕事は「支配」と並べられ、「管理（manage）」するものであるという特性が強調されるような意味合いで使用されている。エピメレイアする魂。それは気遣う魂なのか、管理する魂なのか。

ソクラテスは初期の『ソクラテスの弁明』や『クリトン』で自ら「魂を配慮《エピメレイア》せよ」と語ったことはよく知られている。このときソクラテスはたしかに「魂を気遣え（世話せよ）」と語っており、その語感は、魂をより善く育むべきものであるというまさに「気遣い（care）」であった。しかし、『国家』でプラトンがソクラテスに語らせるときの「魂の配慮《エピメレイア》」はむしろ「management（管理）」のニュアンスが色濃く反映されており、しかも歴史を振り返ってみれば、私たちが生きる現代に継承されたのは「管理する魂」であったと言えるだろう。この「エピメレイア（配慮／管理）する魂」という微妙な差異のなかに魂の歴史の重要な分岐点が存在したように思える［＊］。

魂の新たなる「仕事」は「配慮（管理）」「支配」「思案」[31]である。ソクラテス／プラトンにおいて魂は、自分自身を「マネージメントする機能」を持つ新たなる身分に生まれ変わった。もはやホメロスにおける「魂（psyche）」と同じ語とは思えないほどの変容であることは間違いない。注目すべきポイントは、ホメロス『イリアス』の成立年代がおよそ紀元前八世紀であり、プラトンの一連の著作の執筆年代がおよそ紀元前四世紀頃からであるということだ。ホメロスからソクラテスの時代は、たかだか数百年しか隔たっていないのだ。『イリアス』の舞台となったトロイア戦争の年代を、最も古い推定である紀元前一五世紀と考えても、たかだが千年程度の経過である。これほどの短い期間で、生物としての人間の脳／意識が「進化」するとは考えにくい。にもかかわらず、ホメロスとソクラテスの間で心という存在にこれほどの大変革が生じているのだ。このことから私たちが推察するのは、心の劇的な「変化」は、脳というハードウェアよりもむしろ、心の概念／メタファーというソフトウェアの変容のほうが大きな役割を果たしていたという可能性である。

これはほとんど新しい心の発明であるといってよい。いわばソクラテスは、西洋の歴史において、心のモデルの最初のプロトタイプを創ったのだ。そしてこのプロトタイプは西洋の思想史や科学史のなかに胚種として巣食い、延々と再構築の歴史を経てゆくことになる。風のような心というホメロス的な観点から見ればまったく異形のソクラテスの心だが、逆に現代的な観点からみてみるとまったく自然なものに思える。私たちの心には様々な「仕事」が任されており、意識は数多くの「機能」から成り立っている。心は、自分の感覚や思考を「管理」し、身体や感情を「支配」し、状況に応じて「熟慮」する。私たちの心の原型が、この二五〇〇年前のソクラテスの言葉にあるのだ。

［＊］

ミシェル・フーコーは、古代ギリシア、ローマ期を通じて、この「自己への配慮（epimeleia heautou）」という観念が様々な訓戒や思想として多大な影響力を持ったことに注目した（Cf. ミシェル・フーコー『性の歴史Ⅲ――自己への配慮』田村俶訳、新潮社、一九八七年）。たとえばエピクテトスは自己への配慮を人間の特権＝義務、賜物＝責務、であると捉えたし、マルクス・アウレリウスは瞑想、読書、書物などを通じた一種の修行的な実践として捉えた。なかでも興味深いのは、プルタルコスやガレノスらの医学者たちにとって、自己への配慮が一種の「治療」と重ねられている点である。したがってこの「自己への配慮」という訓戒は「自分を病める者もしくは病気のおそれのある者として認識せよ」（七七頁）という勧告でもあり、「自己にかんする実践に含まれるのは、〔…〕単に、不完全で無知な、したがって正され鍛錬され教育されたいと望む個人としてだけでなく、さらには、ある病気に苦しむ、したがって自分自身によってか能力のある者によってか病気の治療をしなければならない個人として構成されている」（同頁）とフーコーが指摘している点である。

魂を配慮／管理すること、それは、自己を弱者（病者）と自己規定しながら、同時にそれを乗り越える強者（医者）を自己の中に再創造せよという二重の命令を含んだメッセージなのである。この自己を引き裂く二重の指令は、ソクラテスの強き心においてはうまく機能するが、後の弱き心を持った哲学者たちに、新たに苦悩を与えていくこととなる。

制御する心

ソクラテスの考えたこの最初の心のモデルを「制御する心」と呼んでみたい。ソクラテス／プラトンにおいて、心は制御をその本質とする。先の引用でソクラテスは、心を奴隷に対する「主人」に喩えている。さらに興味深いのは、ソクラテスは『パイドロス』で、魂を「馬」とその「御者」のメタファーによって説明しようとしていることだ。

そこで、魂の似すがたを、翼を持った一組の馬と、その手綱をとる翼を持った馭者《ぎょしゃ》とが、一体になってはたらく力であるというふうに、思いうかべよう。[32]（246 A）

ソクラテスはこのメタファーにおいて、魂は（1）全体を制御する御者、（2）美しく善い馬、（3）醜く悪い馬、の三つの全体としてイメージしている。後にソクラテス（プラトン）は『国家』のなかで、これら三つの魂の性格を（1）知性（ロギスティコン）、（2）気概（テュモエイデス）、（3）欲望（エピテュメーティコン）、に対応させて論じている。基本的にソクラテスにとって重要なのは、悪い馬（欲望）を御者（知性）がきちんと抑え込んで制御することである。御者はうまくこの欲望のままに暴れる馬を制御し、また善い馬（気概）のほうを励まし、全体として三者が神々のように天高く理想的な魂の在り方を目指すことが求められる。

さてこの御者と馬のメタファーは『パイドロス』の後半、恋愛する人間の心において説明される。私たちは恋する者と出会っても、欲望のままにその思いをぶつけてはならない（悪い馬／欲望）。しかし、その恋心は育んで伝えるべきである（善い馬／気概）。人間は恋において、典型的な「矛盾」に陥ることをソクラテスは伝えようとしている。なぜソクラテスは「二匹」の馬をメタファーにしたのか。それはこの人間の魂＝心のもつ「矛盾」という状態を示し、またそれを「御者」によって解決するというモデルを構想していたためだ。

人間は恋をすると矛盾した心に苦しむ。相手を好きな感情と、それを抑えなければならないという感情に、胸が引き裂かれた経験は誰にでもあるだろう。しかしこの当たり前の事実は、古代ギリシアにおいてはまったく自明ではない。これまでも確認してきたように、ホメロス的な人間の心には「矛盾」などほとんど存在しないのだ。「心が引き裂かれる」というような矛盾は、人間の心が一つの統一体であるという前提のもとに起こる事態である。アキレウスの心は、単に身体的な挙動のひとつとして怒り、また単に神の侵入によって落ち着いたりするだけであって、そこには決して矛盾した感情も引き裂かれる心もない。それどころかアキレウスの身体においては、身体の各部位がそれぞれの感情を持つため、身体の内部においてそれぞれの個別の心同士のコミュニケーションのようなものさえ発生しているのだ。古代ギリシア研究者のE・R・ドッズは、ホメロス的人間における身体器官、なかでも「テューモス（意志）」の「独立性」を持った働きに注目する。

> ある男のテューモスは、その男に、いま食べよとか、飲めとか、敵を殺せなどと告げる。テューモスはその男に行為の仕方を勧告する。また、言うべきことを教示する。「テューモスガ命ズル」、「テューモス、吾に勧告ス」などと、彼は言う。彼は、殆んど人間が人間に対するかのように、テューモスと会話したり、「心臓」と会話したり、「腹」と会話したりできる。[33]

ここで描かれている人間像は、いわば自分の肺や腹や心臓が、それぞれに「人格」を持ち、一つの身体のなかで複数の意志がコミュニケーションしてバラバラに生きているようなイメージである。加えて言えば、時折この会話には神々が参加し、強引に意思決定してしまう場合もある。現代の私たちの感覚からすれば、こうした身体の捉え方はかなり奇妙な印象を受けるが、それは決して『イリアス』が空想の物語であることを意味しない。むしろこうした身体器官と心の分かち難い結びつきへの確信は、自然科学の存在しない時代の知恵であり、直感的で自然な考え方でさえある。

実際、近年の生物学においては、「腸」や「胃」の活動が身体活動全般を調整する機能を持ち、人間の意思決定にさえ重要な影響を与えることが解明されつつある。腸や胃が「意志」を持つかはさておき、少なくともこれらの身体内部の臓器の一部は独立性を持って働き、また相互にコミュニケーションすることは事実である。胃腸病学者のエムラン・メイヤーは、「心」と「腸」は「会話」しているとし、その密接なコミュニケーションを明らかにしている。最近の研究では、人間の気分や感情に多大な影響を与える物質セロトニンの約九五％が腸に存在すること、また腸には五〇〇〇万以上の神経細胞を組織する腸管神経が休みなく活動していることも判明している。腸は消化管の感覚受容体を通じた情報処理のシグナルを、巨大な情報バイパスである迷走神経によって脳へと伝達し、その感情や意思決定に影響を与え続けている。さらに言えば人間の脳は、体内の臓器のみならず、体内に住む約一〇〇兆もの微生物のシグナルも受信している（体内の微生物の総重量は脳よりも重い）。たとえば「トキソプラズマ」という微生物は、猫の体内で繁殖を行い、排泄物を通じてネズミなどの齧歯類の体内へと移動する。ふつう、ネズミは猫から逃げようとするが、トキソプラズマはネズミの脳に侵入し、情動を司る器官を操作する。彼らはネズミの猫に対する恐怖を軽減させ、回避行動を取らせないばかりか、猫に対して性的な衝動を持つように操作することで、猫に近づかせて宿主を捕食させるのだ。これでトキソプラズマは猫の体内に再び戻って繁殖サイクルという目的を達成する。

外部から侵入する微生物に感情や意志を操作されるネズミの行動は、まるで神々に感情や意志をハックされて行動するアキレウスらギリシア神話の登場人物たちのようだ（ちなみに、トキソプラズマは人間にも感染し、研究者の推定によれば世界人口の約三分の一が感染している）[34]。実際、人間の体内に常在する微生物の細胞数は、一人の人間の細胞数の一〇倍にあたり、遺伝子数はおよそ百倍にあたる。遺伝子レベルで人間の個体を見たとき、人間固有の遺伝子はわずか一％にしかすぎないのだ。人間は、目に見えないレベルでは身体内部の臓器、また他の生物たちと不可避的に共生し、コミュニケーションしながら感情を生んだり意思決定をしたりしている。一人の統合的な個体による意思決定という描像は、ただ私たちの視覚能力に依存した認知限界によってもたらされたものだと言えるかもしれない。メイヤーはこうした研究から、人間の身体を「個々の部品からなる機械」というメタファーで捉えるのではなく、「緊密な生態系として身体をとらえる」[35]べきだと指摘している。

あるいは、身体器官がそれぞれに意志を持ち、統合された身体や心がないというキメラ的な生命像は、タコのような頭足類生物に当てはまるかもしれない。ダイバーにして哲学者でもあるゴドフリー＝スミスによれば、タコは「脳」に対して「腕」に二倍近くの神経系を有するため、脳の意志とは独立に腕が知覚や運動を起こすことがあるという。人間になぞらえて考えれば、机の上の珈琲が飲みたくて腕を伸ばそうと脳が司令を送っても、腕がそれを拒否してカップを壁に投げつけてしまうというようなことがありえるのだ。ゴドフリー＝スミスは、タコの脳にとって「腕はどれも部分的には『他者』[36]」であり、一つの身体の内部で複数の領域が自律分散的に相互作用して個体全体の活動が成立していると指摘している。彼はこうしたタコの心を、人間とは関係のない異質な生物の意識活動ではなく、長い進化の過程で分かれてしまったが、人間にもあり得たかもしれないという意味を込めて、「別の心（other mind）」と呼んでいる。

ホメロス的な人間は「緊密な生態系としての身体」を持ち、「タコのような心」を持っていた、と言えるかもしれない。だからこそ彼らの心は「矛盾」しないのだ。彼らは、現代の私たちならば「葛藤」や「矛盾」だと思われる心理状態を、自身の身体内部の「会話」のようなものだと考えていた可能性が高い。たとえば一七世紀にシェークスピアが「To be, or not to be, that is the question.（生きるか死ぬか、それこそが問題だ）」と言ったとき、それは矛盾する人間の心が頂点に達した新たな時代の心を予見する箴言となったが、アキレウスにとってはそんなことは全く問題にならない。「あちらか、こちらか」、などといった問題はソクラテス以前の人間にとって、大げさにいえば、お腹が痛いか胸が痛いかくらいの違いであって、生きるか死ぬかのような深刻な問題ではないのだ。繰り返しになるが、心の葛藤というものは、心が一つの統一体であるということを前提にしたときにはじめて発生する現象なのだ。

重要なことは、ソクラテスが「魂（プシュケー）」を一つの統一体として説明／創造しようとすると き、ホメロス的な語彙によって人間の心を説明することは、もはや不可能になってしまったということ、そしてそれに代わる新たな人間の心の説明モデルを再構築しなければならなかったということだ。このような状況があったからこそソクラテスは、統一体であるはずの魂をわざわざ機能として分割し、馬と御者のメタファーを使い、恋する者における「心の矛盾」といった振る舞いを別の方法で説明し、かつそれを再び制御者という全体の統合者を入れて統一的に振る舞えるように解決するという、ややこしいモデルを語らざるをえなかった。さらに言えば実はこのドッズの指摘した「テューモス」は、ちょうど先ほどソクラテスが「悪い馬」の例として挙げた「気概」である。ソクラテスにとってテューモスは、御者が「制御」すべき暴れ馬なのに対して、ホメロスにとってテューモスは人間に「命令」さえする存在なのだ。ホメロスに対してソクラテスは、テューモスの役割をまったく逆転させてしまっている。

このようなホメロス的な身体と心を前提にしたとき、ソクラテスの構想した「自己同一性を持つ統一体としての心」という考え方のほうこそ、実は不自然な発想であるといえる。事実、現代の自然科学の発展によって身体の多様性や脳と身体の連結などが次々に明らかになる一方で、ソクラテスの考えたような統一体としての「心」や、「自己」に対する解明はまったくといっていいほど達成できていないどころか、自然科学にとって意識こそ最大の「難題」であると言われている。このような困難が生じているのは、自然科学にとって身体は自然に存在するが、ソクラテス的な心というのは、自然に存在するというよりもむしろ発明された虚構、あるいは創造された一つのアイディアであるからだとも考えられる。また、法律用語を借りて「擬制」と言ってもよいかもしれない。擬制（legal fiction）は、例えば相続において未だ生まれていない「胎児」を、民法上の規定に対応させるために、相続の対象と「みなす」といった言葉だが、これは実際は異なる対象を事実上の現実として把握するためのいわば認知的操作であり、本書の観点で言えば「メタファー」になる。メタファーは文法上それを字義通りに読めば意味が通じないが、それを排除しないまま読むために、解釈者側の認知的操作によってそれを事実上の意味として理解させる方法である。心は自然に存在するのではなく、むしろ心が存在すると「みなす」ことによって存在が始動するものならば、心とはそもそもメタファーである、と考えることができる。

本書が、ソクラテスが心を「発明した」とあえて言ってみているのは、こうした背景がある。そしてまた同時に、心が自然な実体として存在するのではなく、ある種の歴史的・文化的に創造されたメタファーなのだとしたら、自然科学がどれほど進んだとしても、私たちは何度でも心を別のかたちで再発明し続け、またそれに悩み続けるだろう。だからこそ私たちに残された唯一の道は、この心というメタファーを自覚し続けることだ。カントが、認識そのものではなく認識の可能性の条件を吟味しなければならないと宣言したことになぞらえていえば、私たちは心そのものではなく、心の創造の可能性の条件を見つめ続けなければならない。

ソクラテスは、神話から脱することで、神から人間の心を切り離したのと同時に、心を身体や自然からも切り離し、そこに特殊な意味を創り出した[37]。古代ギリシア研究者F・M・コーンフォードは『ソクラテス以前以後』において、ソクラテスの最大の功績は（ホメロスではなく、その次の時代のイオニアの自然哲学者らとの比較においてではあるが）、自然からの離脱であると指摘し、ここに「魂の完成[38]」

が成し遂げられたと述べているが、その意味を再びホメロスの魂と比較しながら考えてみよう。

魂の「治療」から、魂の「造形」へ

なぜソクラテスは、魂を自然な状態から切り離した上で、神による説明からも解放された新たなモデルを構築する必要があったのか。第一にそれは、神々の説明力に代わる新たな説明原理が必要であったことが要因である。古代ギリシアにおいて、神々による説明は万能かつ絶対であり、落雷や地震、津波など自然災害という当時の文明を破壊しかねない危険への具体的な対処法としても機能した。実際、起源前一五世紀頃（紀元前一二世紀とも言われる）、エーゲ海の中央にあるサントリーニ島（テラ島）は大噴火を起しているという記録が残っている。巨大な津波がエーゲ海沿いの大地と島々を襲い、アテナイ近郊の建造物や街並み、文化などは徹底的に破壊され、エーゲ海の文明は大打撃を受けた。自然科学もない時代、彼らはこの自然による大破壊を神々の怒りと思っただろう。そして神々の怒りを鎮めるために、捧げ物をしたのである。

このような自然現象と同様に、人間同士の争いにも神の説明は適用された。なぜ人間は怒り、闘い、嫉妬し、苦しむのか。『イリアス』はそのような人間の心の物語でもある。これまで見てきたように、こうした心の振る舞いは自然現象と同様に、神々の取り憑きとして説明されたが、これでは人間はほとんど神のなすがままであって、自らの意志で心や行動を変えることはできない。ホメロス以後、登場したイオニアの自然哲学者たち、またソフィストたちは、神々を唯一の原因とするのではなく、あらゆる事象には原因が伴うという新たな哲学を構想し、究極の原因として「万物の根源（アルケー）」を探求した。ここにロゴス（論理／理性）による世界の説明という、神に代わる説明モデルが姿を表し、その延長線上にソクラテスとプラトンが登場したのである。

また第二の要因として、強大な影響力を持っていたホメロスの心のモデルは、たしかに人間を救済はするが、自らの意志によって心の在り方を変えることができないという問題があった。どういうことか。ホメロスの物語は単なる「説明原理」に留まらず、実際に人間の行動や精神状態を「救済」する具体的な、言い換えれば「医学的な」役割を担っていたという観点がありえる。先ほど例にあげた、ホメロスのキメラ的生命像、すなわち身体内部で会話する器官たちのイメージは、おそらく実際に人間の身体や心を健全に対処する方法を備え、内臓や四肢などの身体に対する医学的な対処の重要性を理解していた古代の知を象徴している。医学の祖ヒポクラテスは、腸の状態を健全に保つために浣腸を治療術として採用していたという記録も残っているが、心臓や肺や肉体への分析と魂への分析は極めて深い関係性を以って語られている。[39]この時代の腸、心臓、肺などは、単なる身体器官の一部ではなく、心と会話し、心に作用する、心の生態系の一部である。身体と心の境界が曖昧な古代のギリシアにおいて、身体が治療の対象であるならば、心も治療の対象であったはずであり、その役割を担っていたのがホメロスら詩人による叙事詩の物語であった。

ベネット・サイモンは『ギリシア文明と狂気』において、精神科医という独特の立場から、『イリアス』の果たした実践的で医学的な効能を指摘している。サイモンによればホメロスの神話は、文学であるよりもむしろ「魂の治療」であり、当時の精神異常に対する「救済」という医学的な役割を担っていたという興味深い主張をしている。ホメロスの作品の登場人物たちには、「過度の健忘」や「偏執」、「錯乱」など精神医学的な異常が見られるが、この物語はこうした「狂気の物語」であると同時に、そこから回復する姿を描く「治癒の物語」でもあるのだ。たとえば『イリアス』の終盤、英雄アキレウスは戦友パトロクロスを失う。彼は絶望して頭を掻き毟り、心配する母に「すぐにも死んでしまいたい」[40]と希死の念すら漏らす。[41]食べ物も喉を通らないほどの悲嘆に暮れるアキレウスは再び戦いに馳せ参じ、異様な興奮状態のまま多くのトロイア人を殺し続け、終に戦友を討ったトロイア軍の総大将ヘクトルを槍で貫き殺して復讐を遂げる。しかし、それでも彼の心はまったく落ち着かず、ヘクトルの両足に穴をあけて紐で戦車にくくりつけて屍体を引きずり回す。アキレウスの心は夜が明けても荒れたままで、無残な姿をしたヘクトルの屍体をひきずって、戦友パトロクロスの墓の周りを彷徨くという異常な行動を示す。一方、ヘクトルの父である老王プリアモスも、息子を失った悲しみで食事もできず睡眠も取れず、死に至りそうなほどの精神状態になっていた。

物語は最後、戦争の最中に息子の遺体を引き取るために敵陣のただ中に単身で乗り込んだプリアモスとアキレウスとの会話によって幕を閉じてゆく。お互いに敵方の要である二人の会話は交渉でもあり対立もあるが、対話を重ねる中で彼らの復讐心や悲嘆は徐々に落ち着きを取り戻し、二人は心を回復させてゆくのだ。サイモンはこの場面に注目し、彼らの交流は単なる交渉や議論ではなく、精神医学の治療法として重要な作業のひとつ「徹底操作（working through）」であるという。彼らのコミュニケーションは、医者と患者が洞察を繰り返す過程で心的過程を統合化して秩序を回復する徹底操作の過程に限りなく近く、会話によって互いの心の傷を治癒しているというのだ。そして同時に、物語における登場人物の心の回復を読む読者にも、おそらく治療効果をもたらしただろうとサイモンは指摘している。[42]

魂の治療を担っていた神話、魂の救済者としての役割を果たした詩人ホメロス。このホメロスをソクラテス／プラトンは追放することになる。ソクラテス／プラトンにとって、魂は救済されるべきものではなく、制御して管理すべきものであるからだ。そもそも、アキレウスのように世界の状況に突き動かされているようでは魂は管理できない。ホメロスに代わる新たな心のモデルを考えるべきソクラテス／プラトンは、魂は「救済」するのではなく、「造形」されるべきものだと言う（『国家』[43]）。

> 手を使って子供たちの身体を丈夫に形づくることよりも、物語によって彼らの魂を造型することのほうを、はるかに多く心がけさせることになるだろう。しかし、現在語り聞かせてやっている物語の多くは、これを追放しなければならないのだ[44]（377 C）

サイモンはホメロスにおける物語が魂の「治療」の役割を果たしていたと指摘するが、ソクラテス／プラトンにおいては、魂は「造形」[45]されるべきものであった。プラトンによる魂の造形は、思想的な主張であるだけではなく、極めて具体的な教育的提言にも及んでいる。ホメロスが描いた不埒で奔放で残忍な神々の物語は子どもたちに読み聞かせるべきではなく、国家が監督したよい物語だけを選別して聞かせるべきである。プラトンはホメロスの詩の物語を監督するのみならず、それを奏でる音楽の曲調や楽器についてまで選別しなければならないと考えていた。彼はそれを『国家』のなかで「浄化の作業」と呼び、「悲しみ」の感情には「混合リュディア調」や「高音リュディア調」、また「柔弱さ」をもたらす調べには「イオニア調」などがあるとそれぞれ分類して分析し、不必要な曲調を奏でることができる転調が容易な楽器「三角琴」や「リュディア琴」などの楽器職人は育てるべきではないと論じ、次のように述べる。

われわれとしては、あまり複雑なリズムや、あまり多種多様な脚韻を追い求めないで、秩序ある生活や、勇気ある人の生活を表わすリズムはどのようなものであるかを見ることだ。そしてそれを見たならば、詩脚と曲調をそのような生活を表わした言葉に従わせるべきであって、言葉のほうを詩脚と曲調に従わせるべきではない。[46]（399 E - 400 A）

プラトンは、詩の物語による意識の管理・監督のみならず、音楽（曲調・楽器）から食事、生活習慣、恋愛に至るまで、魂を造形するための無意識の管理・監督も行うべきであると考えていたのである。このように、環境や制度に手を入れることによって、魂という目に見えない対象を自らを統御する「主人」へと「造形」しなければならないとプラトンは考えていた。

重要なことは、この古代ギリシアにおける神話の時代からソクラテスの時代にかけて（紀元前八世紀から紀元前五世紀頃）、人間は「心／魂」という不可解な現象に困惑していたということである。ホメロスはこれを「物語」として描くことでその苦悩と救済を考え、ソクラテスはこれを「哲学」として概念化してその制御方法を考えた。その意味で『イリアス』は「心のカルテ（診断書）」であり、『パイドン』は「心のマニュアルブック（操作説明書）」であると言ってもいい。別の言い方をすれば、ホメロスからソクラテスにかけて、魂の「診断と治癒」の時代から、魂の「造形と制御」の時代へと変容した。そして歴史は、ソクラテスとプラトンを選び、心の操作と制御を目的として進んでゆくこととなる。

ソクラテスにおける心の発明、そしてプラトンにおける魂の造形は、「詩人の追放」という政策へと結びついていたが、それは心にとっては「自己との結託」という問題と関連している。心がどこかへローカライズされ、鋳造されるための「容れ物」、それこそが「自己」である。

自己と心の最初の結託

デルポイの神託「汝自身を知れ」という言葉をその信条としたと言われるソクラテス。この言葉は現代的な観点から理解すれば至極ふつうの提言に聞こえるが、当時のギリシア世界においては極めて奇妙なメッセージである。これまで見てきた『イリアス』に出てくる人物のことを考えてみると、彼らは誰ひとりとして「自分自身を知ろう」などという反省は決してしないことが容易に想像できる。ソクラテスは「自己」という問題を最初に論じた哲学者である。これは、タレスやアナクシマンドロスらの自然哲学者たちとソクラテス／プラトンを分かつ論点でもある。F・M・コーンフォードはそれゆえ自然研究に端を発したイオニアの哲学者らを超えて、はじめて自己の生き方、すなわち倫理の問題を研究した人物としてソクラテスの革新性を強調した。[47]

本書の文脈におけるソクラテスの革新的な思想は、「心」と「自己」を不可分なものとして結びつけたという点にある。別の言い方をすれば、魂（プシュケー）が「自我」として実体化したということだ。古典研究者のエリック・A・ハヴロックは、著書『プラトン序説』においてこう語る。

紀元前五世紀も終わりに近づいたあるとき、少数のギリシア人たちがみずからの「魂」について、それがまるで自我や人格をもつかのような意味で語るようになった。「魂」は自律的になり、大気の一部でも、宇宙的な生命力の一部でもなく、実在とか真の実体とか呼べるものになったのである。[48]

ハヴロックはこの要因をソクラテス／プラトンに還元するというよりは、当時のギリシアにおける文化的な状況、なかでも演劇と思考の関係の変化という事態に見出している。『イリアス』をはじめとする古代ギリシアの叙事詩は、現代の私たちがそうしているように、本に書かれたものを黙読するのではなく、アオイドスと呼ばれる専門の唄い手によって声に出して謡われるもので、そのほか悲劇・喜劇も、常に演劇として上演される身体的な文化であった。一般に文明の原始的段階においては、演劇や祭礼といった身体的な文化がその中心となるが、その理由は文字による記録が不可能であるという点にある。文明は共同体を運営するにあたって戒律や禁則、言い伝えなど特定の知識を必要とするが、その知識の保持と共有は文書で保存する技術のない文化において、人間の記憶能力と伝承に頼るほかない。たとえば古代ギリシアで言えば、神々の名やその教訓、また歴史を保存・継承するために、「詩」という韻文形式によるパターン記憶と、「演劇」という身体的記憶を利用した。

韻文の歌を謡い演劇を踊る役者にとって、「理解する」という行為は論理的に思考することでも、原因と結果の繫がりを推測することでも、知識の意味を考えることでもない。彼らにとって理解するとは、演劇的世界と「一体化」することである。これは「模倣（ミメーシス）」と呼ばれる。演じられる役を模倣して登場人物や物語世界と一体化する行為のなかでは「自己」は成立しない。そもそも彼らが演じるアキレウスにも自己意識はない。アキレウスは自分で思考し行動するのではなく、神々の司令に従って特定の行動パターンを繰り返す人形である。神々の意志と行動の結果の記憶が蓄積されているアキレウスを模倣することによって一体化する古代ギリシア人には、自己意識など発生しようもないのだ。したがって彼らは、現代の役者とも違って、演じる「主体」であるよりはむしろ、「詩」という「保存されたコミュニケーション」（ハヴロック）を伝承する記憶の「媒体」である。

だからこそ、プラトンは哲学者と詩人を峻別した。哲学者は真理への愛を希う知の探求者であるのに対し、詩人は模倣を促す者であるとして、詩人を「追放」した。プラトンは詩人／詩作（ポイエーシス）こそ模倣（ミメーシス）をもたらすものとして批判し、なかでも神格化されたホメロスにその矛先を集中させるが、同時にその批判は詩の唄い手（アオイドス）や役者にも向けられたものだったであろう。ハヴロックによれば、結局のところプラトンはこの両者を含む「経験を韻律形式で記憶するという数世紀にわたる習慣に挑戦している」[49]。なぜならこの詩人と演劇の排除こそ、論理的で自律的な思考の誕生と、自己意識の発生に必要不可欠な条件だったからだ。ハヴロックはこのプラトンによる詩人追放という思想に、自己意識の起源、そして本書の言い方をすれば新しい魂の発明を見出す。ハヴロックの結論を見てみよう。

ギリシア人の自我は一連の多形的で躍動的な物語の場面全体と次々にみずからを一体化していくとも、叙事詩の登場人物たちが身をまかせる挑戦、愛、憎悪、恐怖、絶望、喜びといったあらゆる段階の情動を再現することも、やめなければならない。ギリシア人の自我は、さまざまな気分の果てしない流れに引き裂かれるのをやめねばならない。自我は孤立し、一途な意志の努力によって、「私は私であり、固有な自律的小宇宙であり、私がたまたま覚えていることに左右されずに、話し、考え、行動できるのだ」と言える地点へと結集しなければならない。これによって、「私」とか「自己」とか「魂」といった、行動の根拠を詩的経験の模倣にではなく、自分のうちに発見するような自制的意識があるという前提が受けいれられることになる。自律的なプシュケーの教説は、口踊の文化の排除と対をなすものなのである。[50]

ホメロスにおける風のような心から、ソクラテスにおける制御者としての心へ、そして心を自己と結託させること、というプロセスにおいて、新しい心の発明は完成する。そこには神話からの脱出による神／自然現象と心の切断、詩人の追放による身体的知性との切断、という契機が必要であった。このようなプロセスによってソクラテス／プラトンは、「神―心―自然」の渾然一体とした世界の中から、純粋で自律的な心を取り出し、自らを制御するという新しい実体へと最初の心「プシュケー」をこしらえあげた。

情報処理システムとしての心

ソクラテスによって自己が発明されたという可能性を見てきた。この制御する心＝自己というソフトウェアがなければ、私たちが今日持っているような意識は成立しない。ドレイファスはこの古代ギリシアの思想に人工知能の起源を見出し、ローティは鏡のメタファー（表象する心）の萌芽を見出した。彼らがその思想的根拠を分析するのは一七世紀のデカルトから、カント、ライプニッツ、ヴィトゲンシュタインらといった二〇世紀の哲学者らへの流れだが、ソクラテスの心の概念のなかにはすでに、極めて具体的に、こうした「表象するものとしての心」という考え方が見られる。

プラトン作品のなかではあまり注目されることのない『ピレボス』という対話篇の中で、ソクラテスは興味深いメタファーをもって心を論じている。それは、私たちはいかにして「真」や「偽」といった判断ができるのかと問うプロタルコスに対して、ソクラテスが応答する場面である。

私たちの認識は、事物あるいは世界に対して常に「思いなし」をすることによって可能になる。「思いなし」はドクサ（δόξα）[51]という言葉の翻訳で、時に「臆見」などといった先入観の語感をもって翻訳されるが、ドクサは私たちの認識の基本性質でもある。たとえば、目の前にコップが存在すると「思いなす」とか、地球は丸いと「思いなす」とかいったように、感覚や記憶を通じて世界に対するある思いなし（ドクサ）を持つことが認識の基本的原理である。思いなしは心の重要な働きであるが、注目すべき点は、ソクラテスはこの思いなしが「言表」の形式を持つと語っているところである。たとえば遠くにある樹の下にいる人影をなんだろうか、人間だろうかと「思いなす」とき、一人であればそれを心に思うだけだが、そばに人がいたならば、自分だけで思っていたことを「そのそばの人にちょうどそれを口外するだろう。そしてそのようにして、さきにわれわれが思いなしと呼んでいたものは、すでに言表[52]というものになっているのである」[53]とソクラテスは言う。そしてこうしたケースを考えるならば、「われわれのたましいは、何か〔パピュロスの白〕紙に似ているとぼくは思うのだ」[54]と語る。

ここで魂（プシュケー）が「紙」のメタファーになっている点は興味深い。これもまたホメロスからはかなり遠いメタファーだが、さらにソクラテスはその「紙」のような心の機能を次のように説明する。

> 記憶がもろもろの感覚と合して一つになり、またこれらに関連のある情態変化も加わって、これらがわれわれのたましいに言表となるべきものを、まるで書きこむようなことをその時すると見られるのだ。そしてそれの書きこむものが真ならば、思いなしも言表もそこから真なるそれとして、われわれに生ずるという結果になるが、しかしそのようなわれわれの筆記者が偽を記入すれば、真なる思いなしや言表とは反対のものが結果することになる。[55]（39 A）

私たちは、認識したものを心（魂）という「紙」に「言表」として「書きこむ」。そしてその書かれた言表は「真」「偽」という二値コードを取る。これは現代の哲学が「表象」と呼ぶまさにそのものであり、「真」と判定された表象を私たちは「知識」と呼んでいる。

ソクラテスはここで心を「紙」に喩え、また書き込み機能を「筆記者」のメタファーで語っている。さらにソクラテスは、プロタルコスに「もう一人職人がわれわれのたましいのなかに、その場合出て来るのだけれども、これも承認してくれたまえ[56]」と言って、「絵師」をあげている。絵師の仕事は言表とは異なり、視覚などの感覚から思いなされたものの「絵すがた」となるものを描くのが仕事である。すなわち、ソクラテスの考える心には、まず情報が書き込まれる「紙」がある。さらにここには「筆記者」と「絵師」という二人の職人がいて、彼らが外界に存在する事物や内的な感覚など、心が思いなすものを記号として書き、あるいはイメージとして描き、その書き込まれた情報に基づいて真偽の判定がなされるということだ。

このソクラテスの心に対するイメージは、コンピュータの理論的モデルを完成させた数学者アラン・チューリングの「チューリングマシン」を彷彿とさせる。チューリングは一九三六年の論文『計算可能な数について』で、人間の思考を仮想的にモデル化した機械を考案した。それはまさに、紙と筆記者の書き込み装置であった（むろんチューリングはソクラテスを参照していない）。チューリングマシンは、「0」と「1」の二値コードの情報を書くことができる無限に長いテープ（紙）を仮想的に用意し、そこにヘッドという情報の書き込み装置（筆記者）が情報を書き込んでいくというマシンだ。フォン・ノイマンはこれを基に実装可能なモデルの設計書を書き、有限な紙としてのメモリにビット情報を逐次的に書きこむ装置としてのコンピュータを創り出した。コンピュータという人類が生み出した革新的な技術のモデル、その原型の発想がおよそ二五〇〇年も前のソクラテスの魂の理論のなかに見出されるという事実は、感慨深いだけでなく、西洋的な心の思想の歴史的連続性を思わせる。

また逆に、このような現代的な観点からソクラテスの考えた「心の仕様」を照らし直してみれば、ソクラテスの魂（プシュケー）とは、記号とイメージをデータベースに書き込んで真偽を判定する「情報処理システム」であると解釈することさえできるだろう。つけ加えて言えば、ソクラテスは、思いなしと言葉の関係を『テアイテトス』のなかで次のように語る。

> 自分自身の思考を声を通じ名詞と動詞などを用いてあらわにするというのがそれだということになるだろう。それはちょうど鏡面や水面に向かってのように、口を通って流れ出て行くものの中へ自分の思いなしを印影づけることによってなされるものなのだ。[57]（206 D）

ローティは「鏡としての心」のメタファーをデカルトに見たが、その起源はすでにソクラテスに始まっている。ソクラテスが意識を情報の書き込み装置かつ真偽のコードを持つものとして考えたことの必然として、意識は表象という概念を基礎に持たざるを得ず、さらにその表象は鏡のメタファーを持つのである。

また先ほど、現代的な観点から、心を記号とイメージの書き込まれる「データベース」と表現したが、これもまたソクラテスの言語観に通じるものである。ソクラテスは言表として「ロゴス」と言うとき、「言葉」や「論理」、「理性」などと翻訳されることが多い「ロゴス」をその動詞的な意味において使用している。ロゴス（logos）は動詞「λέγω（lego）」[58]に由来する。「lego」は通常、ロゴスと同様に「語る」という意味を持つが、もともと「拾い集める」「数え上げる」という原義を持ち、田中美知太郎はこうした文脈においては「枚挙」の意味を加えるために「言挙《ことあげ》」と訳している。[59]正しい思いなしを伴う言語（ロゴス）の働きとは、ソクラテスにおいて、まさにデータを数え上げ、並べ、枚挙することなのであり、逆に言えば語りうる言葉（ロゴス）とは、数え上げられること（レゴーされること）を条件として機能する。

　頭の中に、データを取り込んでその情報の真偽を判定する装置としての意識は、現代哲学ではひとつのパラドックスを想起させる。現代の意識の哲学を牽引するダニエル・デネットは、意識を情報処理であるとすると、その情報を意識の内部で認識し判断するもう一つの意識が必要であり、その意識の内部にもまた情報処理の判断をする意識が必要であり、その意識にもまた……という無限後退を生み出す「ホムンクルス」という思考実験を提示した。ホメロスの意識が、世界と一体化し、世界という海のなかに埋没したものであったとしたら、ソクラテスは意識と世界を切り離し、かわりに世界を対象化したのであった。これを人類史の最初の超越[60]と呼んでもよいだろう。私たちは単に世界に埋もれた存在ではなく、世界を対象化し、認識する超越的な存在となった。すると畢竟、超越する意識という新たなる審級が世界と対峙しなければならなくなる。この意識は果たして遡ることを止める唯一の審級として君臨できるのか。ソクラテスは、デネットのパラドックスのように意識の無限多重化を想定していなかったが、少なくともソクラテスが心を情報処理的に捉えた時点で心は内在化し、意識はすでに二重化していた。

　ソクラテスにとって、人間とは「観察」することを本質とする生き物である。しかし、これは単に視覚器官としての眼で「視る」ことではない。ソクラテスは『クラテュロス』のなかでヘルモゲネスに対し、「人間」の定義についてこのように語っている。

この〝人間〟(anthrōpos)という名前が何を意味するかというと、他の動物たちが、自分の見るものを何ひとつ考察せず、検討もせず、観察もしないのに反して、人間は見た――つまり、視た(opōpe)――だけでなく、同時に視たものを観察し(anathrei)、考量するということなのだ。[61]

(399 C)

視たものを観る、それが人間の本質である。古代ギリシア哲学では、観察(アレテイア)が知性の重要な態度であるとされたが、それは単に視覚器官によって視るということではない。事物の本質である「形相(eidos)」さえ、「観る(eido)」に由来するが、ソクラテスにおける観る(anathrei)とは、二次的な観察であることが重要であり、「人間(anthrōpos)」とはまさに「視たものを観察するもの(anathrōn ha opōpe)[62]」なのである。ソクラテスのこの人間の定義は、動物と人間を区別する基準であると同時に、ホメロス的な人間の心から、新時代の人間の心を定義する重要な分岐点である。別の言い方をすれば、人が世界を二重に見ることをはじめたとき、最初の「人間」すなわち「アントロポス」が登場したのであり、「人間(アントロポス)」という語には、見ることの二重性が刻印されているのである。

ソクラテスによるホメロスの否定の本質とは、世界を視ることによって生きるのではなく、世界を視た上でさらにそれを観るというメタ意識の創造であった。それは神々に奪われる一次的な意識の上位に、自らが主人であり神であるかのような、情報処理システムを内在させるもう一つの意識を構築すること、そしてこの上位の意識が下位の意識や身体を制御することであった。明らかにソクラテスは「魂」を内在化している。彼はアテナイの市民たちに「魂を配慮せよ」と言い続けた。それは古代ギリシアの人々の多くが納得できるものではなかっただろう。なぜならホメロス的な魂は亡霊のような、影のような、煙のようなものであった。風に吹き飛ばされてしまう魂を配慮し、完成させよという主張は、彼らには奇異に映ったに違いない。だからこそソクラテスは、魂を主人のような、制御する主体にまずは創り上げた。「魂への配慮」は魂が自己の判断の主体であることを前提としてはじめて意味のある警句になるのだから。

思えばソクラテスの哲学は、「対話」という方法によって営まれたが、これも二重化された意識と無関係ではない。ソクラテスはギリシアの賢人たちが語る知に「本当にそうか？」「その根拠は何か？」と常に問い直した。彼らの知は、いわば視たままの知であった。あるいは詩人の語る世界への模倣（ミメーシス）による知であった。そこに矢継ぎ早に質問をして楔を打つソクラテスは、明らかに彼らに「内省」を促している。ソクラテスの語る言葉は、自身で考えた答えを諭すのではなく、ほとんど相手に「もう一度考えてみよ」と促している。一次的な視覚による観察、意識による思考をストップさせ、自分の考えた思考をさらにもう一度思考させる、いわば彼は人間の意識を二重化させる訓練をしていたと言ってもよいだろう。世界について考えるのではなく、世界について考えたことについて考える。考えられた世界について再び考えろという要求は、現に与えられた世界についてではなく、あり得たかもしれない世界について、唯一の世界についてではなく様相的（multi-modal）な世界について、考えることを必要とする。「cognition（認知）」ではなく「re-cognition（認識）」の発生である。ここには明らかにシミュレーション的な意識とでも呼びうる意識のモデルが芽生えている。繰り返されるソクラテスからの反論の本質は、思考の内容を「変更」させることではなく、思考それ自体を「反復」（あるいは別の形でシミュレーション）させることにあった。「産婆術」と呼ばれるソクラテスの問答法は、未知なる思考を産婆させたのと同時に、内省の声、「もうひとりの自分」を産婆させたのであった。そしてこの内的な空間において自分自身と対話することこそを、ソクラテスは「思考（διάνοια）」と呼んでいる（『ソピステス』）。

> 魂の内において音声を伴わずに、魂自身を相手に行なわれる対話（ディアロゴス）であって、これがわれわれによって、まさにこの〈思考〉〔ディアノイア〕という名で呼ばれるにいたった[63]（263 E）

魂が自己自身と対話する。ここにソクラテスの意識の二重化をはっきりとみることができる。ホメロスにおける魂も自身と対話することがあったが、アキレウスは自身の胃や心臓など、自身の身体各部位と、あるいは自らに語りかける神々と対話していたのに対し、ソクラテスは自己自身と対話している。そして重要なのは、ホメロスの意識は自身内でのコミュニケーションを「対話」として描いているのに対し、ソクラテスは意識内でのコミュニケーションを「思考[64]（διάνοια）」と呼んでいることだ。近年の発達心理学の礎を築いたヴィゴツキーは、他者と対話する「外言」と区別して意識の内的な声を「内言（インナースピーチ）」と呼んだが、ソクラテスはこの内なる声、インナースピーチの最初の発見者でもあった。

心の創造と不安

ソクラテスの問答法は、世界を対象化した思考そのものを対象化した。したがってこの新たなる心は、対象化された思考が目の前のテーブルの上に広げられ、それを繋ぎ合わせて思考することを要求する。別の言い方をすれば、自分がその中で生きるマクロコスモスとしての宇宙を思考するのではなく、宇宙を縮約し、写像したミクロコスモスを思考の対象にした。その意味では、ソクラテスが思考するとき世界は手の内にある。内省の声、内在化した視点によって、手の内で思考する。内在化した心は、ホメロスのように世界と感応し交わるのではなく、意識という一点の照明によって、そこから世界を照らす。ここに、なぜ人間が意識という光を持たなければならなかったかの秘密がある。しかし、ここにはひとつの逆説が存在する。哲学者の井筒俊彦は、人間の意識を自ら発光して四方を照らす光にたとえながらこのように言う。

日常的人間意識は譬えばかかる光の円である。人間はかかる自己照明に依って僅かに自己の周囲を照らしつつ、無限なる宇宙的闇黒の只中に投げ出されているのである。無限に深く無限に広き暗黒の不気味な沈黙の中にあって、危げに風にはためくこの灯火ただ一つが彼の頼りである。灯を消す勿れ。この灯が消えるとき、全ては黯惨たる死の闇に消え去るであろう……。しかしながら実は人間が自らの照明を有するが故に、却って周囲は無限の闇黒なのである。[65]

ソクラテスは、ホメロスのように混沌とした世界に翻弄される意識を持たなかった。その代わりに、意識を二重化することによって自己を明るく照明し、そしてその光の力で世界を照らし、世界を把握する心を創造した。しかしながら、世界をある一点から照らす意識があるせいで、その光が届かない世界は暗闇をいっそう暗くし、混沌をいっそう極める。この世界を一点から照らす光としての意識が矛盾を抱えているのだとすれば、意識の機能を強化し、意識の光量をあげて光の届く範囲を拡大していくことは、問題を解決するどころか、むしろ問題の困難を深めるだろう。なぜなら意識の光が強大になればなるほど、世界の闇は強まっていくのだから。本書が描く意識の哲学史は、このような矛盾を抱えたままに構築されていく意識の進歩を追っていく。

しかし意識の逆説的な困難は、まだソクラテスにおいて顕にはなっていない。なぜならソクラテスにおける心は、この光の照明を確立しながらも、その外部にある暗闇、意識には明らかにすることができない不明な世界を感じていたからである。

本書はこれまで、ソクラテス／プラトンが心を制御するシステムとして創造したと書いてきた。しかし最後に、これと矛盾するようであるが、それは現代の合理的な思考をその中心とする意識やコンピュータとは異なるという点を述べてみたい。

ソクラテスはダイモーン（霊）の声を聞いていた。ある夜にふと一人歩きだし、ひと晩中立ったまま考え事をする。しかし彼はそのとき、内的で理性的な魂と対話していた（思考していた）のではない。ソクラテスは、神からの声を聴き、恍惚に浸っていた。ソクラテスはしばしばこうした恍惚状態へと陥ることがあり、長い時は三日間ものあいだ、感嘆に包まれていたと本人が語っている。

ソクラテスの意識は閉じたシステムではなく、そこに未知への穴が空いたオープンなシステムであった。このオープンな穴を閉じて、思考を完全な閉じたシステムへと変えてしまうのは、ソクラテスから二千年以上先の、近代という時代である。ソクラテスにとって心は、すべてが合理的に完全に把握されたものではなかった。あえてコンピュータのメタファーになぞらえるならば、チューリングがまさに「神託機械（オラクルマシン）」と名付けた、閉じた計算システムであるチューリングマシンが答えられない問いに答えを返すシステムに近いだろう。ソクラテスは、徹底的に合理的な思考と制御システムであることを心に課しながら、同時に天の神と自らを繋ぐ一本の線を確信し、意識をオープンな状態にすることでシステムに動揺をもたらす緊張を手放さなかった。世界を照らす意識の光を灯しながら、同時にその外側にある暗闇をたしかに感じ取っていたのだ。

ソクラテスが心を発見したといっても、発明したといっても、当然ながらそれは彼ひとりの創意ではない。誰もが神話を歌い、地上は神々の霊に満ちている。オリュンポス山の頂きには神々が住まい、人間に取り憑いて行動を操る。大地は揺れ、嵐や雷が降り注ぎ、些末な人間には何もできないという無常観が漂う。おそらく、古代ギリシアにおいて心はほとんど自然災害のようなものだった。心を自分が所有するのだと考える者もいなかっただろう。そんな古代ギリシアの世界において、何か自己の内側で蠢いている衝動。そのあやふやだがたしかに感じる存在を最も敏感に感じ取り、名指し、少しずつ形にしていこうとしたのがソクラテスであっただろう。湧き起こる感情、めぐりめぐる思念、身体への感覚、それらはすべて「驚き」であって、同時に常にどこかでそれらを制御しようとする得体の知れないものがある。ソクラテスにとって心は自明ではない。心を正確に名指す言葉もなく、その意味を十全に語る論理もない。彼はありとあらゆる人々と対話し、議論するなかでその曖昧な存在に迫ろうとしていた。移り変わる時代の節目に立ちながら、彼はこの未知の感覚と格闘し、そしていつか確信しただろう。この心／魂という存在は、人間にとって決定的で本質的なものだと。むろんこの確信は、知を愛し、知を希う哲学者（フィロソフォス）であるソクラテスにとっては、完全な知としての事実ではなく、むしろ賭けのようなものだ。心という存在に賭けてみる。心という存在を手がかりに、神や、自然や、愛や倫理について考えてみる。その試みこそがソクラテスの人生であり、哲学の誕生の瞬間だった。

2

意識の再発明と近代

The Re-invention of the Mind and the Modern Age

"I am going away, and you will look for me, and you will die in your sin. Where I go, you cannot come."
——Gospel of John (Chapter 8:21)

Jesus
Help me find my proper place
Jesus
Help me find my proper place
——《Jesus》 The Velvet Underground

ソクラテスの灯した小さな意識の光。それはたしかに人類にとって最初の心の革命とも言うべき祝歌であったが、すぐさま消え去ってしまった。キリスト教という天から注ぐ太陽の如き強大な光にとって代わられたのだ。キリスト教神学があらゆる人間の生き方の源泉として君臨する中世の人々において心は、常にキリスト教の神との関係において捉えられた。教皇権威が政治のみならず学問においても支配的であったローマ帝国時代以降は、ソクラテスの思想はヨーロッパにおいて忘れられた。五二九年にはプラトンのアカデメイアはキリスト教への脅威から閉鎖され、ソクラテス／プラトンの哲学を体系化したアリストテレス全典はペルシアに亡命したアラブの哲学者らによって保存・研究され、長らく西洋世界ではその存在さえほとんど知られていなかった。しかし近代の哲学者たちは、ソクラテス／プラトンに中心的な影響を受けることなく、むしろキリスト教神学からの離反というかたちで、再びソクラテス的な意識を再発明することになる。

一一世紀頃に温暖化が急激に進んだことでヨーロッパは大開墾時代に突入し、森林は劇的な勢いで開拓され、人口は増大し、都市が林立し始めた。商業都市の勃興や農業技術の要請、新興貴族の登場や経済活動の増大など、多様化し始める人間の生き方を統一する力を、キリスト教は少しずつ失い始めていた。こうして変動するヨーロッパにおいて、再び新たなる心のモデルが生まれつつあったが、ついに一七世紀頃、中世の神学にかわって近代の哲学が花開き始める。

歴史という隙間のない時間の連続体に、あえて切れ目を見出さなければならないとしたら、私たちは紀元前五世紀に一つめの区切りを、そして一七世紀にもう一つの区切りを入れるだろう。本書ではこの紀元前五世紀の切れ目に、ホメロスからソクラテスへ、すなわち「風のような心」から「制御する心」への移行を見てきた。大地を漂い、自然と混濁し、また神々と混じり合う心を、自律した統一体としての心へと変容させたソクラテスに必要だったのは、心を神と自然から切り離す作業であった。ソクラテスの創造は心の第一プロトタイプとして西洋史の中心に遡行的に設定されていくが、一七世紀以後の哲学者たちがやらなければならなかった、キリスト教という新たな神から精神を独立させ、心を再発明するという仕事は、やはりオリュンポスの神々から離反するというソクラテス的な意識のモデルと近似していくことになる。彼らは二〇〇〇年以上の時を経て、再び神と自然と心の関係を作り直す必要があったのだ。この一七世紀の切れ目を私たちは「近代」と呼んでいる。

一七世紀、それは科学革命の時代でもあった。科学革命の本質は、単に科学理論や技術の革新があったことではなく、神や世界に対するアクセスを、宗教以外の別の方法――理性／法則――で切り開き、人間の世界認識（エピステモロジー）を変容させたことにある。

ガリレオ・ガリレイは硝子を磨いて作った望遠鏡で月を覗き、その「美しさ」ではなく、その「醜さ」に感動した。中世神学の常識では、神の世界である天界は完全で理想的な世界であり、なめらかな月は完全性の象徴であるはずであった。しかし、ガリレオが見た月は、まるで私たちの生きる地上のように、山肌があり、岩があり、ゴツゴツとしていた。神の完全な世界と思っていた月も、私たち地上の大地と同じではないか。ガリレオが望遠鏡を通じて発見したのは、天文学的対象としての月や太陽ではなく、神の世界と人間の世界にわたされた通路だった。神の世界を私たち人間の知性によって捉えられる存在へと変容させる契機をつくったのはニュートンである。ニュートンの万有引力の法則の発見は、これもまた私たちが思い描く物理法則の発見ではない。彼は物理学と変わらぬ情熱で聖書の研究に身を捧げていた。ガリレオが経験的事実から神と人間の距離を縮めたのだとしたら、ニュートンは法則を通じて神と人間を繋ぐ回路を構築しようとしたと言えるだろう。

キリスト教の神が絶対的な権威であり知的源泉であった中世から、なんとか脱皮しようとする一連の運動があったのが近代の特徴である。モダニズムとは、神を頂点とし、霊や神秘にあふれたこの地上の世界を、合理性という人類が獲得した新たな認知的フォーマットとその道具立てによって再編成しようという運動に与えられた総称である。そこで人間の合理性を支える全般的な基礎、神から自律した人間独自の知的基盤を立ち上げようとしたのがデカルトだ。そしてそれは、デカルトに心の再発明を要求した。私たちはこれから、デカルトの創造した心のモデル、そしてその対比として、あるいはその副作用として心の苦難を抱えたパスカルという哲学者、さらにデカルトの創造とパスカルの苦難を背景に、現代的な心のモデルを完成させた一八世紀のカントの思想を見ていこうと思う。

デカルト――孤独なる、明滅する心

René Descartes, 1596 – 1650.

デカルトの人生は、孤独のなかにあった。彼の座右の銘は帝政ローマ期の詩人オウィディウスの「よく隠れた者こそよく生きた者である」であった。しかし彼の孤独は感傷とは無縁である。テーブルの上のコップや、他者のぬくもりといった、この世界に対するなんらかの結びつき、関係性への希求とその喪失による孤独ではなく、ただ絶対的で純然たる孤立。この世界のありとあらゆるものとの関係性が断絶してしまった状態。他者もモノも、思考も感情も、知覚も記憶も、心の捉えるものを一度すべて取り去ってしまい、あらゆるものが断ち切られて残る孤立。デカルトの哲学は、無から始めるための方法である。暗闇から始まる哲学。形而上学的な孤独。私たちはデカルトの哲学を読むとき、この絶対的な孤独の心を想像しなければならない。デカルトは「ひとりでしかも闇の中を歩いていく人のように」[1]と言って哲学を始めたのだから。

三十年戦争に進んで参加し、ドイツやイタリアなどを旅し、旅先では科学者や神学者らとも議論を交わし、一見すると社交的とも思える彼は、思索においては孤独を求め、まるで逃げるように放浪した。「我思う故に我あり」という哲学史で最も有名な言葉を紡ぎ出したのもこうした孤独の実験の最中であった。『方法序説』を書くとき、デカルトは「知りあいのできそうなどんな場所からも遠ざかり、ここに引き籠ろうと決心」[2]をして、ただ独り炉部屋に閉じ籠もって思索を開始した。一六二八年、彼が度重なる放浪の旅と戦争から逃げるようにオランダの山小屋に籠もり、親兄弟や知人、学友からも離れ、友人マラン・メルセンヌだけに自分の居場所を知らせ、たった独りでこの新たな哲学の創造に向かい合ったのは興味深い。ソクラテスが同じように自律的な心を発明するとき、常に他者たちと対話しながら思考したのに対し、デカルトはたった独りで新たなる心を創り出す必要があったのだ。

私と世界の存在の方位

「我思う故に我あり」というデカルトの「証明」は神さえも存在しない暗闇のなかで、あらゆる幻に満ちた世界のなかで、唯一確実に存在すると言い切れるものの確信だった。それは、誰かが自分を騙しているのかもしれない、世界には何も存在しないかもしれない、と疑っていることとそれ自体である。したがって「疑っている自己」だけは絶対に確実に存在するたしかなものである。この一点に到達したとき、デカルトの懐疑のプロセスは反転する。否定の運動から肯定の運動をもたらす起点の登場。これが「我思う故に我あり」という言葉の真価である。

デカルトの論証によって、ひとつの転回が生じている。キリスト教以来、中世を通じて人間の思惟や魂とは、神から与えられた能力の分与という性格が強かった。たとえば新プラトン主義者のプロティノス（Plotinus, 205? - 270.）は、純粋で完全なる最上位の神（＝一者）から、その力が「流出」して人間に「知性」という力を与え、そして「魂」へと下っていくという考えを提示し、その思想は大きな影響力を保持していた。それゆえデカルト以前、私たちの思惟する魂とは、神から流出した力によって働いているという考えが常識であった。[3]

しかしデカルトにおいては、まず私が存在することの確証からすべてが出発する。「私が考える」という起点がなければ、この世界はすべて幻である。すなわち、デカルトの「我思う故に我あり」という証明の本質は、「我（私）」の存在を証明したことそのことではなく、「私」という一つの存在を梃子にして、宇宙のあらゆる存在が根拠づけられていく点にある。[4]デカルトの革新性は、「私」という一つの場所の発見にではなく、私から世界を基礎づけるという方向の転換にある。意識によって世界が可能である、という人間の心の重大な決定がデカルトにおいて行われたのである。

デカルトの目的は自己の存在を確証することではなく、確実だと言える基礎から学問を再構築することである。したがって彼の思索は自己の存在証明を基礎にして、そこから神の存在証明、[5]世界の存在証明へと展開されてゆく。デカルトは私の存在証明から世界の様々な存在を証明していく道具立てとして「明晰な思考＝理性」を使用したが、その基礎的な能力は「神」に依存する。その意味でデカルトは、魂を完全に神から切り離すという近代の巨大なプロジェクトを完遂することはできなかった。

しかしながら重要な点は、仮にデカルトの神やそのほか世界の存在に対する証明が失敗していたとしても、「私」を起点として神を論証しようとする意志が確認できることである。最後まで神への信仰を捨てず、理性や道徳の源泉としても神を根拠としたデカルトは、思惟する私の存在については決して神を最初の根拠としなかった。「われわれの自分の魂が神の至高の知性の流出物であり、「アタカモ神ノ息吹ノヒトカケラ」であることを確信する」[6]とまで書くデカルトが、『方法序説』よりも十年ほど前に書いた『精神指導の規則』（一六二八年著、生前未完）においてすでに「私は、みずからが存在することから、神が存在することを、確実に推論するけれども、神が存在することから、私もまた存在すると主張することはできないのである」[7]と書いてその思索を開始している。

「存在」は神であろうと物質であろうと世界そのものであろうと、「私」を出発点とする。それがデカルトにとっての「哲学の第一原理」である。[8] 別の言い方をすれば、世界の存在全体が、私の「思考」という心の働きに委ねられているということだ。本書は冒頭で、心という存在に託された仕事の過大さについて書いたが、その観点からいえばデカルトの果たした役割は極めて甚大である。ソクラテスにおける心は、世界に存在する事物を紙に書き込み判断する認識装置であったが、デカルトにおける心は、そもそもそれがなければ世界も存在すらしないような、世界を根拠づける基盤なのだ。

このようなデカルトの意識論は、単に「形而上学」としての意味を超えた、極めて実践的な「思想」としての意図を持っていたことも見過ごせない。デカルトは『方法序説』を当時の知識人の使うラテン語ではなく母語のフランス語で書き、「婦人でさへ何物かを理解し得るであらう」と言って広く民衆に読まれることを望んだ。この書の冒頭には「良識〔bon sens〕はこの世のものでいちばん公平に分配されている」[9]という宣言が書かれており、実際にデカルトは『精神指導の規則』において、人間がいかなる方法で思考すれば確固たる自我から理性的な知性に至るまでを網羅できるかを詳細な細目と規則に分けて提示し、「この方法全体を完全に習得したすべての人をして、かれがいかに凡庸な精神であっても、他人が達しえてかれ自身の達しえぬものは一つもないこと〔…〕を悟らせよう」[10]と言う。デカルトの思想は、考える我として人間の精神を「発見」しただけにとどまらず、人間精神を方法と規則によって開拓（統制）し、人間精神をいわば「プログラミングする」という構想までを含んでいるのであった。そのプログラムの構想は壮大である。それは単に自我という意識のコントロールにはとどまらず、ひとたび理性を活用する方法を手にした意識は、その触手を全世界（全自然）へと拡大することができる。

この実践的な哲学によって、火や水や空気や天体や天空や、そのほか私たちを取り巻いているあらゆる物体の力とはたらきをはっきりと知りそれぞれにふさわしいどんな用途にも同じようにそれらを使い、そういうふうにして〈自然〉の主人で所有者のようになることができるでしょう。[11]

プログラミングされた精神が扱える領域は、正式な方法と手順によって作動させることさえできれば、これまで中世では神と天の支配領域とされてきた星々や火や水など、天界や自然領域にまで及ぶことが可能であり、人間を「自然の主人にして所有者」へと導きさえするのである。[12] ソクラテス／プラトンにおいて精神は、身体というローカルな領域の「主人」であったが、デカルトに至って精神は全自然の「主人」というグローバルな領域の支配者にまで高められたことになる。冒頭に、デカルトの哲学は孤立から始まる哲学、「無から始まる哲学」と書いたが、無から始まった哲学だからこそ、それは「すべてを手に入れる哲学」でもあった。デカルトの哲学は、起点なきプロセスを無であると捉えたが、逆に言えば、起点を確保し、思考のプログラムをインストールした推論のプロセスは、無限の彼方まで止むことなく走り続ける。

魂から意識へ

デカルトにおいて精神は、私の存在を確証し、世界や神の存在をも理性的に証明していくものであった。本書の観点から注目すべきは、ソクラテス以来の、中世を通じて保持されてきた魂（プシュケー／プネウマ）の概念が変容されていることである。デカルトにとって身体は時計や車と同じように機械であるが、それを動かす駆動力はふつうの機械とは異なる。人間の筋肉は脳から伸びた細い管のような神経が、四肢や身体の各部位を引っ張って動かすとデカルトは考えていたが、その力は何に由来するのか？ 現在では、神経系を通じた電気的情報の伝達に基づいて細胞を構成する分子が化学的反応を引き起こし、身体の動きが可能になることが判明しているが、言うまでもなくデカルトの時代にはこれらの事実は知られていない。

デカルトはこの神経と筋肉の運動をもたらす力を、古代ローマの医学者ガレノス（Galen, 129?～199.）の説に依拠している。古代ギリシア、アリストテレスはプシュケー（魂）の座は心臓であると考えたが、[13] 古代ローマ期にはすでに脳の機能が注目されていた。医学の祖ヒポクラテスの系譜を継ぐガレノスは解剖学者でもあり、当時はキリスト教によって人間の解剖は禁止されていたものの、豚の解剖を通じて脳と神経の構造を理解していた。ガレノスは脳神経のいくつかを機能別に分類し、知覚・運動系の神経、また交感神経系、反射神経についても発見していた。しかしながら、脳や神経はあくまで身体の構造であって、人間の魂についてはむしろソクラテス以前の、ホメロス的な魂の観念がいまだに流通していた。人間の魂は大気の風としてのプネウマ（pneuma）を素材として成立するという観点である。

生理学の父エラシストラトス（Erasistratus, BC.304? - 250.）は、大気の風プネウマが肺を通じて人間のなかに入り、これが「心臓」で「生命のプネウマ（vital pneum）」になり、「脳」に入ることで「心のプネウマ（psychic pneum）」になると考えた。ガレノスはこの二つのプネウマ説に対して、「肝臓」で「自然のプネウマ（natura pneum）」が生成されるという三つのプネウマを提唱していた。[14] これはプラトンの魂の三分説、すなわち魂の理性的部分は「脳」、情動的部分は「心臓」、欲望的部分は「肝臓」に存在するという考えに基づくものである。

デカルトはガレノスに従い、心のプネウマを感覚や運動をもたらす力として採用し、それを「動物精気（spiritus animalis）」と呼んだ。[15] 動物精気はプネウマの観念を引き継いだ「微細な風」のようなものであり、脳は身体の各所に神経を通じて動物精気を送り込む。動物精気を動かす原因は心臓の熱である。全身に栄養を与える血液が脳に入るとき、脳の狭い入り口を通過する血液が動物精気を生み出すという。そのため、たとえば酒を飲んで人間が様変わりするのは、酒を通じて活発な精気が脳に入って、通常とは異なる異常な働きをするからであると説明される。

デカルトが一連の人間の生理的機能を、「spiritus（精神／気息／魂）」という言葉を使って説明したことは重要である。なぜならデカルトの動物精気は、血液から生成される「物質」であり、機械である身体と同質の存在だからである。

すなわちデカルトは、「考える我」という思考を通じた精神の在り方を方法的懐疑という哲学的方法によって確立すると同時に、プネウマという古代ギリシア以来の生命的で霊的な意味を持つ魂の概念を、血液と同じ「物質」へと変容させたのだ。デカルトにおいて物質は、「考える我」という「思惟」の本質と完全に区別される別の存在であるため、ここには大きな歴史的な切断がある。ソクラテス以来の魂は、デカルトによってついにその終焉を迎えたのだ。そして、古来の「魂」がついに「物質」へと変質するとともに、新たな心として設定されたのが「意識（Consciousness）」であった。

デカルトは「意識」という言葉をはじめて現代的な意味で使用した最初の哲学者であった。かつて「魂（psyche/pneuma）」と呼ばれていた言葉に代わって、現在の私たちは「心（仏：âme 英：mind）」あるいは「精神」という言葉を使い、また「意識（consciousness）」という言葉を使うようになるが、この起源はデカルトにある。デカルトはラテン語の「conscientia」という語を、私たちが「意識（英：consciousness 仏：conscience 独：Bewusstsein）」と呼ぶ言葉の意味で使用したはじめての哲学者であった。[16] 一七世紀のヨーロッパにおいて、ラテン語の「conscientia」は、現代ならば「良心（conscience）」という社会的／道徳的な意味合いを持つ言葉であったが、デカルトはこれを心理学的な自意識の意味において使用した。「con-scientia」はラテン語で「共に（con）」「知る（scire）」こと。[17] それは知ることとの共同性であり、知ることとの共犯関係の形成であるゆえに、「良心」だったのだ。しかしデカルトは、このconscientiaを「コギト（cogito）」と同じ意味に使うことによって、共に知ることである「良心（conscience）」から、ただ独りで知ることの「意識（consciousness）」へと変えたのだ。[18]

デカルトの行った意識の再発明。それは第一に「考える我」という世界の存在を根拠づける基盤を創り上げたこと。また第二に、精神と身体を区別して身体を機械とみなしたこと。そして最後に、魂という霊的で自然や神々との繋がりを微かに保っていた概念を血液と同等の物質へと変更し、意識という新たな認識装置を概念化したこと。これがデカルトの意識の再発明における必要な手続きであった。そしてこれはたしかに認知科学や人工知能の基礎的な考え方を用意したと言えるだろう。

明滅する心

一見すると、デカルトの精神＝我は、世界を根拠づける非常に強力な地盤であるように思える。たしかに世界全体が考える我に委ねられているという点において、それはかつてこの地上に登場したことのないくらい強力な基盤装置である。

しかし、デカルトの「私」は明滅する。どういうことか。命題「我思う故に我あり」が『省察』ではじめて提示されるのは、第二省察である。ところが、この章でデカルトは先の命題をパラフレーズしながら驚くべきことを述べている。

> 私はある、私は存在する。これは確かである。だが、どれだけの間か。もちろん、私が考える間である。なぜなら、もし私が考えることをすっかりやめてしまうならば、おそらくその瞬間に私は、存在することをまったくやめてしまうことになるであろうから。[19]

私は存在する、しかし私が考える間のみ。これがデカルトの意識モデルである。明滅を繰り返す蛍であれば、自らがその発光を失ったとき暗闇は訪れるが、蛍は相変わらず静かに呼吸し、存在している。しかしデカルトにとって、私が考えるのをやめたとき、私の存在は消える。デカルトはただこの弱き一点に絞って私の存在を取り出しながら、それを全世界を支える蝶番とした。このデカルトの発見に、心に過剰な役割が任された最大級の一撃があった。こんな明滅するような儚き一点の瞬きに、全世界の重みが「掛け／賭け」られている。それがデカルトの意識モデルの恐ろしさである。二〇世紀の精神分析学者ラカンは、すべて人間の自我は「ひび割れている」という意味を込めて、その不完全な主体(Subject)を「S̸」と書いたが、ラカン風に言えばデカルトのコギト(cogito)なる意識は「……●—S(c)—●—S(c)—S(c)—●—S(c)—……」というように、絶えずコギト(c)という思考作用を伴いながら系列し、暗闇(●)のなかで明滅する自我(S)である。

しかし、デカルトの考えた実際の自我は明滅しない。先の明滅する自我の記述は、いわば反語として書かれている。したがって、デカルトの自我は実際のところ「S(c)」がずっと系列し続ける。ここで注意すべきなのは、ひとたび方法的懐疑によって自我が獲得されれば、最初の自我によって思考だけが排出され「S—c—c—c—c……」というように永久に思考する自我が系列するのではなく、思考作用が常に持続し続け、そのことによって自我が絶えず同時生産されているように系列するということだ。それゆえ、正確には「c(S)—c(S)—c(S)—c(S)—c(S)……」と書くほうが近い[20]。それゆえデカルトの意識モデルは、明滅する心の可能性と、思惟する心と自我の不可分離性という二つの特徴に論理的な整合性をつけるために、極めて奇妙な結論を導くことになる。デカルトは、同時代の哲学者ガッサンディ(Pierre Gassendi, 1592 - 1655.)の、思惟する魂は「昏睡状態」においてはどうなるのかという質問に、このように答えている。

> 魂は思惟する実体なのですから、なぜに、それが常に思惟することがなかったりなどするでしょうか。われわれが、成人になっており、健康であり、目覚めているという際に、われわれのもったことを知っている思惟ですら、大多数を想い起こすことすらないのですから、魂が母胎のうちで、あ

るいは昏睡状態等々のなかでもった思惟をわれわれが想い起こさないということは、何か不思議なことでしょうか。[21]

なんとデカルトの「考える我」を支える精神という実体は、方法的懐疑のなかにおいて見出されるばかりのものではなく、「昏睡状態」のうちではもちろん、「母胎のうち」でさえ思惟しているような魂なのだ。[22] すなわち、デカルトは自我の意識を本来は「明滅する心」と考えたばかりに、どんなときも思考作用が働いている永続的な「不滅の心」に設定しなければならなかったのである。逆に、もしも「母胎のうち」や「昏睡状態」において意識は思惟できないはずだと考えるならば、デカルトは「明滅する心」を受け入れざるをえないのである。

デカルトを読む人々はデカルトの考える我の「強さ」に注目し、またそれを批判することに力点を置くが、本書はむしろこの強い自我の裏側に隠された「弱さ」に注目したい。あるいは別の言い方をすれば、デカルトの強き自我は、かなり無理をした強さということになる。本書のはじめに、心の過剰な役割について語った。デカルトにおいて、心はかつてない重みを背負うことになった。しかしその重みは、心の明滅という秘密を隠している。果たしてこの弱き心の秘密をどのように受け入れればよいのだろうか。

次節では、この心の弱さという問題に真正面からぶつかって戸惑った哲学者、心の重さに耐えきれなかった哲学者ブレーズ・パスカルの思想を辿る。

パスカル——アクセスの途絶えた狂気なる心

Blaise Pascal, 1623 - 1662.

人間は、もしも気が違っていないとしたら、別の違い方で気が違っていることになりかねないほどに、必然的に気が違っているものである。

——『パンセ』断章四一四[23]

パスカルは気が狂いそうだった。正常な人間の心さえも、気狂いの一形態に他ならないと断じるほどにである。なぜ彼はそのような狂気に苛まされたのか。デカルトが世界全体を所有することとさえ可能な心を構想していたこととは裏腹に、ほぼ同時代のパスカルは心の扱いに苦悩していた。哲学史においてしばしば描かれる「近代」のストーリーが、デカルトからカントへの流れであるとしたら、私たちが本節で見ていくのは、デカルトの発明した近代的な精神のいわば「裏面」である。私たちは、パスカルがなぜ狂気に悶えなければならなかったのか、という問いを通じて、輝かしい近代の裏通りを通過しなければならない。

ソクラテスの誤算

ソクラテスが心という装置を発明したことで、人間の知性は飛躍的に向上した。しかし、そこにはひとつの誤算が生じていた。それは、心にあまりにも過剰な役割を持たせてしまったことである。ソクラテスにおいて心は、身体を統御する管理者であり、道徳の審判者であり、世界を理解する理性の座である。あまりにも多くの仕事を任された心は、よくいえば全能の神のような存在であり、悪く言えば手に負えないめんどうくさい機能をすべて押し付けて詰め込まれたゴミ箱のようなものである。もしも心という存在を統御して扱おうと思うならば、私たちはあたかも神であるかのようにタフでなければならない。そうでなければ、心はゴミ屑のようにカオスとなる。

そもそもデカルトは兵士であった。それも志願して戦争に赴いた兵士である。彼は『方法序説』を書く以前の青年期、独りで世界を放浪していた。

これからは、私自身のなかか、それとも世間という大きな書物のなかか、どちらかに見いだされるかもしれない以外の学問を求めるのはやめようと心に決めて、残された青春時代を旅行することに、いろいろな宮廷や軍隊を見ることに、いろいろな気質いろいろな身分の人たちと交わることに、いろいろな経験を積むことに、偶然与えられる機会をとらえて自分自身を試すことに〔…〕使いました。[24]

デカルトにとって知性の相手は世界すべてである。本のなかに書かれた情報だけを判断することが知性ではない。知は、世界全体という書物に対して有効でなければならない。そのために彼はいくつもの国を放浪し、戦争へ参加し、世界を放浪した。それは彼の精神を「試練にかけること」だったのである。

もちろん試練を乗り越えたデカルトの精神の強さは、彼の人生に対する決意のみならず、哲学的な帰結としての「考える我」から全面的な世界が展開される思想にも通じている。デカルトの「考える我」は、はじめから人間に与えられた存在ではない。それは、異常とさえ言えるような徹底的な懐疑をくぐり抜けてようやく獲得した私である。哲学史家・デカルト研究者のアンリ・グイエは「デカルトの方法は一つの論理というよりは精神の教育法であり、懐疑は練習というより修業である」[25]と述べた上で、その結果として得られた「コギトの我は方法的懐疑に打ち克った我である。私は在るは、交戦に応じた具体的な主体の処置による多少とも苦しい勝利の結果である」[26]と述べている。デカルトにおける意識は、修行・闘争の生き残りとしての心なのだ。

デカルトとソクラテスの共通点、それは彼らがタフだったことである。ソクラテスは自らの心の声に従って死すら厭わずに毒杯をあおぎ、デカルトはあらゆる人々から隔絶された山小屋で精神の修練をした。そしてまた、彼らは二人とも戦地へ赴く戦士でもあった。ソクラテスは戦地においても揺るぎなき心で休むことなく歩き続け、デカルトは自ら戦争へと飛び込んで世界という書物の渦中へと身を投げた。彼らの考えた心は、強さを要求するモデルであった。それは、彼らの哲学が神からの離脱という革命的な使命を帯びていたことを考えれば当然でもある。

とはいえ、本当の意味で人間の心が神から切り離されるのは、おそらくは一八世紀のカントによって、あるいは一九世紀のニーチェによって、あるいは二〇世紀の哲学にまでかかる事業かもしれない。ソクラテスもデカルトも、彼らの前世代の哲学者たちと比べたとき、圧倒的な切断力によって神との関係を再定義しているが、彼らは二人とも神や霊的な力を信じていたのである。ソクラテスが大切にしていた信条「汝自身を知れ」はデルポイの神託であり、ソクラテスは常にダイモーン（霊）の声を聞いていた。デカルトはキリスト教信者であるだけでなく、神秘主義の秘密結社「薔薇十字団」に心惹かれ、霊感に満たされる夢を見て新たな哲学を打ち立てようとした。ソクラテスもデカルトも、神や霊的なものと繫がりながら心を創り上げたが、それは全面的な神の受容、すなわち自明に存在する神であるよりは、いわば人間との関係において再構築されたかのような神の姿であった（穿った見方をすれば、彼らはすべてを神によって説明しない代わりに、自らの思想の弱点を補うように、神の力を借りたとも言えるだろう）。なぜなら、強き心は神に頼ることはもはや許されないことを本質としなければならないからだ。

しかし果たして、人間の「弱き心」は許されないのだろうか？　そのことに狂えるまでの苦悶の思索を捧げたのが、哲学者パスカルである。

神なき心の時代——パスカルの苦悶

古代ギリシアでは人間に独立した心はなく、オリュンポス十二神の神々に吹き込まれる心が人間を動かしていた。いわば人間は、神々、あるいは自然現象と常時接続しながら、その混濁したひとつのネットワーク上に生成する結節点のようなものだったと言っていいだろう。その互いに相乱れる網の目を切り離し、心の独立性の領域を確保したのがソクラテス／プラトンの思想であった。ここに人間の「心＝自己」という西洋思想の出発点が確立された。

しかしながら古代ギリシアで生まれた思想は、ローマ帝国におけるキリスト教の支配によって再び神の時代に飲み込まれていく。言うまでもなく、オリュンポスの神々に代わる新たな神がキリスト教の神である。キリスト教の勃興とその趨勢はここで書くわけにはいかないが、確認すべきことは、人間が再び、新たな神との結びつきのなかで存在するようになったという事実である。しかも、古代ギリシアの多神教的な神々とは異なり、唯一神を持つキリスト教において、人間は網の目のなかで神々と混濁するのではなく、ただ一本の糸を神との唯一の繋がりとして生きるような存在の仕方を選択せざるをえなくなったのだ。

神との繋がりのなかで生まれる心、そこにソクラテス／プラトンとは異なるもう一つの西洋的な心の形成を見ることができる。とりわけそれは、中世の膨大な神学研究のなかを通底しているが、近代に至っても神の力は衰えていない。実際、デカルトは考える我（＝コギト）の発見から、世界を理性的に確証していく根拠を神の力に見出しているが、熱烈なキリスト教信者であったパスカルには、このような神の「使い方」が許せなかった。[27]

私はデカルトを許せない。彼はその全哲学のなかで、できることなら神なしですませたいものだと、きっと思っただろう。しかし、彼は、世界を動きださせるために、神に一つの爪弾きをさせないわけにはいかなかった。それからさきは、もう神に用がないのだ[28]

パスカルの目から見れば、デカルトは自律した精神という存在を確証しており、その後に補足的に神の力を都合に合わせて利用しているのであって、本来はコギトという人間自身の力だけを信じているのだ。熱心なキリスト教徒であったパスカルには、このデカルトのダブルスタンダードが許せなかった。しかしながら、パスカルも神の存在を心の底から信じているようには見えない[29]。その意味では、本当に神の力を借りずに人間の思惟の力だけで世界と対峙することが、いかなる困難であるかを思索したのはむしろパスカルであるとさえ言えるかもしれない。それはすなわち、「弱い心」が世界を思惟することの意味である。

パスカルの有名な「人間は考える葦である」という箴言は、単にデカルトのように、考えるという思惟に人間の本性を見出した言葉ではない。その本質は、人間の思惟が必要とされる理由の方にある。考える葦という言葉の前に書かれている一節はこう語る。「人間はひとくきの葦にすぎない。自然のなかで最も弱いものである。だが、それは考える葦である」（断章三四七）。パスカルは、無限の存在である広大な宇宙に対して、人間は最も「弱い」存在であると考えていた。しかしその弱き人間の心が唯一宇宙に打ち克てるのが「考える」ことである。たとえ宇宙があっさりと人間を押しつぶして殺してしまったとしても、人間はそのことを知っている。

たとい宇宙が彼をおしつぶしても、人間は彼を殺すものより尊いだろう。なぜなら、彼は自分が死ぬことと、宇宙の自分に対する優勢とを知っているからである。宇宙は何も知らない。だから、われわれの尊厳のすべては、考えることのなかにある。われわれはそこから立ち上がらなければならないのであって、われわれが満たすことのできない空間や時間からではない[30]。

世界を知る、考える、というただ一点に人間の尊厳がある。それゆえ人間は小さくか弱き葦の草のごとき存在であるにもかかわらず、広大な宇宙と対等に対峙することができる。それはたしかにデカルトが「この宇宙にあるすべてのものを、思惟によって総括することも、測りえぬほど大なる仕事ではないのである。というのは、いかに多様な分散したものでも、既述の枚挙によって、一定の限界内にとりこみ一定数の項目に配置することができるからである[31]」と、意識の持つ理性の力を（神の助けを借りながら）信じて語った思想と共鳴した考え方であったが、パスカルはそれを神の力抜きの意識[32]によって考えようと、空間的なメタファーの表現によってこう言った。

私は多くの土地を所有したところで、優ることにならないだろう。空間によっては、宇宙は私をつつみ、一つの点のようにのみこむ。考えることによって、私が宇宙をつつむ[33]。

私は宇宙に呑みこまれる存在でありながら、同時に宇宙を呑みこむ存在なのだ。これがパスカルの思想の核心であると同時に、悲劇のすべてであった。この矜持ある宣言は、裏を返せば、もしも人間が考える心を失うのであれば、人間はまたたく間に宇宙に呑みこまれ、無限の深淵に消えてしまうという恐怖の表れでもある。それゆえパスカルは「この無限の空間、その永遠の沈黙が、私には恐ろしい。」（断章二〇六）とこぼした。しかしまた、この恐怖の震えを跳ね返すように、宇宙に対する人間の尊厳を謳う。パスカルには異様なまでの宇宙への対抗心がある[34]。パスカルはある意味では、人間に与えられたこの小さな魂の力だけから無限の宇宙へと釣り合おうとする不可能なプロジェクトを遂行しようとしていたのだ。宇宙のなかではほとんど無に等しい一個の人間がその全体に対して均衡を保とうとする覚悟を「人間の不均衡（disproportion de l'homme）」とパスカルは呼んだが、それはいかなる思想のもとに紡がれたのだろうか。

無限なる宇宙と無限なる心

なぜパスカルは「宇宙」に執拗にこだわったのか。私たちはパスカルの心の捉え方を見るうえで、彼が異様にこだわった宇宙に対する考え方を読み解く必要がある。パスカルが宇宙に対峙しようとした理由、それはこの一七世紀が「科学の時代」であったことと、またそれによって宇宙の観念が劇的に変化したことと関係する。パスカルが生きた時代は、ガリレオが天文学から力学を構築し、ニュートンが万有引力の法則を発見したのと同時代である。パスカル自身も科学者であり、「ヘクトパスカル」という圧力の単位が、気圧の研究を行っていたパスカルの名に由来することはよく知られている。宇宙の圧力に一瞬で消されてしまうか弱き葦の草というテキストは、この研究のイメージから書かれている。しかし、パスカルが宇宙にこだわる理由は単に彼の気圧研究によるものではもちろんなく、自然科学の登場によって変容した一七世紀全体の宇宙観による。これまでの中世スコラ哲学における自然は、古代のアリストテレス哲学の圏内にあり、その宇宙は人間が直観によって直接把握することのできる事物の秩序としてのコスモスであった。アリストテレスは地球を宇宙の中心と捉え、その周りを水、空気、火が取り巻き、その先に月、太陽、恒星といった遠方の天体が巡っているという階層的な秩序を保持する「有限な宇宙」像（宇宙階梯論）を構築し、中世のスコラ哲学および教会もこれを踏襲していた。

しかし、近代科学がもたらした宇宙観――全自然は一つの巨大な法則に貫かれた一体のものであり、無限の広がりを持つ均質な存在である――は、宇宙を有限と捉えるこれまでのアリストテレス的宇宙像を否定した。「無限なる宇宙」という観念は、一五世紀の新プラトン主義を継承する神学者ニコラウス・クザーヌスによってはじめて提示され、コペルニクスによって数学的根拠を与えられたことで強化された。そして、終に一六世紀後半の哲学者ジョルダノ・ブルーノによってアリストテレス的な有限なるコスモス像は完全に崩壊した[35]（ちなみにアリストテレスをキリスト教と融和させたトマス・アクィナスを正統とする教会は、アリストテレス的宇宙像を徹底的に批判したブルーノを異端として火炙りの刑に処した）。

有限なる宇宙においては、個別の天体を感覚器官による観測によって把握することで宇宙を認識することができる。しかし、無限に広がる宇宙を感覚によって捉えることはできない。なぜならば、無限なる宇宙において、観測によって把捉される個別の領域現象としての宇宙は、宇宙全体の単なる局所的な一例にすぎないからである。しかし、宇宙が無限であることが解明される一方で、人間は無限なる宇宙での生き方を知らなかった。したがってこの一五世紀から一七世紀に至る宇宙観の変化のなかで、人間は無限なる宇宙を把握して生きるための意識を創造しなければならなかった。

科学哲学者のエルンスト・カッシーラー（Ernst Cassirer, 1874 - 1945.）は、この中世から近代にさしかかる時代の宇宙観の変化によって人間の意識に重大な変化がもたらされたと分析している。すなわち、無限に拡大する宇宙と対応するために、人間は意識の本性を改定することを余儀なくされたのである。

変革の重要な面はこのような無制限な拡大にあるのではなく、むしろ精神がこのような拡大作用を通じて自分自らのうちにも新しい力を自覚するようになったという点にある。すべての外延的な拡大は、同時に新しい内包性、新しい集中作用を自らのうちに生みだすのでなければ効果のないものとなり、結局は精神を空虚ならしめるだけであろう。精神をして自己の固有な本性を自覚せしめたものは、まさにこの内包性に他ならなかった。精神の最高のエネルギーとその最も深い真理性は、それが無限の彼方に出て行くことにあるのではなくて、むしろこの無限性に対して自己を主張しうることに、すなわち精神の純粋な統一性が存在の無限性に匹敵する力を示しうる点に存在する。[36]

パスカルは無限に触れたのだ。無限に拡大する宇宙が人間に開示されたとき、人間はこの宇宙の拡大を追って自らの精神を無限に拡張することができないかわりに、その「内側に（内包性として）」無限なる宇宙を包み込んでしまうという「新しい集中力」による悲劇的な荒業をもって対応するしかなかった。そして人間の心は、宇宙という存在の無限に「匹敵する力」を持つべきものとして、一個の人間が無限なる宇宙を包み込むという悲劇のプロジェクトを実行しなければならない。言うまでもないが、こんな無謀な要請は失敗に終わる。そしてこのプロジェクトの急先鋒であり被害者であった人間こそパスカルであったことを考えるとき、私たちははじめて彼の時代的な運命の翻弄とその悲劇、すなわちパスカルが「気が狂いそうだった」という精神の状態を想像することができる。

パスカルは宇宙における無限の「沈黙が恐ろしい」と言った。現代に生きる私たちにとって宇宙は、一三〇億年以上前の光さえ観測可能な物理的な空間として理解できる。しかし近代以前の人間にとってはそうではなかった。宇宙はこの世界の始原であり神の賜物であり、生命さえ持つ存在だった。第一六代ローマ皇帝マルクス・アウレリウス・アントニヌス（Marcus Aurelius Antoninus, 121 - 180.）は、『自省録』でこう謳っている。

おお宇宙よ、すべて汝に調和するものは私にも調和する。汝にとって時をえたものならば、私にとって一つとして早すぎるものも遅すぎるものもない。おお自然よ、すべて汝の季節のもたらすものは私にとって果実である。すべてのものは汝から来り、汝において存在し、汝へ帰って行く。[37]

宇宙に対して調和を感じるのは、詩的なあるいは宗教的な感性においてだけではない。むしろ宇宙は理性や知性において人間と調和する存在だった。『中世の覚醒』の著者ルーベンスタインは、古代、中世を通じて西洋の知的基盤を圧倒的に規定していたアリストテレスの形而上学が、なぜ理性の力を信頼できたかという問題に答えている。すなわち、アリストテレスは人間の精神を評価していたからであるよりも、宇宙それ自身が意味を持つ存在であることを確信していたからだと言う。アリストテレス哲学において理性はこの宇宙に原因や原理があることを理解する力を持つが、それは人間が聡明であるばかりではなく、宇宙そのものがある意味で聡明であるからであった。

宇宙が機能する仕方と人間が機能する仕方は、根源的なところで一致している。人間は理性を有するがゆえに、論理的で、合目的で、一定の規定に則った思考をすることができる。だが、宇宙そのものも、独自の論理と目的を有しているのだ。もし、そうでなかったら——人間の内なる世界と外なる世界が知性によって理解できるものでなかったら——人間の思考はあたかも漆黒の闇に呑みこまれる光のように、虚無の中に消え失せてしまうだろう。[38]

人間は自らの理性の力だけで、この宇宙を照らして掌握するほどの力は持っていなかった。人間の理性は宇宙が持っている秩序（コスモス）に参加し、調和し、その一部に自らが入ることによって宇宙を理解することができたのだ。逆に言えば、生きた聡明な宇宙が消え去り、ただ物質の質量と運動に還元された「死せる宇宙」が目の前に現れたとき、人間のか弱き理性の光など一瞬で虚無の中に消え去ってしまう。パスカルが感じた恐怖とはそのような恐怖である。また逆に、このような無機質な宇宙をそれでも把握するために生み出された方法こそ、デカルトの方法であり、だからこそデカルトは水や空気や星々や、この宇宙すべての所有者であり主人になることができるのだと高らかに宣言したのである。

しかしむろん、パスカルに言わせればデカルトはそこでも結局は神の力を「利用」しているのであり、人間のみの力によって宇宙に対峙することは極めて困難であった。したがって、パスカルをこうした宇宙との対決に持ち込んだ契機は、自然科学の登場ともう一つ、「神の喪失」という、これもまた時代的な必然が関係している。アリストテレスは、宇宙が有限であることによって（しかも宇宙が「生きている」ことによって）宇宙と調和することができたが、無限なる宇宙で生きる精神はいかにして可能なのか。宇宙の無限性をはじめて形而上学として明確に提示したクザーヌスの思想を見てみよう。

クザーヌスからパスカルへ

ニコラウス・クザーヌス（Nicolaus Cusanus, 1401 - 1464.）は主著『知ある無知（*De docta ignorantia*）』において、人間はその無知を自覚することによってはじめて知に到ることができると論じた。一見するとこれはソクラテスの「無知の知」の継承に思えるが、クザーヌスの意図はむしろキリスト教における神の絶対性に強調点が置かれている。人間の「reason（理性）」はラテン語の「ratio（計算）」（「比率」「推論」などの意味も含む）に由来するが、クザーヌスはまさに理性の使用とは比例／比較関係による事実の把握であると考えた。「全て探求者という者は不確実なものに対して何らかの判断を下そうとする場合には、そのものをあらかじめ前提されている確実なものと比例的な仕方で比較する」[39]。しかし「無限なるものは、無限者としてどのような比例関係をも超えているために、知ることができない」[40]と言う。クザーヌスは数学者でもあり、この比例関係から有限なる線を無限へと拡張することによって円が導かれる論証をしていく。円の求積法の証明は後世のライプニッツの微積法の発見にも影響を与えた先駆的な仕事であり、クザーヌスは有限から無限へと至る知的な思考法を基本として神学を形成した中世から近代への架け橋の役目も負っていた。

クザーヌスにとって、最大にして無限なる者こそ神であり宇宙であった。そして人間が有限であり、その知性／理性が比例関係によってしか事実を認識できないのだとすれば、人間の知性は絶対の真理にたどり着くことはできない。クザーヌスは有限たる人間の知性（すなわち無知）を示すことで、無限たる神との断絶を強調している。人間の神との断絶、それこそが人間の「無知」の本質である。

神と人間を断絶させながらも、人間の生や知性を肯定するために、クザーヌスが創造した概念が「中間者」という存在者である。足下の物質的世界を見れば動物や石などの無生物が存在し、これらはすべて有限である。他方で上方の精神的世界を見れば、天使や神が存在し、これらは無限である。この有限と無限の間にあって、「人間」は中間者であり媒介者である。人間は物質的世界においては最大の者であり、精神的世界においては最小の者である（物においては最大の知性を持ち、神々に対しては最低の知性を持つ）。クザーヌスにとって、この有限の世界と無限の世界を媒介する者＝中間者とは、人間となった神、すなわちイエス・キリストであった。イエスは人間であることにおいて、最大者である神からの縮減であり、無限の本性を持ちながらにして有限な具体者でもある。イエス＝中間者は、永遠で絶対的な存在でありながら、同時に有限で具体的な存在者である。

イエスの人間性は、人間たるキリストに関するかぎりは縮減された者として考える必要があるとともに、同時にまた神性と合一した者として認識されねばならぬということである。彼の人間性は神性と合一しているかぎりまったく絶対的であるが、彼をまことの人間と考えるかぎり、キリストが人間性を通じて人間であるようにと、その人間性は縮減されているのである。こうして、イエスの人間性は純粋の絶対者と純粋の具体者の中間者である。それゆえ、後者に従えば滅ぶべきであったし、前者に従えば端的に不滅であった。[41]

無限なる宇宙は一定の中心を持たないため、地球も宇宙の中心ではないとクザーヌスは論じる。[42]これは中世のスコラ的世界、すなわちアリストテレス的宇宙を擁護する教会教義においては許容できないが、イエス・キリストが人間でありかつ神であるという中間の媒介者の役目を果たすことによって、無限なる宇宙においても人は神にアクセスすることができる。神も宇宙も、無限であるために中心も周縁も持たないが、人間はその中間者であることによって、宇宙の中心に存在する。逆に言えば、神がこの具体的な地上の世界にイエスという「人間性」をもたらしたのは、人間＝中間者という本性を持つ者こそが、はじめて宇宙の全体を包含する小宇宙として宇宙の中心になりえるからだ。すなわち、人となった神＝キリストの人性こそ、宇宙の中心であり頂点であり、神の似像《にすがた》として創られた私たち人間もまた、中間者として無限なる宇宙の中心で生きることができるのである。

しかしながら、クザーヌスの思想、すなわち人間は物質と神の間の中間者であるという思想は、いわば「時限爆弾」であった。この爆弾は、神の喪失へのカウントダウンを刻々と数えていた。神への信仰が強く残っているとき、中間者としての人間は神の似像として、宇宙の中心で、感性的世界と叡智的世界を、石や植物や動物らの下位世界と天使や神らの上位世界を媒介する、栄誉ある使命を引き受けながら、生き生きと生きることができる。しかし、クザーヌスはこの神への信仰が揺らぐ時代が来ることを予見していなかった。もしも神への信仰が霞み、この無限なる宇宙の中心に人間が放り出されながら、同時にその心は何とも繋がっていないと思わされたとき、その孤独にして虚空なる精神はいかなるものになるのか。

おそらくパスカルは、イエス・キリストのように、あるいはその信仰を通じて自らのうちに、宇宙を媒介する意識を保つことに耐えられなかった。神の世界と地上の世界を繋ぐことの栄誉など感じられなかった。そしてパスカルはつぶやいた。「人間はいったいどうなるのだろう。等しいのは、神となのか、獣となのか。なんという恐ろしい距離だろう。われわれはいったいどうなるのだろう」（断章四三一）と。クザーヌスが宇宙の中心であり宇宙の誉れであるとみた「人間」はパスカルにとってどんな存在だったか。

では、人間とはいったい何という怪物だろう。何という新奇なもの、何という妖怪、何という混沌、何という矛盾の主体、何という驚嘆であろう。あらゆるものの審判者であり、愚かなみみず。真理の保管者であり、不確実と誤謬《ごびゅう》との掃きだめ。宇宙の栄光であり、屑《くず》。[43]

そしてパスカルはこう続ける。「尊大な人間よ、君は君自身にとって何という逆説であるかを知れ。へりくだれ、無力な理性よ。だまれ、愚かな本性よ」（断章四三四）。クザーヌスの思想（時限爆弾）は、パスカルにおいて見事に爆発した。クザーヌスが両極の「中間者」といった人間像は、パスカルにとってはそのまま両極の「矛盾」でしかなかった。人間は「宇宙の中間者」ではなく、「宇宙の栄光」であると同時に「宇宙の屑」であった。人間は宇宙を包み込む強き尊厳であり、同時に、宇宙に呑み込まれる弱き葦であった。パスカルは、自分が眠っている間に、どこともわからぬ島に連れ去られ、目を覚ますと自分がどこにいるか分からない恐怖に襲われたようだと嘆いていた[44]。しかし、パスカルが連れてこられたのは他でもない、宇宙の中心だったのだ。

未知の中心という世界において生きる唯一の方法は、無知を自覚することで全知たる神に教えを請い、近づくことだった。「知ある無知」とクザーヌスは言った。彼はソクラテスと同様に、無知に耐えられる人間であったが、それは神への信仰に支えられた強さであって、神への全幅の信頼を寄せられないパスカルには、新たなる意識の悲劇でしかなかった。次のパスカルの一節は、まるで中間者であることを求めたクザーヌスに応答したかのような告白であり、また確実な意識の地盤を主張したデカルトに反するかのような一節で、本書の文脈におけるパスカルの思想を最も集約した言葉が語られている。

われわれは確実に知ることも、全然無知であることもできないのである。われわれは、広漠たる中間に漕ぎいでているのであって、常に定めなく漂い、一方の端から他方の端へと押しやられている。われわれが、どの極限に自分をつないで安定させようとしても、それは揺らめいて、われわれを離れてしまう。そしてもし、われわれがそれを追って行けば、われわれの把握からのがれ、われわれから滑りだし、永遠の遁走でもって逃げ去ってしまう。何ものもわれわれのためにとどまってはくれない。それはわれわれにとって自然な状態であるが、しかもわれわれの性向に最も反するものである。われわれはしっかりした足場と、無限に高くそびえ立つ塔を築くための究極の不動な基盤を見いだしたいとの願いに燃えている。ところが、われわれの基礎全体がきしみだし、大地は奈落の底まで裂けるのである。[45]

カッシーラーは、クザーヌスにおける精神はイエスという普遍的自己を模範としているとする。そのうえで、それぞれの経験的自己が自らこの無限なる宇宙で世界を認識する在り方は「神がいっさいの存在の区別を産出するように、あらゆる概念の区別をそのうちから現われしめるのは人間の知性である」[46]と述べる。クザーヌスの要求は、イエスという普遍的な人間の姿を通じてであれ、人間に神のごとき精神を求めている。一九世紀にニーチェが「神は死んだ」と宣言した後に「超人（Übermensch）」になれと、まるで人間に神のごとき強さが必要と鼓舞した（あるいは嘆いた）ことを思い起こせば、クザーヌスの要求はあまりに高く、後世のパスカルがこのように狂気に陥ることは、想定していなかっただろうと思われる。カッシーラーは、クザーヌスの形而上学がもたらす人間像をこう述べる。

人間があらゆる偶然的出来事の進行のうちにあり、あらゆる外的状況の束縛のもとにありながら、しかもつねに「創造された神」であることが証示されるのも、ここである。まったく時間のうちに、それどころか一瞬ごとの特殊性に閉じ込められ、瞬間の諸制約へと巻き込まれながら、しかも人間はそれらすべてに抗して、たえず「そのつど神」（Deus occasionatus）として現われる。彼は彼自身の存在のうちに留まり、人間に特有なその本性の限界を決して越えない。しかし人間は、まさにこの本性を全方面に展開し表出することによって、人間的なものの形成と制限のうちにありつつ、神的なものを表わし出す。[47]

クザーヌスが有限なる宇宙ではなく、無限なる宇宙においても、人間の精神を正当化できたのは、人間は「創造された神」であり、「そのつど神」であることを必要条件とすることであった。人間はこの無限なる宇宙に放逐され、人生はあらゆる偶然の出来事に振り回されていると感じながら、あるいは自由はあらゆる制約に束縛されていると感じながらも、自らが「そのつど神」であることによってそれを克服していく。

しかし果たして、クザーヌスの時代からパスカルの生きた二百年後、急速に進むヨーロッパの商業都市化と教会信仰の失墜の流れのなかで、人間は「そのつど神」であることができただろうか？　あるいはそのつど神であることは、いったいどのような試練を精神に与えるものだったのだろうか？

宗教改革と内面的狂気

私たちは、クザーヌスからパスカルの間、すなわち一五世紀から一七世紀のあいだに、「宗教改革」という革命的な運動が生じたことを知っている。ルターは聖書を聖職者しか読めないラテン語から、民衆の読めるドイツ語に翻訳し、グーテンベルクの活版印刷によって希少で神秘的な聖書は手軽で誰でも読める本となった。カトリック教会は唯一の権威ではなくなり、様々な解釈と流派に基づく新興勢力が雨後の筍のように湧き出て、分裂は混乱を呼んだ。一六一八年から三〇年間にわたって、ヨーロッパ全土におよぶ大戦争が起きた。その死者数八〇〇万人にものぼる「三十年戦争」はヨーロッパ最初の世界大戦とも言われ、散り散りになって争いあった人々にとって、唯一なる神を盲目的に信じることはもはや不可能だった。

パスカルの不安は、すでに宗教改革の時点で始まっていた。言うまでもなく、中世ヨーロッパにおける教会の最大の役割とは、迷い苦しむ人々の「救済」である。「暗黒の時代（Dark Age）」とさえ形容される中世ヨーロッパは暗闇に包まれていた。疫病が蔓延し、一四世紀の黒死病の流行は当時のヨーロッパ人口の三分の一の命を奪った。科学の未発達のこの時代には、恐ろしい鎌を振りかざす死神が人間を殺していると考えられた。紛争や略奪が絶えず、死んでも安住の地は（信仰しないかぎり）もたらされない。煉獄では火の責め苦が与えられ、怪物のいる地獄が待ち受けていた。夥しい地獄の絵画が描かれ、人々は天国に入れないかもしれない恐怖に慄いた。彼らがどれほど深刻に救済を求めていたかは想像に難くない。「黒い森（Schwarzwald）」には悪霊が跋扈し、悪魔が人間の魂を狙っていた。暗い死の森にあって、教会は光そのものだった。ステンドグラスは神の光を届け、高らかに歌われる聖歌は悪魔たちを払い除けた。[48]

教会がもたらす救済は司祭者の宗教的な「秘儀」に集中させられていたが、宗教改革は神の力を教会から開放し、いわば神を民主化したことによってその権力と権威を低下させていた。この「神の民主化」とでも言える事態を宗教研究者であったマックス・ウェーバー（Max Weber, 1864－1920.）が「脱魔術化」と呼んだことはよく知られているが、注目すべきは教会が救済の秘儀を失ったことの副作用として、市井に生きる一人の人間が個人として神との関係を構築しなければならないという新たな宿命を背負ったことだ。ウェーバーは『プロテスタンティズムの倫理と資本主義の精神』で、教会権力を瓦解させたカルヴァン信徒に与えられたその運命を次のように語っている。

> 司祭が呪術者として、ミサにおける化体《かたい》の奇蹟をとり行い、天国の鍵をその掌中に握っていたのだ。信徒は悔い改めと懺悔によって司祭に助けを求め、彼から贖罪と恩恵の希望と赦免の確信をあたえられ、これによって、カルヴァン派信徒にみるような恐るべき内面的緊張から免れることができた。が、カルヴァン派の信徒にとっては、この恐るべき緊張のうちに生きることは、とうてい免れがたい、また、何をもってしても緩和されえない運命だった。[49]

　人間が教会の持つ神の力との接続を失ったとき、人間の精神には「恐るべき内面的緊張」が生じた。教会が蔵する神の力に頼らない人間は、自らを自らで救わなければならない。戦争や疫病で人々がバタバタと死んでいくこの地上の恐怖と、煉獄と地獄の恐ろしい死後の世界をすべて、一個の人間の心のなかで、テキストに書かれた聖書の言葉という手にしたばかりの真新しく頼りない道具を使いながら、たった一人で解決しなければならないのだ。それがどれほどの緊張とプレッシャーを人間の心に与えたか。ウェーバーの分析によれば、この救済は単に個人の心の問題だけではなく、「カトリック信徒たちの罪、悔い改め、懺悔、赦免、そして新たな罪、それらのあいだを往来するまことに人間的な動揺や、また、地上の罰によって償い、聖礼典〔秘蹟〕という教会の恩寵賦与の手段[50]」などといった「組織的な自己審査」[51]という語義矛盾にすら思える過度な要請を完了させることによってはじめて救済が完遂される大事業である。別の言い方をすれば、自らを自らで救うという方途は、自らの心のなかに教会のすべての事業を建設するほどの困難であり、これを達成できない人間は、絶えず恐るべき緊張を抱え、決して免れることのできない罪と死の恐怖の影に怯えながら生きなければならなかった。

ウェーバーの分析の主眼は、この脱魔術化による内面的緊張を緩和する別の「恩寵[52]（独：Beruf 英：calling)」が（ドイツ語では）「労働」（神からの召命＝「天職」）でもあり、この転換に資本主義の発生を見出すことであったが、本書の関心で興味深いのは、前節で確認した、世界の安定的基盤である「考える我」というデカルトの思想がこの宗教改革のもう一つの出口となった可能性があるとウェーバーが指摘している点である。

ところで、自然の地位を打ち越えると考えられるものは、不断の反省によって導かれる生活以外にはない。デカルトの「われ思う、故にわれあり」の語は、こうした新たな倫理的な意味合いで、当時のピュウリタンたちの受け容れるところとなった[53]。

すなわち、デカルトの打ち立てた新たな意識論は、ただ「形而上学」としてのみならず、人間の実存的かつ宗教的な「倫理学」としても機能したということである。ウェーバーはデカルトの考える我という意識がピューリタンに受け入れられたと論じているが、しかし果たしてそれほど容易にこの新たなる意識が根付いたかどうかは疑問である。パスカルは「無益で不確実なデカルト」（断章七八）と断じたのだ。パスカルはデカルトの確実な我も信じることができなかったし、かといってクザーヌスのように神やイエスも確信することができなかった。人間を幸福にできるのは人間自身ではない、すべてを満たすものは神だけである、そう考えていたパスカルはこう綴る。「人間のなかにはかつて真の幸福が存在し、今ではその全く空虚なしるしと痕跡しか残ってはいない」（断章四二五）。

人間を完全なる矛盾した存在であると考えたパスカルは、ついにその要因を「恨み」とさえ言えるような言葉で、信じているはずの神にぶつけていく。その過激な言葉は、熱烈なキリスト教信者であり、「私は私の救い主に両手をさしのべる」（断章七三七）と言ってイエス・キリストとの永久の結びつきを望み、教会の歴史は「真理の歴史」（断章八五八）であると謳い、死の直前まで無神論者たちを説得するために聖書の真理性をひとつずつ証明しようと苦心し、『キリスト教護教論』を執筆していた人物の発言とは思えないほどである。

キリスト教は奇妙である。それは人間に、自分がくだらない、しかも憎むべきものですらあることを認めよと命じ、また彼に、神に似ることを願えと命じる。このような釣合をとる錘《おもり》がなかったならば、その高拳は彼をおそろしく空虚にするか、その謙虚は彼をおそろしく卑屈にするかしたことであろう。[54]

キリスト教が人間に卑屈さを強要すると糾弾したのは、「神は死んだ」と宣告したニーチェである。はじめからキリスト教を疑っている一九世紀のニーチェにとって、キリスト教が人間を卑屈にさせるのは、教会がその尊厳を回復させ救済することによって権力を強化するためのまっとうな戦略であり、キリスト教を真っ直ぐに批判することが可能だった。しかしパスカルは、これほどまでに心の安定を保つことができないにもかかわらず、神が自らをすぐには救ってくれないという事実、自らを憎むほど卑下させるその教えに困惑する。そして、人間はこの惨めさを自覚することによってはじめて神に救われるというロジックを通すために、自らをいっそう卑下し、不幸な心を見つめるのだ。パスカルのテキストの端々には、本当はもっと神を「近くに」感じたい、そうしなければ絶対に幸福になれないという焦燥感が溢れている。パスカルは神を確信するのではなく、神との距離を絶えず確認していた。

神の認識なしには幸福はなく、神に近づくにつれて幸福になり、究極的な幸福は神を確実に知ることにあり、神から遠ざかるにつれて不幸になり、究極的な不幸は、反対のことの確実さであるということは疑う余地がない。[55]

しかしパスカルは、神に十分に近づくことができずに、狂気に陥った。しかもその狂気は、かつて古代ギリシアで狂乱の神アテが外部から取り憑くことでもたらされたアガメムノンやアキレウスのような狂気ではなく、自分自身の心の内部で引き起こされる矛盾であり狂気であった。精神分析学者の新宮一成はパスカルの狂気をこう診断している。

狂気という理解しがたい現象は、パスカル以前には、超越的な外部から来るのが常であった。つまり人間を見放す神にせよ、その偶然につけ込む悪魔にせよ、いずれにしても人間精神の与り知らないところから来ていたのである。しかしパスカルの時代には、狂気は人間の精神にとって内在的な何かになりつつあった。狂気の源は、超越性の世界から降ろされて我々自身の精神の内側に入り込むようになってきたのである。[56]

狂気が人間の心の内部で引き起こされるようになった。それが近代的精神の「裏面」である。一方では人間の精神は世界を秩序づける基盤であり中心になることでその存在が確立されようとしている。他方ではその精神という地盤は裂け目を垣間見せ、不安定な中心に耐えることのできない狂気の絶叫を抱えている。もはや人間が神に全幅の信頼を置いて近づくことができず、神とのあいだに距離ができてしまったとき、そして同時に、神を完全に忘れ去ってしまえるほどの強さも持ちえないとき、人間の心の矛盾は頂点に達する。それがパスカルの狂気の正体である。

自然からも神からも切り離され、独立した自己としてのソクラテスの「強い心」は、ローマ帝国時代以降にはキリスト教という強き媒体によって代替されていたが、神の力が弱まってくると、再び人間に独立した強さを要求することとなり、しかもそれは絶対的な神という拠り所を一度与えられた上で、さらにそれを捨て去らねばならないという、二重の強さを要求するほどのものであった。

それはもちろん、パスカルのような「弱い心」を持った新しい人間には、耐えられるものではなかったのだ。パスカルは、これから来る「神なき心の不安」の時代を真っ先に予感した炭鉱のカナリアだった。他の誰も気づいていないため、その苦しみを共有もできなかった。それゆえパスカルはこう漏らす。「私をいちばん驚かすことは、世間の人たちがみな自分の弱さに驚いていないということである」（断章三七四）。

こうした心の状態をなんとか再構築しなければならない、というのが次世代の哲学の急務であり、それを成し遂げたのがカントである。カントの仕事は通常、デカルトの大陸合理論とヒュームのイギリス経験論の統合という文脈でその意義が示されるが、その前にパスカルのような不安が存在したことを知らなければその達成を十分に理解できない。ソクラテス以来、発明された「強い心のモデル」の耐用年数が切れ、心を支える「神」という外部装置も機能しなくなったとき、パスカルの不安が爆発した。ここに新たな心のモデルが要求されることになったのだ。

カントの意識論を論じる前に、パスカルの意識論が見出した心の別の在り方を最後に少しだけ補足しておこう。

転がる心――暇つぶしと消費社会

心の重みに耐えられなかったパスカルが、そこから逃れるひとつの道として見出したのが、「暇つぶし」であった。本来ならば、神にアクセスすることが心の救いになるはずであり、パスカルはそれを最後まで信じて摑もうとした。しかし一方でパスカルは、神との繫がりを失ってしまった人々は遊んで暇つぶしをするしかなくなるのだと嘆いている。それは、一七世紀の貴族社会という時代状況を反映した解でありながら、本質的には新しい心の在り方を捉えていた。同時代の貴族らは、真摯に神へと心を向かわせるのではなく、狩りや賭事に興じ、歌を唄い、詩を読んで気を紛らわせていた。パスカルはこのような心の在り方を「慰戯（気晴らし）」[57]と名付けた。

気を紛らすことがあれば、悲しみはない。地位の高い人たちの幸福を成り立たせているのもそれである。[58]

人間の心が、神と接続しなくてもかろうじて幸福でいられるのは、神とは無関係に自律して心を充実させることができるからではなく、単に問題から目を逸し、気を紛らせているからである。特に国王や貴族など、地位の高い人間は、地位の低い人間が自分の気を紛らせるために奉仕してくれるため、心の不安から逃れることができる。[59] しかし、ただ独りで気を紛らせるものもなければ人間は不幸に陥る。

人間の不幸はすべてただ一つのこと、すなわち、部屋の中に静かにとどまっていられないことに由来するのだということである。[60]

思い出してみれば、パスカルにおいて神なき心における人間の唯一の尊厳は「考えること」という思惟によって担保されていた。しかし、気晴らしは思惟ではない。思惟の拒否であり、したがって尊厳の放棄である。[61] にもかかわらず、神を確信できない弱き心は気晴らしをするしかない。そしてこの気晴らしは決して救いではない。

われわれの惨めなことを慰めてくれるただ一つのものは、気を紛らすことである。しかしこれこそ、われわれの惨めさの最大なものである。[62]

パスカルはこうして人々がただ独りで不幸に陥るのか、もしくは尊厳を放棄して終わりなき気晴らしに勤しむしかないという心の在り方を嘆いていた。ただし、注目すべき点は、パスカルが「気晴らし」を決して「誤り」であるとも断じていないところだ。

民衆はきわめて健全な意見を持っている。たとえば、一、獲物よりも、気を紛らすことや狩りのほうを選んだこと。なまはんかな識者たちはそれをばかにし世間の愚かさを示して得意がる。しかし、なまはんかな識者たちには見ぬけない理由によって、民衆は正しいのである。[63]

人間が神を確信できず、神の信仰に我が身を捧げられず、神のもとでの幸福を得られないというのが時代的な条件ならば、気晴らしをして終わりなき徒労、テロスなき享楽に興じるというのは、いわば弱い心を慰める唯一の方法でもあるのだ。「狩りは死や悲惨を見ることからわれわれを守ってくれる」[64]（断章一三九）のであり、暇つぶしをするものは「じっとしていることを何より避け[65]」（同前）ている。弱きパスカルにはこのことが分かっていたからこそ、気晴らしに興じる民衆たちは「むなしい」ことはあってても「あやまち」ではない、あるいは「愚か」であるどころか「健全」だと言った。気晴らしという在り方をする心の模様は、弱き心の時代の、必然的な帰結でもあるとパスカルは考えていたのだ。

「気晴らし＝慰戯」という概念はフランス語で「divertissement」と言い、「転じる」という意味の「divertir」に由来する。すなわち、パスカルの「慰戯」は心が一定の（たとえば神の）方向に向かって進むのではなく、あちらやこちらへと転々と転がってしまうイメージを含んだ言葉である。理想とすべき心の姿は、神という無限遠点に向かって一直線に進むことである。しかし、神という無限遠点の方位を人間が失ってしまったとき、方位磁石を失った人間の心はクルクルと転がり続ける。ただし、興味深いことに、この「divertissement（気晴らし）」は英語の「diversity（多様性）」と同源の語でもある。唯一で究極の方位の喪失は、他方で散り散りになった人間の心の多様性の創出をもたらすのである。加えて言えば、現代フランス語で「divertissement」はそのまま「娯楽」あるいは「エンターテイメント」を意味する言葉である。パスカルの心のモデルは、神なき人間が多様なエンターテイメントを中心とした消費社会へと否応なく突入するという二〇世紀的な課題を三〇〇年も前に予見していた思想として読むこともできるだろう。

周知のように、ウェーバーはキリスト教、とりわけプロテスタンティズムが資本主義の生産力を誕生させたことを鮮やかに分析した。しかし、資本主義は「生産する心」と同時にそれを「消費する心」という両輪があってはじめて回転する。この消費する心こそ、パスカルの「気晴らし（divertissement）」に見出すことのできる貴族社会のエンターテイメント（divertissement）であった。伝統的なカトリックの神が地上から姿を消すとき、神は二人の落し子を残して去っていった。一人は資本主義を駆動する生産力のための「労働する心（Beruf）」であり、もう一人は消費社会を促進させる「消費する心（divertissment）」である。神は人々の心を救うという役目を手放すとき、自らに代わって人間たちの心を救う資本主義／消費社会（労働／消費）という代替物を用意して去ったのだ。人間は神の代わりをすることはできないであろう、それならば身体を駆動させる労働に身を任せて考えることを忘れるか、あるいは暇つぶしのエンターテイメントを消費してくるくると回り続けるのだ、そしてこの労働と消費を往復せよ、それが神の最後のメッセージであった。

パスカルは、宇宙の中心であることに耐えられず気が狂いそうだった。それは「方位喪失の恐怖」でもあった。近代以降に生まれた新たなる心において、気晴らしは単なる遊びではなく、このような狂気からの逃走であった。その意味で、エンターテイメント／気晴らし（divertissement）は狂気の抑制剤であり、資本主義は狂気の防衛システムでもある。私たちは資本主義の加速度的な暴力を批判するとき、それが根本的には狂気を食い止め、心の正常を維持するための補完的なシステムであることを自覚しなければならない。逆の言い方をすれば、私たちが恩寵や消費ではない、神なき新たなる心の在り方を構築し生きることができなければ、資本主義社会は駆動し続け、そしてそれとカップリングした生産する心／消費する心は方位喪失したまま回転し続ける。

くるくると、行き場なく彷徨う心。現代に生きる私たちは、まさにパスカルが予言した心を生きていると言えるだろう。しかし、このまま現代へと飛躍するのはまだ早い。その後の三〇〇年、哲学者たちはまだ心の構築と制御を諦めてはいなかった。そのひとつの到達点こそ、カントであったことは先に触れた。私たちはカントの意識論を次節で確認して、近代という特異な時代の心のモデルを完了させることにしよう。

カント——空虚な形式としての心

Immanuel Kant, 1724 - 1804.

眠れない夜にひとりベッドで暗闇に伏していると、いつのまにか朝陽がのぼり、カーテンの隙間から光が射してくる。世界はなだらかで、夜と朝の区切りは人間が勝手に見出したものにすぎない。幾度となく繰りかえす夜と朝は、始まりと終わりを求めてしまう人間が生み出した幻想の産物だ。果たして世界に始まりや終わりがあるのだろうかと、苦悩する魂が朝焼けを見ながら憂う。

そんなものなど存在しない、ということをはじめて発見した哲学者がカントである。正確に言えば、世界に始まりや終わりが存在するかというような問いは、人間の心には思考不可能である、ということをカントは論証した。そのような問いは、人間の心に備わった思考の形式に適合しない。カントはそれを『純粋理性批判』[66]のなかで「アンチノミー（二律背反）」と呼んだ。世界に起源と終末があるかという問いは「第一のアンチノミー」で、意識はこのような問いを持ってしまうがその答えを出すことに必ず失敗する。人間はこうした「拒絶することはできないが、しかし解答することもできない問い」[67]をはじめから意識に課せられているという「運命」を背負った存在である。カントの意識論は、意識に可能な思考と不可能な思考を規定する、鋭くて冷静な、しかし機械的で形式的なモデルであった。

理性、道徳、美、自由、平和、といった重要な哲学の課題の基礎を構築したのはカントである。しかしカントの最も重要な仕事は、人間における意識の一般的構造を明確にしたことであった。デカルトのような懐疑という「方法」によって明らかにされる意識でもなく、パスカルのように「神」との関係によって得られる心でもなく、意識それ自身の純粋な在り方を呈示したのがカントである。カントの考えた意識の構造は、いついかなる時でも適用され、またどんな人間においても働いている、普遍的で一般的な構造である。その圧倒的な汎用性ゆえに、カントの意識論は驚くほど「形式的」である。

心のソフトウェア

カントの心は空虚である。デカルトの孤独の心が感傷と無縁な純粋たる孤独であったのと同様に、カントの空虚な心も、虚無感などといった感傷的な意味とはまったく関係のない、純然たる空虚な心である。

夕陽の沈む海岸に浮かべる悲しみ。スプーンの鳴らす無機質な音の寂しさ。こうした心に浮かぶ情景は、私たちの心のとても大事な部分であるように思える。私たちは心の「内容」にしばしば振り回されるが、カントにおいて重要なのは心の「形式」である。なぜ私たちは沈みゆく夕陽を認識できるのか、なぜ私たちはスプーンの音を聞くことができるのか、またそこに悲しみや寂しさといった意味を感じることができるのか。ありとあらゆる経験を可能にする条件を考えるために創造されたのが、カントにおける心である。

カントに「心の重み」は存在しない。デカルトが「私から」世界を根拠づけようとしたことで、心の重みが飛躍的に増大した。しかし、カントにおいてはもはやこの手続きは失効している。カントはそもそも世界の存在それ自体にはアクセスできないと考えたからである。カントにおいては、世界の存在そのものたる「モノ自体（Ding an sich）」は私たちの認識を越えており、私たちが認識できるのは私たちの認識のフィルターを通じてアクセスすることができるモノの「現象（Erscheinung）」だけである。それゆえむろん、私が世界を根拠づけることなどできないどころか、私たちは世界に触れることさえできないのだ。

メタフォリカルに言えば、カントにおける心は、いわば世界の表面的なデータを受容する形式的なアプリケーションである。[68]デカルトのように、この心という存在を証明する必要もない。心ははじめから（ア・プリオリに）すべての人間にインストールされているデフォルト機能なのだ。ア・プリオリというラテン語は、経験に先立つという意味であり、カントにおいて人間の心の形式は経験に由来せずに決定されている。私たちが知覚する現象はすべて感覚によって与えられるが、それは経験的に、後から（ア・ポステリオリに）得られる。しかし、その感覚それ自体には秩序も形式もないため、感覚を秩序づける形式ははじめから（ア・プリオリに）心のうちに標準装備されていなければならない。[69]これがカント意識論の基本であり、デカルトの心とは異なる点だ。なぜならデカルトにおける心は、生まれながらに与えられたものではなく「闘争の結果」として勝ち取ったものだからだ。

人間の意識、思考はすべてこの最初から備わった形式の中でのみ可能である。したがってデカルトが絶対的な拠り所とし、パスカルが苦悶した神という存在も、カントにおいてはまったく問題にならない。なぜなら、神が存在すると考えても、神が存在しないと考えても、どちらの可能性も論理的には考えられるはずであり（第四のアンチノミー）、神の存在に対する思惟は、私たちの使用する心のアプリケーションの規則に反するものなので、そもそも思考の対象外なのである。神の存在／非存在という問題に、本当に神が存在するかどうかは関係がない。私たちの心の形式がそうした問題を思考するルールの適用外なのだ[70]。いわばカントは、無限なる思考を諦めるかわりに、有限に情報を処理する空虚なシステムを装備した。

デカルトやパスカルの問題は、神という絶対的で究極的な問いを発してしまったことであった。哲学の方法論上の最大の道具であり、意識の最も信頼のおける能力である「理性」、それは最高の認識の道具であり能力であるがゆえに、絶対的なものや究極的なものを思考してしまう。しかしそれこそが落し穴なのだ。理性は究極のものを思考するがゆえに、そこに矛盾を生み出してしまう、限界をもった道具／能力であることをカントは告発した。

哲学の義務は、誤解から発した幻想を、たとえなおそれほど賞讃され愛好されている妄想がそのさい消滅するにせよ、除去することであった[71]。

カントは、私たちの心の能力に制限をかけた。人間であることの矜持であった理性という心の最大の能力を封じる。そのことから哲学を再構築すべきである、というのがカントの考えだった。それゆえ意識は、徹頭徹尾その限界のなかでシステマチックに機能すべきものである。このあまりにも深刻さのない思考の形式は、ときおり空虚さの極限のようにも見えるが、たしかにカントにおいて心は極限まで形式的存在となったのであり、空虚であるというよりはむしろアーキテクチャ的であると言ってよい。

形式・機能としての心――条件と規則

カントにおいては、心あるいは意識というのは純粋な「形式」であって、そこにはあらかじめ（ア・プリオリに）決定された枠組みがある。逆に言えば、意識はあらかじめ設定された枠組みのなかでしか世界を認識することはできない。この枠組みに規定される心の能力は二種類ある。一つは「感性（Sinnlichkeit）」という対象に触発されて認識の素材としての表象を得る受動的な能力、二つ目は「悟性（知性）（Verstand）」という感性によって受け取った表象を組み合わせて概念を形成する積極的な能力[72]。人間の意識はこの受動的な感性と能動的な悟性、またそれに加えて両者を媒介する「構想力」によって成立するが、このそれぞれの能力はそれぞれの条件と規則によって制約されている。いかなる枠組みのなかで意識が成立するのか、確認してみよう。

◇感性

人間の認識の素材を受け取る「感性（Sinnlichkeit）」というデータ受容の能力は、必ず「空間」と「時間」という枠組みにおいて与えられる（「感覚（Sinn）」は英語ではsenseであり、感性とはいわば意識のセンサーである）。花であれ、夕陽であれ、あらゆる対象はある空間と時間のデータセットにおいて意識に受容される。部屋の中から家具や人間を取り去っても部屋そのものは残るように、空間は個別の物体の有無とは無関係にはじめから与えられている。時間の中からその内で生じる出来事を取り去っても、時間そのものを取り去ることはできない。空間と時間は、感性を規定する超越論的な形式である。

カントの考え方を逆手にとれば、私たちの認識能力である感性の枠組みさえ取り払ってしまえば、世界は順序的な時間などまったく存在せず、あらゆる事態がバラバラに、あるいは同時に、存在していてもまったく問題ない。しかし人間にとって世界は、あらゆるデータが時間的にも空間的にもばらばらに存在しているようには認識されない。したがって、バラバラであってもよいはずの世界のデータに、ある構造を与える枠組みが存在するはずである。その構造を与える枠組みをカントは「感性の形式」と呼び、私たちの意識の前提となるすべてのデータのフレームワークを規定した。

◇悟性

同じように、この素材データから概念を形成するための「悟性（Verstand）」の能力も様々な枠組みの規則（レギュレーション）のもとで能力が行使される。

カントは悟性を規定する規則（「分かる」という経験を規定するルール）として、一二（四×三）のカテゴリー表を作った。①量（単一性／複数性／総体性）、②質（実在性／否定性／制限性）、③関係（付属性と自存性／原因性と依存性／相互性）、④様相（可能－不可能／現実存在－非存在／必然性－偶然性）の一二で、これが直観に与えられた表象を理解することを可能にするすべての規則である。[73]

たとえば、目の前に一輪の百合の花が風に揺れている。花は、単にぼんやりとした色形の対象として漠然と私たちに認識されるのではない。その色、形、数、背景や状況、変化の要因などが、あらゆる感覚器官を通じて一挙に意識に与えられるにもかかわらず、私たちの意識はそれを有意味な情報のまとまりとして認識し判断することができる。その花が一輪であるという「量」や、それが目の前に実在しているという「質」、花を揺らしているのは風が原因だという「関係」、別の色でもあり得たのか必然なのかという「様相」、それらすべてが目の前の花という対象の概念形成に適用され、それに基づき悟性による判断が行われる。カントがこれを感性から区別したのは、世界の対象そのものには「数」や「原因」や「必然性」といったものが存在しないため、私たちはそれを感覚することができず（インプットデータとしては入力されないため）、私たちが何らかの対象を自発的に捉えようとしたときに関わる基準だからである。

色、形、匂い、音、などの様々な感覚器官によるインプットデータは、空間と時間という枠組み（フレーム）のなかで与えられることによってはじめて認識の対象となり（感性）、その量や質、また関係や様相といったカテゴリーによって分類され（悟性）、この四つのカテゴリーに対応した論理学的カテゴリーに基づいて判断される。ほとんど情報処理のようなこうしたプロセスが、私たちの形式としての意識であり、私たちはこうした思考パターンの外側で思考することはできない。

◇構想力

また、私たちが受け取る多様な感性のデータに統一を与える能力をカントは「構想力／想像力(Einbildungskraft)」と名付けた。英訳では「imagination」になるが、ドイツ語では文字通り「像(Bild)」を形成する「能力(Kraft)」である。私たちの意識は、データのまとまりをなんらかの対象として描き出すイメージボードがなければそれを思惟することができない。構想力は、感性の能力からしてみれば多様なデータをボトムアップ的に収束させていく能力であり、悟性の能力からすれば概念によって(カテゴリーを使用しながら)トップダウン的に統一を与える能力でもある。すなわち構想力は、いわば感性と悟性の中間的な媒介として橋渡しをする能力である。[74] 構想力によって感性と悟性は協調することができるが、構想力は現代的に言えば、多様なデータ(直観の受け取る表象)と各オブジェクト(悟性の与える概念)を繋ぐインターフェイスのような役割を担っていると考えることができる。[75] そしてカントはこのようにして表象が統合されるプロセスを「綜合」と名付けた。綜合とは「さまざまの諸表象をたがいに加えあわせて、それらの多様性を一つの認識として包括する働き」である。

カントはこうした感性―構想力―悟性の組み合わせによって働く意識のプロセスである綜合を「魂の機能(Funktion der Seele)」[76] と呼んだ。カントがこの能力を「機能」と読んでいるのは示唆的である。この言葉は、本書の第一章で示した、古代ギリシアのプシュケー(魂)の新しいモデルを呈示したソクラテス/プラトンの「魂の機能(エルゴン)」を思い出させる。ソクラテスにおいてその機能は「配慮、支配、思案」といった大雑把なものであったが、ついにカントに至り、心の機能はかくも細かく設定された上に、経験や学習に依存せずに予め与えられたものとして設計された。カントにおける意識はソフトウェアの使用条件と使用規則が予めすべて決定されており、しかもそれを変更することは不可能である。

またこうした機能によって意識にもたらされる表象は、すべて「私の…」という表象の形式を取ることで同一性を得る。カントはそれを「超越論的統覚」と呼び、これによってあらゆる経験は統一的な意識へと統合され、あらゆる経験は自己に帰属することが導かれる。このような超越論的な意識があるからこそ、個々の経験的な意識は直観による多様な表象をまとめ、安定した認識と思惟の力を行使できるのである。人間にはすべてこの超越論的統覚がインストールされていなければならない。「されている」ではなく、「されていなければならない」という条件が重要である。すなわち超越論的統覚は、人間の認識が可能であるための「権利」であって「事実」ではない。カントの理論を実直に解釈すれば、超越論的統覚のない人間を想像することは可能である。しかし、それは原理である以上、超越論的統覚なき認識はカントにおいては経験ではありえない。

感性という触発される受動的な契機、悟性というカテゴリーによって意識の判断へともたらされる能動的な契機、それを媒介する構想力という能力、そしてそれらを「私の」意識へと統合する超越論的統覚。これがカントの一般的な意識のモデルである。この一般的な機能によって、私たちは物それ自体には決して到達できない代わりに、意識に与えられる現象のすべてを処理することができる。このカントによる新たなる意識モデルの発明は画期的なものだった。なぜならあらゆる世界の多様なものが、そして無限に変化する私たちの経験が、この綜合という働きによって単一の意識に理解可能なものとして包摂され、理解されるからだ。しかもそれは、たとえばデカルトが「神」によって与えられた理性という能力に頼って全世界を理解したのとは違い、ただ人間の意識の能力だけで自律的に処理できる凄まじい機能である。このように、心を機能的に捉えたカントの思想は、現代的な認知科学の実践的な思想においても重要である。

カントと認知科学

カントの心はまるでアプリケーションの機能のようである、というメタファーで本書は説明してきたが、カント研究においても近しい解釈は存在する。[77] なかでも、カントを現代の認知哲学の観点から解釈してきた大家アンドリュー・ブルック（Andrew Brook, 1943 - .）は「カントは認知科学の知的ゴッド・ファーザーと考えられうる」[78]と明言している。ブルックがカントを認知科学の祖と考える理由は、心が規則の使用に基づくシステム（感性というインプットデータを綜合というシステムによって処理するシステム）であるばかりではない。彼はカントの超越論的統覚がア・プリオリに与えられている点に注目し「心が何でなければならないか、そしてどのような能力を持っていなければならないか」[79]という、心そのものの性質の分析ではなく、心という活動が成立するための条件を分析している点、そしてそのような条件を満たすものであれば、心の実態（心の機能を実現する具体的な組織）については無関心である点を、その根拠としている。すなわち、ブルックはカントの超越論的統覚を「機能主義」として解釈している。ブルックは論文「カント、認知科学、現代の新カント派」のなかで、カントの心のモデルの特徴を以下の四点にまとめる。（1）心を研究するには、経験がそのようであるための必要条件を検証しなければならない。（2）知識生成の活動に決定的に重要な機能は感覚入力（sensory inputs）の処理とそれに対する概念の適用（application of concepts）である。（3）経験の中へ感覚を組織する機能と、概念的な生《なま》の素材を組織する機能は、別の綜合の能力に依る。（4）心は認知機能（認知能力）が複雑に組み合わされた組織（complex set）である。

この心のモデルは、ほとんど現代における「機能主義（Functionalism）」の考え方と同じである、というのがブルックの主張だ。機能主義者は、意識がなんらかの認知機能さえ満たすのであれば、それを実現するための実体が特定の組織でなければならないとは考えない。したがって心は、それを実装するものが脳であれ、計算機であれ、なんらかの機械であれ、その機能さえ満たせばいかような組織でも可能であると考えられる。これは「多重実現性（multiple realizability）」と呼ばれる考え方だが、まるで機能主義の立場を取る認知科学者が神経活動について何も知らなくても認知科学が研究できるように、カントは脳や身体の組織の実体について考えなくても心の研究ができたとブルックは考える[80]（だからこそカントは当時の内観的な心理学に対して批判的であった）。あるいはもっとはっきりと、ブルックは「カントは一九六〇年代にヒラリー・パトナムらが機能主義を公式に示すおよそ二〇〇年前に、すでに心を機能主義的に捉えていたのである[81]」と述べ、カントのこのような心のモデルこそは、現代の認知科学における機能主義的な立場に先んじていたのだと論じている。

またカントの意識論を認知科学的な観点で見たときに特徴的な点は、一九八〇年代頃から新しい認知科学として重視された身体性認知科学やジェイムズ・ギブソンの生態学的心理学などよりも、一九六〇年代の、「脳」を中心的なモデルとしたAI研究などに象徴される初期の認知科学に近いということである。実際、カントを認知科学に関連づけて論じているのはブルックだけではない[82]。なかでもパトリシア・キッチャー（Patricia Kitcher, 1948 - ）は生態心理学者のギブソンとの対比においてカントの意識論を論じている[83]。

ギブソンによれば、生物の認知活動においては環境がリッチな情報リソースを有しており、脳は環境の情報リソースのなかから「比率（ratios）」や「配列（proportions）」といった様々な「不変項（invariants）」を発見して利用することによって認知を実現している。キッチャーは、環境の情報を認知主体が利用することの発見は重要であるとしながらも、ギブソンがここから、脳は信号をデコードするのでも、メッセージを解釈するのでも、イメージを受け取るのでもない、すなわち脳の機能はデータ処理でも感覚データの組織化でもなく、環境の情報を「探索」し、「抽出」してくることなのだ、という結論を引き出していることを批判している。[84] キッチャーによれば、環境情報に不変項が見つかることそのことだけでは、意識が環境を「表象（represent）」できること（単に環境に適応・相即するのではなく、いわば環境情報を意識の対象にもたらすこと）を説明できない。別の言い方をすれば、ギブソンの説明では、不変項の知覚の方法、すなわち意識が環境情報をデコードし、表象すること、情報処理の方法が欠如しているというのだ。カントは、人間の意識は対象に対応する認知状態を持つが、それだけでは意識にはならないと考えていた。意識は情報を統合するというプロセス（綜合）によってはじめて可能になるのであり、この統合性そのものは環境の情報そのものには含まれないため、キッチャーにとってギブソンの説明は十分な説得力を得ない。したがってキッチャーもブルックと同じように、カント的な観点から意識の条件をこのように特徴づける。（1）直観の統合性は、綜合という機能を要求する。（2）綜合の機能は規則（rule）に基づいて実行される。（3）この規則がア・プリオリな（意識）内容の多様な生産を可能にする。（4）この規則が多様な（意識）内容を概念に統合することを可能にする。

ブルックとキッチャーの特徴づけは近いが、ブルックが意識の機能と超越論性を重視していたのに対し、キッチャーは情報の統合性を重視している。別の言い方をすれば、キッチャーは意識にとって重要なことは（たとえば動物がそうであるように）、生物が外界の固有な情報にアクセスすることができるそのことではなく、その情報をいかに処理しているかというプロセスそのものなのだと主張している。直観という機能によって収集されるデータから様々な内容が生産され、かつそのデータは特定の規則（ルール）に従って処理されることで、意識は統合化された概念を形成する。

あるいは、カントを専門とする哲学者ポール・ガイヤー（Paul D. Guyer, 1948 - .）は、規則に統御された（rule-governed）多様な表象の統一的理解という心の能力を前提とするならば、システムはなんらかの入力された連続的な情報をその事前データとの関連において意味づけなければならないため、カントの心のモデルは、ある意味ではコンピュータのようなものであると明言した。

結局のところ、この主張はコンピュータにおいても妥当する。コンピュータの、ある瞬間の電荷の配列は、適切なプログラム（そしてむろんプログラマー）を通じてのみ、その前に獲得されたデータの表象として解釈される。カントが前提としているのは心理学的な要求ではないが、ただ時間的な経過のなかでデータを綜合するどんなシステムにおいても基本的な制約である。[85]

このように、カントにおける心のモデルが機能主義的で情報処理的なシステムであるという解釈は、極めて現代的な心の規定や探求方法に近い。もっと積極的に言えば、ソクラテス的な自律する心はカントにおいてはほとんどコンピュータのごときモデルへと完成されたと言えるかもしれない。二〇世紀に入り、哲学者たちはこのソクラテス―デカルト―カント的な心のモデルを継承しながらも批判して転換することに情熱を傾け、一部の認知科学者たちもこのようなアーキテクチャとしての意識モデルを更新しようとするが、実際にはカントの影響力は大きく、私たちが「心」に抱く基本的なイメージはまずもってカント的なものであるだろう。

果たして、カント自身はどれほど認知科学的な観点を持ち合わせていたのだろうか。

カントと脳

カントが意識の条件とみなしているものは、現代の目から見ればあたかも脳の構造のように見える。脳こそまさに、人間にプリセットされた意識の条件であると思えるからだ。実際、カントは空間という制約が認識のア・プリオリな条件であると考えていたが、二〇世紀になって脳における「場所細胞(place cell)」と呼ばれる空間認識能力を可能にする神経的基礎を発見した脳科学者のジョン・オキーフは、脳の海馬には予め空間を認識する領域が備えられていると示し、その研究の発想をカントに帰しているほか、現代の脳科学の権威エリック・カンデルは脳科学とカントは同じモデルを共有していると主張している。また二〇世紀の神経科学の前身である一九世紀後半の生理学・心理学において、ロッツェ、ミュラーらの理論はカント主義の強い影響のもとに研究されるなど、カントの意識モデルと脳の相性はこの上なくよい[86]。

もちろん、カント自身はア・プリオリな意識の条件を脳だとは考えていない。むしろカントの超越論的観念論は、脳などの生理学的な、あるいは心理学的な問題には還元できない可能な意識の一般的条件を考える理論であって、自然科学の方法論に侵食されない哲学の最後の牙城としてすら持ち出される[87]。しかし重要なことは、カントの構想とは裏腹に、あるいはカントの意図とは無関係に、ア・プリオリな意識の条件と規則という問題設定そのものが、後の時代の脳科学やAI研究において、極めて説得力のあるモデルとなったこと、そしてそこから様々な具体的な条件が発見されるという理論的可能性をカントの意識論が孕んでいたという点である(たとえば先のブルックの議論は、心の実体に無関心なカントにおける意識の条件のア・プリオリ性が逆に機能主義的に解釈できるという観点を示すことで認知科学の起源にカントを位置づけているのだから)。

また、カントは超越論的自我を論じたからといって、自然科学的アプローチを全く無視しているわけではないことも重要である。三批判書を中心にカントを読む者にとってはいささか意外にも思えるかもしれないが、カントは約四〇年にわたって続けたケーニヒスベルク大学での形而上学講義(『講義録』[88])において、こんなことを言っている。

すべての感覚の原因は神経系である。神経がなければ、われわれは何も外的なものを感覚することはできない。しかし〔また〕、すべての神経の根は脳である。したがって、脳にはすべての神経が集中しているため、どのような感覚に際しても脳が刺激される。それゆえ、すべての感覚は脳に集中するのである。それゆえ〔また〕、魂はその感覚の座を、感覚のすべての条件がある場所としての脳に置いているはずである。[89]

あまり注目されることはないが、カントは解剖学者ゼンメリングと交流が厚く、当時の生理学の知識を常に追って学び、脳の構造について大きな関心を寄せているだけでなく、意識の部分的な条件を脳に帰している。『純粋理性批判』第一版(一七八一年)が出版される前の一七六四年、カントは『頭の病気についての試論』で脳疾患患者の症例についての分析を試み、およそ三〇年後の一七九六年には『魂の器官について』においても脳の機能について論じている。

先の引用で、カントは意識(魂)における「感覚の座」として脳を指定している。[90] カントの意識論においては、すべての認識は経験から始まり、経験は対象に触発されて感覚を得ることによって可能になる。その意味で、実際にカントにおいて脳は意識の部分的な条件なのである。感覚は神経を通じて脳に至り、脳は感覚中枢としてそれを有機体全体へと送りまた調整することによって、「魂との調和」をもたらすとカントは言う。もちろん、悟性や理性といったア・プリオリな能力の使用は超越論的であるが、悟性や理性を使用するための前提として脳は感覚の条件を担っており、あらゆる思考作用には脳という条件が必要となる。カントが脳に関心を抱いたのは、彼が心身の相互作用的一体性を強く主張していたからであり、心や魂という能力に対応する身体的基盤があるはずだと想定していたからである。

> 脳には、ひとが考えたことについての印象が存在しなければならず、思考作用には何か身体的なものがなければならない。それゆえ、魂は思考作用によって脳を非常に盛んに触発する。たしかに、脳は考えを作り出すわけではなく、脳は魂がその考えを記録する板のようなものにすぎない。それゆえ、脳は思考作用の〔単なる〕条件である。[91]

カントの考えた脳の役割は、思考作用の記録と調整である。カントの意識論で重要な役割を果たすのは、能動性（自発性）を持つ悟性や構想力であった。ただしカントは脳には能動的な役割はないと考えたため、脳は受動的な能力である感性に関わる臓器であると考えられた。しかしながら近年の脳科学は、脳の積極的で能動的な機能を示す研究を多く示している。もしもカントがそのことを知っていたら、脳に対する考え方を変更しただろうか。たとえば、脳科学と哲学の関連を研究するカトリーヌ・マラブーはスキャンダラスにもこう述べている。

現代哲学のある状況から出発してカントの思考を受容した後継者として、われわれがいま一度想起できるのは、思考活動や合理性一般を、神経系のはたらきのうちに記載しようという考えや、真理の進化的過程という考えに、カントは反対することはなかっただろう、ということだ[92]。

マラブーは近年のカントと認知科学の関連性を論じる研究のなかでも、おそらくは最もラディカルな解釈をしている。なぜなら、マラブーによればカント哲学の核心である超越論性自体が疑問に付され、意識のア・プリオリな条件は変容可能で可塑的であると主張しているからである。マラブー自身はカントが「後成説」を採用していたという理由にその根拠を見出すが（すなわち意識のア・プリオリ性を覆すような、脳の可塑性は現代科学より、すでにカントの理論構想のなかに「先取られている」とマラブーは指摘する）、実際に脳科学的な解釈の側からカントが純粋悟性の能力と考えたカテゴリーの中には、経験的な活動に由来する可能性を示すものがあるという研究もある。

たとえば「因果関係」は、カントにおいてはア・プリオリな認識の可能性の条件の一つである。私たちが空間や時間という形式の外側で世界を認識できないように、私たちは因果関係の外部で世界を認識することはできない。逆にいえば、因果関係という世界理解のフォーマットは、あらかじめ私たちに備わっている。したがってカントは、幼児は因果関係の学習をしないと語っている。しかし近年の認知科学研究において、幼児はあらゆる身体運動の過程で因果関係の端緒を学習することが分かっている[93]。幼児は母の母乳を吸う際の、舌や唇の動きといった微細な運動からさえも、因果関係を知覚する基礎的な能力を育む。研究によれば、およそ生後六ヶ月の幼児は因果関係を学習する。カントは因果関係を人間に予め与えられているア・プリオリな意識のフィルターであると考えたが、実際に幼児は経験を通じてア・ポステリオリに因果関係を学習するのである。

また近年の脳科学では、脳が環境の外部刺激を受けて反応する受動的な機能だけでなく、思考や認知タスクのない刺激以前の安静状態での活動（pre-stimulus resting-state activity）が意識に重要な役割を果たしていることが明らかになりつつある。こうした活動は脳のデフォルト・モード・ネットワーク（DMN）[94]と呼ばれ急速に研究が進んでいるが、神経科学者のゲオルク・ノルトフ（Georg Northoff, 1963-.）はブルックらのカント解釈を拡張して脳との対応関係を考えている。すなわち、カントは単に対象に触発されて認知経験を生じさせる経験的な活動だけではなく、先天的な自発的活動こそが意識を可能にすると述べているが、ノルトフはこのカントにおける先天的（intrinsic）な意識の働きが、脳にプリセットされたDMNの自発活動として解釈できるのではないかというアイディアを提示している。[95]

またエヴァン・トンプソン（Evan Thompson, 1962-.）らは、ノルトフの考え方を展開し、脳の感覚入力に駆動される処理ではなく、脳自身の自己組織化的かつ自発的なパターン生成活動を「カント的脳（Kantian Brain）」と呼び、「現代の脳を複雑なものとして捉える考え方、すなわち多種多様な自発性を持ち、自己生成的な活動モードを有する自己組織化システムとして捉える見方は、カントにおける認知の自発性という考え方に確証を与える[96]」と主張している。あるいは、近年最も注目度の高い、脳の予測処理モデル（Predictive Processing）[97]の考え方に基づけば、カントをトップダウン的な意識モデルの認知科学の先駆として位置づけられると提案する研究も出てきている。予測モデルは、意識の感覚データは単なる受動的な情報ではなく、皮質領域による予測信号のフィードバックであるという考え方に立ち、従来の認知科学的パラダイムからの脱却を図ろうとしているが、これはカントが「認識は対象に従う」

のではなく、「対象が認識に従う」とコペルニクス的展開を目論んだ展開と同型であると主張する[98]（この論文では加えて、現在のＡＩ研究で最も成果をあげている「生成モデル（generative model）」は構想力の媒介するトップダウンとボトムアップの両方のモデルに適合していると論じられている[99]）。

現代の神経科学の知見によれば、脳はカントが考えたような単なる刺激の記録と調整の「板」ではない。脳は自発的な活動を持っており、また感覚を統合する積極的でトップダウンの情報処理システムであり、悟性や構想力のように、それ自体として自発的にはたらく性質を備えている。すなわち、近年の脳科学的な観点からカントを読み直す研究は、カント自身が脳を感性の単なる条件として捉えたのに対し、脳の自発的な活動の発見からむしろカントにおける自発的な機能である悟性や構想力を再評価しつつ、脳との関連性を描き出そうとしている。果たして、カントが脳のこのような機能を理解したとしたら、脳を単なる受動的な感覚の条件ではなく、マラブーの言うように脳を超越論的な意識の条件であるとみなし得ただろうか。

これら現代の脳科学の知見がどれほど確定的なのか、あるいはそれをカント的に解釈することの妥当性や認識利得がどれほどあるのかということはさしあたって問題ではない。重要なことは、ともかくカントの意識論は西洋哲学史において、（しばしば認知科学の文脈で参照されるデカルトよりもはるかに）最も認知科学における脳やＡＩのモデルと相性がよく、心がある種の情報処理システムやアーキテクチャであると解釈されるモデルであったということである。まるでＡＩのような、システムとしての心というカントの意識論は、本書の紡ぐ意識の哲学史においてどのような意味を持つのか。

一切と無の心

カントにおける心は、デカルトのように全世界の存在の根拠を背負う必要はないし、パスカルのように神との接続を切望する必要もない、自律的かつ機能的でシステマティックなものだ。一方では合理的にすべての情報を処理する万能な意識でありながら、他方ではその機能性ゆえにそれ自身は形式的で空虚な意識。別の言い方をすれば、カントはあらゆる世界の多様性をすべて包摂して処理するという万能な機能としての意識を設定するために、それ自体はなんらの実体も持たない、形式的で空虚な単一の、まるで箱のようなシステムとして意識を創造する必要があった。このカントの意識論の意義を、ウィリアム・ジェイムズが的確かつメタフォリカルに表現している。

> 最初は「精神と物質」「魂と身体」という対比が用いられていたが、これらはその重みと意義にかんしてまったく同等の、一対の等価な実体とされていた。ところがあるとき、カントが魂の重みを骨抜きにして超越論的自我を導入して以来、この二極関係は非常にバランスを欠いたものになってしまった。今日では超越論的自我は、合理論者の陣営では一切をとり仕切るもの〔stand for everything〕であるのにたいして、経験論者の陣営では無にも等しいもの〔almost nothing〕となっている。[100]

このジェイムズのカントに対する評価は、本書の文脈では決定的な役割を果たす。カントが『純粋理性批判』を書いたとき、人間の心は「全能でありながら無」（完全なシステム／空虚な心）（everything/nothing）であることが要請された。このことは、一方ではこれまでの心の問題を見事に解決した方法でありながら、他方では心の問題を抹消してしまったとも言える。本書にとってはしかし、この二重の意味を与えられた意識のモデルは、パスカル一人のなかに含まれていた究極の悲しき矛盾を、カントはむしろ肯定的でクールな二重構造として規定し直したと読むことが重要である。このカントの心のモデルが、現代の意識の科学において注目されていることも示唆的である。二〇世紀の西洋では哲学においても科学においても、心をシステムとして捉える考え方が発展してゆくのだから。

　本書はこれから、このカント的な心を乗り越えていくモデルを見ていくことになるが、それでもこのカントのあまりにも完璧に思える心のモデルは、ひとつの金字塔として、あるいは振り払うことのできない呪縛のように人間の心を規定していく。

3

綻びゆく心

The Mind Begins to Open

オレンジを踊れ。暖かな風景をきみらのからだから
投げひろげよ。よくよく熟《みの》って
故郷の大気の中に輝き出るように。燃えるようなきみらよ、
一ひら一ひら覆いを脱いで芳《かんば》しい香りを漲らせよ。また血縁を結べ、
純粋な、みずからを拒むあの果実の外皮と、
憂《うれ》いない果肉に充ちた甘い液とに。
——リルケ『オルフォイスに寄せるソネット』

心が世界の中心となった時代が到来した。デカルトは心が世界を可能にする原点だと考え、パスカルは神なき心の不安定性に慄き、カントは心のアーキテクチャの機能を確定した。私たちはもはや、心を通さずに世界を感じることができなくなった。世界と感応し、風に彷徨うホメロスの心や、身体の臓器それぞれが生きていた古代ギリシアの心を身体のなかに閉じ込めて、一つに統一しようとしたソクラテスの魂論はここにひとつの完成を見た。人間の心はこの一つの身体に閉じ込められた一つの機能であり、しかもこの心を通じてしか私たちは世界を感覚することはできない。そのような時代が到来した。

そしてついに二〇世紀に至って「心の時代（The Age of Mind）」と呼びうるような局面に到達した。文学では一八世紀にルソーが『告白』を書いて内面的な心の苦悩を吐露し、一九世紀にはそれまで文学の中心であった詩から、人間の内面的葛藤を描くことのできる「小説」という形式が浸透してきた。絵画においても宗教画から風景画を経て徐々に自画像が描かれだしたが、二〇世紀にはゴッホやムンクなど、過剰で強烈な心の情景を噴出させる画家たちが登場する。あるいは科学においても、一九世紀後半にはドイツの生理学者ヴントがはじめて「心理学」を創始し「心」が科学の対象になり始めた。こうした状況のなか、心理学者ブレンターノの弟子でもあった哲学者フッサールが、心理学を批判する立場で哲学として意識の問題を真正面から扱った。二〇世紀を通じて現代にまで重大な影響を与え続ける「現象学」が「意識の哲学」として展開したことは象徴的な意味を持つ。

フッサールは真正面から「意識」を哲学の中心課題にしたはじめての哲学者だった。世界ははじめから在るのではない、世界は意識というドアを開けてはじめて現れる。意識が世界を開くドアならば、この意識について徹底的に語らねばならない。たしかにフッサール現象学という二〇世紀の新たなる哲学において、意識は神よりも、存在よりも、世界よりも重要なものになった。実際、フッサールは純粋な意識が世界に意味を付与していく超越論的意識を確立した哲学者でもある。[1]

しかしながら本書ではむしろ、フッサール自身のなかにすでにあった、ひとつの逆説的な困難を描き出していきたい。たしかにフッサールはこの世界のはじまりであるはずの意識をデカルトやカントよりも詳らかに明らかにしようとし、意識こそ超越論的で純粋な機能であると考えた。しかしフッサールは意識について考えれば考えるほど、意識がデカルトやカントが想定しているよりも、脆く、儚く、流動的で、いわば「流れ」のようなものであることに気づいていく。もしかすると意識は、デカルトやカントが考えてきたほどには確固たるものではないかもしれない。それが意識の哲学を開始したフッサールの「躓き」であった。一八〜二〇世紀にかけて、自然や世界との断絶を徐々に強めていた意識のモデルはフッサールにおいて、どこか時計の針を巻き戻すように、再び世界との交わりを求める方向へ向き直していくようだ。

哲学的な言葉で言い直せば、超越を求めた意識がむしろ超越の困難に出会ってしまう過程こそ、西洋思想における現象学の意義ではないか。

本章でこれから見ていくように、心は身体と密接に結びついたものであり、世界のカテゴリーを分別する機能であるどころか、世界と共に移ろう生成的なものであった。たしかにフッサールの現象学は意識を中心とした哲学を展開したが、同時にその哲学は、心＝自己というソクラテスのアイディアや、近代哲学の基礎となる意識という強力な装置の、ゆるやかな「解除」でもあるような哲学であったのだ。

ハイデガーはフッサールの哲学を受け継ぐ二〇世紀最大の哲学者の一人であり、しかもその哲学は「実存」という人間の生における強い自覚を強調する思想として影響を持ち、後に「人間中心主義」であるという批判にもさらされてゆく。たしかにハイデガーの哲学は人間が中心にある。しかしながらこれもまた本書では、ハイデガーの人間や意識に対する重心の強化そのものではなく、むしろその背景にある人間の心に対する解体性に光を当てていきたい。すなわち、人間中心主義であるとされたハイデガーのむしろ脱人間中心性に焦点を当てたい。

実際、ハイデガーは現象学者でありながらもはや「意識」や「心」という言葉さえ使うことを避けようとしていた。興味深いことに、ハイデガーは人間だけでなく動物についても語り、また生活する人間の身近な道具についても語った。しかもそれは人間の外部や意識の外部としてというよりも、むしろ人間存在の本質を構成するものとして。人間は意識によって世界を把握するというよりも、モノたちに囲まれ、その相互作用のネットワークに組み込まれることで世界に参加する。ハイデガーは二〇世紀という心の時代にあって、意識を人間のみで完結する世界から解き放った。そして人間でないものたちへと開かれていく哲学へと、あるいは人間も事物も並列なネットワークの中において機能するようなモデルへと導く可能性を萌芽させていた。一つの心が一つの身体の中にある、というソクラテス的な心はデカルトやカントによって洗練された。しかしフッサールやハイデガーの哲学は、この長いプロジェクトの終りを予告しているようである。心は一つの身体を抜け出して、他者の身体と共鳴し、生活する環境の細部によって調整され、手にする道具たちのネットワークのなかから生成される。ある意味では、心は世界の出発点ではなく、人間の身体やモノたちのネットワークの中から流動的に生成されるものになりつつあった。

意識を人間の中心的な機能として徹底的に解明しようとした現象学という二〇世紀の哲学が、むしろ意識の綻びを浮かび上がらせてしまったのは皮肉でもある。現代に生きる私たちはおそらくそれを受け入れることができるだろうが、心は単独で自律し、完結し、機能するほどには確固たるものではなかったのだ。なぜならフッサールやハイデガーは、たしかに一方では意識の自己同一性や人間の固有性を主張する哲学を構築していたが、他方では自己同一性を「流れ」や「ネットワーク」という、それを支えるものからの生成として捉える視座を持ち合わせていた、あるいはその傾向が、その理論の端々には漏れ出していたのだから。

フッサール——意識の哲学

Edmund Husserl, 1859–1938.

知覚のゼロ地点

眼の前に一輪のスミレの花がある。私はその花を見ている。この花は世界のなかに客観的に存在し、その客観的事物を主観である私が認識する、という一見すると自然な認識[2]は知覚現象の捉え方としては粗い。フッサールの現象学はこのような素朴な知覚の場面を、主観－客観というような素朴な信頼を一旦停止して、いわば「知覚のゼロ地点」とでも呼びうるような場所から再構成していく。[3]その知覚経験の記述こそ、フッサールの創始した「現象学（Phänomenologie）」の本質と言ってよい。

なぜ世界は私たちにこのように現れるのか。まず私たちはスミレをある特定の角度から知覚しているにすぎず、対象の一面しか見ていない。花の内部には小さな蜂が蜜を吸っているかもしれないし、花の裏側は破けているかもしれない。花は私たちにある一面だけを現す。この現れをフッサールは「射映（Abschattung）」[4]と呼ぶ。意識は花の二次元的な部分しか知覚していないにもかかわらず、私たちは花を三次元的な全体として知覚する。なぜ私たちは花の一面だけ（射映）を見てその全体（対象）を見ているような気がするのか。カント的な認識のモデルでは、対象の認識は花のある時間的／空間的な位置や概念的なカテゴリーを通じて可能になるため、花の全体的な認識が達成されるが、こうしたカテゴリーがア・プリオリに存在するという前提をとってしまえば、私たちは具体的な知覚から花の認識の形成を説明する必要がある。逆にいえばフッサールは、カントが人間に生まれ持って備えられたと想定した認識を可能にするシステムが、実際の知覚現象の最中においていかに形成されるのかを問うていた。

花の知覚という場面を丁寧に考えてみれば、不思議なことになる。花の射映（シルエット）は、見る視点だけによって与えられるのではない。スミレの花は風に揺れている。すると、流れ続ける時間の中で、スミレの花として私たちに現れるその相貌は、目まぐるしく変わり続けているはずだ。もし仮にこれを写真のようにスナップショットとして保存すれば、私たちはたった数秒で何千、何万もの別のスミレの形を経験していることになるが、私たちはただ一輪のスミレを見ていると直観している。実際には移ろう光によってスミレの色合いも目まぐるしく変化し、あるいは、私たちの姿勢や目線、目の疲れなど、知覚する身体の側の眼差しも無限の変化に晒されているにもかかわらず。

一輪のスミレの花を見る。たったこれだけの知覚の一場面の中には、無限に変化する対象と無限に変化する眼差しの交錯が生じている。フッサールはこの射映の無限の変化こそが、対象の知覚を可能にすると考えた。対象が変化しないから、対象は安定して知覚されるのではない。そうではなく逆に、対象が無限に変化するからこそ、変化する部分と変化しない部分の差異と同一性が生成し、そのことによって安定したパターンを発見することができるのだ。[5]無限の変化の最中における安定したパターンの発見、その不変なパターンを現象学では本質的形相と表現する。事物の本質は、事物そのものに内在するのではなく、あるいは私たちの認識のカテゴリーに属するのでもなく、事物が私たちの意識に現れるその現れ方の、いわば差分における同一的パターンとして把握される。私たちは実際、目の前に知覚された風景がいくら変化し続けているといっても、ジェットコースターに乗って見える光景のように目まぐるしい風景にさらされ続けているようには感じない。意識は対象の同一性を発見し、事物の本質——花が移ろうなかでも花であるということ——を了解しながら世界を見ている。意識は安定性を好む。

　無限に移ろいゆく変化のなかで、安定的なパターンが把握できることを可能にしている作用が、意識が対象に向かう「志向性」である。私たちの意識は単にバラバラな感覚の集まりでもないし、意識の内部で閉じた思念でもなく、またぼんやりと世界へと開かれているのでもなく、外部にある世界の対象へと向けられ、それと関係を取り結ぶことによって経験に内容が与えられる。フッサールはこの対象へと向かう意識の作用＝志向性こそ意識の本質だと捉えた。私たちと対象は、この志向性という作用によって世界を安定したものとして知覚できる（対象の同一性を指定できる）。カントにおいて、カテゴリーという形式がなくなった世界は、あらゆる対象がバラバラに認識されてしまう可能性があった（というより認識そのものが不可能であった）のと同様に、フッサールにおいても志向性という作用がなければ、主観に現れる世界は無限に変化し続ける混沌へとその様相を変える。しかしながら実際、世界は私たちに比較的安定した現象として現れている。これは、意識の志向性が対象の「本質」[6]を直観することを可能にするからである。初期のフッサールはこの志向性を世界を表象する言語的な表現のうちに見出そうとしたが、徐々にそれを知覚経験の構造のうちに捉え直そうとしていく。[7] 花を他のものではなくまさに花であらしめるという本質は、射映以外にも、「類化」（あらゆる感覚与件（データ）の類型を形成する能力）、「連合」（類型同士を結びつけ、データの関連性を形成する能力）など、様々なプロセスによって規定される。

あらゆる意識はなにものかについての意識であり、志向的に対象へと向かう。志向された対象は様々な射映のなかでその統一体としての姿を現す。その統一的対象を統一体たらしめている事物の形相を、現象学では志向的本質と呼び、私たちの志向的本質を把握する能力を本質直観と言う。しかし、そこにはまだ膨大なプロセスが関与しているだけでなく、むしろ意識とはそのようなプロセスそのものでさえある。

流れる意識——残響と予感のなかの知覚

光によって千変万化の色を見せるスミレの花を見る。風に乗った甘い匂いを嗅ぐ。その体験のひととき、また次の瞬間のひととき、そして延々と続くこの体験の流れ。移ろいゆくこの体験の流れそのものが、意識なのだ。もしも私の意識が、常にその存在をたしかめるように知覚や思惟の態度を変え続けているのだとしたら、意識は対象を知覚する際にその知覚を遂行している働きではなく、あらゆるそれぞれの経験において知覚や思惟を遂行させている「流れそのもの」であるほかない。デカルトが懐疑する自我の一点を意識の拠点としたのだとしたら、フッサールは判断停止（エポケー）と確信（定立）を繰り返すことを可能にさせている、持続的な流れこそ意識の条件であると考えた。

私の頭のなかですべてを支配しているように思える自我というものは、それだけを独立させて取り出すことのできるものではなく、あらゆる雑多なものたちに巻き込まれる、広大な意識の流れのなかでしか成立しない。[8] むろん、ひとたび私たちが反省すると、自我はこの流れ去るそれぞれの体験を中心づけ、統一し、世界に意味を与える主体そのものになる。[9] しかし意識そのものは、時間のなかで流れつつ、また留まり、留まりながら流れ続ける移ろいに他ならない。フッサールはこの流れる意識を「意識流（Fluß des Bewußtseins）」または「体験流」と呼んだ。[10]

どんな体験もみな、それ自身において、生成の流れ〔Fluß des Werdens〕である。体験が体験であるのは、ある不変の典型的本質の根源的産出というありさまにおいてである。つまり体験は、過去把持と未来予持の絶えざる流れであって、過去把持と未来予持とは、原的状態というそれ自身が流れ行きつつある位相によって媒介されている。この原的状態の位相において、体験の生き生きとした今〔lebendige Jetzt〕が、体験の「以前」と「以後」とに対比されて、意識されるのである。[11]

生成の流れ。ジェネレートし続けるフロー（Fluß）。それこそが意識の本性である。生命（独：Leben 英：life）のような今（Jetzt）。生化され、息づいているような、運動そのものであるようなこの位相をフッサールは「lebendige Jetzt（生き生きとした今）」という言葉に込めた。今は瞬間的な点でもないし、明確な境界を持ったまとまりでもない。フッサールにとって意識とは、めくるめく経験の小さな波が寄り集まって重なり、それ自身が流されながらもまた新たなる波を束ねていく流れそのもの（フロー）であった。しかしこのような流れのなかで本質を現す対象もまた、ただ独立して完結した一つの実体として志向されるわけではない。

世界には私とスミレしか存在しないわけではない。ふと目を向けると、スミレは野原のなかに咲いていている。青々と広がる野原に生えた無数の名もなき雑草たち。それは私が注意を向けるまでは、無意識に緑のカーペットとして背景に沈んでいた。また空からは太陽の光が射し、雲が光をうっすらと遮って、野原にはポツポツと優しい影が落ちている。私の意識からスミレという一つの対象に向けて放たれた矢の背景には、対象が対象として現れることを際立たせている無数の潜在的な背景があった。フッサールはそれを「地平（Horizont）」と呼ぶ。対象は地平のなかにあってはじめて浮かび上がる。

私と対象は孤独に結ばれているのではない。私の注意が別の対象に向かえば、たとえば花の上をふわりと蝶が舞った瞬間には、今度はスミレの方が背景に沈み、蝶という対象を支える地平となる。次々に世界の事物と交わりながら、関係を結びつつ切り離し、移りゆく対象。そして対象が移りゆくたびに現れる別の地平。私たちの意識はこのような流れのなかにある。地平は、原理的には無限である。対象を支える地平は視覚のみならず、あらゆる知覚の背後に働いている。スミレを見ているとき、遠くでは海鳥の鳴く声がうっすらと聞こえていて、その鳥の声の響きのなかで私はスミレを見ている。沈黙のなかの紫のスミレと、海鳥の声が聴こえるなかで見るスミレは、別様に意識に現れる。対象は常にその背後に、志向性から逃れ続ける未規定で潜在的な背景を抱えているからこそ、私たちはそれを捉えることができる。

意識と志向的に関係する対象の地平は「空間」ばかりではない。意識は流れつつある時間的な移ろいのなかにあり、対象もまたその移ろいのなかで現れる。したがって「時間」も、知覚を可能にする地平のひとつだ。しかしもちろん、それはカントの超越論的感性論における意識のア・プリオリな条件ではなく、流れる意識の生成に関与する性質である。

私はカメラのスナップショットのようにスミレの切り取られた一瞬を見ているわけではない。一瞬前のスミレ、また次の瞬間のスミレ、その今まさに過ぎ去ったスミレの姿の連続的な統一体として私はスミレを見ている。またそれは「今」の瞬間を頂点として過去を繋げているだけではない。スミレの微かな揺れ動きを見ながら、私はつねにこの次の瞬間のスミレの動きを予期している。風が強まってきて激しくなるその動き、右に振れたすぐ後に左に振れ直すその動きの先をシミュレーションしながら「今」のスミレの姿を見ている。カントであれば、時間という数直線の中のある一点において対象を経験できると考えるが、フッサールは、今しがた過ぎ去ってしまったひと時と、これから到来するであろうひと時の、小さな時間の幅のなかに私たちの経験を位置づける。[12]

> 鳥は（絶えず）その場所を変えながら、飛んでいる。どんな新しい位置にいようとも、その鳥には（すなわち鳥の現われには）、それより前の現れの残響〔Nachhalls〕がつきまとっている。しかしこの残響の各位相は、鳥がさらに遠くへ飛び去るにつれて、次第に消えてゆくのであり、このように後続の各位相には一連の《余韻》〔Nachklängen〕が属している。[13]

私たちは時間軸上のただある一点の瞬間において対象を目撃するのではない。対象は常に、その対象が今しがた在った姿の延長線上にある余韻を湛えた姿として現れ、またこれから在りうるであろう姿の芽生えとして現れる。私たちはいつも、対象を過去の残響と未来の予感のなかで知覚しているのだ。そこにはたった一点に集約される現在というものはなく、その流れる意識体験は常に続いていく。

各体験は、一つの無限な「体験流〔Erlebnisstrom〕」に帰属している。個別的な各体験は、始まることができるのと同様に、終わることができ、したがってそれぞれの持続を完了することができる。例えば、喜びの一体験がそうである。しかし体験流の方は、始まることもできなければ、終わることもできないのである。[14]

私たちの意識とは、瞬間の連続なのではない。意識は、残響と予感の永遠なる持続なのだ。鳴り響く過去の風が、未来への予感を抱えながら、いま吹いている。それがこの今の眼の前の知覚風景を永遠のフローとして生み出している。しかしこの体験もまた、すぐに過去へと沈殿していき、新たなる今が到来する。始まることもなく終わることもない無限の流れそのもの、それこそが現象学的意識の正体なのだ。

緩められた自我――デカルトから離れて

意識を流れ続ける生成だと考えるフッサールにおいて、自我という統御体は、デカルトやカントに比べてずいぶんとその地位が弱まっている。比喩的な言い方をすれば、意識を世界を理解するための中心に設定したフッサールが、意識について分析すればするほど、意識の単独性は解体し綻んでいった。デカルトにおいて、思惟する主体こそが世界を可能にする唯一の起点であり、世界を意識するためには常にこの不動の基盤に立ち返ればよいようなホームグラウンドの実体であった。しかしフッサールはこれを認めない。『デカルト的省察』のなかで、それをこのように語っている。

あたかも、私たちの疑いの余地がない純粋な我《エゴ》のうちに、世界の小さな末端を、哲学する自我にとって唯一疑いえない、世界の部分として救い出したかのように、そしていまや、我《エゴ》に生まれつき備わった原理にしたがって正しく導かれた推論により、残りの世界を導き出していくことが問題になっているかのように、こんな考えを決して自明のこととしてはならない。[15]

世界の中から思惟する自我だけを切り取って「救い出した」かのようなデカルトの「我＝コギト」。意識をフローとして捉えるフッサールは、独立し、いわば「切り離された心」を想定することはできない。[16]コギトは知覚と体験という激しい濁流の渦中に存在する。

むろんフッサールも、デカルトの懐疑し、反省することによって見出される自我、という考えを踏襲しているためコギトの存在は認めている。それゆえフッサールはコギトを意識そのものではなく、意識の「顕在性／非顕在性」（Aktualität/Inaktualität）という区別によって捉え直していた。デカルトの言うように、コギトだけが唯一の意識なのではない。意識は時に顕在性として前面にせり出し、また時に非顕在性として背後に退いている。意識を体験流として捉えるフッサールにおいて、コギトとは意識における顕在性の別称なのだ（「体験流は決して顕在性だけから成り立つことはできないのである」[17]、「顕在性こそは、「コギト」という表現の簡にして要をえた強い意味をまさに規定するものにほかならない」[18]）。そしてもちろんこの顕在性としてのコギトは、非顕在性から独立していないどころか相互に浸透しあっている。

もろもろのコギタチオの連続的に進行する連鎖は、絶えず非顕在性の媒質によって取り囲まれていて、この非顕在性は常に、顕在性のモードへと移行する用意を整えており、同様にまた逆に顕在性も非顕在性のモードへと移行する用意を整えている。[19]

意識はまさに流れる川のように、多層的な波の重なり合い、膨大な流れるプロセスそのものであり、コギトはこの濁流の表面に浮かび上がった小さな盛り上がりである。波は入れ替わり立ち替わり浮かび上がり、また沈みゆきつつ、浮かび上がる。その表面の波だけを明確に切り出すことはできない。フッサールはこの顕在性としてのコギトに「目覚めた自我（Ein „waches" Ich）」という表現も与えているが、意識は常に眠りと覚醒の分かち難い曖昧な流れのなかにあり、そのうちの目覚めたものにデカルトの言うコギトという性格が与えられるのである。

思惟する自我＝コギトを、意識の「顕在性」と捉え直したフッサールの更新は大きな変更だった。なぜならコギトの「有／無」というデカルトのデジタルな区別に対して、コギトの「顕在性／非顕在性」というアナログな区別を導入することによって、意識は自らの反省と自覚による統御というモデルの背後に、流れのなかに漂ういわば無意識的な領域を保持し、顕在的な意識はそれに支えられているのだという、なだらかな心の存在の在り方を見出したからである。

デカルトのコギトは「明滅」という秘密を抱えていると本書では書いた。フッサールにとってもこの問題は重要であり、意識が消滅してしまったり、あるいは逆に不滅であったりすることは意識経験の説明には不十分である。[20] したがってフッサールは、デカルトのコギトは「消滅」するのではなく「退場する」と言い、「不滅」なのではなく「登場する」と言う。[21] コギトが活性化（顕在化）していないとき、コギトは消えるのではなく「特殊な《無意識》ないしは秘匿状態（Verborgenheit）[22]」へと退場しているのであり、そのときも自我は「沈潜」しながら持続して流れている。したがってフッサールは、デカルトが「思惟する自我（Ich danke）」と考えた意識を「生きる自我（Ichleben）」と呼び替えながら、それを「意識生（Bewußtseinsleben）」と名づける。

我思う〔*ego cogito*〕（この用語はデカルトの広い意味で使っている）の超越論的な明証の重心を、いまや同一の我から、多様な思うことへと〔auf die mannigfaltigen *cogitationes*〕、それゆえ（省察する者である私の）同一の我〔…〕がそのうちに生きている、流れる意識生〔独：strömende Bewußtseinsleben　英：flowing conscious life〕へと、移すことにしよう。[23]

私は世界を思惟するものではなく、世界を生きるものである。あるいは意識は思惟の拠点ではなく生命（Leben）のような流れである。唯一の同一性の拠点・コギトではなく、まるで動物の群れを想起させるような、夥しく多様な思念たちの運動である。そうフッサールが言ったとき、心に与えられた「重み」は幾分も解放されている。自我はデカルトにおいては意識と同一であった。しかしフッサールにおいて自我は顕在的な中心化作用であって、自我が意識流のなかに沈殿することもある。[24]本書の文脈においてフッサール哲学の重要な点は、デカルトの意識論のアップデートでありながら、自我という世界の準拠点が徐々に綻んでいくようなモデル[25]の再構築が行われているということである。そして後期のフッサールは、こうした意識の純粋性の解除とでも言えるような展開をいっそう加速させていった。

身体・他者・生活世界

世界を意識が単独で思惟する対象ではなく、生の流れとして経験し、生きるものであると捉えたとき、フッサールは意識の単独性、純粋性を少しずつ手放していった。それゆえ後期から晩期のフッサールは、意識をその反省作用からよりもむしろ「身体」や「他者」、あるいは「生／生活（Leben）」という、意識の絡み合う多様なもののうちから捉えるようになってきた。

たしかに『イデーン』においてフッサールは、意識と世界は「同列」の存在ではなく、その間には「真の深淵」があるのであり、たとえ世界を「無化」しても意識はその本質を変えないと考えていた。[26] なぜなら知覚対象である事物は射映するが、内的な体験である意識そのものは射映せず、明証的かつ十全に、すなわち絶対的なものとして与えられるからである。したがって超越論的な純粋意識は世界に意味を付与する作用であり、世界や自然はこの絶対的な意識の相関者たることによってはじめて存在する。意識が自然を条件づけるのであって、その逆ではない。それが『イデーン』期フッサールの主張であった。

自然の現実存在は、意識の現実存在を条件づける〔bedingen〕ことなどできはしない。というのも、自然そのものが、実のところ、意識の相関者であることが分かるからである。自然が存在するのはただ、規制された意識連関のうちにおいてそれ自身が構成されるというありさまにおいてのみ、なのである。[27]

しかしながらフッサールは後期になるにつれ、この意味付与（Sinngebung）作用としての意識そのもの（純粋意識）ではなく、それを条件づけているものを重視していくようになる。すなわち意識の発生の原初には、純粋自我という世界に意味を与える主体以外の、身体、他者、環境といった、意識を可能にする存在者が介入しているという事態を問い直さなければならなかったということである。

◇身体

フッサールは意識経験を知覚の場面から捉えるとき、「射映」という対象の現れを通じてそれを説明した。対象はある視点(パースペクティブ)から眺められるのであり、視点なき射映はありえない。目の前のコップはその前面が知覚されるのであり、その裏側を前面と同時に知覚することはできない。しかしなぜ対象は射映的に現れるのか。それは対象がある特定の地点「ここ」から眺められるからである。この「ここ性」としてのパースペクティブを確保する場所、すなわち視点の開始点こそ、身体がこの世界に降り立つ場である。意識は必ずある特定の場所から世界の現れを経験する。フッサールはこのことを強調するために(メルロ=ポンティの言葉を借りれば)「神でさえ射映的に知覚する」と考えた。[28] 仮に神が対象を知覚するとしても、コップの表と裏を同時に知覚することはできない。逆に言えば、これまで身体というパースペクティブを切り開く場所を考慮せずに、まるで意識がそれだけで無視点的な場所から世界を眺めることができるかのごとく考えてきた意識のモデルは、知覚さえ不可能なモデルであることになる(パスカルは「思惟」としての意識が「宇宙をのみこむ」と言ったが、「知覚」として意識を捉えると、私たちは宇宙どころかコップの裏側さえ見ることができないのだ)。

したがってフッサールにとって身体は、第一に知覚するパースペクティブを可能にする「精神の器官」であるのだが、射映は変化し続けることによってその形相的本質を摑むことを可能にするため、パースペクティブが変化しなければならない。それゆえ身体は移動可能でなければならないし、また対象との関係性を変化させる必要があるため、ある種の運動感覚を持つ必要がある。それをフッサールは、ギリシア語の「キネーシス(運動)」と「アイステーシス(知覚)」をあわせて「キネステーゼ」と呼んだ。意識はこのキネステーゼによって対象との関係性を予期しつつ現前させつつ、時間的な変化のなかで世界を経験する。[29]

川の流れのような意識流あるいは意識生とはこのような運動感覚と共に経験する意識の全容であり、デカルト的なコギトとはこのような知覚経験を反省的に捉えたときに顕在化する意識である。私は考えるゆえに対象に出会うのではない。私はそれに目線を向け、近づき、触れることができるゆえに対象に出会う。身体の各器官が知覚する様々な諸表徴の系列がひとつの行為を可能にし、その行為可能性こそが対象の現れをもたらす。

身体を考えることによって、不可避的に登場するのが「他者の身体」である。私の身体は「ここ性」を確保するが、その「ここ性」は「あそこ性」という他のパースペクティブとの相対的な比較のうちでその意味を持つ。私の身体は移動することによって「あそこ」だった場所を「ここ」にできる。その意味で、究極的には自分の身体が「ここ」に在りながら、そのまさに同じ瞬間に「あそこ」のパースペクティブがあることを理解することができる場面とは、他者と出会う場面である。他者は私の身体が「ここ」から世界を切り開いているその同時刻に、「あそこ」から世界を切り開いている。私たちは他者の身体と出会うとき、はじめて自己の身体の固有さを理解できる。さらに身体は、フッサールにとってパースペクティブの確保、内的な運動感覚、また対象への関与という精神の器官という役目だけでなく、その「外観」さえ意味を持つようになる。

◇他者

興味深いのは、超越論的意識である私——すなわち私の経験する対象は私の領野における現れであると知覚する私の意識——が、なぜ他者も同じように、あるパースペクティブを有していると分かるのか？という問題に対するフッサールの回答である。フッサールによれば、私が他者と出会うとき、私は他者に「感情移入（Einfühlung）」している。「Einfühlung」は感情だけを共有しているのではなく、自己のパースペクティブを（相対的に）共有できるという意味であり「自己移入」と翻訳されることもある。すなわち私たちは他者と出会うとき、他者のなかへ自己を投入することができるのである。このような経験が可能である理由はあっけない。フッサールは、その理由は私の身体が他者の身体と「類似」しているからであると言う。手順はこうだ。他者の身体が目の前に現れるとき、私たちの身体は別の身体とその外観が似ているという理由によって「対化（Paarung）」する（ペアになる）[30]。このペアとなった身体はその類似構造から自ずとパースペクティブを共有してしまう。これは反省的意識によって一旦確保したパースペクティブを他者に移植するという能動的なプロセスではなく、他者と出会った瞬間にいわば半自動的に対化、類似、移入という受動的なプロセスが働くのだ[31]。むろんこの他者との移入現象は、一方的に起こるのではなく対化（ペア化）によって相互に発生するプロセス（相互覚起）であり、複数人の出会いにおいても発生する出来事である。他者の身体と出会ったとき、意識の領域は互いに不可避的に干渉しあい、越境し、いわば互いに覆いかぶさるようにして振動する。

そこには本質的に、ある志向的な干渉（越境）〔Übergreifen〕があるのを見出す。それは、対になるものが同時にしかも際立てられて意識されるやいなや、直ちに発生的に現れる。もっと詳しく言えば、それは対象的な意味が交互に生き生きと呼び覚まし合うこと、交互に押しかぶせながら覆い合うことである[32]。

フッサールがここで述べた「干渉〔越境〕」は「Übergreifen（英：overlapping）」で、ドイツ語では一般に火事が「燃え広がる」などの用例で使われる。[33] 比喩的に言えば、私たちは他者の身体と出逢うことで、火事が燃え広がるように互いに意識の炎を干渉させてしまう。いわば身体を持っていることによって他者と出会うたびに不可避的に身体同士が共鳴して響き合うのだ。この互いにオーバーラップして干渉する身体を、現象学者の田口茂は「身体の響き合い」と呼んでいる。

この振動は、いつでも噴出せんとしている。他人に出会ったとき、私はもはや、自我的なモードによって一切をコントロール下に収めることはできない。私は、他人の自我との重なり合い、身体の響き合いのなかに、不可避的に巻き込まれている。[34]

私が他者と出会ったとき、身体は半ば自動的に共鳴し、自己と他者の区別が揺らぐ経験のなかに投げ込まれる。[35] そこで意識による身体の制御は緩む。私たちは本来、他者たちと身体を通じて不可避的に響き合い、繋がってしまうのであり、意識の単独性を確保しているように見える「自我」はいわば「避難所」である。反省し単独で世界の領野を認識している自我など存在しない。「他者との重なり合いという強烈な振動を隠蔽し、実質的にはそのなかに生きながらも、そこから眼を逸らすために、私の意識は「自我」という避難所を必要とするのである」[36] と田口は述べる。一般にこのような他者との出会いの場面を出発点にして、いわば遡行的に自我の意識を捉える後期のフッサール哲学は「超越論的間主観性（transzendentale Intersubjektivität）」と呼ばれるが、このような到達点こそ、デカルトやカントらと比べてフッサールの意識論のモデルが最も顕著に意識の単独性を解除している点であると言える。

◇生活世界

そして最後に、フッサールは意識に侵入してくる外部（あるいはその前提）として、他者よりもいっそう広大な「生活世界（Lebenswelt）」という概念[37]を論じる。生（活）世界とは文字通り、私の日常的な意識の背景で働いている、私たちの生活している環境世界である。フッサールの規定によれば、生活世界は「われわれの具体的な世俗生活においてたえず現実的なものとして与えられている世界[38]」であり、次のようにまとめられる。

生活世界は、われわれがわれわれの学以前の、また学以外の生に〔vor- und außerwissenschaftlichen Leben〕おいて経験するような、そして経験されたものを越えて経験可能であることを知っているような、空間時間的な事物の世界である。われわれは、世界地平を可能的事実経験の地平としてもっている。事物とは、石、動物、植物であり、また人間であり、人間の形成物である。[39]

フッサールは、意識の様々な作用を括弧に入れて、あらゆる判断を中断しても残るものとして「純粋自我」があるのだと、デカルトの方法的懐疑に則りながら意識の純粋さを論じていた。しかし最晩年のフッサールは意識の純粋性よりも、むしろそこに侵入してくる様々な外部の条件について積極的に自覚を強めるようになっていった。『ヨーロッパ諸学の危機と超越論的現象学』（以下、『危機』）でフッサールは、職業的学者と日常的学者を区別し、世界について反省的に理解しようとする職業的学者はいかにも純粋な意識によって世界を透明に理解しようとするが、その職業的な学者も、ふだんの日常生活では、コーヒーを飲み、新聞を読み、恋人との会話を楽しむような、日常的な生活世界における経験のなかに存在しており、そのなかから反省的で純粋な意識が取り出されるのであって、その逆ではないと論じる。[40]

この転倒のプロセスは、歴史的に形成されたものである。すなわち、古代において具体的で経験的な場面から発生したはずの人間の認識は、歴史的な経緯のなかで反復され、厳密化することによって抽象化され概念化される。しかし、ひとたびそれが完全性を得て概念化・理念化されきった後には、あたかもそれがはじめの発生の場面から存在していたかのように認識されてしまう。このような認識の転倒こそ、生活世界という概念が要請される所以であった。フッサールはそれゆえ、生活世界を自然科学批判という文脈のなかで論じ、「測量術」から始まったはずの空間把握の知覚が、自然科学の発展とともに形態を完全化・無限化し「幾何学」を生んだという歴史的な推移を論じる。そしてそのうえで、本来は生活世界に根ざした知覚把握であった空間の形態が、その認識を反復し、無限化し、厳密化していったゆえに幾何学が成立したにもかかわらず、その成立過程までの歴史性と、原初にあった経験が忘却されていることこそが問題であると論じる。その最大の戦犯こそ近代自然科学の基本を完成させたガリレオ・ガリレイであり、彼こそは「発見する天才であると同時に隠蔽する天才」であったと糾弾した。

しかし誰しもが思うように、この生活世界の概念は、かつてフッサールが主張していた純粋自我の概念と整合性があるのか、疑問が残る。フッサールは、様々な先入観を排除した純粋な意識を出発点としてしか世界を認識することはできないと論じながら、同時にあらゆる意識の前提には生活世界があると論じているのだ。そのため生活世界の概念は、フッサールの論敵にとっては格好の批判の種でもあり、事実、ハイデガーを支持するH・ドレイファスはフッサールのこの理論的な変遷を皮肉を込めてこう語る。

フッサールの言うところによれば、現象学は十分に明証的になしうるものだけを研究すべきである。〔…〕十全的な明証と、先入見からの完全な自由をめざすフッサールの方法は、われわれの持つすべての了解が生ずるための背景を了解しようと欲するときには、使い物にならない。われわれの存在了解は、われわれが思考し行なっているどんなことにも浸透しているので、われわれは決してその存在了解を明瞭に明示することに成功できない。〔…〕

フッサールが「世界の自然的概念」と呼んでいたもの、すなわち自然にわれわれに与えられてくる世界了解を、われわれが了解できるようになるのは、われわれの生活のさまざまな局面を広範にどんどん調べていって、これらの広範な局面をよりさらに一般的で統一化された構造のうちへと組み入れようと試みることによってだけでしかない。[41]

あらゆる学を基礎づける、純粋であるはずの意識には、すでに生活世界が浸透してしまっている。実際にフッサール自身、ここには「逆説的な相互依存関係」があると認めているが、たしかに生活世界の概念は曖昧な部分もあるため多くの異議や議論がある。[42] 近年のフッサール研究を取り集めた論集『新フッサール（*The New Husserl: A Critical Reader*）』[43]（未邦訳）の編著者ドン・ウェルトンは生活世界の概念をハイデガー、メルロ＝ポンティの解釈を借りながら、世界という概念が身体の運動と図式を可能にする日常的な背景であると論じることでこれを意味づけようと試みている。

同論集のなかでクラウス・ヘルトは、フッサールの生活世界が「あらかじめ与えられている世界」として意識の背景であるとするならば、意識は外的な感覚の刺激による経験主義的なものである、という感覚主義に陥ってしまうように思えるという論点を取り出す。しかしヘルトによれば、内的な感覚と外的な刺激を区別することはデカルト主義の一種であって、フッサールはこれを退けている。後期のフッサールはキネステーゼという運動感覚を生きられた経験の原理としていたが、この受動的綜合による構成の役割は単なる受動的な作用ではない。私は感覚を純粋な所与の刺激として受け取るのではなく、自らの行為を伴って受け取る。色であろうが形であろうが、重さであろうが、私は眼や手や頭などを動かしながら受け取るのであって、感覚はこのキネステーゼの統合性のなかで捉えられるのである。その意味で私たちに与えられた感覚は身体を伴う意識の構成作用に基づく。ゆえに、生活世界も単に与えられたものではなく、構成された所産であると論じられる。

またウェルトンは、フッサールのキネステーゼによる受動的綜合の働きを、メルロ＝ポンティの身体行為論に接続する。メルロ＝ポンティによれば、身体行為は運動によって感覚を調整する役割を果たすが、この行為が繰り返されるなかで認知主体の行為は安定化し、ある特定の身体運動のパターンとして定着する。この定着した身体行為は「身体図式」と呼ばれるが、ウェルトンによれば、この身体図式による安定的な知覚が、習慣的で不変的な「世界」と呼びうる背景の前提となる。

ヘルトもウェルトンも、生活世界という人間に与えられた経験の前提を、身体という後期フッサールが重視した意識の条件を媒介にすることによって、身体の活動領域としての環境や世界を描き出すことを試みるという戦略を取っている。なぜなら世界に意味を付与する、ある意味では一方通行的な超越論的主観性に対して、身体は世界から作用されつつ作用するという、受動的な性質を持ちながら能動的な関係性も持つため、相互作用によって意識を位置づけることができるからである。『危機』におけるフッサールは実際、自我性（Ichlichkeit）とは、身体によるキネステーゼ的運動のなかで現れの統一を感受し行為することによって可能になる主観性であるとした上で、世界と自我の関係をこう語っている。

われわれは、具体的に身体的であるが、しかしただ単に身体的であるだけではなく、まるごとの自我主観として、つまり、そのつど知覚野——どれほど広くとっても意識野——のうちにあるまるごとの人間としての自我として身体的なのである。したがって、世界がつねに、存在する対象の普遍的な地平として、すなわち対象の統一的世界《ウニフェルスム》として意識されているように、それぞれの人間としての自我とわれわれ相互とは、世界のうちで相互に生きているものとして、まさにこの世界に属している。そしてこの世界はまさに、この「相互に生きている〔Miteinander-leben〕」ことにおいてわれわれの世界であり、われわれの意識に存在するものとして妥当している世界なのである。目覚めた世界意識に生きているものとしてのわれわれは、たえず受動的な世界所有をもとにして能動的なのであり、われわれはそれによって、つまり意識野にあらかじめ与えられている対象によって触発されているのである。[44]

意識が純粋に超越論的に世界を構成するとしながらも、その外部の身体、他者、またあらゆる前提となる、与えられた所与性としての生活世界という観点が導いてしまう「循環性」あるいは相互性を、フッサールは意識の受動性を押し出すことによって理論的に取り込もうとしている。その意味で、デカルトやカントが洗練させた、世界を意味づけるものとしての意識というイメージは、その条件に「身体」を取り込む現象学において一方向性から双方向的、あるいは循環的なものへと向けかえられていく。

生活世界の概念が要請される最大の理由は、自然科学による「経験の空洞化」、「自然の理念化」という問題であり、その戦犯はガリレオ・ガリレイであったが、ここでのフッサールはカントに対しても最大限の批判を行っている。あらゆる先入観を括弧入れして、自明なものの定立を留保しようとする現象学にとって、カントのア・プリオリな超越論的統覚とは措定的な仮説そのものである。フッサールはカントがそれを「不問の前提」にしているのであり、その限りにおいて「究極的な学問性の形式をもっていない」[45]と主張する。ア・プリオリな意識を前提とするカントは典型的な職業的学者であって「カントの問題設定にあっては、哲学的研究をしている当のわたしをふくめた、われわれすべてが意識的に生存している日常的な生活環境があらかじめ存在するものとして前提されている」[46]のである。

このようにして、フッサールは純粋な意識そのものから世界を捉えようとしたその出発点から、《身体》《他者》《生活世界》といった一個の人間の意識の外側に広がるものたちとの関係性を編み直していった。その意味でフッサールが到達した、あるいは残した問題——世界を超越論的に認識する意識は、その前提がア・プリオリでないとすれば、いかなるかたちで意識するのか——は必然的に、人間存在が世界の他の存在者と交渉しつつ存在するという在り方を描いたハイデガーや、意識における身体の不可分性を最重視したメルロ＝ポンティらによって継承されてゆく。本書では、次節でハイデガーの存在論を確認し、次章で現代の認知科学研究とも深く関わるメルロ＝ポンティの身体論を読み解いていく。

ハイデガー——人間とネットワークの哲学

Martin Heidegger, 1889 –1976.

　ハイデガーは人間のことを「ここ（Da）」に「存在（Sein）」するものとして「現―存在（Da-Sein）」と呼ぶ。ハイデガーの本来の問いは人間という一つの存在ではなく「存在（Sein）[47]」一般であった。形而上学は「なぜ何かが存在しないのではなく、何かが存在するのか？」というライプニッツによって問われた伝統的な存在論の問題に答えなければならない。しかしハイデガーが存在の問いについての新たな形而上学を打ち出した『存在と時間（*Sein und Zeit*）』は「人間＝現存在」の問いから始まり、「存在」を明らかにすることなく挫折し、二〇世紀で最も重要な哲学書とも言われながら、未完の書となっている。

　なぜハイデガーは人間から始めたのか。彼は「存在を開示するためには、いかなる存在者から出発すべきであるのか[48]」と問う。そして「われわれ自身こそそのつどこの存在者であり、またこの存在者は問うことの存在可能性をとりわけもっているのだが、われわれはこうした存在者を、術語的に、現存在と表現する」[49]と、人間の定義が見出されるとともに、存在そのものへの唯一の手がかりとして規定される。

石は自らが存在していることを問わない。鳥も問わないし、空も問わない。それらはただ存在することのなかで自足し、自らの存在理由を問いただしたりしないのだ。あらゆる存在者のなかで、人間という存在者だけが、自らの存在の起源について問う。したがって、存在という問題を扱うには、存在へと唯一アクセス可能である人間（現存在）を手がかりに明らかにされなければならない。存在は人間を通して現れ、問われ、そして人間を通じて開示される。すなわち人間とは、存在の循環構造のなかの蝶番なのである。

円環歩行

ハイデガーは存在を考えるために、存在しつつ存在について問う存在者である人間を通じて思索するという方法を取った。こうした問題設定は、ある意味で哲学が陥ってしまう循環的論法を引き受けながら哲学するという宣言でもあった。哲学（認識論）は、世界を認識する意識が同時に世界に存在している、あるいは世界の内に存在している意識が世界について意識しているという不可避の循環を孕んでいた。デカルトはこれを神の力を経由することによってなきものとし、パスカルはそれを矛盾として嘆いていた。カントは世界から触発され認識する「経験的自我」と、そのような経験的自我を可能にする構造でありかつそのような世界そのものを構成する自我としての「超越論的自我」という、別のレイヤーを用意することでこれをひとまず解決した。しかし、この超越論的哲学が開始されたカント以降の哲学においては、超越論的意識と経験的意識の循環は絶えず問題を呼び起こす。[50]前節で確認したフッサールも、超越論的還元によって経験的な意識を記述的に説明するという方法を取りながらも、世界を志向的に対象化するその超越論的主観性そのものも、それを可能にする経験領域として与えられた「生活世界」を前提にしているという循環的な構造に向き合わざるをえなかった。[51]

ハイデガーはこの超越論的意識と経験的意識の循環的構造を極めて強く自覚していた。したがって彼の哲学の戦略は、世界に対して外的であろうとする意識が、世界に内属しているという状況そのものを問題化することであった。ハイデガーはそれを「人間は単に世界の一部であるだけでなく、人間は、世界を「持つ」という仕方において世界の主人であり下僕である」[52]と表現し、この必然的な二重化に引き裂かれるのではなく、自ら循環構造を引き受けながらその中で問うという方法を選び、そのような思索の歩みを「円環歩行」と呼んだ。

したがってハイデガーが人間を「意識」からではなく、「存在」から解明しようとする方法そのものが、（超越論的）意識の持つ構造的不条理を回避するための戦略である。それを意識と呼ぼうが主観と呼ぼうが、あるいは心と呼ぼうが、世界を認識し対象化する一つの特権的な視点そのものが孕む特異点の存在構造が、近代哲学の全体に浸透してしまっている問題なのだ。それが本書でも確認してきた、デカルトからカントに引き継がれた意識の問題のひとつの臨界点であり、ハイデガーはそれをこう語る。

> 人間は先ず主観、意識であり、このようなものとして彼自身に最初に、そして最も確実に、与えられているものである、というこの理論は、根本的にはデカルトにおいて形而上学の基礎づけの連関の中で今日とは全く違った観点と意図から生じたものであるが、これが近代の哲学の全域に行きわたり、カントにおいて、本質的な変遷とは言えないまでも、独特な変遷をとげたのである。次いでこれが、孤立した自我主観〔isolierten Ichsubjekt〕から出発するこの着手をヘーゲル哲学の中で絶対化する、

という ことへと導いた。[53]

意識から、しかも「孤立した自我主観」から出発する限り、私たちは何度でもこの不可避の不条理に巻き込まれる。ハイデガーはもはや「意識」や「精神」という用語をあまり使わない。そのために語られたのが、存在者のひとつの在り方である「現存在＝人間」であった。

このように「意識」という中心を回避しようとしていたハイデガーはそれでも、「人間」という別の中心を通じて思索せざるをえなかった（現存在を通じて存在そのものを明らかにする、という『存在と時間』の本来の目論見が途中で挫折し、きっかけであったはずの現存在のみを語って途切れるという事態が、この事態を増長させてしまっただろう）。現存在はやはり存在全体を解明するための「唯一の」手がかり[54]であって、その役割はある意味では過大であり、「範例」にしか過ぎない存在者として設定されたはずの人間存在は、それでも特権的で独特の「重み」を抱えざるをえなかったのだ。[55]

二つのハイデガー像――死と道具

ハイデガーの人間に対する思想は「重い」。われわれ人間だけが、この世界の存在を明らかにする鍵であり、そのことを自覚することこそが形而上学の唯一の問いなのだ。とりわけ人間はこの「自覚」あるいは「決意」を「死」という現存在の「終わり（Enden）」を見据えることではじめて行うことができる。

あらゆる存在者は、消える。しかし現存在は、消えるのではなく終わる。石や牛、星々さえも、ただ消えるが、人間（現存在）は死によって、存在の「Da」であることを失う。死という存在の終わりを直視したとき、人間は自らの存在について自覚する。そしてこの現存在に訪れる死は、完全に「代替不可能」である。他者の死は、その身体という存在者の喪失として経験されるが、自己の死は、自己の存在を通じて開かれる世界それ自体の喪失であって、まったく別の質の経験となる。かくして現存在の死は、交換することが不可能な自己の固有さ（eigen）を負っている。この代理不可能な死を先んじて覚悟することは、先駆的な「決意性（Entschlossenheit）」と呼ばれる。私たちは日常において、「閉鎖（verschlossen）」された日常性のなかに生きているが、死への決意（Entschluss）によって、世界を開くことができる。ドイツ語では「Schloss」が「鍵／錠前」、「schließen」は「（鎖で）閉じる」や「（目を）瞑る」などを意味し「ent」が「取り除く／除去」を意味するため、ハイデガーはこの「決意（Entschlossenheit）」という語に、繫がれた鎖のような呪縛から開放され、目を開けて世界を開くという意味を込めた。

ハイデガーの言っていることは、ごくふつうの感覚で理解することができる。私たちは、日常的な生活において死を意識しない。しかし、あるときふと自分が死ぬことを考えると、とたんに目の前の景色が一変する。この眼の前の風景は、いつか必ず消えるのだ、私の死と共に。いま飲み干した珈琲の香りが愛おしくなり、喧嘩した恋人との会話を後悔する。目の前のひとつひとつの存在者に対する愛着が変わり、世界そのものがまるではじめて出会われたかのように新鮮なものとして浮かび上がってくる。それは、ただそれらがいつか失われるから愛おしいのではなく、それらがいつか終わりを迎えるにもかかわらず、現に存在していることが愛おしいのである。逆に言えば、死という終わりをまったく意識しないときの私たちの世界は、永遠に続くかのような色褪せた世界であって、どこかぼんやりと靄がかかっている。この霞がかった日常の風景を、ひとつひとつの存在者として輝かせるために必要な契機が、たった独りで迎えるであろう死への決意なのだ。なぜ死を考えることで存在者とのかかわりが変わるのか。それは、死が単なる

「落命（Ableben）」ではなく、存在の可能性の喪失だからである。私たちが存在していることの条件に、この実存することがいつでも消え去ってしまうという死の可能性が張り付いている。すると、ありとあらゆる風景は、死によっていつでも失われてしまうことが分かるのである。

人間はただ独りの「単独者（Einzelness）」として、死へと向かい、死を引き受ける。死だけは誰にも代理してもらえない。人間はただ独りで死へと向かう存在である。究極に純粋化されたこの哲学的態度は（ハイデガー本人は回避しようとしていたとはいえ）「実存主義」の潮流を加速させた。ハイデガーの弟子であるカール・レーヴィットは、その思想を孤独に世界と向き合ったパスカルの嫡流に位置づけ、日本でのハイデガー受容に多大な影響を与えた木田元は、その哲学をドストエフスキーと重ねて読んだ。

実存主義的なハイデガー像は、たしかにハイデガーの中心にあったことを歴史が証明している。死へと向かう実存は、他者たちと「運命」を共にする「共－存在（Mit-Sein）」として位置づけられ、歴史的了解をもって自覚されなければならない。固有の歴史を共有する実存の共同性は、民族主義の傾向を持ち、民族もろとも死へと向かいつつ存在を共にするという全体主義の傾向を高めてゆく（日本の近代哲学たる京都学派が軒並みハイデガーの哲学を学び、全体主義へと流れ着いてしまったことは言うまでもない）。複雑な歴史的状況があったとはいえ、ハイデガー自身がナチスへと入党したという悪しき過去に説得力を与えざるをえない。あの悪名高きフライブルク大学の総長就任講演『ドイツ大学の自己主張』は、どう好意的に読もうとも民族主義・全体主義的空気の中心を語っている。そもそも彼のこうした思想の理論的原型が『存在と時間』のなかで十分に語られている。私たちは、ハイデガーの重く運命論的な哲学が、このような不幸な帰結をもたらしたことを受け入れなければならない。しかし重要なことは、ハイデガーのこうした重く暗い哲学を、突発的に生じた不運な悪夢として退けるのではなく、西洋哲学において必然的に積み重ねられてきた思想のひとつの結晶でもあると理解することだ。

本書の観点からハイデガーの哲学を眺めるとき、彼の哲学は、心という存在者に託された過剰な役割の臨界点であると考えることができる。デカルトは心を物質世界から切り離し、カントは単独であらゆる世界を仕切る全能にも近い存在へと仕立てた。しかしこの近代哲学の完成形ともいえるカントの意識モデルは、心の一切が空虚であるという代償を伴っていた。私たちが世界に対して何を思おうと、何を感じようと、私たちは世界のモノ（存在）にも触れることすらできず、ただシステマティックに機能するだけの心。現実の私たちは、様々な重苦しい想いを背負っているのに、心はそんなものとは関係ないものであるかのように淡々と情報を処理するものであると捉えられるだろうか。

ハイデガーは、カント的な、完全であるがゆえに空虚な機能である精神の欠落感を埋めるために、究極の終わりである死という最終地点から遡行してそれを充実させようとしていたように思える。[56]死とは何か、それは人間が見据えることのできる究極の方位である。パスカルは神なき心において、人間の心はクルクルと回り続けると嘆いていた。神の喪失は方位の喪失であり、ハイデガーは神の代わりに、究極で絶対の方位としての「死」を召喚した。神も死もなき、延々と続く、終わりなき生を生き抜いていけるほど、心は強くない。逆に言えば、死という究極の終わりを想像しなければ、日々私たちが出会う存在の光を見ることができないほどにハイデガーにとっての世界は色褪せていたのではないか。こうして私たちは、死という終わりの地点へと方位を向ける「ここ（Da）」に生きる存在としての、人間＝現－存在（Da-Sein）となった。「Da」という重力の中心、存在循環の蝶番に位置づけられた、重い人間の哲学を「中心化するハイデガー」と呼ぶことができるかもしれない。

しかしながら、ハイデガーの哲学にはまったく別の方向性を持つもう一つの解釈系が存在する。それは

「拡散するハイデガー」とでも呼べる真逆のハイデガー像だ。このハイデガー像は、主にアメリカの哲学者らによって展開され、死へと向かう有限な存在である現存在としての存在論ではなく、別のハイデガーのキーワード「世界―内―存在（In-der-Welt-sein）」を展開して読解された。ハイデガーは、この場（Da）に投げ出された存在としての人間は、世界を外側から眺めるような主観－客観のような在り方で世界を認識することはできないと考えた。人間存在は世界の内に投げ出されている。この世界の内で他の存在者と関わり合うような在り方で存在する現存在は、人間と道具、環境との内なる関係性を明らかにする哲学的可能性を持っていた。

すなわち、一方でハイデガーは、パスカル、ニーチェ、キルケゴールを経由して、サルトルへと繋がる実存の哲学者であり、レーヴィットや木田元はこの路線でのハイデガーを解釈している。この実存主義へと繋がるハイデガーこそ、ドイツ哲学の歴史に根ざした伝統的なハイデガー像である。しかしまた他方で、ハイデガーには、道具主義のジョン・デューイや後期ヴィトゲンシュタイン、また認知科学と繋がるプラグマティックな哲学者という解釈系が存在する。この方向は、心の哲学の重鎮ギルバート・ライルが『存在と時間』の書評を早い時期にアメリカで書いたことを皮切りに、リチャード・ローティらアメリカの哲学者たち、またあるいはハイデガー哲学をＡＩ設計に応用しようとした認知科学者のテリー・ウィノグラードらによって切り開かれた解釈系である。[57] なかでも、重き実存の哲学者ハイデガーを、最もプラグマティックに展開し、また認知科学におけるハイデガー解釈を決定づけたのがヒューバート・ドレイファスであり、[58] 近年の日本でも門脇俊介らはこの方向でのハイデガー論を展開した。[59]

本節ではドレイファスを参照しつつ、人間を運命づけられた実存ではなく、むしろ行為と技能、また気分といった環境とインタラクティブに交渉する存在だと考え、拡散していく意識論をその理論的射程として潜在させていた、もう一つのハイデガー像を描き出していきたい。

意識のラディカルな解除――道具・気分・生命

フッサールは意識を、ソクラテスのように主人のような制御者としては捉えなかったし、デカルトのように不動の世界の基盤としても捉えなかった。むしろ意識は流れ去る流れそのものであるように考えた。しかし、それでもフッサールの哲学の中心には意識がある。意識が対象の本質を捉え、この世界に意味を与える。フッサールの弟子でもあるハイデガーは、フッサールの現象学を引き継ぎつつも「意識」という人間の中心に位置する機能の役割を、極めてラディカルに解体しているようにも見える。そもそもハイデガーは「意識」という言葉を避け[60]、その分析は「現存在」という言葉によって進められていくが、その過程で、哲学が依拠してきた意識の強力な役割というものが、いかに解除されてゆくかを確認してみよう。膨大な問題を様々な術語によって語り直したハイデガーの思想のなかから、本書では《道具》《気分》《生命》という三つのキーワードを手がかりに見ていく。

◇道具――ネットワークの哲学

気づいたら生きている。という事実ほどリアルなものはない。私は生まれようと思って生まれたわけでもなく、存在しようと意志して存在しているわけでもない。

ハイデガーは、人間は世界の内に「投げ出された」存在（「被投的な存在」）であると言った。そこには世界を外側から眺める人間が存在しないのと同様に、端的な事物も存在しない。あらゆる事物は、人間との、あるいは事物同士との関わりのなかではじめて出会われる存在者である。ハイデガーは、この端的な事物を「事物的存在（Vorhandensein）」と呼び、人間の実践的な行為のなかで出会われる事物を「道具的存在（Zuhandensein）」と呼んで区別した。[61] 事物は「目の前（vorhanden）」にただ端的に存在する認識の対象ではない。よくよく考えてみれば、私たちにとって事物は、ドアを開けるときのドアノブや、原稿を書く時のペンなどのように、実際の行為のなかで「手の許（zuhanden）」で「つねにすでに（immer als）」出会われてしまっている、という形でしか関わることができない。

ドレイファスはこうした道具の使用における事物との関わりを「技能実践（skillfull-coping）」という観点から読解した。ドレイファスによれば、ハイデガーはフッサールの志向性を「ふるまい（独：Verhalten 英：comportment）」という語によって読み替えようとしているが、それはこの語が「心的なものを表すような含みを持たないから」[62]であり、現象学における志向性を意識の作用としてのみ捉えることに変更を加えようとしている。志向性を意識の作用として捉える限り、私たちが、暗黙の心的状態や、先反省的な状態において、日常的な対処を実践できるという事実を十分に説明することができない。ハイデガーが行為における日常的な技能実践において志向性を捉え直したのは「行為は、心と世界の亀裂がわれわれの経験に含まれていなくてもよいということを最も容易に見てとれる領域[63]」だからであり、心と世界という分離された二つの領域の亀裂を繋ぐのではなく、行為において私たちは技能的に対象と関わり、心と世界の分かちがたき一体性のもとに没入して経験している事態を説明しようとしたからである。

哲学は「心」を、主人というメタファーによって理解し、支配性／制御性／情報処理性、というシステマチックで、ある意味では静的なモデルに捉えることにこだわってきた。しかし、身体を持つ人間は常にじっと動かずに物を眺めたり、静かに座って読書するなかでのみ世界と関わっているわけではない。ドレイファスがハイデガーに見出したのは、私たちのもっと日常的な世界との関わりであった。人間は日常的な行為において、思考する存在であるよりはむしろ世界に没入した存在である。したがって彼はこのように述べる。

> われわれが銘記すべきは、——衣服を着たり仕事をしたり、動き回ったり、しゃべったり、食事をしたり等々といった——われわれの生活のうちの本当に膨大な部分が、この没入状態において過ごされているということであり、そしてまた、熟慮的で意識的努力を伴い、主観・客観様態で過ごされる生活は、本当にわずかの部分でしかないということである。[64]

ドレイファスはこうしたハイデガーの身体的な技能実践としての志向性概念を、暗黙知を提唱したマイケル・ポランニーらと重ねて描こうとするが、ここでのハイデガー像は、死という終わりに向かって生きる実存の哲学者ではなく、日常を生きる実践的でスキルフルな人間の在り様を明らかにした、認知科学者にすら近い描像である。そしてこの側面のハイデガー像は、明らかに「意識」という人間の特権的な役割と思われていた機能を解除してゆく方向を向いている。

また今度は、私たちが行為のなかで出会う「道具＝事物」[65]のほうに目を向けてみよう。私たちが実際に出会う事物（道具）は孤立した単体として存在しないことをハイデガーはこのように語る。

> 一つの道具〔*Ein Zeug*〕だけが「存在している」ことはけっしてない。道具の存在にはそのつどつねになんらかの道具全体〔Zeugganzes〕が属しているのであって、そうした道具全体のうちでその道具

は、その道具がそれである当の道具でありうるのである。[66]

道具は常になんらかの道具との連関のなかで道具的な事物として存在する。ハイデガーはこの道具の連関は、各道具がそれぞれなんらかの別の事物を「指示」しているという。「指示（Verweisung）」は英訳では「assignment」または「reference（言及、参照）」である。物は物に言及し、ある物はあるまた別の物を参照している。運転手の操作する車の指示ランプは道路標識を参照し、道路標識は諸々の交通規則の全体から成立している。ハイデガーはこうした事物の互いに指し示し合うリファレンス・ネットワークのことを「道具連関（Zeugzusammenhang）」、「存在の指示連関」などと名付ける。私たちは道具を単体として使用することはできず、あらゆる事物の有機的な繫がりと全体において使用している。そしてその道具（事物）の指示ネットワークは、人工物のみならず、自然や宇宙にまでも拡散していく。

屋根つきのプラットフォームは、雨天を考慮しており、公共の照明設備は暗夜を、言いかえれば、昼の明るさの有無という特殊な交替、つまり「太陽の位置」を考慮している。時計においては、宇宙体系における一定の星位がそのつど計算されている。[67]

なに気なく腕時計を眺めるとき、私たちは時計の指し示す時刻を確認しているのと同時に、時計の指し示す宇宙体系における星の位置情報を間接的に確認している。腕時計という小さな道具は、その指示連関のなかで宇宙の天体とリンクされた事物（存在者）なのだ。こうしたハイデガーの事物に対する新たな概念化は、伝統的な哲学における事物とは異質である。事物は中世哲学のように神の被造物でもないし、デカルト哲学のように延長する物体でもないし、カントのようにカテゴリーを通じた認識の対象でもないし、またフッサールのように志向性の矢のなかで本質を摑むことのできる対象でもない。事物は、それ自身が単独で存在するのではなく、あらゆる事物同士が互いに互いを指し示しあい、参照しあっている。私たちは道具を使用するという日常的な行為のなかで、そのモノたちが指し示しあうネットワークに参加することによって事物に出会い続けている。

もしかするとハイデガーのこの道具論は、私たち日本人の方が自然に理解しやすいかもしれない。神のような特権的な創造者が存在するわけでもなく、「主観／主語（Subject）－客観／目的語（Object）」のような認識論（文法構造）を持たない私たち日本人は、事物を被造物や認識の対象であるよりは、はじめから実践的な行為のなかで出会うものと考える傾向がある。

一例として、日本の茶室を考えてみよう。岡倉天心は『茶の本』において、茶室にまつわる様々な道具や建築、そして自然までもが、いかに有機的に連関しているかを説明している。茶室の門前に立つ灰色の灯籠は客を招くサインとなり、「火鉢にかかって沸いている茶釜《ちゃがま》の音には、ゆく夏を惜しみ悲痛な思いを鳴いている蟬《せみ》の声がする」[68]。また床の間に掛けられる掛け軸の絵も、単体ではその存在が許されず、茶室に生花があれば草木の絵は飾ってはならない。茶室における事物は、互いが互いを参照しあい、ときに自然界にまで拡散してゆくひとつの連関したネットワーク全体として成立している。天心は、たとえば活けられた「花」が「独奏《ソロ》」ではなく、「絵画」や「彫刻」など他の事物たちとの「協奏曲《コンチェルト》」になっているからこそ人を恍惚とさせると論じているが、まさにこうした物たちが互いに共鳴しあう世界像が、ハイデガーの道具論の先にあるイメージである。

ハイデガーは日常的な道具使用においてその連関を論じているため、徹底的にその連関が設計・配置されている茶室の例はいわば究極のイメージであって基本ではないが、ドレイファスはまさに、アメリカ人のプラスチック製のコップと、日本の茶器に使われる茶飲み茶碗を比較し、ハイデガーにおける道具とは、私たちの欲望のために使い捨てられるプラスチック製のコップではなく、その物が物であることの歴史と了解に基づいて使用される「日本の茶碗」のようなものだと指摘している。別の言い方をすれば、私たちが道具との交渉で了解するのは、その物が「何であるかを知ること（knowing-what）」ではなく、その物を「いかに扱うかを知ること（knowing-how-to-cope）」なのだ。[69]

事物はリファレンス・ネットワークの内において道具的に出会われる。この連関した各道具は「適所性（Bewandtnis）」という存在性格を与えられるが、「Bewandtnis」は単に適切性を意味する言葉ではない。通常のドイツ語では「事情、いきさつ」などの意味で使われ、英訳では「involvement（関与、巻き込み）」である。たとえばハンマーで杭を打つ、あるいは自転車に乗る。そのようななに気ない道具を使用する行為において、私たちはそれぞれのいきさつを持った存在者たちのネットワークに不可避的に巻き込まれているのである。

興味深いことに、後期のハイデガーはあまり初期の道具論を語らなくなる。そのかわりに彼は、ソクラテス以前の哲学者たち、たとえばアナクシマンドロスらの箴言などを分析しながら、「生成（ピュシス）」としての「自然」について語った。存在は生成であり、ソクラテス以前の自然である。それは全体なる自然だが、道具論が呈示するネットワークとしての全体ではない。事物同士がネットワークとして繋がり、絡み合い、巻き込みながら出会われることで開示される自然―存在ではなく、詩や言葉を通じて一挙に開示される自然である。[70]生成としての自然は自ずから全体であって存在の母体であり存在そのものである。ここに、ハイデガーの運命論的で重々しい哲学が復古してくるのであり、全体主義との拭いがたき共鳴がある。しかしながら、初期のハイデガーには、道具的存在を通じて拡散してゆく自然―存在の開示という回路があったはずなのだ。おそらくそれはハイデガーの存在論の要求を満たすものではなかったが、その可能性があり、この方途を突き詰めれば別の存在論の帰結があったかもしれない。

◇気分――天候のような心

ハイデガーが最も明確に「意識」よりも私たち人間を規定していると考えたもの、それは「情状性」である。「情状性（Befindlichkeit）」は英訳では「state of mind」と訳されるが、これは「心の状態」という「意識」と関連した意味が強く、いささか誤解を招く翻訳である。たしかに「befinden」は「状態にある」の意味も持つが、「Wie *befinden* Sie sich?」は「ご機嫌いかが？」といった意味であり、無理に意味を通すなら「気分状態」といった意味合いであり、ある気分のなかに包まれて在る状態を表現している。[71]

フッサールは意識を中心に人間存在を位置づけ、その意識は超越論的主観性、すなわち外界の事物へと超え出ていく志向性であった。しかしハイデガーは、意識の手前で働いている「気分」こそが人間存在を人間たらしめると考えていた。

> 認識が開示しうる諸可能性のおよぶ範囲は、気分の根源的な開示とくらべれば、あまりにも狭小であるからであって、気分のうちでこそ現存在は現としてのおのれの存在に当面させられているのである。[72]

「認識」はカント以来、人間を規定する最も重要な心の能力であった。しかしハイデガーは、人間は常になんらかの気分に支配されていて、気分によって開示される領域のほうが、認識が開示できる領域よりもはるかに広大であると言っている。意識はもはや中心ではない。意識は気分という広大なムードのなかに包まれ、その内でその気分に規定されながら働くひとつの機能である。ドレイファスは『存在と時間』の註解書『世界内存在』のなかで、ハイデガーの「気分」はいわば「天気」のようなものだと解釈している。

気分とは天候のようなものである。晴れた日にはそこにあるものすべてが明るく輝いているだけでなく、くすんだ灰色の世界など想像することも難しいものだが、その反対に、どんよりと曇った日には出会われうるすべてがどんよりと曇っているし、思い描くものすべてが鈍くて冴えない。気分は、伝統的に想定されてきたように、つかのまのはかないものであるどころか、むしろ、天候のようにどっしりと落ち着いており、自らを永続させる傾向を持っている。[73]

制御する意識を覆う、より広大で圧倒的な気分。それは天候のように、世界認識がそのもとでしか行われない大前提であり、人間の制御下にはまったくない。意識は制御できるが、気分は制御することができない。制御することができないどころか、私たちは片時も気分から逃れることさえできない（「われわれが気分を支配するといっても、けっして気分からまぬがれて支配するのではなく、そのつどなんらかの反対気分にもとづいて支配するのである」[74]）。別の言い方をすれば、認識なき気分という意識の状態はありえるが、気分なき認識という状態はありえないのである。

たとえば悲しみのうちに暮れているとき、私たちはそれを「考える」ことによっては解決できない。悲しみのうちで考えることは、悲しみの色合いを伴った思考にしかならない。もしも悲しみという気分から逃れたいのなら、楽しい気分や朗らかな気分など、別の気分へと自らを移行させるしかない。気分は天候のようなものである。天候は移ろうが、天候そのものがない状態というのは存在しない。私たちはそれを好むと好まざるとにかかわらず、常にこの気分＝天候と付き合いつつ生きるしかない。

私たちに不可避的に、意識の手前でまとわりつく天候のような気分。これをドレイファスはメタファーとして解釈したが、これを事実そのものとして捉えたのが和辻哲郎である。ハイデガーの弟子でもあった和辻は、実際に私たちが生きる環境としての気候において現存在の自己了解が成立すると考えた。

> 寒い冬のあとで柔らかい春風に吹かれた時に、あるいは激暑の真昼沛然とした夕立に逢った時に、常にそれらの我々自身でない気象においてまず我々自身を了解するのであり、従ってさらに気候の移り変わりにおいてもまず我々自身の移り変わりを了解するのである。[75]

和辻はまさに気候の移り変わりと私たち現存在の本質的な連動性を主張している。ハイデガーは、気分のうちで開示される事物との出会いこそ、事物の道具的存在性を浮かび上がらせると考えているが、これも和辻の独自の展開を借りて理解することもできる。たとえば私たちが「寒さ」を感じるとき、実際に私たちは「寒さ」という対象へと意識を向ける（志向性）よりも前に、「着物を着る、火鉢のそばによる」といった行動を取り、「寒さとの『かかわり』においては、我々は寒さを防ぐさまざまの手段に個人的・社会的に入り込んで行くのである[76]」。

和辻が「了解」と呼んでいる言葉は、ハイデガーにおいて気分を開示する契機である。現存在はこの気分の了解によって自らが「世界－内－存在」であること、すなわち世界の内に投げ出されているということを自覚する。「了解（独：Verstehen　英：understanding）」という術語は、かつてカントが「悟性

（Verstand）」と呼んだ語と同じである。「分かる（verstehen）」という語をカントが概念形成の能動的な知性の意味として使用したのに対して、ハイデガーは知性の手前ではたらく気分の自覚として使用している。ここでカントとの比較を挿入したのは単なる術語の問題だけではない。ハイデガーの現存在の情状性という論点は、単にフッサールの意識の志向性だけを批判しているのではないことを示すためである。そもそも哲学的伝統において重視されてきた、「直観」や「観想（テオリア）」といった世界への理解の仕方そのものが、まるですべて「気分」の外側で可能かのように重宝されてきたことを、すなわち西洋哲学史における哲学的態度そのものをハイデガーは批判している。純粋に事物を観察できるという前提は、単にそのときに「平静」の気分のなかにあるがゆえであるとハイデガーは言う（「最も純粋なテオーリア、すなわち理論的観想といえども、すべての気分を置き去りにしてしまったわけではない」[77]）。別の言い方をすれば、気分こそ志向性や意識の背景をなすものである。

　ハイデガーは、意識の手前ではたらく、志向性や認識を包むこの気分こそ、人間存在の根本的な存在の性格であると論じた。私たちは世界を思惟し、認識し、思考する存在であるよりも、放り出された世界のなかで、知性によってではなく気分によって世界へとまっ先に関わるのだという人間像。ハイデガーのこの人間の規定は、西洋哲学に大きな動揺をもたらす思想であった。なぜなら西洋世界は、長らく自分たち人間を「理性をもつ動物」と自己規定してきたからだ。しかしハイデガーはこれに反旗を翻し、むしろ人間の根本的な本質は理性や認識ではなく「気分」なのだと言った。それでは、いったい動物と人間は何が異なるのか？　それこそがハイデガーが向き合わなければならなかった問題であり、このラディカルな意識の解除の最後の論点が「生命」の問題に関わってくる。

◇生命――動物と人間のはざま：アガンベンを通じて

ジョルジュ・バタイユはライオンは百獣の王ではないと言った。ライオンは動物のヒエラルキーの頂点に立つのではなく、まるで「水が水のなかに在るように在る」と言う。[78] バタイユが動物が水の中の水のように存在していると考えたのは、逆に言えば人間は水の中を脱出して超越した存在になってしまったという事実だ。デカルトは動物を魂を持たない機械と捉え、カントも動物は理性を欠く存在者であり「人格（Person）」として認められない動物は「物件」のように主体ではなく手段であると考えた。フッサールもまた人間の世界と動物の世界をまったく別の経験として記述した。[79] キリスト教思想も含めて、西洋思想が徹底して人間と動物を断絶させるのは、揺らぐことのない極めて強いドグマである。

ハイデガーもある意味では、人間と動物を峻別した。しかし他の哲学者たちのように、人間は知性や理性を有するがゆえに動物と異なると主張したのではない。[80] なぜならハイデガーにおける人間は、知性や認識よりも手前で気分にとらわれた存在だからである。したがってハイデガーは人間のみが特権的に世界を悉知しているとは考えず、動物は人間よりも「劣っている」とは言わない。むしろ場合によっては動物の世界のほうが豊かであるとさえハイデガーは注意する。[81] また生物学者ユクスキュルの「環世界（Umwelt）」の概念を引き継ぎ、それぞれの動物種同士においても、どの生物が優れているとか劣っているとかというような階層性も否定する（「アメーバーと滴虫とが象と猿とよりも不完全な動物であると考えるのは一つの根本誤謬である」[82]）。

しかし、それにもかかわらずハイデガーは、人間と動物の間には「いかなる意味での媒介によっても架橋されえない一つの深淵[83]」があると言う。ハイデガーによれば、動物たちの行動は自らの積極的な意志や知性に基づくものではなく、ある「衝動的なもの（das Triebhafte）」によって「前へと衝き動かされるがままになっている（ドライブされている[84]：Vorgetriebenhalten）」。それゆえ動物は自らの衝動を「起動」する環世界に閉じて、[85]この一意の刺激を与えて衝動を解放する環世界の輪に「とらわれて（benommen）」[86]いる（朦朧状態にある）。しかし、私たち人間は他の存在者を、あるときはあるもの「として」[87]、また別のときは別のもの「として」複数の可能性を持つものとして経験することができるために開かれている、という主張である。

　果たしてこのようなハイデガーの人間と動物の区別はどれほど妥当なのか。ジャック・デリダがこの論点を取り出して以来、様々な議論が行われているが、[88]本書では哲学者ジョルジョ・アガンベン（Giorgio Agamben, 1942-）の批判を見てみよう。ハイデガーの哲学は、人間と生命を断絶させるよりもむしろ接続してしまったという可能性を見出したのがアガンベンである。アガンベンは、ハイデガー本人が人間（現存在）と動物の本質を峻別しようとし続けたにもかかわらず、現存在の根本構造である「世界内存在」という在り方を「動物に対して位置づける」ことがハイデガーの課題であったと解釈している。[89]世界内存在という概念自体がユクスキュルの「環世界」の概念の影響下にあることを考えれば、ハイデガーが動物の存在の在り方を現存在の在り方から定義づけようとする理路の不可避の結末でもあったと言えるだろう。

　アガンベンが注目するのは「退屈」という現存在の根本的な存在の在り方である。ハイデガーは『形而上学の根本諸概念』において、人間の根本気分として「深い退屈」[90]があることを示した。深い退屈は「一挙にすべて何もかもどうでもよくなる」[91]気分である。そこでは人間の主体的な意志は機能せず、視点（Hinsicht）・顧慮（Rücksicht）・意図（Absicht）も脱去し「状況の全体と、この個人的な主観としてのわれわれ自身とが、どうでもよい」[92]ような状態に陥る。われわれは深い退屈の気分において、いわば自己喪失し、空虚な時間へと引き渡される。ハイデガーはこの「深い退屈」は単なる（動物の）「とらわれ」でなく、人間の場合は逆にそのことによって存在が開かれる契機であり、諸可能性の開示であるとみなし、この深い退屈の可能性のなかから「決断」することによって人間は自由であることができると考えている。それゆえ人間と動物は違う、というのがハイデガーの主張である。

しかし、アガンベンはむしろこの退屈の気分こそ、人間と動物が近似してしまう領域であると考えた。

> 深い退屈のなかで、現存在はいわば動物状態にまで退行する。それは動物が茫然自失状態〔Benommenheit（とらわれ）〕のなかで覆いを剝ぎ取られていないものに捕縛され曝されるのとまさに同じように、自分の言うことを聞かないなにものかに引き渡される。[93]

アガンベンは、ハイデガーが「深い退屈」という根本気分を持つがゆえに人間と動物とは異なると主張したこととは真逆に、深い退屈において人間が茫然自失の状態になるゆえに、朦朧状態（Benommenheit）である動物に接近すると述べている。[94]

本書もこのアガンベンの解釈に同意する。たしかにハイデガーの説明は、人間が深い退屈における自己喪失の状態のなかから脱出すると論じる場面において、むしろ人間と動物の距離の再接近を語っているように思える。動物は自らの衝動抑止を解除する閉鎖的な環境、すなわち「抑止解除の輪（Enthemmungsring）」にとらわれていた。他方で人間は「決断」によって自由であることができる、とハイデガーは言う。しかしこの「決断」は奇しくも（？）ドイツ語では「entschließen」であり、「鎖（Schloss）」を「解除する（ent）」ことである。したがってハイデガーは現存在が自らを自由へと解き放つこと（決断）を「自己封鎖解除即決断する（sich entschließen）」と書く。動物の衝動に対する「抑止解除（行動）」と、人間の退屈に対する「封鎖解除（決断）」の間に、いったいどれほどの「深淵」があるのだろうか。この退屈からの解放として自由が生じるというハイデガーの説明は不明瞭である。簡潔に言えば、あらゆる行為の諸可能性がゼロになるがゆえに、そのゼロであることが自由の可能性を呼び起こすのだと論じているが、このようなハイデガーの言い回しは、人間は自由を決断することができるゆえに自由である、といったトートロジー、あるいは人間の自由を先に確保した上での後づけの説明のようにも聞こえる。[95]

実際、人間があらゆる意志の脱落した空虚な退屈状態のなかから決断できるのは、本当に自由のためだろうか。私たちは空虚な時間に引き渡されたとき、本当に自分に内在する「自由」によって立ち上がれるだろうか。むしろ、なんらかの自己の抱える小さな衝動を起動する些細なきっかけ、たとえば空腹、たとえば睡眠、たとえば友からの連絡、たとえばカーテンから差し込んだ光、そういったなにかしら自分の意思とは関係ない動機が外から訪れることによって、ふと別の行為へと差し向けられ、そのことを手がかりに私たちは空虚から脱出しているのではないだろうか。

アガンベンのみるハイデガーは、人間と動物の「深淵」を語りながら、むしろ人間と動物の「思いがけない近似性」を語ってしまっていた。アガンベンにとってその読解は、人間と動物の境界領域を探る自身の哲学への通路であったが、これを本書のハイデガー読解（《道具》《気分》《生命》）から振り返って全体をまとめてみよう。

生命とネットワークへ回帰する意識

ハイデガーは人間の「意識」という特権的な心の能力を脱色し、存在という次元から語ることを試みたがゆえに、動物という別の存在（者）との比較を論じなければならず、さらに人間を「認識」ではなく「気分」を本質性格とする存在とした（しかもその根本気分は「退屈」であるとした）ゆえに、人間を動物の存在性格と近似した術語で語ってしまうことになった。それは（本書の物語から言えば）意識という人間の特権的な性格の瓦解へと向かったハイデガーの最初期からの思想の必然的な帰結でもあった。ハイデガーは、意識という人間に与えられた（かのように見える）特権的な地位（超越論的意識）から出発せず、世界に投げ込まれた存在でありつつ、世界に投げ出す存在として、存在循環の範例的存在として人間を捉えた。そのことによってハイデガーは、超越論的意識という問題の孕む（世界の内側にいながらにして世界の外側に立つという）矛盾を避けることができたが、その代償として、人間存在をある意味では他の存在者たちとの「横並びの存在者」として捉える必要があった。だからこそ人間は世界を外側から眺める存在ではなく、世界の内部に組み込まれた「世界―内―存在」であり、事物（的存在者）は単なる超越論的意識による志向的対象ではなく、自らが世界の内で行為することによってはじめて出会うことができる道具（的存在者）であり、事物たちは巨大な存在の連関として存在し、人間（現存在）はその存在のネットワークにある意味では「同等に」参加することによって他の存在者と関わることができた。また、超越論的意識という人間の意識の大前提であったはずのモデルが、実は「平静な気分」のなかにいるときの意識（いわば「例外的な意識」）であり、意識は絶えず気分という広大な領域の内部にいるひとつの機能であることを示すことによって制御的な意識の特権性を換骨奪胎してしまった。そして最後に（結果としては）人間存在を動物とも連接した「生命」[96]として語らなければならなかった。それが《道具》《気分》《生命》というキーワードによって観察された本書のみるハイデガー像である。

草花が存在する、フクロウが存在する、南風が存在する、鉄塔が存在する。あらゆるこの宇宙の存在者の存在について、人間のみがその存在を明らかにする鍵であると言ってハイデガーは哲学を始めた。しかしその人間は、ハンマーで釘を打ち、ペンを握って紙に書き、腕につけた時計を眺める。こうした日常的な行為によってはじめて様々な存在者たちと出会う。出会われた事物たちは互いに無数のネットワークに接続してリンクされていて、人間はそのモノたちのいきさつのリンクに巻き込まれている。また私たち人間は世界を知性によって把握するのでもなく、ある種の情緒に包まれていることによって世界の現れを自覚する。そしてその気分はどこまでもつきつめると、あらゆる世界の意味が剝がれだしてしまって、何のために生きているのかさえつかめないような、ぼんやりとした退屈な気分にまで至る。それが人間の根本的な生の在り様である。

むろん、このようなハイデガーの捉えた人間像は、本書の描き出したある意味では偏ったハイデガー思想の一面である。特に、ハイデガー本人は人間存在の固有性を生物とは峻別しようと意志してきた[97]。しかしながら、たしかに私たちは、一方では人間の特異性を解除しようと歩みを進め、同時にぎりぎりのところで再び人間の特権性を強調してしまうという循環を歩んでいるようにもハイデガーを読むことができる。これもまた「円環歩行」の歩みのひとつなのかもしれない。

重要なことは、二〇世紀で最も強い影響力を持った哲学者ハイデガーは、「現存在」という重い実存に運命づけられた存在を創造し、ときに人間中心主義とさえ批判されることもあるが、その思想のなかには、むしろ西洋の心の思想史の到達点でもあったカントやフッサールの超越論的意識をゆるやかに解きほぐし、コップやペンなどのささやかな事物たちのネットワークに参加し、人間を動物とさえ連なる存在としても描き出してしまった可能性を持っていたということである。

ハイデガーは「意識」という言葉を避けようとしてきたが、本書の考えでは、この歩みは意識と世界の循環に関わる歩行である。さてこの歩みはいったいどのような道へと進むのか。次章、メルロ＝ポンティがこれを意識と世界の往復的循環というよりも、意識と世界の絶えざる緊張として描こうとしたプロセスを、認知科学という新たな学問を経由して読んでいきたい。

4

認知科学の心

The Mind in Cognitive Science

何人《なんぴと》も完全に救われないと同時に、完全に失われてしまいはせぬのである。

——モーリス・メルロ＝ポンティ

われわれは、自ら踏みしめてきた道によっていつでも制約されているが、われわれがとるステップを規定する究極の根拠はどこにもない。

——フランシスコ・ヴァレラ

綻んだ心。それは、ゆるやかに他者や環境や生活のなかに溶け込み、あるいはそれらと混じり合いながら生成される心であった。フッサールやハイデガーといった二〇世紀を代表する哲学者たちが、デカルト、カント以来の強力な基盤としての心をこうしてほぐしていた一方、まったく別の領域から、心を再び中心化し、独立したアーキテクチャのようにモデル化する流れが生じていた。それは「認知科学」という新たなる学問分野の成立である。

一九世紀の後半から二〇世紀の前半にかけて、認知科学の前史となるいくつかの「心理学」や「生理学」が乱立していた。ドイツでは生理学者ヴントが「内観主義」と呼ばれる、心を内省によって捉える心理学を提唱し、アメリカではワトソンが逆に人間の行動のみを観察する「行動主義心理学」を提唱していた。あるいは、生理学の分野でも神経活動の観察と解明が見られはじめ、また数学や論理学の分野ではコンピュータや人工知能に繋がる情報科学の基礎的な理論が確立されていた。二〇世紀前半のこうした様々な分野の知見を総動員し、心理学、神経科学、数学、情報科学が総合的に結びつき、二〇世紀後半に「認知科学」と総称されるジャンルは確立した。二一世紀を迎えた現代においては、もはや哲学よりも、この認知科学という学問のほうが、心の解明にとって重要だと考える人が多いかもしれない。しかし、心を対象とする認知科学は、自然を対象とした物理学や化学のように、歴史から独立して素朴に研究を行うことはできない。そこには、いったい何を心であると捉えるのか、という思想的・歴史的な条件が不可避的に侵入している。別の言い方をすれば、一見すると科学の自由な発想のもとに生み出された認知科学や人工知能は、デカルトやカントの創造した近代的意識と無縁ではないのである。

実際、認知科学の黎明期から現在に至る発展の過程は、興味深いことに、本書が西洋の心の哲学史で辿ってきたような物語――すなわち、バラバラであった様々な心の捉え方を統一し、まるでコンピュータのような、中心化された機能とみなすような心のモデルとしてまず確立され、その後に徐々にその独立性が疑問視され、身体性や環境との相互作用を取り込んでいく流れ――と同型の変遷を辿っていく。まず、認知科学誕生期の一九五〇年代、認知科学は意識を記号的な情報処理であると考える認知思想を中心に据えた。[1] 私たちがソクラテスにおいて見出した、ある種の表象の計算と推論を備えた機能、あるいはカントの洗練された有限な情報処理システムとしてのアーキテクチャが、ある意味では本当に脳の仕組みとして、あるいはコンピュータの実装によって、捉え直すことができるかもしれない。そのような思想が認知科学の最初のステップであった。

しかしこのような、意識を計算であると捉える思想に真っ向から対立する潮流が一九八〇年代頃から勃興してきた。それは「身体性認知科学」と呼ばれる、現象学に影響を受けながら発展した認知思想である。このプロジェクトは二〇世紀の前半にフッサールやハイデガーらが捉えていた、意識を身体や環境との相互作用のなかから生成され、身体行為のもたらす経験のなかから捉えようとする思想を認知科学に取り込もうとした流れである。本書は、身体性認知科学の嚆矢となった人物として、チリ出身の神経科学者・哲学者であるフランシスコ・ヴァレラ[2]に注目する。彼は神経科学のみならず、人工生命や現象学、また仏教思想なども取り入れた独自の認知哲学を展開し、二〇世紀の認知科学の本流に対するオルタナティブを提示した。認知科学という新たな学問がコンピュータと結びつき、しかもその達成は西洋的な人間の心のひとつの到達点であると思われる流れのなかで、あえてそこに逆行し、身体や生命というある意味では遠い過去の原初の心の姿へと遡ろうとしているようにさえ思えるヴァレラの心のモデルに込められた思想とは何だったのか。

また、あえて最後に取り扱う現象学者のメルロ＝ポンティは、フッサールが認知科学（当時の心理学）を現象学の立場から批判的に捉えていたのに対し、積極的に神経科学や行動心理学、ゲシュタルト心理学などの知見を取り込んで独自の意識論を展開した哲学者である。その意味でメルロ＝ポンティは、フッサールやハイデガーらと同時代に生きながらも、むしろ一九八〇年代の身体性認知科学の先駆的な思想を紡いでいた哲学者であるとみなすことができる。それゆえ本書ではメルロ＝ポンティを、あえて現代の新しい認知科学を切り開いたヴァレラと比較しながら読んでみようと思う。彼らは（残念ながら）直接的に交流することはなかったが、本書の観点では極めて共通する思想を育んでいたと考えられる。

私たちは、フッサールとハイデガーが超越論的意識と世界の循環的な構造をひとつの困難として捉えていたことを確認した。しかしながら、ヴァレラとメルロ＝ポンティは、この循環的な構造をポジティブなものと捉えている。意識は世界を捉え、世界は意識に作用する、というこの循環こそむしろ意識の本質である。本章では、この循環の迷宮（ラビリンス）を避けるのではなく、その循環の運動のなかに意識の本質を捉えた哲学者たちの思想を読み解いていこう。

西洋編の最後に、二〇世紀の認知科学思想、ヴァレラの思想、メルロ＝ポンティの思想、を論じることで、科学と哲学が互いに影響を与えながら発展し築き上げてきた時代の心のモデルを理解しようと思う。

認知科学の誕生――言語・神経・主観性

二一世紀を迎えた現在、意識の科学は、生《なま》の神経細胞を計測して研究する神経科学、またコンピュータ上で知能を再現しようとする人工知能研究、あるいは哲学では「心の哲学」と呼ばれる言語哲学的な領域が確立し、それぞれに協力しながらなお発展しているが、こうした認知科学がそれぞれの方法論や思想的立場を獲得するまでには、スリリングな歴史上の絡み合いがあった。

本節では、現在の研究ジャンルに至るまでの二〇世紀の心をめぐる思想の発展を、三つの歴史的な潮流として捉え直してみようと思う。第一の流れは、心の本質を「言語」であると捉える考え方。第二の流れは、心を「神経科学的な現象」であると捉える考え方。第三の流れは、心を「主観的な性質」であると捉える考え方だ。むろんこれらの考え方は相互に影響を与え合いながら進行しているが、あえて図式を設定して心の捉え方の流れを見ていこう。特に、認知科学の誕生において心が「コンピュータ」のメタファーとして理解される過程を辿っていくために、私たちは「言語」という一見するとコンピュータからは遠く思える問題から始めることにする。

言語の形式化と論理への欲望

心の本質が言語であるとは古くからの考え方である。人間と動物の違いは言語の有無にあり、言語を持たない動物は心を持たないという考えは（とりわけ西洋では）一般的な考え方でもある。デカルトが人間の本質は精神であり、動物は機械であると言ったとき、厳密にはその決定的差異を、人間は言葉を話すが動物は言葉を話さないということに見出している。彼は、鳥などの動物も一見すると言葉を話しているように見えるが、動物はただ鳴いているだけであって「言葉を自由に配列する」という人間の言葉―思考とはまったく異なるものだと考えていた。[3] デカルトは言語の問題を詳しく分析しなかったが、二〇世紀の哲学は言語の問題を徹底的に追究し、数学やコンピュータとも深く関わる巨大な思想圏を形成した。

◇世界と意識の言語化――ライプニッツ・フレーゲ・ヴィトゲンシュタイン

この新たな言語哲学の登場を「言語論的転回（linguistic turn）[4]」と呼んで思想的潮流を興したのは、本書の冒頭で参照したローティである。言語論的転回の本質は、カントが人間の認識の可能性の条件を吟味（批判）したように、人間の思考は言語によって限界づけられるため、言語の可能性／不可能性を徹底して吟味（批判）することによって、思考の可能性、また真理の条件を検討することが哲学の役目であるという考え方にある。

ローティが人間の心を鏡のようなものだと考えていたことは序章で確認した。このメタファーにおいて言語は、表象（representation）として機能する。表象とは、ある対象を再表現するための記号であり、表象が真なる知識であるためには指示する記号と指示される対象が同一でなければならない。また、もしも意識が言語を本質とするものであるとするならば、検証すべきは名辞における記号と対象の一致のみならず、命題そのものの真偽となる。果たして命題の正当性を検証すべきであるとしたら、どのような方法が必要だろうか。真っ先に必要なことは、私たちのふだん使用している言語の曖昧さを排除して、明晰に論理を検討できる言語を再発明し、私たちの自然言語をそのような論理的な検証が可能な言語に翻訳することである。

ドイツの哲学者ゴットロープ・フレーゲ（Gottlob Frege, 1848 - 1925.）は「記号論理学」と呼ばれる、私たちの使用する曖昧な自然言語を、論理的に記述する明晰な人工言語を発明した。[5] フレーゲが取り組んだのは言語の意味や算術の基礎についてであったが、フレーゲの開発した記号論理学を応用し、世界全体に対して形式的な言語がいったいどれほどのことを語れるかという思想に展開したのがヴィトゲンシュタイン（Ludwig Wittgenstein, 1889 - 1951.）である。彼は再びこの記号論理学を使って、世界に生じえることのすべてを遍く、形式的言語によって記述しようとした。ヴィトゲンシュタインの構想はある意味で両義的である。彼は世界が存在することそのものを記述することを諦める代わりに、言語によって記述可能な世界についてのみ語るという戦略を取った。手持ちの論理記号という武器だけを「究極の言語」として洗練させ、その道具の通用する範囲を見定めることによって、語りえる領域の世界を完全に記述し尽くすという思想だ。デカルトが、全世界を思惟という心の働きに賭けたのだとしたら、ヴィトゲンシュタインは語りえない世界を切り離すかわりに、語りえる世界については紛うことなく明晰に語り尽くす言語に賭けたと言えるだろう（「私の言語の限界が私の世界の限界を意味する」[6]（5.6））。

言語を徹底的に形式化する哲学の背後には、ひとつの巨大な「欲望」が隠れている。それは、この世界を私たちの明晰な言語によって完全に記述し尽くしたい、という欲望[7]である。そのために彼らが払った「犠牲」は、「世界のすべて」ではなく「言語によって記述可能な世界のすべて」という世界の限定であった。世界は「語りえる世界」という制約を受けるかわりに、限定された宇宙はすべて言語によって明晰に語りえる。この世界に存在するあらゆる事象の範囲を明確に言語化し、世界に生じる事態を論理によって正確に言語化できるのであれば、漠として広がり、複雑に絡み合うこの世界を、あまねく明晰な言語のうちに回収することができる。別の言い方をすれば、かつてパスカルが「私が宇宙を包む」と言った究極の願いが、言語の形式化という方法によって実現するのだ。言語の形式化は、パスカルの悲哀とアイロニーに満ちた無謀な叫びを、具体的で実践的なプロジェクトへと変更させる革新的な方法であった。あるいは逆に、言語の形式化への欲望は、私たちがふつうの心の在り方では常に敗北してしまうはずの「宇宙を包み込む」という悲しみの傷を癒すために創造された一種の治療薬でさえあるかもしれない（ただし言語の形式化は他方で、世界を「意識」という私秘的な領域に閉鎖せず、むしろ明晰な言語化とその検証によって公共化するという方向も有していた）。

言語の形式化というプロジェクトには、いくつかの前史といくつかの結末がある。古くはソクラテスの衣鉢を継いだアリストテレスによる三段論法などの古典論理学があり、中世哲学では普遍言語の構想があったが、実質的にはライプニッツ、フレーゲ、ヴィトゲンシュタインという近現代哲学の系列によって確立していった。本書では、ごく簡単にその要点だけを粗描しておこう。

ライプニッツは、世界はそれ以上分割不可能な、ある原子的な単位から構成されていると考え、その基本要素を「モナド（単子）」と呼んだ。無数のモナドの組み合わせによって世界は構成されている、という一見すると奇抜な思想は、西洋ではそれほど奇異な考え方ではない。そもそも古代ギリシアで「アルファベット」という表音文字が発明されたとき、多くの古代文明が表意文字、象形文字といった、世界に存在する自然物や意味に対応しながら絶えず更新されてゆく文字言語を開発していた流れとはまったく別の思想が萌芽していた。すなわちアルファベットは、たった数十文字の記号によって世界のすべての事物や意味を表現できるというスケーラビリティを持つ言語、あるいは逆方向から見れば極めて圧縮性の高い言語だった。ライプニッツのモナドはいわば世界のアルファベットなのだと考えれば、ごく自然な思想であることが了解できる。重要なことは、ライプニッツが世界という巨大な総体を分割不可能な小さな単位の組み合わせによって捉えたという点である。[8]

われわれの意識する想念《パンセ》が、たとえどんなに微小でも、そこには対象のもつ多様性がつつみこまれている。そのことに気づいたとき、われわれは単一な実体であるはずの自分自身のなかに、多の存在を確認するのである。[9]

私たちの意識は、世界の多様な存在を圧縮して格納する装置である。このようなライプニッツの思想は、形式的な記号という具体的な言語技術によって可能となる。ライプニッツは二進数を発明した数学者でもあり、単純な記号的な言語から世界を説明する普遍記号学を構想していた。現在のノイマン型コンピュータはすべて「0／1」という二進数のデジタル記号によって記述されているが、その思想的起源としてしばしばライプニッツが参照されるのはそのためだ。ライプニッツは「普遍記号学」と彼が呼ぶ、理性によって獲得できるものはすべて算術の計算のように得られるという構想を持っていたが、この思想と方法論を継承したのが先述したフレーゲである。このフレーゲの記号論理学、そしてヴィトゲンシュタインの思想的拡張を中心とした言語論的転回が生み出した思想と方法は、二〇世紀の心の思想に大きな影響をもたらした。一つは「心の哲学」であり、もう一つは数学基礎論である。

フレーゲの伝統を継ぐ言語哲学は、世界を命題論理によって記述することを目論むが、この命題論理の発想を「心」に適用可能な方法だという考えに発展させたのが「心の哲学（philosophy of mind）」である。心の哲学では、人間の心はある「心の状態（state of mind）」を有しており、心は「命題的態度（propositional attitude）」を持っていると説明される。たとえばある人は「水を飲む」という命題への「欲求（to desire that）」という態度（水を飲みたい）を持っていたり、「目の前に一本の樹が存在する」という命題への「信念（to believe that）」という態度（樹が存在していると信じている）を持っていたりする。こうした心の状態に対する態度は志向状態（Intentional state）とも呼ばれ、たとえば同じ命題内容（propositional content）である「雨が降るだろう」に対して、「恐れ」や「不安」や「期待」などといった様々な志向状態をとりうる。それゆえ心はこうしたなんらかの内容を持つ命題とそれに対する態度（志向状態）という構造を有するという意味で「S(p)」と記述することができ、このS（志向状態）とp（命題内容）に様々なものを入れ込むことによって心の状態を説明することができる。

心の哲学が前提としているのは、カントの前提――私たちの心はモノ自体にアクセスすることはできず、その現象にしか触れることができない――に基づき、現象（世界）が私たちの心に理解可能な形式で把握できる表象の内容とは（命題的な）言語であると再設定して心を定義することである。心の本質を言語であると考える潮流のひとつの帰結は、このような、心を命題的態度の集合――すなわち表象のシステム――として規定するという考えであった。

◇論理学からコンピュータへ――チューリングとフォン・ノイマン

また、フレーゲらに影響を受けて展開された数学の運動として、数学基礎論の発展がある。フレーゲは記号論理学を発展させる過程で、自然言語の完全な形式化の困難を感じ、むしろ数学のような、論理が明快な言語の方が形式化が可能なのではないかと考え、数学の論理学化を試みていた。フレーゲは算術を論理学の一部として展開することを目指し、この試みを引き継いだラッセルは、数学を論理学によって証明しようと、哲学者ホワイトヘッドと共に『プリンキピア・マテマティカ』を書いた。詳細には触れないが、こうした潮流は数学基礎論と呼ばれる。ヒルベルトは数学そのものを形式化することによって数学理論の証明から人間が理解するための「意味」を取り除き、機械的に証明可能であることを示そうと試みた。ヒルベルト・プログラムの破綻を指摘したゲーデルの不完全性定理を経て、アラン・チューリングがチューリングマシンと呼ばれる仮想的な計算機を生み出す。そしてこの計算機を実際に実装可能な設計に落とし込んだのが、フォン・ノイマンによるプログラム内蔵型のコンピュータであり、私たちがふだん使用しているコンピュータの原型モデルとなった。[11]

チューリングマシンは、0と1の記号の操作による計算システムをモデル化した仮想的なコンピュータであり、理論的には現在使われているノイマン型コンピュータはすべてチューリングマシンである。チューリングがこの仮想的な計算機械を、コンピュータを創ることを目的として発明したのではなく、人間の思考をモデル化しようとして生み出したことは注目に値する。人間が計算する、という行為を逐次的にモデル化したものこそがチューリングマシン＝コンピュータである。さらに、チューリングマシンはあらゆる記号計算の可能性を含んだ計算機であるため、チューリングマシンによってまた別のチューリングマシンを創り出せる。あるチューリングマシンの動作や記憶などの規則を符号化し、それを記号列として新たなチューリングマシンに読み込ませることが可能なため、任意のチューリングマシンを模倣するチューリングマシンを構成可能である。これは万能チューリングマシン（Universal Turning Maschine）と呼ばれるが、一つの万能チューリングマシンがあれば、原理的には無限のチューリングマシンを創ることができる。実際、私たちはコンピュータを使ってコンピュータを制作し、アプリケーションを使ってまた別のアプリケーションを創り出している。

アラン・チューリングとフォン・ノイマンによってなされた革命は、本書の追ってきた心という問題系の歴史においては、カント以降の心の思想の連続性の頂点とみなすことができるが、また同時に、メディアという問題系においては巨大な非連続性ともみなすことができる。どういうことか。メディア研究者のフリードリヒ・キットラー（Friedrich Kittler, 1943 - 2011.）は、これまでの人類史においてはずっと「人間」が「書くもの」だったが、コンピュータの登場によって「機械（メディア）」が「書くもの」になったと指摘する。本来、メディアとは単に情報が記録される媒体ではなく、オペレーターとデータの関係性の規定を本質とするものである。メディアをこのように捉えたとき、チューリング／ノイマンの革命性が浮かび上がってくる。

キットラーは、たとえばなぜ中世の神学者たちが聖書の言語的な構造を分析するだけにとどまらず、同時にその注釈を体系化することで神学を構築しようとしたかといえば、聖書というデータに対してのオペレーターとして解釈の体系を規定する必要があったからであると説明する。しかし、チューリングマシンとフォン・ノイマン型コンピュータの発明は、このオペレーターとデータの入れ子構造的な再規定を成し遂げた。万能チューリングマシンはデータとして書かれたチューリングマシンをさらなるデータを構築するオペレーターにすることを可能にする。データであったものがまたオペレーターとなり、またそのオペレーターは新たなデータの生成マシンとなる。このチューリングマシンのモデルによって、フォン・ノイマンは命令形をデータとして書くことが可能なコンピュータの設計書を書き、いよいよオペレーターとデータの絶対的な非対称性は相対的な非対称性となった。このとき、「人間が書くもの」というひとつの時代が消滅し、「機械が書くもの」という新たな時代が到来した。そしてキットラーはこれを「テイクオフ（離脱）」と呼んだ。[12]

ソクラテス／プラトンが魂を身体から思想的に離脱させたのと同様に、チューリング／ノイマンによって生まれた新たなるメディア＝コンピュータは、心を人間から技術的に離脱（テイクオフ）させるという大いなる切断に貢献している。このひとつの切り離し（テイクオフ）によって、心は人間という生物の特権的な能力ではなくなった。心のモデルを言語による世界の表象と記号の操作主体として捉え、そしてそれが高度に洗練された結果、もはや人間という生体がなくても心のモデルは自走可能になったのである。

もしも心の本質がある種の言語であり、究極の言語である記号を操作し計算することであると考えるならば、心はもはや人間だけに与えられたものではない。コンピュータという新たな計算システムは自立し、独走する。心が人間だけのものではなくなり、機械にも可能なものであるというこの結末は、人間の心の思想史において、心の完成であると同時に心の完了（終了）でもある。ここには両義的な欲望が見える。私たちは心を機械に代替させることで、いったい何を求めるのか。

人間の心の本質を言語であると考える思想は、二〇世紀初頭に自然言語の文の分析として始まり、そして思考可能な世界を記述しようとする言語への欲望へと派生し、一方では「心の哲学」を生み出し、他方で形式的言語である記号論理学を発明し、また数学基礎論との絡まり合いのなかで、思いもよらず、コンピュータという副産物をもたらした。このような系譜を辿ることによって、コンピュータが偶然に生まれた技術的産物ではなく、長きにわたる思想と欲望の果てにようやく結実した結晶であることが分かる。

さて、こうした二〇世紀前半に数学や哲学をまたいで席巻した言語論的転回を経て、二〇世紀後半に、神経科学というもう一つの巨大な学問領域が、心の問題の覇権を握ろうと差し迫ってきた。

神経とコンピュータ

神経科学者のフランシス・クリックは「あなたはワンパックのニューロンにすぎない（You're nothing but a pack of neurons.)」と言った。心は神経現象であるという考えは、現在でも最も受け入れられた考え方かもしれない。石などの無生物には神経はないし、植物や菌類にも神経はない。近年では、植物や菌類が非常に高度で複雑な知性を持つことが分かっているが、それらに心や意識があると考える者は少数だ。二〇世紀の前半から、脳や神経に対する解剖と理解は徐々に進んでいた。一九〇六年には、神経が非連続なシナプスの刺激伝達を行っているというニューロン説を唱えたラモン・イ・カハールがノーベル生理学・医学賞を受賞（同年にゴルジ染色法を開発したゴルジも同時受賞）し、神経科学の時代が始まりつつあった。ｆＭＲＩやＥＥＧといった脳の計測技術が飛躍的に増大した現在、クリック／コッホが提唱し、実際に神経科学の多くの研究が採用するアプローチは「意識の神経相関（NCC：Neural Correlates of Consciousness）」[13]と呼ばれ、神経科学者たちは被験者の意識経験と脳内の神経活動の相関関係（マッピング）を模索し、意識の解明を進めている。

しかし、意識がニューロンであるということの意味はなんだろうか。それは、単に私たちの感情や知覚経験に対して、ニューロンが発火するという生物学的な事実に留まらない。もしもそうした単純な精神的現象と生物学的な現象の同一性を指摘するだけなら、デカルトの精神と身体の合一という主張の詳細が明らかになっただけにすぎない。意識の神経科学のインパクトには、より原理的で歴史的な進展があったのだ。すなわち、神経科学による心の解明は、新たな事実の発見に留まらず、心の再定義を含むものであった。どういうことか。

一九四〇年代から一九五〇年代、人間の脳と機械が類比的なものとして捉えられ、意識は機械として理解可能であり、また逆に機械は意識を人工的に構築できるという、思想的な運動が萌芽していた。フォン・ノイマンやノーバート・ウィーナーらを中心として、計算機科学と神経生理学、また心理学や哲学など学際的な研究として継続的に発展したこうした運動は「サイバネティクス」と呼ばれる研究領域を形成した。一九四八年、ウィーナーはサイバネティクス思想の金字塔となる『サイバネティックス――動物と機械における制御と通信』を出版し、一九五〇年には『人間機械論――人間の人間的な利用』を出版した。これらの著作でウィーナーが語った思想[14]は、生命を情報のフィードバックシステムを通じた制御機械として捉える理論構想であり、二〇世紀の意識論に決定的な影響をもたらす思想的な根拠となった。

本書がここで注目するのは、ウィーナーの著作が刊行されたちょうど五年前の一九四三年、神経科学者ウォーレン・マカロックと数学者ウォルター・ピッツによって発表された「神経活動に内在する観念の論理計算」[15]という論文である。この論文こそが、AI研究を最初に決定づけた革命的な発見だった。その内容はいたってシンプルで、神経細胞は膜電位における電気パルスの伝導によって情報を送るが、その基準はある閾値に応じて伝達／非伝達が「全か無」で決定する0／1のシステム[16]になっており、さらにニューロンのネットワークは命題論理と同じ構成を持つことができるようにモデル化可能であるというものだ。換言すれば、脳は神経細胞のネットワークを利用して命題論理の計算を遂行することができる。彼らは興奮したに違いない。二〇世紀初頭、人間の思考・推論を形式的かつ理想的にシミュレーションするために創造されたはずの論理命題と論理法則が、なんとそのまま脳に実行可能な状態として実装されていることを構想したのだ。脳は論理演算を行う計算装置であり、生物学的機械である。ここに二〇世紀の心に対する二つの潮流、心は言語であるという考えと、心は神経であるという考え方が見事に結託した。

こうして私たちはついに「心はコンピュータである」という完璧なメタファーを獲得した。コンピュータというメタファーは、ソクラテス以来の西洋哲学が暗黙に前提としていたメタファーや欲望を見事に回収している。ソクラテスにおける制御する心、情報の書き込み装置、またデカルトの思考する機械、パスカルの宇宙を包みこむという悲しみの絶叫、ライプニッツのデジタル記号からヴィトゲンシュタインに至る、論理命題によって世界を記述し尽くすという言語の形式化プロジェクト。これらの到達点としてコンピュータは実現した。コンピュータの実現は、技術の偶然的な進歩ではなく、途方もなく長い人間の欲望の達成だったのである。

マカロックとピッツのアイディアは発表当時こそ斬新かつ難解であり、またそのモデル化にも不備があったためにすぐには受け入れられなかったが、後にフォン・ノイマンが最初のコンピュータの設計書を書くにあたってこの論文の基本的な概念や枠組みを利用したために、コンピュータの基礎的な思想を描いたアイディアとして参照された[17]。数十年を経て彼らの構想は発展し、その後はコンピュータの電子回路を脳内の神経細胞ネットワークとして扱い、コンピュータに人間の意識が実行している課題を解かせるというAI研究へと繋がった。一九五七年にはパーセプトロンと呼ばれるニューラルネットワーク研究が登場し、一九六〇年代には第一次ニューラルネットワーク研究の時代へと突入し、改良を重ねるなかで実際に画像認識や経路問題、翻訳などの人間の知能が実行している様々な認知タスクを実行することができるようになった。コンピュータと神経科学の結託は、二一世紀を迎えた現在でも、最も強力な意識解明へのアプローチである。昨今のAI研究を盛り上げる深層学習（Deep Learning）は、三層構造しか持たなかったパーセプトロンの層をディープに多層化し、膨大なデータを自身で学習することで極めて精度の高い学習を可能にした。マカロック／ピッツに由来するニューラルネットワーク研究は、実践的なAI研究の成果のみならず、心の哲学的な理解においても注目されている[18]。

果たして、人間の心はコンピュータなのだろうか？　私たちの心は、計算する機械のようなものなのか。心を理解するためのメタファーとして完璧に見える流れに、異物が残っている。それがもう一つの流れ、主観性という幽霊である。

主観性という幽霊

朝に目を覚まし、おっくうな身体を持ち上げて顔を洗う。ベランダに出ると春の日差しが全身を照らし、空が青々と光っている。ふわりと風が吹いて、雲がゆっくりと中空を流れている。新緑の若葉がみずみずしく萌えて、メジロが鳴いている。

いま目の前で起こっているこのあまりにも生き生きとした経験、果たしてこれは複雑な脳の情報処理の結果なのだろうか。コンピュータにも十分なデータと演算規則を与えれば、私たちと同じように、春の朝の体験が生じるのだろうか？　哲学と認知科学はこうした問題を「クオリア」と呼んでいる。赤いリンゴの赤らしさ、蜜柑の鼻をつく独特の香り、旬のタケノコを口に入れたときのほのかな甘さ。他のなににも代え難い、なんらかの記号には回収できないような、それそのものだけが持つ感覚。この質感＝クオリアこそ、認知の本質であると同時に、物質と意識を分かつミッシングリンクではないか。仮にコンピュータが人間の神経細胞を電子素子によって完全に再現したとしても、そもそも神経活動がこのようなクオリアをいかにして感じるかは解明できるのだろうか？　哲学者デイヴィット・チャーマーズ（David Chalmers, 1966-）はこれを意識の「ハードプロブレム（難題）[19]」と呼んだ。

経験が物理的な土台から立ち上がってくるということについては、広く同意が得られている。しかし、なぜ、そしてどのように、それが立ち上がってくるのかについては、誰もよい説明ができていない。いったいなぜ、物理的なプロセスから私たちの豊かな内面が生まれなければならないのか。そうであるべき客観的な理由はなさそうなのに、実際にそうなっている。[20]

チャーマーズの問題提起は、デカルト心身二元論の現代版と言っていいだろう。私たちの脳はまぎれもない物質でありながら、同時に意識経験の母体でもある。物質である神経細胞が、何の跳躍もなくこの意識経験を生じさせることができるだろうか？　チャーマーズは、「意識における経験の説明には、格別の要素（extra ingredient）が必要である」[21]と言った。「extra ingredient」は、意訳すれば「あともう一つ、足りない何か」といったニュアンスである。そのあと一つ（extra）は、量子力学なのか、あるいは未知の科学理論なのか……ともかく物質と意識の間には、いまだにそれを繋ぐことのできない決定的な断絶がある。

一方では脳内の神経活動における格別の要素を探す科学者や、また意識経験と神経活動の相関関係をしらみつぶしに発見することによって意識を説明しようとする科学者たちがいるが、他方には神経活動から意識が生じるという前提に立たず、まずそもそも意識が与えられているというところから出発する哲学者たちがいる。彼らは基本的には意識の本質を主観性であると考える。

代表的な論者として哲学者トマス・ネーゲル（Thomas Nagel, 1937-.）を挙げることができる。ネーゲルは『コウモリであるとはどのようなことか（*Moral Questions*）』で、人間のように視覚世界を中心とした意識ではなく、コウモリのような超音波で見ている（?）世界を、人間として外側から理解することはできるが、コウモリにとって内側から「どのような感じ（what is it like）」であるかを理解することはできないと主張した。[22]ネーゲルの見出したこの意識特有の経験は、「意識の主観的性質」と呼ばれ、後にチャーマーズのクオリアの議論を準備するに至った。また近年の認知科学では、これら意識の主観的な性質にかかわる意識を「現象的意識（phenomenal consciousness）」と呼び、科学の対象として研究できるのかどうかの議論が起こり始めている。

この主観性という認知科学にとって厄介な「異物」は、唯物論的な思想への抵抗でもあり、機械論的な意識論に対するアンチテーゼである。哲学者ギルバート・ライルは、こうした機械論的な意識論の立場を取ることによってあぶりだされてしまう心を「機械のなかの幽霊（Ghost in the Machine）」と呼んだ。ライルが意識を「幽霊（Ghost）」に喩えたことは、心のメタファーの変遷を追ってきた本書の観点から見れば皮肉な結末と言える。本来、意識を名指していたプシュケー（魂）、またプネウマ（霊）、そしてドイツ語の「Geist（精神／ゴースト）」など、意識は常に霊的な意味を帯びて名指される存在であった。この霊的な存在であった意識を徹底的に解体し、物理的なプロセスや記号的なシステムに還元しようとしてきたのが、デカルトのプロジェクトを継承する二〇世紀の心の科学・心の思想であったにもかかわらず、この厄介な意識は、機械という物理的な技術によって理解しようとすればするほど、異界の霊＝ゴーストとして浮かび上がってくるのだ。果たして私たちは、心をコンピュータによる計算システムであると理解し、同時にこのゴースト＝亡霊を幻視し続けるしかないのだろうか。

ヴァレラ――生命的な心

Francisco Varela, 1946－2001.

柔らかな陽射しがさす南米チリのサンティアゴ。鳥たちの鳴き声が聞こえる広場で、若き日のフランシスコ・ヴァレラは、時おり笑い声をもらす聴衆たちに真剣な眼差しで語りかけていた。「どうやって私たちは赤い色を見ることができるのだろう？　蜘蛛たちはなぜ八本の足を転ぶことなく動かして歩くことができるのだろう？　どのようにして、私たちは間違うことなく手と手を結んで握手をすることができるのだろうか？　これらのプロセスは、私にとってはもはや魔法のようなものです[23]」。研究室で神経活動を観察し、コンピュータでシミュレーションを回すこの科学者は、私たちが生きて活動するこの経験を、心のモデルから決して切り離そうとしなかった。心は計算ではない。心は脳ではない。心はこの生命のプロセスから生じ、この眼の前にありありと広がる世界のなかから生じる。神経科学の使命は、脳の計算を明らかにすることではなく、この身体、この生命が世界を生み出し、活動することとの信じがたいギャップに少しでも迫ることである。

心は生命に宿る、という直観がヴァレラにはあった。しかしそれは、私たちが確認してきた認知科学の思想とは逆行する直観である。ＡＩ研究を中心とする認知科学は、心をコンピュータのメタファーとして理解することで発展してきたし、そこで身体や生命は必要なものであるどころか、むしろ邪魔な存在でさえあったからだ。そしてそのような思想は、二一世紀の現在でも引き続いているように思える。ＡＩは身体と場所というローカルな環境に根ざして生きるものではない。私たちが「人工知能」に求めているのは、世界をパラメータ化して、膨大なデータを集め、純粋なアルゴリズムが計算することである。

心はコンピュータである、というメタファーの理論的な根拠は、心は記号的な情報処理システムであるという理解であった。意識は外界の現実を脳内の神経細胞によって表象する。神経細胞は離散的な記号処理システムとして計算する。こうした「コンピュータ―脳」の結託がＡＩ研究に結実している。仮に本当に意識を神経細胞を利用した情報処理システムとしてすべて説明できるなら、問題は容易い。しかし、クオリアをはじめとした、記号的な情報処理では説明できないと言われる意識の在り様があることを一部の認知科学者や哲学者たちは感じ取っていた。それは、物質としての脳をくまなく探しても姿を表すことのない、主観性という幽霊であった。

この両極に引き裂かれた心の捉え方は、つまるところ同じ欲望に支えられている。すなわち、心にすべての役割を背負わせるという本書が紡いできた西洋的な欲望である。カントを評したジェイムズの言葉を思い出してみよう。カントにおいて意識は、一方ですべてを取り仕切る合理的なシステムであり、他方ではなにものも持たない空虚な形式である。カントの心は綜合というプロセスを実行する情報処理のアーキテクチャであり、しかしその中心である「超越論的統覚」は実在することはない。二〇世紀の心の思想から振り返って言えば、カントの心は「機械であると同時に幽霊」である。

認知科学の出発点

心をコンピュータのメタファーとして理解し、脳による情報処理だとみなす考え方が初期の認知科学の中心にあった。このような二〇世紀の心の思想が、心の本質を言語であり神経であると捉え、また同時に主観性という異物を彼岸として科学の対象から排除したのだとしたら、ヴァレラの使命はこれを総合して回復することにあったと言えるだろう。それは、心に生命を取り戻すという思想であり、具体的には認知科学に主体の身体性を導入することであり、現象学との協力的な関係性を再設定することでもある。[24]

カント的意識は人間にプリインストールされたアプリケーションのようなもので、そのアーキテクチャ的な意識はAIという認知科学思想と共鳴するものであった。ヴァレラはこれに現象学を取り込むことによって、意識の身体性、他者性、環境との相互作用といった要素をモデル化した。単体としての意識の強さを解除しながら、しかし幽霊のような神秘的な存在者まで抹消することなく、具体的な経験と身体を備えた意識であると同時に神経科学の対象としても探求可能な意識を再構成し、オルタナティブな認知科学思想を構想したのだ。

ヴァレラの伝統的な認知科学に対する不満はどこにあったのか。問題は、認知科学では主観性や一人称的な自己主体感がただ見つけられないという事態ではない。なぜ主観性は「幽霊」のような、あるいは「あともう一つの何か（extra ingredient）」（チャーマーズ）のような、最後の秘宝のような探求対象になってしまったのだろうか？　むしろ主観性こそ、意識経験にとって最も自明なものであり、主観性や自己主体感を感じない人間などそもそもいないではないか。この世界は私から知覚され開かれており、「私」という主体感を伴わない意識はほとんどの場合現れない。主観性は意識のゴールではなくスタート地点であるはずであり、彼岸にあるのではなく最も近い距離にあるはずである。問題は、主観性という意識の大前提となるはずの問題を、ほとんどの認知科学が最も遠い存在として、その探求の対象から除外してしまったこと、あるいは除外せざるをえなかったという方法論上あるいは思想上の限界にある。

こうした問題は認知科学黎明期の問題ではなく、二一世紀の現在でも生じている現在進行形の問題である。たとえば、近年の意識研究の最先端の実験や理論をまとめた『意識と脳』の著者スタニスラス・ドゥアンヌは、自己意識の問題は手をつけるのが困難であるため、神経科学はこれを研究対象から切り離し、測定可能な「アクセス意識」だけを対象に研究すべきであると同書で主張している。[25]すなわち、認知科学という学問においては、主観性という人間の意識経験に最も自明に与えられているはずの現象が、科学的な方法論による探求の対象としては最も不可解で届かない対象として彼岸に置かれている、という矛盾があるのだ。

認知科学が意識の研究であるかぎりにおいて、私たちの意識が実際に経験する主観性や自己感覚を探求しなければ本末転倒である。その当たり前の問いに正面から取り組んだのがヴァレラであった。

もし私たちの心の研究が、生きていること、身体化された経験、そうしたものに触れることさえできないのならば、いったいそれになんの価値があるだろうか？　心と身体を別々の研究対象としてしまう、抽象的で身体を失った反省には、いったい何の意味があるだろうか？[26]

私たちの認知の出発点は情報処理ではない。私たちの認知は、世界のなかで行為する身体、そしてその相互作用する環境との全体において生み出される現象である。それをヴァレラは「身体化された心（Embodied Mind）」と呼んだ。意識を記号的な計算であると考えるかぎり、認知科学は「経験と記号の分離」という背理を永遠に抱え続けることになる。だからこそ認知科学は、経験と科学の循環という渦のなかに身を投げて研究しなければならない。それがヴァレラの宣言であった。

私たちがいま生きていること、この私という主体感、自己感覚をもって世界を認知していること、その原点から意識を考えるヴァレラは、脳という表象による計算システムから経験を説明するのではなく、生きられた経験の渦中において、それを可能にしている生物学的基盤たる身体の機能や脳の計算を見出すという逆転の発想を提示した。別の言い方をすれば、多くの認知科学者が脳やＡＩから心を理解しようとしていたのに対し、経験と心の側から脳やＡＩを理解しようとしたのだ。

身体化された心

脳＝コンピュータを意識の中心とする認知主義（cognitivism）の思想。それは西洋思想における意識のモデルの延長線上に認知科学という新たな武器が合流して生み出された考え方であった。しかし、哲学では現象学が登場したように、認知科学においても、身体性や環境との関係性を重視する認知科学研究やその思想が一九八〇年代に登場し、[27]二〇〇〇年以降もその重要性は増している。[28]そして、この身体性認知科学の思想の中心にいた人物が、私たちが検討しているフランシスコ・ヴァレラである。

脳があるだけで意識は生じない。神経は意識の重要な基盤ではあるが、神経活動のみで意識が生じるのならば、私たちに身体は不要である。身体は単なる意識の外殻ではなく、むしろ生命－身体こそが主観的な意識経験を可能にする。実際、神経系が高等動物のようには発達していない昆虫は、驚くような知性を発揮している。蜂たちは集団でダンスを踊り、蟻たちはフェロモンによって高度な言語コードを構築している。数十億年という進化の歴史を見れば、神経系による意識の高度化などはせいぜい数万年程度のものであり、ほとんどの生物はその身体と振る舞いの多様性によって生存し知的行動を実現している。

生命／身体というレベルから意識を考える生物学的な観点において、人間の意識が特権的な知性の証左であるように考える思想は偏っている。しかし、実際に西洋哲学の歴史では、常に意識／心こそがその知性や存在の中心に位置し、ソクラテス／プラトンやデカルト、カントらにとって身体というのは、不純な邪魔者であったり、物質的な機械であったり、単なる意識の記録媒体であったりした。意識には身体が不可欠であるという考えが体系的に論じられるようになったのは、ようやく二〇世紀の後期フッサールの思想に至ってである。フッサールの想定した、運動行為する身体（キネステーゼ的身体）は、認知科学においてはどのように位置づけられるだろうか。

ヴァレラは意識にとって身体が重要な役割を果たすということの典型的な例として、ヘルトとハインの古典的な研究を挙げている。この実験では、カゴに入れられた猫と自分で行動する猫の二匹を用意し同じ視覚情報を与える。自分で行動した猫は正常な知覚を獲得したのに対し、カゴに入れられた猫は、その後にカゴから出ても転んだりうまく歩けなかったりと、知覚不能を起こす。二匹の猫は情報としては同じ視覚経験を得ているにもかかわらず、このような知覚能力の差異が生じる。この二匹の猫の視覚経験における違いは、それぞれの猫が視覚情報を「能動的に得たか」、「受動的に得たか」、という差である。

ヴァレラはこのケースから、視覚とは単なる視覚情報の処理ではなく、知覚と行為の関係性の学習である、と結論づけた。単に視覚の右側に何かが見える、という情報ではなく、右を向いたら右側に何かが見えた、という身体による行為と風景の変化のセット（関係性）を学習することこそ知覚を可能にする。私たちは単に世界の情報を見ているのではなく、自己の身体運動に伴う情報の変化とその関係を学習しているのである。猫は能動的に行為することによってその時に現れる知覚を学習し、行為―知覚のパターンを反復的に繰り返すことで身体化し、はじめて視覚という知覚能力を形成する。ヴァレラが強調しているのは、知覚の成立には脳だけによる情報処理ではなく、その生物学的な基盤である身体機構が不可欠であるという点と、身体機構は行為に導かれて機能するという点である。

身体的行為を伴って意識が成立する、というこの認知観をヴァレラはその主著『身体化された心（*The Embodied Mind*）』のなかで「エナクティヴ認知（enactive cognition）」（行為的な認知）と名付けた。「エナクション（enaction）」は「行為」という意味に加え、「（法などが）成立する」という意味を持つ語で、認知が身体的行為によって成立するという認知思想だ。ヴァレラはエナクティヴ主義において、認知がシンボルの計算であるという初期認知科学のドグマを更新することを企てていた。[29] ヴァレラはエナクティヴな認知が、実在論的な世界の回復としての認知でも、観念論的な主体の世界投影としての認知でもないことを強調し、以下のように規定する。

認知は、はじめから与えられた心〔pregiven mind〕による、はじめから与えられた世界〔pregiven world〕の再表現〔representation〕ではない。認知は、世界内の存在が振る舞う多様なアクションの歴史に基づいた、行為による心と世界の産出／生成〔enactment〕である。私たちはこの確信に迫りつつある認知の在り方を強調するために「エナクティヴ」という語でこれを名付けることを提案する。[30]

エナクティヴ主義における身体は、もちろん単なる脳を覆う外殻――骨、筋肉、皮膚――でもない。まず身体は意識にとっての世界の環境を特定する知覚の条件である。したがって身体は、主体的な行為によって環境を特定し、断続的に相互作用領域を形成することによって、認知を成立させるための積極的（active）なエージェントである。この、行為する能動的なエージェントとしての身体が、経験と主観性の母体である。主観的な経験は、脳という情報処理システムに大量のデータを放り込めば生成されるのではない。主観的な経験は、身体をもった主体が環境のなかで能動的に行為し、情報を積極的に意味づけ、行為と情報の関係性を学習していく歴史的なプロセスのなかで生成する。リンゴの赤い色合いは、世界の側に赤という情報が客観的に存在し、それを脳が表象しているのではなく、私がリンゴを手に取りながら目の前で動かし、光の反射の変化パターンを学習し、それを何度も反復していく過程の連続として、認知システムと環境のカップリングに基づいて歴史的に形成された、固有の情報量と関係性から知覚された質感である。

世界は情報の再現／表象（representation）として存在するのではなく、ある有機体と対象の関係性のなかで、その都度形成される。有機体との関係性は、その生命が持っている身体構造、身体器官、それが可能にする運動行為のパターンによる対象データの秩序づけ、その学習プロセスなどなどによって規定される。世界は意味を実在させて認知主体に発見されることを待っている存在の目録ではなく、個々の認知主体の独自の行為の介入によって巻き取られて意味が生成されることを可能にする海なのだ。このような観点に立った時、意識とは、目の前に広がる世界にさらされて、無数の情報を感受しつつ、それぞれと無数のフィードバックループを作りながら生まれ続ける質感、すなわち世界に溶け込みながら世界が立ち上がることそのものである。

生命の次元──行為と循環のサーキット

心をはじめから与えられた超越論的な機能でもなく、神経活動による情報処理プロセスでもなく、身体行為によって世界と関わることで生成させていくものであると考えるヴァレラは、認知現象が「生命」という原初的なシステムから発生することを説明する必要があった。それゆえヴァレラは、フッサールやメルロ＝ポンティの現象学を参考にし、そこに生命論を架橋する必要があり、その過程において、原初的生物から人間の身体までを貫く「行為（enaction）」と呼ばれるものの作動の在り方を具体的に記述するモデルを提示する。

後期フッサールの認識論でもすでに、対象を捉える意識において身体と行為が必要不可欠であると考えられていたが、メルロ＝ポンティはむしろ身体的行為がなければ対象も主体も現れないという、よりラディカルな存在論へとこれを展開していた。『行動の構造』でメルロ＝ポンティは「行動こそあらゆる刺激作用の第一原理である」と述べ、対象から与えられる知覚刺激によって認知が可能になるのではなく（たとえばカントが対象から触発されて経験が可能になると考えたのとは違い）、そもそも対象による刺激さえも行動によって生成されると主張した。しかしまた、この行動を行う主体もまた、行動の以前には与えられていないため、必然的な帰結として、行動によって主体も環境も生成されるのだ、という禅問答のような結論を導き出すことになる。

環境は有機体が存在する、あるいは具現化するとき世界に出現〔emerge〕する。世界の内に十分な環境を見出すことに成功したときにのみ有機体は存在しうる[31]

主体が環境のなかで行為するのではない。行為によって主体と環境が同時に存在を開始する。したがって、行為がなされる以前には主体も環境も存在しない。一見すると受け入れがたいこの奇妙なテーゼを、ヴァレラは自然に理解することができた。なぜなら、彼が学生時代から取り組んでいた生命論「オートポイエーシス[32]」（生命の自己創出性に着目した理論モデル）こそ、まさにこのテーゼと同じ思想を持つ生命モデルであったからだ。一九七三年、ヴァレラが指導教官のウンベルト・マトゥラーナと共著論文として発表し、一九八〇年に書籍として出版された『オートポイエーシス』は「空間が二つに分割された時、宇宙が生成され、単位体が定義される[33]」という印象的なテキストから始まる。マトゥラーナとヴァレラによれば、生命とは自律的な運動によって自己とそうでないものを区別するシステムである。生命システムがあらかじめ存在して環境のなかで運動するのでは、生命の起源を説明できない。生命システムは、まず自己があるのではなくまず作動があり、これが自己／非自己（環境）

を区別し続ける限りにおいて、システムの自己同一性を生成し続ける限りにおいて、存在する。[34] 生命（オートポイエーシス）とは、自己による運動システムではなく、運動による自己形成システムである。したがって生命の運動行為による境界生成こそが、生命の自己を存在させ、それが同時にその生命にとっての環境世界を存在させる。またその自己／環境の区別の運動そのものが、同時にシステムにとっての原初的な認知[35]として機能する。このモデルでは自己／環境の区別がはじめから前提されているわけではないため、認知は環境という外部から自己という内部に対する入力ではありえない。そうではなく、運動と自己形成が同時に行われ、それが自己と環境の差異を生成し、そのプロセスそのものが同時に認知である、と考える。

ヴァレラははじめこれを単細胞生物のモデルとして構想したが、後に免疫システム[36]や神経システムなどあらゆる生命現象全般にこの自己同一性の生成システムを見出した。[37] 換言すれば、オートポイエーシスという生命論のモデルは、ローカルな要素の相互作用から自己という最小の同一性を生成することが可能なシステムであり、生命は自律的な運動によってマイクロ・アイデンティティとマイクロ・ワールドを絶えず形成するシステムである。そしてこのオートポイエーティックな自律作動システムによる自己生成は、単細胞のみならず、ありとあらゆる生命レベルに見出すことができる。したがって、私たちが通常思い描く意識の自己同一性は、生命に内在するあらゆるレベルの自己同一性の一つにすぎない。ヴァレラは「The Emergent Self（創発する自己）」という論文のなかでこう語る。

> 有機体はヴァーチャルな複数の自己の網の目〔a mesh of virtual selves〕として理解されなければならない。私はただ一つの自己同一性を持つのではない。私はいくつものアイデンティティーのブ

リコラージュなのである。私は細胞的な自己同一性を持ち、私は免疫的な自己同一性を持ち、私は認知的な自己同一性を持つ。私は、こうしたそれぞれの異なる相互作用のモードにおいて現れてくる、様々な自己同一性を持っているのである。[38]

私たち生命にとって意識とは、絶対的で唯一の世界認識や自己同一性の基盤ではないどころか、出発点でさえない。細胞も免疫も神経も、すべてミクロにそれぞれの環境と相互作用することによって一種の認知システムとして機能し、その相互作用を通じてミクロな自己同一性とそれぞれの世界を生成している。そこで意識とは、様々な認知システムと自己同一性生成システムの連なりのうちで、最も顕現的なシステムの一つにすぎないのである。システムの作動がそれぞれの環境と相互作用することによって自己を形成する。これはメルロ＝ポンティの哲学的な行為存在論を生命論／認知科学的なモデルへと応用する思想であると同時に、意識と生命の深い連続性を訴える思想であった。そしてまた、本書の辿ってきた意識の哲学史においては、一つの身体に一つの心がある、というソクラテスから近代哲学が培ってきた心の思想の前提条件を、生命における複数の自己同一性のレベルを発見することで覆そうとする思想でもある。

後期のヴァレラは、こうした生命のレベルでの認知システム／自己同一性生成システムの理論と、実際の私たちの意識のシステムを繋げるために、オートポイエーシスや自律システムのモデルを、より一般的で意識に特徴的な説明が可能であるようなモデルである「センサーモーターシステム（sensori-motor system）」[39]（感覚－運動システム）としてヴァージョンアップしていく。

生命は自律的に運動するシステムである。生物／神経／身体、というあらゆる生命のレベルにおいてこの自律システムは作動している。システムは自律的な作動によって運動が実行されるが、その運動はいかにして調整されているのか。境界を持つシステムはなんらかの感覚センサーを有しており、運動によってある感覚が得られる。感覚は単にばらばらの情報としてシステムに与えられただけでは認知の機能を果たすことはできない。感覚に秩序（パターン）がなければ感覚データは有意味な情報として機能しない。この感覚にオーダーを与えるのが運動である。そしてまた逆に、この運動（モーター）はいかにして調整されるのか。ランダムな運動によってはシステムは認知することができない。自律的な運動の最中でシステムは感覚センサーによって得られた情報をもとに運動を調整する。こうして感覚（センサー／知覚）と運動（モーター／行為）は再帰的に（あるいは「触覚」であれば同時に）自らのシステムの作動を調整し続けることで、「認知」という情報の有意味化に成功する。ここに、生命＝認知主体（システム）の、自己同一性の生成と認知が互いに依拠しながら（mutual dependent）達成されるという事態が可能になる。生命は自律的な運動行為によってその生命にとっての環境を特定し、カップリングした環境に制約されながら運動行為を継続する。この運動行為を通じた自己／環境の特定と調整の連続的な反復のなかで、生命は知覚（センサー）と行為（モーター）の関係性を学習し、世界を徐々に意味あるものとして生きることができるようになる。

主観的な世界はいきなり目の前に現れるのではない。身体という進化的な歴史によって形成されたいくつかの知覚器官たちによって刺激を受容しながらある仕方で運動し、その知覚と行為の関係性の学習によって、さらに知覚と行為をくり返していく、という生物（進化）と個体（学習）の二重の歴史によってはじめて立ち現れる。その意味で、主観的な意識に現れる世界とは、自らの身体行為によって意味づけられた情報が形成する環境として認知されたものである。だからこそ、生命の持つ知覚器官や知覚行為と無関係に現れる客観的な世界も、それを認知する匿名的で無歴史的な意識も存在しえないのである。

こうした意識にとっての世界、あるいはシステムにとっての環境は、私たち人間の意識はもちろん、原始的な生物においても同じプロセスによって形成される。生命システムは自律的な運動行為を通じて、環境をそのシステム（自己）にとって有意味な世界へと変換していく。[40]例えば、原初的な認知システムとして、濃度勾配を持つ砂糖水の溶液中に放たれたバクテリアの振る舞いを考えてみる。バクテリアは、身体についた鞭毛の運動によって行動し、また膜の浸透性、砂糖水の粘性などに反応しながらリアクションする。こうした単細胞生物の自律的行動は、感覚と運動の再帰的な循環によって認知と行動が相互に依拠しながら生成される典型的な振る舞いである。ヴァレラの共同研究者であり弟子でもある哲学者エヴァン・トンプソン（Evan Thompson, 1962 - ）の論文で簡潔に説明された一節を見てみよう。

これらのバクテリアは、オートポイエーティックであり、またダイナミックなセンサーモーターループを実現／身体化〔embodied〕している。すなわち、バクテリアの（動きまわったり泳いで前に進む）動き方は、自分がなにを感覚《セ ン ス》するかに依拠し、なにを感覚するかは自らの動き方に依拠している。[41]

生命システムはセンサーモーター的に実行される行為の媒介によって、システムに固有の視点(perspective)を生成し、自己にとっての意味を形成していく。砂糖の意味や誘発性は砂糖の分子そのものに本来的に内在するものではなく、システムとの相互作用によってはじめて与えられる。「砂糖は栄養としての意味を持っている。しかしそれは有機体そのものが、自身の自律的なダイナミクスを通じて行為／産出（enact）した環境にとってのみ、意味を持つ[42]」のである。システムは行為によって自己と「環境」を区別すると同時にまさにその行為において媒介し、そのシステムにとっての意味を構成することができる「世界」を産出（enact）する。

自己と環境の境界が自明に与えられているのではなく、むしろその作動によって絶えず生成されるセンサーモーターシステムのモデルは、単純な入力と出力がセットで対応するような行動主義的なモデルではない[43]。またセンサーモーターシステムにおける感覚データは、必ずしも自己（身体[44]）の「外側」のデータだけを意味しているのではない（なぜならシステムにおける「内／外」の境界ははじめから物理的に与えられているのではなく、システムの作動それ自身において絶えず生成されるからである）。たとえば、人間の視覚における認知を考えるとき、まず眼球を通じて入ってきた光のデータは網膜細胞が受け取り、その情報は視床後部にある神経核「外側膝状体（LGN）」へ送られる。さらにその情報が脳の後頭部にある第一次視覚野に送られることで視覚が実現される、という視覚経路によって説明される。しかし実際には、網膜細胞からの情報はこのLGNが受け取る情報のうちの二〇％ほどにすぎないとヴァレラは説明する。LGNの受け取る視覚に関する情報のおよそ八〇％は脳内部の複雑で緻密なネットワークを通じた回帰的な情報である。すなわち視覚において認知システムは、外界の光のデータをそのまま復元するように視覚を達成しているのではなく、自らのシステム内部のネットワークで自己生成するデータの組織化構造に外界のデータを刺激として取り込むことによって視覚を実現している。

マトゥラーナが最初にこの自律的な神経システムの着想を得たのは、ハトの視神経の研究だった。マトゥラーナは『認知の生物学』のなかで、私たちの視覚経験と外的世界がいかに対応していないかを見抜いた。色知覚を与えたハトの視神経に生じる神経発火のパターンは、視覚に与えられる知覚対象の情報と相関していない。この実験からマトゥラーナは、外界の客観的な色彩情報と、認知主体が知覚する神経の反応に「なんらの対応関係も見つけられない」と洞察した。視神経は、外界の情報に対応して像を形成しているのではなく、自分自身の活動に刺激されて像を生成し続けているのである。視覚は、カメラがレンズを通じて集めた外界の光情報をフィルムに焼き付けるようには行われない。われわれ生命の視覚経験は、カメラとはまったく異なる、自律性を備えた動的なシステムによって実現されているのである。認知システムにおける情報は、外界の現実と対応しているのではなく、システム自身の自律的な作動とよりよく対応している。この研究からマトゥラーナは、生物は外的世界を内的世界に復元しているのではなく、自分自身で世界そのものを産出しているのだというモデルの原型を構想し、オートポイエーシスという生命の自律性のモデル化にたどり着き、ヴァレラはセンサーモーターカップリングという認知システムに拡張した。

センサーモーターのモデルによれば、センサーは単に外界のデータを収拾してくるのではなく、現に作動して自己生成しているシステムに刺激を与え、自分自身を変化させるプロセスに関与するようなデータを利用する。[45] こうして生命から認知を考えると、コンピュータの情報処理のモデルとは決定的に違うものになる。したがってヴァレラがマトゥラーナと書いた講演録『知恵の樹』では次のように明言される。

神経システムは環境から「情報をピックアップする」としばしば言われるが、そうではない。逆に神経システムは、環境のどのようなパターンがその有機体のシステムを不安定化（動揺）させ、またどのような環境の変化が不安定化のトリガーとなるのかを特定することによって、ある世界を生み出しているのだ〔brings forth a world〕。脳を「情報処理装置」と呼ぶ世間一般のメタファーは、たんに曖昧であるだけでなく、明らかに間違っている。[46]

この主張を本書の文脈で言い直せば、意識は世界を映す「鏡」ではない、ということだ。眼の前に映る風景は、脳がカメラのように世界を写し取った風景ではなく、脳と身体の自律的な運動によってその都度生成される風景である。認知システムは絶えず自らの作動のなかで、環境の情報に反応し、それをいわば種として世界を生成している。知覚が情報の反映のように思える理由は、与えられる情報が見かけ上は安定しているという理由にすぎない。したがってヴァレラは、風景を生成する認知システムにおいて、「知覚」と「想像」を厳密に区別することはできないと言う。「知覚の延長」として「想像」があるのではなく、逆に「知覚」とは「制約された想像」であると言う。そうでなければ、私たちの脳は外界からの情報が一切届かない睡眠中に、なぜイメージを生成し続ける夢を見ることができるだろうか。認知システムは外界の情報を反映するのでもなく、ピックアップするのでもなく、刺激をフックとして自ら世界を生成する。イメージの無際限かつ持続的な生成が、実際の安定した環境の情報の集合によって比較的安定して固定（制約）されるとき、私たちは外界を「知覚」していると言う。

哲学史のなかで重視されてきた意識の本質（外界の現実を志向し表象すること）、その系譜のなかでまさに認知科学も意識をコンピュータの記号的な情報処理のように捉えてきたわけだが、ヴァレラはこのようなメタファーを生命原理にまで遡ってモデル化することで転覆させようとしている。センサーモーターを備える自律的なシステムとしての生命が行う認知は、世界を正確に映す鏡のようなものでもないし、世界の情報を復元する情報処理でもない。なぜなら意識にそのようなアーキテクチャはプリインストールされているわけでもないし、神から与えられているのでもないからだ。しかしまた、だからといって意識は勝手になんでも生成できるわけでもなく、その意識の相互作用する特定の環境に制約されつつ生成している。だからこそ意識は世界のただ中で行為し、トライアル・アンド・エラーをくり返して学習することによる志向性そのものの創発の歴史である。生命から考えるヴァレラにとって、仮に意識が世界を鏡のように映すことができる、あるいは情報処理を実行できるのは、そうした志向性を獲得してきた学習プロセスの成果の一部にほかならない。この原初の自律的な運動と循環的なセンサーモーターを通じた学習がなければ、意味も世界も意識には現れないのである。したがってヴァレラは、単細胞生物であるバクテリアがニューロンも持たずとも明らかに感覚を持った認知行動を実現していることから「神経システムは認知の創始者ではなく、〔原始的な〕センサーモーター能力の幅を拡張したものにすぎない」[47]と言えると主張した。生命は一方で自律的で閉鎖的なプロセスによって自ら作動を生み出し続ける存在であるが、他方で環境と相互作用する中でそこに意味を作りだし知識を獲得する。私たちは脳があるから意識を持つことができるのではない。生命がセンサーモーターを通じて自己を形成することによって、有意味な世界を創出できるから意識が可能になるのである。

ヴァレラは最も基本的な自己である細胞システムや、神経システム、そして言語的な場に起こる他の様々なレベルにおける自己システムの連続性を指摘することによって、単細胞から人間にまでまたがる志向性の生物学を構想しようとした。最小単位としての生命が自己を持つこと、それはセンサーモーターカップリング（知覚行為のユニット）によって環境との差異化を行う機構であり、それこそが生命にとっての身体性である。センサーモーターは人間の意識にとってであれ、最小の生命にとってであれ、システムと環境の二重性の中から志向性を形成する。

システムが遭遇するものは、あちらかこちらか（好きか、嫌いか、無視するか）へ価値づけられなければならない。そしてそれが、あちらかこちらか（惹きつけられるか、拒絶するか、中立か）の行動へと移される。この基本的な評価は、システムとカップリングした出来事が機能的な知覚行為のユニットと遭遇するやり方と切り離すことはできない。（私はこれを〔デネットにならって〕「欲望」と呼びたいが）これこそが、生きている認知に独特な性質である志向性（意図）を立ち上げるのである。[48]

このアイディアをヴァレラは「志向性の生物学」と呼んだ。果たしてこのような構想が上手く実を結んだかどうかは早逝のヴァレラには分からない。むしろそれはこのような思想的なアイディアの具体的な研究にかかってくるだろう。こうした構想を現在の認知研究などと接続しながら展開しているのが、ヴァレラの弟子にあたるエヴァン・トンプソンやアルヴァ・ノエなどの現代の研究者である。

センサーモーター主観性

ヴァレラが重視したセンサーモーターシステムという概念は生命・身体・意識を貫く自律的な作動システムの振る舞いのモデル化であり、バクテリアのような原初的生物の認知から、人間の神経システムを通じた主観的な意識までをも構成する本質的な特性である。

たとえば人間の視覚が情報処理ではなく、センサーモーターによって成立するという考えは、ヴァレラのエナクティヴ主義を応用して展開するアルヴァ・ノエ（Alva Noë, 1964 - .）の研究でより理解することができる。ノエは「経験盲（Experiential Blindness）」という事例を挙げる。経験盲は白内障などにより先天的に盲の患者が手術によって視力を回復させたときに起こる症例である。医学上は白内障の患者は網膜に向かう光が遮断されることによって目の感受性を失うため、白内障を除去すれば通常の視力を回復することができるはずである。しかしいくつかの症例を見てみると、明らかに視力自体は回復しているにもかかわらず、目の前の風景を認知できていないケースが報告されている。[49]ノエはこのような、視力としては見えているが、それが何であるかという理解も含めた経験を獲得できない症状を「経験盲（experiential blind）」とし、このような症例が存在することから、知覚は行為によって導かれ、また行為の仕方によって獲得されると言わざるをえないと主張する。仮に、視知覚を入力―出力という情報処理モデルで描画しようとするならば、白内障という入力を遮る障害物が除去されたのだから、このような経験盲は存在しないはずである。しかし、このような経験盲の存在から、知覚にはそれを経験内容として可能にする行為の仕方が不可欠であり、それを可能にするシステムをノエは「感覚運動依存性（sensorimotor dependence）」と呼んでいる。[50]

あるいはエヴァン・トンプソンは、知覚と行為の反復的な作動と学習によって行われる意味形成の活動がもたらす身体的で先―反省的な自己意識の在り方を「センサーモーター主観性（sensori-motor subjectivity）」と呼んだ。[51]主観性は、超越論的に世界を意味づけるものではなく、ローカルな環境との相互作用を通じた固有の学習の歴史に基づいて形成されるものである。世界を意味づける主観性は、超越論的な意識ではなく、しかしまたただ閉鎖された記号操作による情報処理でもなく、身体が世界の内に埋め込まれ、環境と相互作用し、自律的なセンサーモーターという方法で行為することによってその都度、意味ある世界を産出していく。そしてこのような行為の制約のなかで産出された意味世界は再び行為を制約し、調整するという回帰的なループ構造を持続させる。

すなわち、私たちの主観的な意識とは、心と世界のセンサーモーターループを通じた循環的なプロセスそのものにほかならない。その意味で、センサーモーター主観性はハイデガーの世界内存在[52]であることを前提としつつ、加えて自律的な身体行為という次元を不可欠な要素として取り入れたモデルでもある。意識を世界内存在における自律的なエージェントとして捉えること。エナクティヴ主義の思想をパラフレーズすればこのように言うこともできる。

ヴァレラ／トンプソンは、主観性を幽霊のように捉えると、その実体は永遠に神秘的な存在になってしまうし、かといって情報処理として捉えると様々な主観的な意識経験を説明できない、と主張する。したがって認知科学が捉えるべきは、生命の原初的な自己と世界の区別の自己循環的な作動、そして神経システムが意識経験を可能にするための反復的で回帰的な行為、すなわち生命・神経・身体を貫くセンサーモーターループというモデルから立ち上がるものとしての主観的な意識経験であるというのが彼らの思想である。

主観的な意識が身体を要するというとき、身体は単なる神経系でもないし肉体や骨格だけを意味するのではない。それは行為し、環境と相互作用する運動する身体であり、時には物理的身体の境界さえ越境する生ける身体である。伝統的な認識論の考え方に重ねて言えば、精神という内的な働きが、身体を越えて外的な世界を認識する、という超越論の枠組みの更新を企図しており、精神／物質という存在論的な区別を、自己／環境という差異の運動へと変換すること、そして自己／環境を媒介するものとして、センサーモーターを導入することでもある。

脳―身体―環境システム

センサーモーターというモデルによって知覚を理解し、認知科学の中心に据えること――これはメルロ＝ポンティの行為論的存在論の継承でもあるのだが――その特性はやはり、中央集権的でアーキテクチャ的な意識という強い心のモデルを解除できることにあり、本書で確認したかぎりでの現象学が心の思想史において果たした効果と方向性を一にする（あるいは現象学的な意識を認知科学的なモデルによって捉え直すと言ってもよい）。そしてこの思想的な展開は、ひとつのラディカルな意識のモデルの可能性を孕んでいる。意識が、それ自身で完結した体系として対象を志向するのではなく、世界内存在として、行為のなかで見出した（カップリングした）環境と共に生成し続けるものなのだとしたら、意識が脳という限定された物質的な境界に制約される必然性はない。それがセンサーモーターとエナクティヴ主義から導かれる可能性である。

晩年のヴァレラとトンプソンは、それゆえ、人間の意識を「脳―身体―環境システム（brain-body-environment system）」と捉えた。[53] 意識は脳という物理的な境界の内部に局在（localize）するのではない。意識はこの脳―身体―環境にまたがって（global に）存在する。[54] 意識は脳の外側、身体、環境を走る。いささか直観に反するこの意識のモデルを理解するために、いくつか補助線を引いてみよう。

近年の認知科学が脳だけではなく、身体性を重視するという流れは確認したが、もう一つの流れとして環境の重視がある。生態心理学者のジェームズ・ギブソンは、生物が意味を媒介とせずに環境情報を利用して認知を実現していることを早い時期に示した。ギブソンの理論においては、環境はあくまで認知主体が利用する情報のリソースであったが、一九九八年に書かれたアンディ・クラークとデイヴィッド・チャーマーズの共著論文「拡張された心（The extended mind）」は、人間を含む生物の認知過程は環境に大きく依存しており、私たちの認知プロセスは頭の中に局在するのではなく、外部環境に拡張されているという大胆な主張を展開した[55]。

クラークらの考えでは、意識は環境へと漏れ出し、認知過程は環境にオフロードされ、脳の認知的負荷を減らすことに貢献している。たとえば私たちが地図を見ずに目的地へと移動するとき、意識は脳内の情報を利用して目的を達成しているが、地図や道路標識を見ながら目的地へと移動する場合、意識は環境の情報を「足場（scaffolding）」として使って認知プロセスを達成している。あるいは、多くの人間にとって三桁の掛け算を紙と鉛筆を使わずに「頭の中だけ」ですることは困難だが、この計算プロセスは紙と鉛筆という外部の足場を使えば容易に達成することができる。認知の多くが、こうした頭の外側にある外部環境を利用しながら行われている。重要な点は、認知プロセスにとっては脳内のプロセスと環境を足場とするプロセスを区別する明確な基準はないということである。したがって、意識のプロセスは環境を走る。ギブソンにおいて環境は認知を「アフォードする（誘導する、支える）」というかたちで、あたかも環境が先行し、環境そのものが認知プロセスを誘導しているかのような解釈（あるいは行為可能性そのものが環境に潜在しているかのような解釈）が理論的な中心にあったのに対して、クラークらにおいて環境は、あくまで主体の積極的な認知プロセスが生じるかぎりにおいて足場として機能する。そのような意味において、環境はいわば脳と対等な地位を獲得するに至っている。

ヴァレラ／トンプソンにおいて重要なのはあくまで「行為（enaction）」であった。それはただの与えられた環境のなかで行われる「行動（behavior）」とは異なり、自らの自律的な運動行為によって環境自体を創造し、世界の意味形成を行う認知プロセスでもある。彼らにとって環境は、独立した実在ではなく、また認知主体が誘発されたり利用したりするものでもなく、あくまで認知主体の行為によって創造されるものであるという点に力点が置かれている。したがって、ヴァレラはエナクティヴ主義をアフォーダンスと明確に区別し「ギブソニアンは、知覚を（生態学的であるとはいえ）主に光学的なタームで捉えることで、知覚理論をほとんど全面的に環境から構築しようとしている。しかしわれわれのアプローチでは、まず行為が知覚に導かれることを可能にするセンサーモーターパターンを特定することによって、動物の構造的カップリングから知覚理論を構築しようとしている[56]」と強調する。[57]

意識と世界の明瞭な境界を問わない「脳—身体—環境システム」としての意識は、当然の結果として、意識が世界を表象するというモデルをとらない。したがってこの意識論では「表象」という伝統的な意識の重要な要素を否定する「非表象主義（non-representationism）」が掲げられている。表象主義は、意識が世界を表象によって回復したり充実したりする（represent する）ものであると考えるが、そもそも意識が脳の内部も外部も区別せずに走り、横断しながら創発するものであるとすれば、表象という概念は意識に相応しくない。代わりにヴァレラらが採用するのが、ティム・ヴァン・ゲルダーが提示する力学系モデルである。

ゲルダーが「認知の力学系仮説」と呼ぶモデルは、以下のようなものである。論文「認知は計算でないとすれば、何だろうか」の中で、ゲルダーは認知とは内的な記号表象を規則に従って操作するものであるとする計算主義に対し、多種類のシステム内部での状態空間の発展として捉えようとする力学系認知観を展開している。[58]たとえば、蒸気機関の速度を調整するフライホイールをひとつの認知システムだと捉えたとき、計算主義的な考え方ではフライホイールの速度、蒸気圧、絞り弁のそれぞれの数値を測り、それらをシステムが扱う表象的な記号として計算する。この計算主義的方法では正確な環境の測定（知覚）と、順序の決まった離散的演算が必要条件である。他方、力学系認知の場合はフライホイールと連動して圧力を調整する腕の角度の変化を、蒸気機関の速度の関数として微分方程式にすることで時間と共に変化し続けるシステムとして記述することができる。

力学系認知の考え方によれば、私たちの意識は、環境の情報を測定して脳に取り込み、その記号的表象を計算するシステムではなく、環境と不断に連携しながら、互いに変数を共有し、影響を与え合いながら変化し続ける一体のシステムである。力学系認知仮説を採用すれば、意識とその外部という絶対的な区別は消滅し、意識も環境も互いに相互作用しつつ発展するひとつのシステムとして記述しうる。[59] 逆に言えば、このような境界が不明瞭な領域において、ある自律的で「操作的」に閉鎖的な（プロセスとして内的関係を形成しうる）自律性が形成され、それが自己と環境の区別の形成、そしてそのプロセスにおいてセンサーモーターループを実現するとき、私たちはそれを意識と呼ぶことができるが、その境界は常にゆらぎ、行為によって不断の裁断と接続をし続けている。

ヴァレラ／トンプソンの「脳―身体―環境システム」という考え方によって意識は、中央集権的な統御システムであることから解放されるだけではなく、意識と環境の区別さえ本質的ではないような存在論にまで飛躍する。意識は行為することによって環境と相互作用し、そのことによって有意味な世界を生成し、意識と環境を絶えず切り分け続けるシステムである。

生命と人間のはざまで

内的な意識が外的な世界を認知（超越）するのではなく、世界のなかで行為するなかでその都度、認知的世界が生成される。意識は世界へと志向的に向かうのではなく、自律的な作動を通じて志向性そのものが常に形成されている。意識はコンピュータの情報処理よりもむしろ水の中を泳ぐバクテリアのようなものだ。このような根本的なメタファーの転倒を目論むヴァレラにとって、もはやフッサールの現象学だけを理論的根拠にはできなかった。いくら主観的な意識において身体が根本的な役割を果たすといっても、フッサールにとって意識は世界とは区別される超越論的意識であり、世界は超越論的意識に意味付けを与えられるものであることは捨てられない。その意味で、現象学を取り込んだヴァレラの思想も、本来フッサールが目指していた現象学とは断絶があるだろう。

この問題は、フッサールの超越論的主観性と、ヴァレラらのセンサーモーター主観性の距離、あるいはハイデガーにおける人間の「自由」と、動物の「振る舞い」の距離、もしくはカント以来の超越論哲学と認知科学の捉える意識の距離、という巨大な問題にひとつの課題を投げかけている。神経科学や認知科学が人間の意識を次々と解明していく二一世紀の現在において、もはやカントのようにア・プリオリな超越論的意識とア・ポステリオリな経験的意識を別レイヤーとして峻別することは自明視できなくなっている。実際、哲学者たちが超越論的意識こそ人間の本質だとみなす一方で、科学者たちはそのようなア・プリオリで実体性のない概念よりも、神経活動という経験的な事実こそ人間の意識の解明だと信じて研究を進めている。それゆえ重要なことは、超越論的意識と経験的意識の形而上学的な断絶を強調することではなく、むしろ二つの意識がいかに繋がっているのか、あるいはいかに相互の特性が形成されてきたのか、あるいはどのように相互に機能しているか、というその間を埋めるための想像力であるし、それこそがヴァレラの挑戦だったと言えるだろう。それは、人間固有の意識の在り方があるのか、それとも私たちの意識は生命であることと連続しているのか、という根本的な問題である。

この私から開かれるこの世界、この私に現れる第一人称的な世界を、第三人称的な視点から対象化する認知科学はどこまで捉えることができるのか。ヴァレラが提唱していた「神経現象学（NeuroPhenomenology）」とは、まさに第三人称的な認知科学の枠組みに現象学の第一人称的な視点を導入して接続しようとする挑戦そのものだった。[60]その理想がどこまで達成されているのかは定かではない。[61]しかし、どこまでもこの私から開かれて世界を現象させるこの超越論的な意識と、世界のなかで動きながら感覚してひとつずつ生成されて立ち上がってくる意識は、どこかで繋がっているはずである。それを繋ぐためのアイディアこそ、身体化された心、センサーモーターシステム、エナクティヴ認知、といったヴァレラの研究だったはずだ。

はじめから与えられた世界も、はじめから与えられた意識も存在しない。意識と世界は、つねにそのつど立ち上がり、生成される。はじめからあるものがあるとすれば、それは暗闇で手を動かして探るような闇雲で原初的な運動だけである。ヴァレラの思想の根幹はそこにある。究極の始点もなければ、究極の終着点もない。私たちの意識は絶えずどこかへ向かったと思うそばから再び回帰する。この終わりなき循環のプロセスこそ、生命の原初の光景であり、そして今でも私たちの意識そのものの姿である。いかに世界が安定して現れるとしても、それはその底にある、いつでも崩壊する緊張を抱えた膨大な運動のプロセスの暫定的な均衡点にすぎない。しかしまた同時に、その崩壊を防ぎ組織化し安定化させているプロセスも生命や意識の特質である。この安定と不安定の生成的な緊張関係こそ、ヴァレラが捉えようとした、移りゆく意識と世界を共に可能にしている本質的な関係性であると本書は考えている。

果たして、そもそも意識と世界の明瞭な境界がなくなり、したがって表象という媒介も失われたようなモデルは、形而上学的に有りえるだろうか。意識は意識であり、世界は世界であるという前提が消え去ってしまうような、絶えず運動のなかでしかその関係性が規定されないような、そんなモデルを支える形而上学。センサーモーター主観性というモデルにおいて実現する世界内存在を可能とする形而上学。ヴァレラはこの形而上学を、西洋哲学ではなく仏教哲学に求めたのだが、本書では、実は晩年のメルロ＝ポンティの哲学が、そうした一見すると私たちの知的直観に反するような奇妙な形而上学を語っていたのではないかという考えを試みに提示してみたい。それは「肉の哲学」と呼ばれる奇妙な存在論である。

メルロ＝ポンティ――切り結ぶ心

Maurice Merleau-Ponty, 1908 – 1961.

メルロ＝ポンティは、人間は透明さによって世界と一つになるのではない、混在によって一つになるのだと言った。[62] 夏の日差しに光るプールの水面の底には、水色のタイルが張り詰められている。私とタイルの間にある大気、光、水が透明であり、私の眼はタイルまでの距離をなきものとできるがゆえにタイルを見ることができるのではない。むしろ私はその空気を通して、光を通して、水を通してタイルを知覚している。私は夏のプールを眺めるとき、透明な空間に透明な視線を送るのではなく、水や光や空気と混在することによって世界を知覚する一つの自己となる。

意識を身体という構造が可能にする現象であることを追究した哲学者メルロ＝ポンティは、後期フッサールが見出した意識の身体性をつきつめ、身体と行為に現れる現象を独自の語り口によって描き出そうと試みていた。メルロ＝ポンティを執拗な記述に駆り立てた要因は、ヴァレラのように認知科学的な関心というよりも「意識」と「自然」という西洋の形而上学が引き起こしてしまう不可避の断絶の「裂け目」を注視するためであった。それゆえメルロ＝ポンティの初期の代表作『行動の構造』の序文ではアルフォンス・ドゥ・ヴァーレン（Alphonse De Waelhens, 1911 - 1981.）が「もし人間が物［＝即自］であるか或いは純粋意識［＝対自］であるか、そのいずれかであるとすれば、人間は〈世界にある〉ことを止めてしまう［l'homme cesse d'être au monde.］」[63]と書いている。私たちは単なる骨と臓器と肉の塊でもないが、他方で身体を持たない純粋な意識でもない。自然物の一例として宇宙に飲み込まれてしまう存在でもないし、宇宙のどこにも位置を持たない特権的な視点でもない。私たちはこの世界の内に存在し、関わり、生きている身体である。

〈世界にある〉とはハイデガーの世界内存在を指すが[64]、メルロ＝ポンティには不満があった。ハイデガーが世界の内で道具的存在と関わるのだと述べる行為の次元において、（たとえば時計を見る仕草、ハンマーを打つ行為）ハイデガーは「行動したり身体を動かしたりする機能や知覚の能力が「自明」なものと予め判断[65]」しているとヴァーレンは指摘し、メルロ＝ポンティ自身も「ハイデガーは、哲学者の態度を定義する際には、哲学的思考という絶対的能力に何の制限も加えようとはしません[66]」と述べる。私たちは、この意識と対象が交わることを可能にする身体と行為の次元にまで下降しなければならない。それがメルロ＝ポンティの思想の根本にある。したがって意識と自然、主観と客観、見るものと見られるもの、こうした二項対立が様々な形で絡み合う原初の領域を、知覚の成立の場面として語ることがメルロ＝ポンティの目的であり、ヴァレラ以降の現象学的な認知科学と共鳴する思想であった。ヴァレラもメルロ＝ポンティも、意識そのものがどのような地点から立ち上がってくるのか、その始原の場所から捉えようとしていたのである。すなわち、意識も、身体も、生命も環境も、すべてが混濁した曖昧な領域へと立ち返らなければならなかった。ヴァレラはその始原の場所として単細胞生物のモデル化から出発したし、メルロ＝ポンティは私たちの確立された意識の手前の領域での経験を見定めるために、幼児や精神症例に着目した。

カント的意識モデルの転倒

『行動の構造』という初期の著作は、意識を「刺激―反応」モデルで知覚を捉える見方を批判し、認知が外的な刺激を受動的に受け取るものではなく、主体の行動や疲労などという身体状態などに依存しているものであり、認知現象は単純な反射であってさえも生物の身体構造や行動に左右されることを示すとともに、認知そのものが認知主体の世界を眺める一定の構造として、すなわち世界の布置（ゲシュタルト）に導かれて現象することを主張した。メルロ＝ポンティは認知という現象を「物理的秩序」「生命的秩序」「人間的秩序」の三つのレイヤーから生成される現象であることを指摘し、どの単一のレイヤーにも還元できない複合的なものであると論じた。[67] 認知は単なる自然に埋め込まれた物理化学法則の一過程ではないし、かといって（当時の）生物学が想定するような生気論的で目的論的に機能する現象でもない（物理法則でもなく目的論的でもないし、かつ観念でもないような次元が認知を導く「行動（の構造）＝ゲシュタルト」である）。[68] 認知は生物と環境の相互の限定づけによる開かれた弁証法であり、また人間の意識においては言語的・文化的な環境世界との相互形成の次元（人間的秩序）も関わる総合的な現象とみなさなければならない。

メルロ＝ポンティはこうした複合的な意識のモデルを描くために「幼児」の意識に注目した。なぜならそれは意識と対象が分かれる手前の原初の領域であり、生命から人間への連続的な段階を説明する鍵だからである。[69]したがってメルロ＝ポンティは、カントの考えたように意識が「ア・プリオリな形式」と「経験の内容」という区別を自明なものとしているとは考えない。幼児は環境世界の対象物や質などの表象よりも、母親の顔の表情や動作に注目する。幼児は母親の顔を構成している線や色や形態などを知覚するよりも前に、母親の微笑みを知覚することができる。すなわちカントが想定したように、対象の知覚はア・プリオリなカテゴリーの適用以前に、環境に差し向けられた意味志向を持つ行動として理解されるというかたちで実現しているのである。

たとえば「言葉」についても、カント的意識においては「言葉は単に音現象の一つ、外部経験の一契機にすぎず、意味、すなわち概念は、それにたいして二次的に附加され、連合されたもの」となるが、幼児の意識においては、言語の内容よりもむしろ母親の「声の抑揚」や「イントネーション」が重要であり、なにより母親という他者と自分の関係性の構造と、その行為の意味志向を理解しているからこそ言葉や表情を理解できるのである。だからこそ人間はカントの考えたように「ア・プリオリな形式」としての意識の一般的構造と、その「経験内容」としての個々の経験の多様性を明示的に区別することはできない。形式と内容、概念と経験がそもそも区別不可能な行動と知覚から出発すること、それこそがメルロ＝ポンティにおける意識のモデルの重要な点である。

したがってメルロ＝ポンティも伝統的に意識の本質とされてきた「表象」という概念の持つ不条理を批判する意識論を展開する。表象（Vorstellung）すなわち「前に（vor）立てられたもの（Stellung）」によっては知覚を捉えきれない。意識と実在という二項対立を前提とした表象は、行動というゲシュタルトや身体という媒介項をうまく位置づけられない。したがってメルロ＝ポンティは「表象的意識も意識の形態の一つにしかすぎず」[70]、原初的な意識と表象的意識は「原文と翻訳との関係」のようなものであると指摘する。

表象の所有とか判断の行使が、そのまま〈意識の生活〉〔la vie de la conscience〕と相おおうものではない〔…〕。意識とはむしろ、時には意識自身に明晰な、また時には認識されるのではなく却って生きられるだけのものであるような〈意味的志向の束〉なのである。そのように考えてこそ、行為の観念を拡大しながら、行為と意識を結びつけることが可能となるであろう。[71]

カントにおいては表象を介した意識の一般的構造こそが、意識の一次的な機能であり、表象を介した内容の経験はそれを前提とした二次的なものであったが、メルロ＝ポンティはいわばこの「原文と翻訳の関係」を逆転させている。まず行動と環境の弁証法としての経験が先にあり、その後の「高等な弁証法」として表象的な意識が可能になるのであり、それゆえそれは意識のもつ一形態であると考えるのである。[72]

メルロ＝ポンティの意識への理解は、本書が繰り返し述べてきた意識の不条理――すなわち意識が世界の一部であり同時に世界を可能にする視点でもあるという不条理――に対する独自の回答でもある。意識は世界を可能にする場であると同時に、世界の部分でもある。

もちろん意識は、知覚という意識の出来事の秩序が、身体や身体的諸現象の函数として、自然法則によって決定されているということを自分でも認める。その意味では、意識は世界を構成している諸関係の中に組み入れられ、したがって世界の一部分としても現れる。そこで意識は、二つの側面を含んでいるだろう。すなわち一方で意識は〈宇宙の場〔milieu d'univers〕〉であり、宇宙の存在は意識があらゆる世界を肯定することを前提としている。しかし他方で、意識はその宇宙によって条件づけられてもいるのである。[73]

本書ではデカルト以来の意識の特権性について読解してきたが、メルロ＝ポンティの思想はその解体の最果てに位置する。それゆえ彼は『知覚の現象学』で「デカルトおよび特にカントは、主観ないしは意識を〔世界から〕解き放った」[74]のだと言い、「彼らは、意識、つまり私にとっての私の絶対的確実性を、それなくしてはどんな物もまるで存在しえなくなるような条件として示した」[75]のだと述べ、多大な影響を受けたフッサールにとっても「還元は超越論的意識への還帰」であり、純粋意識による「意味付与〔Sinn-gebung〕こそが意識を定義づけるもので、世界とは〈世界という意味〉（signification monde）以外の何ものでもない」[76]と言っている。

ハイデガーはある意味では、意識の持つ不条理を存在の円環歩行というかたちで形而上学的なあるいは学問的な探求的方法として引き受け、ぎりぎりのところまでその特異性を解除しようと試みていたが、実際に人間の意識の問題を考える際には、やはり人間（の意識）を特権的な存在として扱わざるをえなかった。しかしメルロ＝ポンティは、意識の問題を知覚という原初的な発祥の場面にまで下降させていくなかで、この意識の不条理を、困難として斥けるのではなくむしろ、知覚の循環的な過程として積極的に位置づけ、具体的な身体行為の振る舞いとして記述していく戦略を取ったと言えるだろう。そしてその「犠牲」として、メルロ＝ポンティには常に超越論的態度がいかに形成されるのかという課題がつきまとうことにはなる[77]（『行動の構造』でも、最後に「原初的意識」から「成人の意識」に至る過程において「歴史性」がいかに関与するかを考察しながら終えている）。

いずれにせよ、メルロ＝ポンティの哲学が「両義性の哲学」と呼ばれたり、冒頭でも述べた西洋的形而上学の二項対立の隙間を穿つ思想として読まれたりする事態は、このような意識の不条理がその中心にあるからだというのが本書の文脈においては重要である。そして主著『知覚の現象学』では、この意識と世界を媒介とする両義的で循環的な構造の在り様を、身体行為という媒介に収斂させて記述していく。

実存を支えるセンサーモーター

意識と世界という二つの離れ離れになってしまっている彼方の領域。一方がなければ他方もないという相互にすべてを依存させた関係。西洋の意識の哲学史に深く刻まれた形而上学にメルロ＝ポンティは執念し迫ろうとしている。メルロ＝ポンティは、デカルト的な伝統は「身体と精神との常識的概念を同時に純化[78]」し、主観（内）も世界（外）も「透明」であるかのように扱うようになったと言う。

しかし冒頭でも述べたように、メルロ＝ポンティは意識や対象が透明であるからこそわれわれは知覚できるのではなく、意識も対象も媒介を通じて混在するからこそ知覚が可能であると考えていた。そしてこの媒介機能の原初こそ、メルロ＝ポンティの身体である。意識と世界は身体という媒介によって接続され、開かれ、絡み合い、共に出生する。いやむしろ、身体が意識と世界を媒介するというよりも、身体は意識と世界が始まる場である培養地そのものである。身体は世界という空間の一部に置かれた存在者の一つではないし、自己の所有物でもない。カントやフッサールの超越論的主観性の反省的意識は世界を超越論的領野へと、すなわち意識にとっての世界へと変換させるが、その意識の反省という操作の以前に、身体はすでに世界へと開かれており、「反省的還帰という操作が入りこむ時にはいつもすでになされているはずの世界への当初の加入《イニシエイション》」[79]が前提となっていなければならない。身体は対象である前に私が生きているものである[80]。

私の身体は、私の心がそれを意識する以前に世界の内に存在し、埋め込まれ、世界と関わっている。メルロ＝ポンティはこのプロセスを色知覚、反射行動、奥行き知覚、ゲシュタルト、道具使用、言語活動……などなどといった様々な事例において再記述していくが、身体が意識と世界を媒介しているという事態を明瞭に理解できるケースとして本書が特に注目するのは、媒介項である身体が失われる場面である。その事態をメルロ＝ポンティは「幻影肢」の症例によって説明している。

幻影肢の症例――「ないはずの腕がある」――は「生理学的説明」によっても「心理学的説明」によっても理解することはできず[81]「世界内存在という展望のなかではじめて了解のつくもの[82]」であるとメルロ＝ポンティは述べる。切断された腕の幻影を感じることは、単なる行動の障害ではなく、まるでプルーストが祖母の死を知りながらも依然として彼女が世界から失われていないのだと感じる経験と似かよったものであるとメルロ＝ポンティは説明する。なぜならそれは単なる身体の欠損ではなく、その身体の諸行為可能性がもたらしていた世界の喪失だからである。世界内存在である私たち、しかもハイデガーのように現存在という統合的な主体ではなく、身体行為によってはじめて存在の可能性を生きる私たちにとって、身体の欠損は単に生物学的な実体を失うことではなく、不可避的に身体が媒介していた世界の一部を失うことであり、それは実存にかかわる喪失なのである。

腕の幻影肢をもつということは、その腕だけに可能なすべての諸行為に今までどおり開かれてあろうとすることであり、切断以前にもっていた実践的領野をいまもなお保持しようとすることである。身体とは世界内存在の媒質〔véhicule〕なのだ。そして身体を持つということは、ある生物にとって、限定された環境に適合し、幾つかの企てと一体となり、そこに絶えず自己を参加させてゆくことである。[83]

身体を持つこと、それ自体が世界への不断の参加である。身体がその世界の内に存在し、行為可能性を保持したまま開かれていること、そこから意識は生成されるのであって逆ではない。それゆえもちろん、幻影肢は意識の表象ではない。「表象」という「現前と不在とのあいだに中間者を認めない客観的世界の諸カテゴリー」[84]の適用によっては、存在するが実在しない幻影肢を説明できない。幻の腕は過去に持っていた腕の再表現ではないのだ。だからこそ幻影肢は「過去」ではなく「旧い現在」（フッサールの術語で言えば「想起」ではなく「準－現在」）であり、心的イメージの投影ではなく、その腕が持っている行為の諸可能性のなかで捉えられる企図である。腕は何かを摑めるという行為可能性を常に孕んで存在している。目の前の手の届く距離にひとつのコップが置いてあること、それは単なる物体の塊ではなく、また意識によって把握される本質を持った対象でもなく、私の腕が手を伸ばし、つかみ、持ち上げることが潜在的に可能である対象である。そのコップは、認知主体の行為可能性と無関係に存在することはできない。

こうした身体行為の諸可能性の保持と展開という在り方で世界内に存在する人間は、その基盤を神経活動という生命的秩序によっても支えられている。メルロ＝ポンティは、幻影肢の症例（が求心性伝導路の切断によって抑止されることの意味）を「世界内存在の展望のなかでは、この事実は、断端から来た興奮が被切断肢を実存の回路のなかに維持している、ということを意味している。興奮が被切断肢の位置を刻印し、それを保持し、それが無に帰さないよう、それが有機体のなかでまだ役割をもっているようにしている」[85]と考えた。それゆえ、人間という世界内存在は、神経システムの感覚と運動の回路が循環的な境界形成の作動を維持していることに基礎づけられていると述べた上でこのように語る。

感覚＝運動回路〔センサーモーターサーキット〕とは、われわれの全世界内存在の内部における、相対的に自立している一つの実存的な流れである。[86]

実存の流れ、それはセンサーモーターのサーキット（circuit）である。本書のこれまでの認知科学的な表現を踏襲して言い換えればこのようにメルロ＝ポンティは言っている。センサーモーターは単に知覚の条件であるばかりではなく、私たちの心の基礎、あるいは人間の実存さえ提供するシステムである。彼はベルクソンが提唱した「感覚‐運動過程（processus sensori-mouteurs）」という概念を批判的に継承しながら、感覚と運動の再帰的な振る舞い、そして主体と環境の相互の領域特定を強調する意味でそれを「感覚＝運動回路（circuit sensori-moteur）」[87]と呼んだ。メルロ＝ポンティはベルクソンの感覚‐運動過程が、精神と世界を媒介する役目を負いながら感覚と運動がそれぞれに独立した機能を持ち（知覚は物の運動が身体という非決定性領域によって遮られることによって生起するというものであるという意味で）その身体は「客観的身体」に留まっていることに不満であった。[88]メルロ＝ポンティにおける感覚＝運動回路（センサーモーターサーキット）は、実存と結びつき、またその基盤となるような「生ける身体」の機能である。むろん「相対的な自立」とは世界から切り離されて独立しているのではなく「ある条件のもとで、それ自体恒常的である刺激にたいしては恒常的な反応をあきらかにすることができる」[89]という意味だ。神経活動的なものでありながら、同時にそれは「旧い現在」や情動といった実存の要件と密接に連関しながら循環するサーキットであり、また身体の行為可能性のひらく世界へと参加をしていく一人の実存、世界内存在としての人間、を基礎づけているものである。

私たちは前節で、ヴァレラが身体行為をセンサーモーターという循環的な神経活動を伴って成立すると説明していること、そしてセンサーモーターという回帰的なプロセスこそが主観的な経験の母体であると捉えた。メルロ＝ポンティの行為可能性のもたらす世界内存在という理論を経由することで、ヴァレラやトンプソンが考えたセンサーモーター主観性というアイディアが、哲学的な意識の系譜においても、その振る舞いを認知科学的な枠組みにおいて捉え直すという意味で重要であることが理解できる。

曖昧な意識への侵入者

世界に意味を付与する超越論的主観性としてではなく、媒介する身体とセンサーモーターサーキットに支えられた世界内存在としての人間、という観点から意識を捉えたとき、もはや意識と世界の境界は揺蕩っている。「私」は特異な一点が確保された観察点ではない（それゆえメルロ＝ポンティは意識を宇宙に空いた唯一の「穴」ではなく「くぼみ」であり「襞」であると言う）。身体と知覚行為によって更新され続ける可能性であるような意識には、様々な外部の環境世界が侵入し、混じり合ってくる。メルロ＝ポンティの思想はハイデガーの世界内存在であるところの人間を、身体という現場から発祥するものとして捉え直すものであった。

ハイデガーにおける主体の世界との関わりは、同じ「行為」によってなされるものであっても、事物の道具的指示性のネットワークに参加するというかたちで実現するものであり、環境世界は主体の「内部」には侵入してくることはなく、ある意味では主体（現存在）の内的な独立性は保たれている。しかしメルロ＝ポンティの世界内存在は、物理的なプロセスとしてはオープンな神経系によるセンサーモーターサーキットに支えられた実存であり、その内外の区別は相対的な自立性でしかなく、意識の走るサーキットは開放された世界と不分明である。そのため、ヴァレラらの「脳－身体－環境システム」と同様、意識の内外という区別は知覚行為によってその都度形成される可塑的なものである。したがって意識は閉じることなく開かれており、独立したものとは捉えられない。

メルロ＝ポンティは独立・自立した意識の典型をデカルトに見出し「我思う（Je pense）」という意識は「外からの侵入は考えられさえしない」純粋な閉じた系であることを批判する。たとえば言語行為においても「私が話す」のではなく、話す者は話すことによって自らを傷つきうるシステムへと変容させ、自らを世界へと開いている。[90]

明確な境界に囲われた純粋な心など存在しない。メルロ＝ポンティは言語行為に注目した『世界の散文』で、ある種の精神病の症例について述べる。彼は「ひとが自分の頭や身体のなかで話している」[91]と感じる経験を例に「言述《ディスクール》が私を包み、私に住みついて、どこが私の領分でどこが言述《ディスクール》の領分であるかをもはや言えないまでになるのだ。どちらにしても、私は自分を他人のうちに投げ入れ、他人を私のうちに導き入れる[92]」と言う。彼らは自分の思考と言葉の区別はおろか、他者の思考と言葉さえ混濁する。

自分が話していながら、自分の心臓が話していると思ったり、自分が話しているのに、自分は話しかけられていると思ったり、自分が話していながら、誰かが自分のなかで話しているとか、さらには自分の言おうとしていたことを、まだ自分が言わないうちに誰かが知っていたと思ったりする。[93]

メルロ＝ポンティが症例患者に見るこのような事態は、まさに本書第一章で示したソクラテス以前の「緊密な生態系としての身体」であり、ホメロス的な心の在り様である。自分の「心臓」や「胃」と会話していたアキレウスを思い出そう。古代ギリシアにおいて、オリュンポスの神々は人間の心に侵入して、いわば人間の心をハックして思考させたり、会話させたりしていた。神々の声を聴いていた人々と同じように、メルロ＝ポンティの注目する症例患者は、自己の心が話すのではなく、私と他者と思考と言語の区別がつかない領域において話し、思考している。

もちろん、私を傷つけ、私の内部へと侵入するのは他者だけではないし、その場面は言語行為においてだけではない。ある症例患者にとっては、世界そのものが私を覆い、圧迫し侵入してくる。また他方、私は世界に侵入されるだけの存在ではなく、同時に世界そのものへと働きかける存在でもある。たとえばメスカリン（幻覚剤の一種）を摂取した患者は、鉄で音を鳴らし、共感覚的に樹木の緑を鮮やかに変容させたり、あるいは犬の吠え声を右足で受け止めたりする。

ある被験者はメスカリン酩酊下で一片の鉄を見つけ、それで窓台をたたき、「そら、魔法だ」と言う。木々の緑はいっそう鮮かになる。犬のほえ声は表現できないような仕方で明るさを惹きつけ、右足に反響する。[94]

私たちの意識はこのように、世界から作用されつつ作用するという、相互特定される領域の循環的なサーキットのなかで知覚経験を成立させている。ここで注意すべき点は、メルロ＝ポンティは幻影肢や精神症例、化学物質による意識の混濁の例を出しているが、それはノーマルな意識の「異常作用」（例外）としては捉えられていないという点だ。むしろメルロ＝ポンティは、本来このような共感覚的な知覚こそがデフォルトであり、それが科学的知識や哲学的な再構築によって、現在の私たちの「通常の」知覚へといわば格下げされているものと捉えている。[95] したがってメルロ＝ポンティは「病的な知覚」と「健康な知覚」の区別を、先の私と他者の思考や発話の区別が混濁した報告を例に以下のように語る。

病人と健康人との関係がどう考えられるにせよ、言語行為《パロール》は、それが正常に遂行される場合にも、その病的変奏が可能であるし、またたえず可能であり続けるような性質のものでなければならない。[96]

かりにメスカリン酩酊下で窓を叩き新緑を瑞々しくする「魔法」が使えたとしても、それを決して病的な意識の混迷として切り捨てることはできない。私たちの「健康な意識」は常にこの「病的な意識」と地続きであり、「変奏」であるとメルロ＝ポンティは言っているのだ。したがって私たちの知覚を可能にする空間は、カントの考えたように意識のア・プリオリな条件ではない。「空間性は、私のまえにある一つの対象ではない。それは私を包みこみ、私の感官すべてを貫いて侵入し、私の思い出を窒息させ、私の人格的同一性をほとんど抹消してしまう[97]」ほどに不可避的に意識の傷口から侵入してくる。私たちの意識には、日々の生活のなかですでに多様な外部が侵入し、脈打ち、その私と世界の混合する脈動において知覚や思考が成立している。晩年の『見えるものと見えないもの』ではそうした意識と世界がかぎりなく混じり合う世界の光景が描かれている。

> 私が目を向けなければならないのは、私の世界経験であり、毎朝眼を開くたびに私の身にあらためて生起してくる世界との混合であり、朝から晩まで脈打つことを止めない、世界と私との間の知覚的生の交流であって、その交流こそが、どんなにひそかな私の思考をも、その表情や風景の様相を変えて私に現われさせる。[98]

私の心は、世界の波打つリズムの振幅に常に揺れている。私は世界の広大なリズムと呼応し、またときに抗う。私はただ独りで私なのではなく、私に訪れてくるものたちと交信する存在の波である。リズムは、どんな些細な揺れであろうとも、私の身体の細部、表情や行為に干渉する。もはや知覚は（フッサールのように[99]）意識という中心から出発して対象／世界へと向けられるものではない。知覚は「波が浜辺の漂流物をとりまくように、世界が絶え間なく主観性をおそい、そして包囲しにくる[100]」ことを前提にしてはじめて機能する。こうして、身体の構造と環境との弁証法に注目していたメルロ＝ポンティの哲学が、いっそう意識・身体・世界の混雑性を増してくる思想へと変わってゆく。

知覚は世界のただ中で起こっている。私が世界を知覚しているのではなく、いわば世界が私を通じて、私の内部で知覚している。私が見ているのではなく、世界が私の眼を通じて見ている。最晩年のメルロ＝ポンティはこうして奇妙な光景へと意識を招き入れる。それは彼が世を去る前の二年ほどの間に構想された「肉の哲学」と呼ばれる形而上学である。最後に、この遺稿の断片として記された『見えるものと見えないもの』で語られた光景を見てみよう。

肉の哲学

森のなかで、私は幾度も私が森を見ているのではないと感じた。樹が私を見つめ、私に語りかけているように感じた日もある……。〔…〕画家は世界によって貫かれるべきなので、世界を貫こうなどと望むべきではないと思う……。[101]

メルロ＝ポンティは画家アンドレ・マルシャンの言葉を引用する。私が目の前の樹木を見るとき、樹木もまた私を見ている。私が樹木を見ているとき、私が樹木を見ているのではなく、樹木が私の内側で見るという経験を生成している。見る／見られるという関係は手袋の表裏のように容易に反転する。メルロ＝ポンティはこのようにして可能になる知覚を「交流（コミュニカシオン）」と呼ぶ。それは私の意識が閉じた殻ではなく、世界からの侵入を許す「傷つきうるシステム」であることから想定される帰結ではある。しかし、それは明らかに奇妙な事態である。もしも意識が一方的な対象化作用であることを、そして世界が被対象物であることをやめたとき、知覚という宙に浮いてしまった作用はどのように位置づければよいのだろうか。

見ているのは私でもなければ彼でもなく、ここに今ありながら至る所に永久に放射し、個体でありながら次元でもあり普遍でもあるという肉の第一義的な特性によって、無名の可視性、視覚一般がわれわれ二人に住みつく。[102]

とりあえず結論だけを説明すれば以下のようになる。「私が」見ているのではないにもかかわらず「見ている」という事態が現象しているとすれば、「見る」という視覚可能性そのもの（無名の可視性）が先に存在し、それが個々の「見る」という行為によって実現されているということになる。そこで要請されるのが（視覚を含む）知覚そのものが生じている世界である。この世界はあるときは無名の可視性でもあるが、身体を通じて視覚が実現したときには、世界は身体でもある。この世界と身体が地続きであることを前提としつつ、知覚行為の発生によっては現象する場であり、見るものと見られるものという非対称な関係性を生じさせる両義的な性質を潜在的に抱えた世界を「肉（chair）」とメルロ＝ポンティは呼んだ。それゆえ私の身体も世界も、地続きな肉であり、知覚はこの肉という世界のただ中で生じる。

一つ一つの色や音、肌ざわり、現在と世界の重み、厚み、肉をなしているのは、それらを把握している当の人間が、自分をそれらから一種の巻きつきないし重複〔une sorte d'enroulement ou de redoublement〕によって出現して来たもので、それらと根底では同質だと感ずることであり、彼が気分に立ち返った見えるものそのものであり、その引きかえに見えるものが彼の目にとって彼の写しないし彼の肉の延長のごときものとなることなのである。[103]

私の意識は世界を眺めているのではなく、世界そのものは私と同質の肉の厚みであって、私の知覚はこの世界という肉の巻きつきによって出現したものである。私たちはこの奇妙な事態を視覚を例に考えてきたが、触覚を事例に考えるとそれほど違和感なく受け入れることができるかもしれない。視覚には、見るものと見られるものの間に隔たりがある。しかし触れるという行為において、触れるものと触れられるものは常に地続きで一致した領域で知覚される。私が樹木の肌をなぞるとき、樹木の皮も私の皮膚にまた触れている。ここでは能動と受動が極めて曖昧であり、触れることがそのまま触れられることである。メルロ＝ポンティはこの触覚のはたらきを基本として、視覚にも見ることと見られることが互いに行われ、また反転していると考えているのだ。[104] とはいえ、直接的にものに接触しないような知覚行為は、やはり私と対象が分離しているのではないかという疑問は残る。しかし、実際に私たちがなんらかの知覚行為を行うとき、たとえそこに距たりがあったとしても、物と身体の間で目に見えない交渉と「接触」が行われていると言える可能性は十分にある。

　たとえば私たちが何かを摑もうとして手を動かすとき、意識には自覚されない繊細な行動の調整が行われている。脳科学者のクリス・フリスは著書『心をつくる』のなかで、知覚と行為に関するウンベルト・カスティエロらの実験を紹介している。研究によれば、人は目の前のサクランボを摑もうとする時、指の拡がる幅はリンゴを摑もうとする時の指の拡がりよりも狭まる。主体が自覚していようとしていまいと手の拡がりは自動で調整されるのだが、興味深いのは、サクランボの近くにリンゴが置いてあるとき、サクランボを摑もうとすると、サクランボだけを摑もうとする時よりも指の拡がりの間隔が広くなるのだ。

　すなわち、これはリンゴという事物がその行為と直接的には関係しないにもかかわらず、存在それ自体によって「手とサクランボ」という関係性に「干渉」[105]しているということである。私たちが知覚行為を実行するとき、意識の関与の外側で、脳と身体と環境は互いに存在的な近さにおいて、波紋と波紋がぶつかって生じる波のように干渉し合っている。メルロ＝ポンティの表現を借りれば、テーブルの上のリンゴは、私の意識の対象となっていないにもかかわらず、リンゴという肉が、同じ私の手という肉に「巻きついて」いる。メルロ＝ポンティは世界が私を波のように襲うことで知覚が可能になると述べていたが、実際にテーブルの上に置かれた小さなひとつのリンゴは、私の意識が気づかなくても私の手の運動に干渉の波を与えているのである。

目の前にマグカップが存在するとき、それを意識によって摑もうと考えたり、実際に意志によって摑めという命令を下そうとしたりする以前に、「手」にはすでに筋肉の緊張と運動が準備されている。[106]私が意識によって手を動かすのではなく、マグカップという存在によって手という存在の行為が整えられている（マグカップに触れる以前に触れられている）。マグカップという対象は、超越論的意識というスクリーンに映った事物ではない。それは意識が働く手前ですでに私の知覚行為に干渉し、意識というシステムに不可視に作用しているひとつの変数であり（「脳―身体―環境システム」の観点から言えば、連動した一体のシステムとなっており）、またそのような全体的な場である世界でもある。この世界のただ中で、マグカップと手の干渉しあう場の全体において知覚は生起する。意識と事物は互いに波をぶつけ合うように意識の予かり知らぬところですでに対話を開始しており、意識はそれを摑もうとするとき事後的にその行為に参加する。

世界とかかわる主役が意識ではなく世界に住みこんだ身体であり、その行為であるとき、意識の把捉する以前に身体的行為が世界の対象化という作用を抱え込んでいる。意識という無名で超越的な視点から世界を対象化するのではなく、世界と地続きな媒介する身体において世界とかかわるということにおいて、メルロ＝ポンティはとある重要な存在論的な転換点があると考えていた。それが、右手で左手に触れる場面である。

私の手における触れるものと触れられるものとのこの交叉によって、手自身の運動が、それの問いかけている宇宙と合体し、宇宙と同じ地図に記載されることになるのだ。手の運動と宇宙というこの二つの系は、オレンジの両半分のように、互いに重なり合うのである。[107]

見ることは、世界を対象化する作用の典型であると考えられてきた。意識は見ることによってそれを対象化し本質を直観する。志向性は事物の本質に向けられ、コップがある、樹がある、人がいる、などと、それぞれの対象を宇宙の目録の一つとして登録する。視覚的に世界を眺めるとき、「私」はこの登録をする目録の管理者であって、登録される目録の一つではない。カント的に言えば、ア・プリオリな意識システムのカテゴリーと規則にしたがって次々と対象が意識の判断へともたらされてゆく。意識と世界の非対称な関係はこうした視覚の持つ特権性、権力性を支持している。都合のよいことに「私」は「私」を見ることはできないからだ。

しかし触覚を知覚の基本と考えたとき、この権力構造は崩れる。私は「触れる」ことによってそれを対象化するが、その作動は同時にそれに「触れられる」という被対象化作用を孕んでいる。その上、自分の身体を自分の身体で触るときには、容易に触れる主体である身体は触れられる対象にもなってしまう。すなわち、宇宙の目録の登録者であるはずの私は、私に触れることによって私自身をまた目録に登録せざるをえなくなるというメビウス的な構造を不可避に抱えているのである。パスカルが私は宇宙を呑みこむと同時に呑みこまれると嘆き、ハイデガーが意識は世界の「主人」であり「下僕」であるという形而上学的矛盾を指摘した、この世界の大問題であるはずの事態は、右手で左手を触る、という笑えるほどの単純な行為のなかに縮約されている。

パスカルやハイデガーは、思惟を中心に意識を捉えていたが、メルロ＝ポンティは知覚、それも触覚という行為に注目することで問題系の次元を変えた。右手で左手を触る、という単純な行為によって宇宙はぐるりと裏返る。この反転の事態において「「触れる主体」が触れられるものの地位に移り、物の間に降りてくることになり、その結果、触覚は世界のただ中で、いわば物のなかで起こるようになるのである」[108]。

そしてメルロ＝ポンティは、このような触覚の持つ両義性、反転性を、視覚のなかにも見出していた。視覚もまた触覚的にはたらくのである。

> 見えるものについての経験はすべて、つねに眼差しの運動を文脈にして私に与えられたものである〔…〕。見えるものはすべて触れられうるものの中から切り取られるのだし、触覚的存在はすべて何らかの仕方で可視性へと約束されており、〔…〕逆に、触れられうるもの自身も可視性の無ではなく、視覚的存在なしでは存在しないように――、と考える習慣を身につけなければならない。同じ身体が物を見、物に触れている以上、見えると触れうるとは、同じ世界のことがらなのである。[109]

眼差しは、私から切り離された世界に対する、どこでもないところからの固定された視線の放射ではない。眼差しは這うような運動の過程（触視）である。触覚は視覚を導き、視覚は触覚を導く。「ザラザラした机」の表面の肌理を「見る」とき、触覚という感覚なしにそれを眼差すことはできないし、ザラザラした机を「触ろう」とする手の運動は、その「見た目」を無視して触ることはできない。フッサールが考えたように、私たちは目の前の対象を射映の連続やその変化における不変項として「一挙」に与えられるものとしては捉えられず、まるで物を触るように視線をなぞらせることによって対象を把握する。たとえば、サイコロのような立体物は射映的に知覚することが容易だが、水に濡れたナメクジや、はためく衣服を石膏で象ったギリシア彫刻を見るとき、私たちはその断面的映像やシルエット（射映）に注目するよりもむしろ、質感や肌理や曲線を舐めるように、這うように、触るように見る。見ることが触れることへともたらされ、触れることが見ることへともたらされる。私たちは、知覚することによって知覚されるという裏返る宇宙において知覚している。その裏返る宇宙において知覚を可能にしている世界こそ肉である。まさに知覚は肉としての世界のただ中で起こっているとともに、身体において実現されている。

私の身体と世界は地続きの肉である。雨上がりの朝に瑞々しく地面を覆う苔。その濡れた緑のカーペットを私の肉であり皮膚であると感じること。私の網膜には苔に反射した光が注がれ、苔と私を光の糸が繋ぎ止める。私は目線を流し、苔をなぞる。その触視で這うように苔を見る／触るとき、苔もまた私を見／触っている。

このような転換する地続きな肉として世界を捉えるとき、能動と受動の区別が不可能な作用[110]において世界を知覚するとき、知覚とは対象への志向性ではない。それは存在のただ中における、見るもの／見られるもの、触れるもの／触れられるものの分裂、すなわち肉としての世界に非対称性が生じる運動のことである。メルロ＝ポンティはこれを「存在の分裂（la fission de l'Être）」あるいは「裂開（déhiscence）」と呼んだ。この存在の裂開を通じて私たちは本質へと出会う行程をたどり、肉から意識へと至る。

> 本質についても事実についても、最も望ましいのは、論じようとする存在を外から眺める代わりに、その中に身を置くことであり、あるいは同じことであるが、存在をわれわれの生活の織物の中に置き直し、私の身体の裂開にも似た存在の裂開（déhiscence）――それが存在を存在自身に開かしめ、またわれわれを存在に開かしめるのであり、そして本質が問題になる場合には、それは、語りまた考えることの裂開となるのだ――に立ち会うことである。見えるものの一つである私の身体は、自分自身をも見、そのことによって、おのれの内面を見えるものに開く自然の光となり、その結果、見えるものが私の風景となり、よく言われる言い方で言えば〈存在〉の「意識」への奇跡的な昇進が実現し、われわれの言い方ではむしろ「内」と「外」との分凝とも言うべきものが実現する〔…〕[111]

知覚が生じる最初の場面、あるいは意識がその知覚に関与する手前の領域。西田幾多郎ならば主観と客観が分割される以前の「純粋経験」と言うかもしれない場所。そこにおいてはただ世界とは肉の厚みであり、私もこの世界に住みついた肉の一つである。知覚が展開されることは、その地続きな肉の裂開なのである。対象の本質が問題になる場合は思惟の裂開であり、対象の可視性が問題になる場合には視覚の裂開である。世界という肉に亀裂が生じ、内と外が別れ、見るものと見られるもの、触れるものと触れられるもの、という非対称な関係性が生じたとき、存在は意識へともたらされる。したがってメルロ＝ポンティは、存在者とはわれわれの前にある「純粋な個物、分割不可能な存在者の氷河」ではなく、「存在論的波動の腹（ventres〔定常波の極大部〕）と節（nœuds〔定常波の不動点〕）」であると言う[112]。私たちの身体は環境のなかに住みつき、互いに波紋のように干渉しあう。私たちは波が高まった瞬間を対象として捉え、存在者として意識する。その意味で、肉とは固定的で物質的な存在ではなく、あるときは見るものとして、あるときは見られるものとして反転また反転という可逆的な転換可能性を持った、いわば振動し亀裂する肉なのである[113]。

この肉の亀裂による裂開、そこに知覚が開かれる。ここでは見る主体というのは、見る／見られるという運動の後に措定される生成物であって、肉そのものの分裂こそが知覚の起源にある。見るものと見られるものの分裂という非対称性が生じたとき、私がそこに措定される。世界内存在であることは、私が世界へと住みつくことによって、世界のただ中で生じる知覚へと参加することなのである。

メルロ＝ポンティの描き出した奇妙な光景、肉の哲学とはこのような思想である。それは、知覚が意識という主体によって対象を捉えるというフッサールの意識中心のモデルの瓦解であり、むしろ知覚から意識が構成されるという転倒である。そこでは、世界そのものが知覚を構成し（無名の視覚）、その知覚が主体という主語を要請する（受肉）というかたちで主体が形成される手続きを追うことになる。たしかにメルロ＝ポンティは後期フッサールの受動的綜合や間主観性、キネステーゼという思想に多くを負っており、理論的にはその圏内にいるとも言える。しかし本書のテーマである意識というイメージの捉え方、あるいは重心の置き方という観点から言えば、理念的意味の構成や世界への意味付与作用としての超越論的主観性にこだわったフッサールと、身体行為と主体と環境の相互交流を中心にしたメルロ＝ポンティの意識の在り様は、ほとんど真逆のイメージを提供していると言っていい。
その意味でメルロ＝ポンティの存在論はハイデガーの世界内存在のラディカルな拡張でもある。しかしまたそこで描き出されたのは、ハイデガーの考えたように存在が横並びであったり、道具を介してネットワーク化されたりしているモデルではない。メルロ＝ポンティにおいては、そもそもすべては地続きな存在の海であり、それが知覚行為という契機によって亀裂を生じさせ、眼差す主体と眼差される対象がその都度生成するというところまで推し進められた光景であり、私たちが辿ってきた心のイメージの変遷過程から言えば、むしろ心の原初であるホメロス的な心に近いとさえ言えるだろう。

あるいは、一つの心が一つの身体の中に存在する、という西洋哲学や認知科学が基本としているアイディアとの関連で言えば、意識は身体を飛び出して「脳―身体―環境システム」のなかで成立するという晩年のヴァレラらの思想の先駆とも言えるだろう。ヴァレラの思想とメルロ＝ポンティの思想は単純な影響関係に留まらない、認知科学史との対比構造も含めた共鳴がある。メルロ＝ポンティがカントやフッサールの超越論的主観性のモデルを、身体行為を中心に捉え直そうとしたように、ヴァレラもAIや中央制御型の、あるいは脳中心の認知科学に対して、身体性認知科学という対抗軸となる方法と思想を提示した。このような共鳴は、メルロ＝ポンティの思想を認知科学的な観点から再発見する可能性を大いにもたらすだろう。実際、メルロ＝ポンティが繰り返し「環境と行為の弁証法」と論じていた初期の意識論は、意識とは「環境と行為の創発」であるというヴァレラ的な認知科学のテーゼとほとんど同義である。[114]また、ヴァレラが知覚と行為の創発としてのエナクティヴな認知から「脳―身体―環境システム」という意識の境界が確定されない存在論的発想へと飛躍したように、メルロ＝ポンティも意識の領域が環境と地続きになる形而上学を展開する。それは、内在と超越、あるいは意識と世界という境界の自明性を問い直すという理論的展開の必然的な方向性でもある。

最後に、メルロ＝ポンティのこのような思想の帰結を、本書の辿ってきた意識のモデルとの関係性からまとめてみよう。

あらゆるものが包み合う世界で

私の意識と世界の間に明瞭な境界は存在しない。私と世界は互いに侵入しあい、浸透しあい、行為によって切り結ばれる地続きな肉の裂開である。その意味で先ほど、メルロ＝ポンティの意識のモデルは、意識／身体／世界の境界が混濁としていたホメロス的な心のモデルに近いと言ったし、メルロ＝ポンティ自身も「世界とは肉だとしてみれば、身体と世界の境界をどこに置くべきだろうか[115]」と問うていた。しかし私の意識が世界の侵入を許し、世界と交渉するとはいえ、私の意識はかつての原始の時代のように世界と合一するわけではないことにメルロ＝ポンティは注意を払っている。意識が事物の本質を把握することから出発しないのと同様に、意識は事物と融合することによって理解するのでもない。最晩年のメルロ＝ポンティはこうした意識の原初の在り方を「文化的に構築された知覚」と対比するかたちで「野生の知覚[116]」と呼び、その役割を認めながらも、それへの回帰を目指しているわけではないことを語っている。

われわれがここで提唱し、本質の探求に対立させせようとしているのは、直接的なものへの還帰や、存在者との合致・効果的融合や、原初の完全さの探求、すでに失われ、再発見されるべき神秘の探求なのではない。[117]

「野生の知覚」は、最晩年の研究ノートなどに断片的に記された概念で、その内容は判然としないが、メルロ＝ポンティ研究者の加國尚志はこれを『世界の散文』でメルロ＝ポンティが、遠近法を学ぶ以前の幼児の絵を例に出しながら「未開人」「子ども」「狂人」の知覚の在り方を語っていることに結びつけ「私たちの文化的知覚のさらにその先行的で超越的な次元にある〔…〕一種の無意識、不知覚、自己忘却[118]」であると解釈している。実際に、後にレヴィ＝ストロースが「野生の知覚」を引き継いで「野生の思考」と言ったことを踏まえても、存在者との神秘的な合致・融合という表現と比較して論じられていることを踏まえても、野生の知覚が未開の人類における自己忘却的で神秘的な意識に近いものであると理解することができる。そしてメルロ＝ポンティは、野生の知覚は通常の知覚の底にあってそれを支えながらも、それへと回帰するべきではないと論じている。すなわち、肉の哲学がいくら意識と世界の不明瞭で連続的な世界を開示しようとも、それは決して歴史を逆回転させるような原始的な意識への回帰ではない。すでに失われた直接的で神秘的な融合を取り戻そうとしても、それはもはや復元（コピー）にしかすぎないことを含みこんだ間接的なものであるほかないのである。

また、このような歴史的な意識の対比構造だけでなく、本書が見てきたような形而上学的な対立においても世界との合致という在り方で意識を捉える見方をメルロ＝ポンティは批判している。メルロ＝ポンティは『知覚の現象学』ですでにこの両者の態度をカント（反省的哲学）とベルクソンになぞらえながらこう語っていた。

ベルグソンの誤謬は、省察する主観が自分の省察している対象と融け合うことができ、知が膨張して行って存在と合一することができると、信じたことにあった。他方で反省的哲学の方の誤謬は、省察する主観が自分の省察している対象を自分の省察のなかに吸収してしまうことができる、あるいは剰すところなくそれを捉えることができる、われわれの存在はわれわれの知に還元されてしまうことができる、と信じたことにある。〔…〕またわれわれは、全面的に意識となることもできないし、自分を超越論的意識に還元してしまうこともできないのである。[119]

意識は反省によって余すことなく世界を眺め、所有することはできないが、かといって意識は自らを膨張させて、世界そのものと融け合う存在合一によって関わることもできない。メルロ＝ポンティは哲学がこの両極端な仕方で思考してしまうことを常に警戒しており、哲学は「本質の探求」でもなく「物との融合」でもない、こう定義する哲学は一見すると真逆のようでありながら、両者とも実は一致した思想であり「この無限の隔たりとこの絶対の近さは、俯瞰と融合という二つの仕方で、物そのものへの同じ関係を表わしている」[120]と注意している。

それでは、メルロ＝ポンティの描いた意識と世界の関係はどのようなものだったのか。世界のただ中で知覚が生じている、という肉の哲学において、意識と世界の関係は二項対立を越えてどのようなイメージを提供するものだったのだろうか。それを一言で言い表すなら「あらゆるものが、あらゆるものを含み合う」世界像である。このイメージは、本書の心の歴史の追跡のなかでも特異なモデルではあるが、心の重責を切り離しながらも、同時にまた紡ぎ直そうとする動的なイメージである。

私たちは本書で、ソクラテス以前のホメロス時代の意識の在り方から出発した。神話時代の意識は、世界という海のなかから生起する起伏のようなものであり、世界と意識の渾然一体となった在り様こそが意識のモデルならざるモデルであったことを確認してきた。そのような曖昧模糊とした意識を世界からはっきりと区別し、単位体として独立させ、その機能を確定させていくプロセスこそ本書の読んできた意識の哲学史であった。そして二〇世紀に至り、意識の哲学を標榜する現象学はフッサールからハイデガーに引き継がれていくなかで、徐々にそれを巻き戻すように意識の強い機能を解除したのではないかという道も辿ってきた。このような文脈において、終にメルロ＝ポンティに至って、再び意識は最初の地点にまで回帰してしまったのではないかと思われる。しかしメルロ＝ポンティは意識を世界を「俯瞰」する機能とも考えなかったし、かといって世界へと「融合」するものとも考えなかったのである。

このメルロ＝ポンティが注意を促している、世界をすべて超越論的主観のもとに捉えようとする誤謬と、世界そのものと融け合ってしまうという誤謬を一人で同時に抱えてしまった哲学者こそパスカルであったと言えるだろう。私たちの意識は世界を包み込むこともできないが、世界に呑み込まれてしまうこともないのである。メルロ＝ポンティが媒介する身体に注目し、意識と環境の弁証法を行為に求めたのも、また触れることと触れられることの両義性にこだわったのも、意識と世界の絶えざる「拮抗」、その緊張関係の持続、不断の交渉、行為によるズレの生成にこだわったのも、それこそがメルロ＝ポンティが描こうとした意識のモデルの中心であったからだ。別の言い方をすれば、パスカルの、宇宙と意識の釣り合いを取ろうとする欲望と恐怖の両方を同時に抱くことによる狂気はたしかに不可避だ。しかしその欲望は決して完成してしまうことはなく未遂であり続けるし、むしろ未遂であることによって意識は世界へと参加できるのである。

また、パスカルが宇宙との拮抗を「思惟」という人間の尊厳ある能力によって捉えたのに対して、メルロ＝ポンティは視覚や触覚など複数の「知覚」や、手や脚など複数の「身体行為」という多次元的で複雑な交雑の培養地から捉え直していた。メルロ＝ポンティにおいては、宇宙と心という単純な二項対立では捉えられず、宇宙との拮抗はより複雑な世界との関係性から捉え返される。メルロ＝ポンティが肉における知覚の表現として語った「交叉配列（キアスム）」、あるいは「含み合い」や「相互内属」といった事態は、まさに意識が世界を包み込むと同時に、世界に包まれるというパスカルの苦悩を肯定的な立場から語った思想である。ただしキアスムは、あらゆる存在者が他の存在者を含み合う関係、すなわち私と他者や、私とモノ、モノとモノ、などあらゆる関係性の相互的な帰属を示す概念である。したがってパスカルの「私が宇宙を包み、宇宙が私を包む」というような相互包含の関係性は、メルロ＝ポンティにとっては無数の相互包含のバリエーションの一つでしかないのだ。

私が宇宙を包み、宇宙が私を包んでいるのではない。あらゆるものが、あらゆるものを包んでいるのだ。私が樹を見つめるときは、樹木もまた私を見つめており、その樹木もまたその梢にとまる鳥に触れられている。私の手がリンゴを包むそのとき、テーブルの上のサクランボは私の手を包んでいる。吹く風は絶えず私の意識に侵入し、また私の肌を撫でる。私はまた風に吹かれた光景を眼差しへともたらす。メルロ＝ポンティにとって、あらゆるものがあらゆるものを包みこむこの世界はひとつの肉である。しかし肉は固定的な関係ではなく、あるものがあるものを包んだと思うそばから、また逆に包み返されるリヴァーシヴルな転換である。

メルロ＝ポンティはほとんどパスカルに言及することはないが、『知覚の現象学』の最後、パスカルが「私が世界を含み、世界が私を含む」と言った断章に触れる。そして彼がこのように考えてしまったのは「思惟者としての主観の絶対的独立性」[121]を前提とし、それゆえ主観が何ものにも状況づけられていないと考えてしまっていたからだと語っている。メルロ＝ポンティにとって主観とは、むしろ状況づけられたものでしかなく、そのような主観は「実際に身体となり、この身体をつうじて世界のなかに入ることによってのみ、その自己性（ipséité）を実現する」[122]のである。メルロ＝ポンティに言わせれば、パスカルには身体がなかったゆえに狂気に陥ったのである。主観はこの身体が世界に住みこむことにより状況づけられており、その手が、足が、眼がそれぞれにこの世界を含みこみ、またあの樹に、あの机に、あの星々に含みこまれることによって知覚が生じる。それぞれの無数の小さな知覚宇宙が世界のただ中で生じることは、矛盾ではないどころか、その複数の小宇宙の存在こそが宇宙全体をネットワーク化する。

それぞれの感官がひとつの小さな世界を大きな世界の内部に構成していることは矛盾でもなければ不可能でもないし、また、それら感官は、まさしくその特殊性によってこそ、全体にとって必要でありかつ全体に開かれるのである。[123]

あらゆるものが、この肉という世界のなかで裂開し、裏返り、転移して無数の小さな宇宙を創り、繋がってゆく。私は世界と同様に肉でありながら、行為によって亀裂を生じ、知覚の生成に立ち会う。それゆえ私の心は世界に消え去ってしまうわけではないし、主体が世界へと融けてしまうわけでもない。

天空の青をながめる私は、無世界的主体としてそれに向き合っているのではない。私はそれを思惟のなかで所有するのではない。私はそれをまえにして、その秘密を私にあかしてくれるような青の観念をくり拡げるのではない。私はそれに身をゆだねる。私はこの神秘のなかへ入りこむ。それが「私のなかで己れを思索する」のだ。私は取り集められて結びあわされ、対自的に存在しはじめる空そのものである。私の意識はこの無限の青によって満たされる。——しかし、空は精神ではないし、それが対自的に存在するということにはなんの意味もないのではないか。——もちろん地理学者や天文学者の空は対自的に存在したりはしない。けれども、知覚されあるいは感覚される空、そこを駆け巡りそこに住まう私の眼差しによって支えられる空、私の身体が採り入れるある種の生命的振動の場としての空についてなら、われわれはそれが対自的に存在するということができる。[124]

私は空に触れることができるだろうか。たしかに空を見ることはできる。しかしこの青い空無、いくら手を伸ばしても届かないこの澄んだ空間に、ほんとうに触れることができるのだろうか。空に触れること、それは詩人の仕事である。しかしメルロ＝ポンティの哲学を追ってきた私たちは、空を見上げるとき、すでに空に触れている。

見上げた青い空。どこまでも広がるかのようなこの青い空間。私は空を対象として知覚しているというより、この伸び広がる身体によって空のなかに住みこんでいる。透明な光にこの体をさらし、肌を撫でる風を感じ、手を触れるように眼差しを滑らせ、その青い空無を駆け巡る。その一瞬、私は空になり、空は私になる。まるではじめから私たちは同じ青き存在であったかのように、私と空は一つになる。私は澄み渡る空のすみずみまで融けこんで、空は私の身体を静かな湖のように満たし、がらんどうの内側を青き風として吹き抜ける。私と空は同じ肉のひとつであり、震える生命の振動によって存在を交流させ、移しあう。しかし私たちが共に在る時間は長くない。永遠のように感じた私と空の繋がりは、一瞬のうちに別れを告げる。私はここにいて、空は彼方にある。それでもあの遠い空の揺らめきは、この近い身体の震えである。移ろっているのは風を流す空なのか、私の揺れる心なのか。この心とあの空は、それぞれに響きながら共鳴し、しかしまた同期しながらもすれ違い、交わりながらも決してひとつにならない永遠の矛盾である。

終わらない会話、終わらない揺らめき、終わらない心。独立して完結することのできない綻びた心は、終わらない会話を続けるように、世界と心を共に切り結ぶ。私たちはメルロ＝ポンティの心の情景を、このように想像する。

補論　生命は再開する

Life Reboots Itself

私たちは長い長い時間をかけて構築され、あるいは壊され、また紡がれた心のメタファーを追ってきた。とりわけ最後は、二〇世紀という激動の時代における「認知科学」という哲学とは全く異なる新たなる心のモデルと哲学における心の、複雑で奇妙に呼応する関係性をめぐってその姿を捉えようとしてきた。しかし哲学者たちも、また多くの認知科学者たちも「意識」そのものについての概念やモデルを考えていたのに対し、フランシスコ・ヴァレラは「生命」という次元に心のイメージを見ようとしていた。生命から考える心。このラディカルな思想は、心のメタファーを大胆に変えてしまう可能性を持っている。なぜなら生命と意識の連続性を主張するということは、いわば私たち人間の心と、海を泳ぐバクテリアの知性も、ある同じ本質的なものを共有していると考えることだからである。いったい、生命にまで遡って心のモデルを捉えることの意味はなんだろうか。

ハイデガーは生命について語らざるをえなかった、と書いた。その要請は彼の哲学が有する理論的な帰結であっただけでなく、おそらくは超越論的な意識への信頼が揺らぐ時代の要請でもあっただろう。だからこそハイデガーを批判的に継承した哲学者ハンス・ヨナスやハンナ・アーレントは、二人とも生命についての哲学を積極的に語ったし、ドゥルーズをはじめとするポスト構造主義においてもしばしば生命の哲学は大きな意味を持つ。生物学や認知科学が明らかにする意識と生命の連続性は二〇世紀後半の不可避の課題でもある。そこで、生物学や認知科学の立場から生命について積極的に語ったヴァレラの思想は、心が全面化する今日いっそうの重要さを持つのではないか。それは、もはや人間だけに閉じることのない生命と地続きな心のモデルであり、心が人間のみで完結するという西洋思想の根本を揺るがす可能性へと突き進む思想である。二〇世紀という人間の心が全面化を成し遂げようとするこの時代に穿たれたヴァレラのこうした思想を、私たちは真剣に考える必要があるだろう。とりわけ、心のイメージを探ろうとする本書の文脈においては「生命から考える心」という思想は、心の「強さ」と「弱さ」に対する根本的なイメージを変える可能性を持っている。

人間的な心において、強さとは完全性の別名であり、弱さとは脆弱性の別名であった。しかし生命的な心はこれを逆転させる。心はふとしたことで崩壊してしまうという意味においてはかくも弱く、しかし逆に、心はどれほど崩壊してもまた自ら生成するという意味においてはかくも強い。心の弱さとは脆弱さではなく変様することの可能性であり、心の強さとは強靱さではなく再開することの可能性である。ヴァレラが生命から考えると言ったとき、これまでの意識論のメタファーでは捉えきれなかったこのような思想が萌芽している。

上演する心――フランシスコ・ヴァレラ

ヴァレラは行為に導かれる心の在り方を「エナクション」と呼んだ。本書では、それを「行為的な認知」という意味で捉えてきたが、ここにはひとつのメタファーが込められている。ヴァレラはあるインタビューのなかで「enaction（行為）」という語に込められた意味をこう語っている。

たとえば、シェークスピアの戯曲のようにです。『テンペスト』が上演 enactee されます。それは英語ではとても美しい概念です。つまりそれまでなかった何ものかが、いま束の間、行動と同時に出現するのです。[125]

本書では「enaction」を「上演する心」と呼んでみよう。最初は何もない舞台に役者や舞台装置が揃い、それらが動くことで上演が成立する。舞台の上の役者が歩くことで、空間は開け、目線ひとつで道具や背景に意味が生まれる。それまで何もなかった場に行為が生じることで、その束の間、演ずる主体と演じられた世界が同時に成立する。そしてひとたび劇が終われば、それはたちまちのうちに立ち消えてしまう。私たちは、確固とした世界に存在している情報を一方的に受け取って認識するのではなく、自分が世界に働きかけるまさにその行為によって世界を絶えず生成している。それがヴァレラにとっての心の本質であった。すべての生命は、それぞれの舞台（環境）で、絶えず世界を上演／生成（enact）している。ゾウリムシから、アメフラシ、蘭の花、蝶、コンドルから狼にいたるまで、生命は自らの行為によって自らの環境を創造し、それぞれの舞台でそれぞれの劇を上演している。一見すると自明な生命の様々な行為はしかし、実は絶え間ない生成の緊張のもとに成立している。

ヴァレラの生命論を思い出してみよう。生命システムとは自己と環境を絶えず区切り続ける境界の生成装置であった。生物学的自己はあらかじめ細胞膜として与えられているわけではない。生命は自己の境界を作る細胞の生成プロセスを循環させ続ける限りにおいてその自己を維持する。裏を返せば、生命はこのプロセスが次のプロセスへと接続しないと、化学ネットワークの海へと崩壊してしまうか弱きシステムである。ヴァレラはオートポイエーシスとしての生命（単細胞生物）を「SCLモデル」と呼ばれるシミュレーションモデルによって実装もしているが、これは自己の膜（境界）を触媒によって反復的に生成するシステムである。[126] SCLモデルは、化学反応の元となる分子の要素（Substrate）と触媒（Catalyst）の反応によってリンク（Link）を生成し、それによって細胞膜のような境界を形成するモデルである。興味深いことにこのモデルはリンク（膜）生成の反応だけではなく、リンク（膜）が消えてしまう自己崩壊の反応も組み込んでいる。これにより生命は自己を生成させると同時に自己を崩壊させる。生命は自己を創りながらも壊し、壊れるがゆえに新たな反応が生まれて新たな運動が生まれ、その運動が再び自己の境界を創る、あえて不安定なシステムになっている。ヴァレラは「因果性という機械論的描像においては、不安定性は補正が必要な擾乱であろうが、生物学的システムは、不安定性こそが擾乱どころか正常な機能の基礎である」[127]と言う。生命の安定性は固定的なパターンを繰り返すことではなく、むしろ内部に自ら逸脱を起こすダイナミクスを持つことによって獲得される。このギリギリの生成と崩壊の緊張関係が生命を運動させるのだ。気を抜けばあっという間にほろほろと崩れて世界へと同化してしまうゆえに、生命は自己を駆動させる。自己が自明に確保されないからこそ自己は変化できる。

主体と世界という二項対立を前提としないシステムの宿命として、自己はいつでも世界へと同一化してしまう危険性を孕んでいる。したがってヴァレラもまたメルロ＝ポンティと同様に、システムと環境の、意識と世界の緊張関係（とそれによる絶えざる運動）を重視していた。いかにも不安定な関係である。確固たる地盤の上に立つ心が目の前に広がる世界を認識するのではない。しかしそのような強いモデルではなく、いつでも崩壊の傍《かたわら》にある弱いモデルだからこそ、私たちはそれを生きることができる。ヴァレラの「上演する心」に込められた重要な点は、私たちの心が行為によって導かれて生成するという点と、それは他者や環境と共に成立するということであるが、格別に「上演」というメタファーが示唆しているのは、それが行為の喪失によって主体も世界も立ち消えてしまうという「弱さ／儚さ」の思想である。

私たちの意識は、安定しているように見えながら絶えず崩壊の最中にあり、同時に絶えずそれを補修する過程にある不安定な存在である。いつ壊れてもおかしくない綻びと保全の拮抗の運動こそ私たちの意識なのだ。それはあらかじめ安定して与えられた世界の管理者であるような強い心ではなく、しかしかといって一挙に世界に呑み込まれてしまう無力な心でもなく、世界に巻き込まれながら絶えずか細い糸を編み続けるような、頼りない弱い心である。安定した大地を真っ直ぐ歩くような心ではなく、自分の靴を自分で持ち上げて空中を歩くような、矛盾そのものに駆動される心である。

しかしその綻びと繕いの必死な姿は、私たちに変化することをもたらす。石のような凝固でもなく、霧のような霧散でもない、ぼんやりとその形を維持し、変化し続けることこそ私たちの生の姿である。そんな弱い心が、放り込まれた世界の中で、幕間の束の間に上演する。おそらくはそのような心の姿こそが、ヴァレラが「Enactive Mind（上演する心）」という言葉に込めた思想ではないだろうか。それは、意識に生命を取り戻すための思想であり、また本書の考えでは、西洋哲学史のなかで構築されてきた強い意識のモデルを、それを可能にするゼロ地点である生命のレベルから問い直す試みでもあった。ヴァレラは『純粋理性批判』においてカントが純粋悟性を「真理の孤島」と呼び、その真理の島の周りは「暗闇と混沌の広大な荒れ狂う海」であると論じているテキストを引用しながらこう言った。

私たちは、究極の二択を抱えている。それは、デカルト主義の不安が迫る二者択一だ。すなわち、すべてが明晰で完全に根拠が与えられている〔ultimately grounded〕魅力的な真理の大地が存在する。しかし、この小さな孤島の向こうには、暗くて混迷に満ちた、広大で荒れ狂う、迷妄の故郷としての大海が存在している。

この不安の感情は、絶対的な根拠（大地）を渇望するということから生じる。そしてこの渇望が満たされないとき、私たちに残されている唯一の可能性は、ニヒリズムか無秩序状態〔anarchy〕しかないように思える。[128]

心を情報処理であると考える計算主義的な認知科学観にも、この「不安」が侵入しているとヴァレラは考えていた。一方には独立した所与の絶対的な世界が存在し、意識はその世界の表象による回復でしかないと考える思想があり（実在論）、他方には意識こそが絶対的な基礎であって世界とはその投影でしかないと考える思想がある（観念論）。「心と世界を主観と客観という対極として扱う限り、デカルト主義の不安は、根拠を探し求めていつまでも両者の間を揺れ動く[129]」。

ヴァレラがデカルトやカントの哲学、そして認知科学にさえ及ぶ西洋思想の根本には「不安」があったのだと捉えていることはことさらに重要である。実際に、デカルトは神なき（秩序なき）世界に人間から出発して世界を根拠づける思想を発明する必要があったし、カントは超越論的統覚という統合フレームのアーキテクチャがなければ、ヒュームの考えたように意識は観念の束でしかなく、根本的に世界を安定化させることができないと考えていた。意識の基盤を強力なものとして設定する西洋思想の背後には、それがなければ意識はバラバラに解け、世界は混沌と化してしまうという「不安」と「恐れ」が流れている。しかし、あまりに強力な装置は現象学の展開などによって少しずつ綻んできたことを本書は確認してきた。そして、身体や生命という具体的な生物学的な次元にまで降下してきたことで、ヴァレラの思想が新たな光を持ち始めた。そして彼は生涯をかけて、この安定性と不安定性の境界にある生命と意識の謎に挑んだ。

私たちの人生のすべての瞬間には、なにかが進行している。なにかを経験している。見る、聴く、嗅ぐ、味わう、触れる、考える。私たちは喜び、怒り、恐れ、疲れ、戸惑う。好奇心を抱いたり、自己意識に苦悩したり、あるいは探求に没頭したりする。「私」自身の感情に「私」が押しつぶされそうになったり、誰かに称賛されることで自分の大きな価値を感じたり、たったひとつ何かを失っただけで絶望したりする。現れては消える、こんなにも儚いのにずっと続いているように思える、こんなにも馴染み深いのに捉え難い、この自己とは、この自我という中心は、いったい何なのだろうか？[130]

カントは、次から次へと与えられる感覚の嵐、海のように風のように流れ去る経験のなかで、経験そのものの中には見出すことのできない一つの準拠点を形成する仕組みが必要であると考えた。ヴァレラはこのような不条理は西洋の伝統に繰り返し現れた思想であるとみなしていた。流れ去る経験を理解するためには、それをパターンとして捉える必要があったこと、そして「経験に規則性あるいはパターンが観察されるということは、そのパターンの背後に、あるエージェントもしくは動かすもの〔mover〕が存在しなくてはならないというデカルトとカントの主張[131]」があり、デカルトの「考える我」やカントの「超越論的統覚」はその典型であるとヴァレラは考えていた。

しかし、生物学の研究から出発したヴァレラにはきっと、生命が世界の安定性を保つ構造を自己創出できるということに対する信頼があった。そしてそれゆえにこそ、自己を不安定化させる崩壊をも恐れず、むしろ不安定な錯乱を必要とした。生命が不断の変化にさらされながらも自己の境界を維持するホメオスタシスの構造を持つこと、そのホメオスタシスの構造を構成する自己組織化のプロセスも有していること、そして自己組織化のプロセス自体を組織化するオートポイエーシスという仕組み[132]が生命の安定性と不安定性の絶妙なバランスを可能にしていること、これらの生命的な自己の概念を十二分に知っていた。

生命は、人間とは比較にならないほど自己を変容させながら自己を維持している。土に埋まった小さな種子は、千年以上もの時間をかけて巨木となり、地を這う幼虫はいつしか羽を伸ばして空を飛ぶ。粘菌はときに体を胞子として霧散させ、また集合して一つの生物として活動する。あまりにもダイナミックな変容と自己の安定的な維持、という人間から見れば想像さえ難しい離れ業を、生命という次元にまで遡って観察すれば、私たちは信頼できる。生命である私たち人間は、膨大な経験の嵐にさらされながらも自己を維持し、世界を安定させていく力がある。しかもそれは、経験と切り離されたＡＩのようなシステムによってでもなく、神のような特権的な力によってでもなく、まさに経験の嵐のただ中から組織化され、またそのような組織化を秩序付ける私たち自身の積極的で自律的な行為によってもたらされる。

心に生命を取り戻すと言ったヴァレラの思想の根本には、こうした確信があったと想像する。あるいはまたメルロ＝ポンティが身体という次元に賭けたものも、そうした期待であったかもしれない。それゆえ彼はこう言った。「私が悲歎におしひしがれ、すっかり心労に疲れ切っているあいだにも、すでに私のまなざしは前方をまさぐり、ぬかりなく何か輝いた物をめざしており、こうして自分の自立した生存を再開している」[133]。たとえ心がブレイクダウンしたとしても、身体や生命は自律的な運動をやめない。その運動の持続のなかから、再び心は組織化されてゆくだろう。心の指令が滞ったとしても、世界が終わるわけではない。私たちはお腹を空かし、眠り、歩き出す。少しずつ稼働する身体によって環境は少しずつ調整され、またそこから新たなる心が立ち上がってゆくだろう。

「心」という人間が数千年をかけて開発してきたこの存在は、もう少し、その過剰な役割を捨て、肩の荷を下ろしてもいいのかもしれない。私たちの生は心のコントロールにすべて従うのではない。私たちは生命であり身体であり、また環境と共に動き出す存在である。私たちはもう少し、この心の外側にあるものを信頼してもよいのかもしれない。

自ずと生成する自己への信頼。ヴァレラは人工生命の研究でもその直観を育んだはずだ。たとえばウルフラムのセル・オートマトンは、一定の規則が与えられたランダムな初期値から出発したビット列が、局所的な相互作用のみから様々なパターンや構造を自己組織化的に形成する。そしてコンウェイのライフゲームにおいては一度崩壊してしまったそれぞれのビットたちが再び別のビットたちと結びついて相互作用するなかで新たなパターンと振る舞いを再組織化する。[134] ヴァレラのSCLモデルも、自己の崩壊するさなかにまた自己を修復する。あらかじめ自己を保証する仕組みや与えられた自己の自明性がなくても、生命は絶えず自己を作りうる構造を備えている。それゆえヴァレラは一九九五年に書かれた晩年の『*The Emergent Self*』の冒頭を次のような言葉で書き出している。「私は自分の人生の中で、ただひとつの問いを抱えていた。なぜ創発する様々な自己が、ヴァーチャルなアイデンティティが、心／身体のレベルであれ、細胞や生体の内外のレベルであれ、あらゆる場所に現れてそれぞれの世界を生み出すのだろうか？[135]」。このような問いを発するヴァレラの根本には、生命と意識だけではなく、物質のレベルから通底するアイデンティティの形成、すなわち自然、生命、意識を連続的に捉える思想が横たわっている。彼は死期を迎える二〇〇一年にパリで行われたインタビューのなかで、創発という物理現象を、竜巻を例に説明している。[136] 竜巻それ自体はなんらの実体を持つものではなく、ただの空気の集まりだ。しかし、その実体としては空気の集まりでしかない存在が、通り道にあるものをすべて破壊してしまうような強力な存在となる。

ヴァレラは、あらかじめ与えられた自己を前提しなくとも、自己が立ち上がり、形成され続けるという直観を持っていた。本書では扱いきれなかったが、ヴァレラはこのような形而上学を仏教哲学に求めた。とりわけ関心を抱いたのはナーガールジュナと西谷啓治であったが、彼は西谷の「超降下」という概念に注目した。西谷は世界を上方に超越して眺め渡す「超越（transcendence）」が西洋思想における意識の本質であるのに対し、仏教の意識論はむしろ「意識の場を降りる」ことで、下方へと「超降下（trans-descent）」することが本質にあるのだと考えた。ヴァレラは日本の京都を訪れたある学会で、西谷を参照してこのように言った。

仏教の瞑想においては、基礎を捨てることが、「あるがままの存在の正気」に対する根源的な信頼を、真に見い出すこととととらえられているからである。西谷啓治がいったように、超越(transcendence)ではなく、「超降下(trans-descent)」による発見……。ただここに在るという次元にまで降下すること。それこそ、外にであれ内にであれ、参照先への執着を捨て去る唯一の方法だろう。それは、ありのままに在ることを信頼することである。[137]

「ありのままに在ることを信頼すること」。それは自己創出する生命を捉えていたヴァレラに響いただろう。私たちは安定や真理を求めるために、この生きて感じるあらゆる瞬間の様々な経験を手放す必要はないのだ。そんな不安に怯えなくとも、世界はそう簡単に混沌と無秩序へと転落はしない。あるいはもし、何かのきっかけで自分が失われてしまったとしても、それはまたいつか、別のかたちで必ず再生する。たしかにそれは、かつて在った私ではない。しかし、私がつねにめくるめく変化の道程に生きるものであるとするならば、私は絶えず自らを失い続け、そして自らを再生し続けている。善きにせよ悪しきにせよ、この不可避的な変化の連続こそが、生命に与えられた業であり、私たちの生の姿そのものなのだ。心とは、失われながらも再開する生命に加えられたひとつの認識装置であって、その逆ではない。

宇宙を観察する唯一の視点などそもそも存在しない。かりにこの私の意識を規定するカテゴリーが壊れたとしても、生命はそれを自己の変容として受け入れ、再び別のかたちで再生することができるだろう。私たちは過剰な不安に怯える必要はないのだ。ヴァレラが心を生命から考えると言ったとき、そこにはそうした温かい信頼があったように思える。

＊

最晩年、死を迎える少し前のヴァレラは、あるインタビューのなかで「subtle consciousness」[138]というものについて語っていた。「微小な意識」あるいは「幽かなる意識」と訳してよいだろう。それは、眠りについて夢を見ているときの意識、あるいは瞑想中の特別な瞬間の微細な意識、あるいは彼が冗談めかして言うには、死の際の意識。ふつうの意味で言う意識が崩れ去ってしまった（fall apart）ときに輝き出す意識。自我というものからかけ離れ、もはや私を離れた意識でありながら、たしかに意識である意識。それはまるで、流れそのもの（stream like a flow）でありながら、あらゆるタイプの意識の核になる原的な意識。ヴァレラは「科学者としてこんなことを言うのは」とはにかみながら、その幽かなる流れの意識は、身体や脳がなくなってしまっても続く意識のようなものではないか、と語る。それは、海のなかで浮かぶ、流れによって寄せては返す波のように、なんとか形を作り出そうと、新たなる生へと生まれようとし続ける意識である、と。たとえば輪廻と呼ばれるようなものがあるとすれば、それはこのような意識の流れ、「私の意識（me consciousness）」の前にあるような「意識一般（a consciousness）」。ヴァレラはこのような意識の物語をダライ・ラマ法王としばし語り合ったと追想する。むろん、これは科学者としての理論ではないが、かといってただただ宗教的で神秘的な会話でもない。この世界のただ中から、生命、神経、意識の同一性が生成してくる自己組織化的なプロセスへの確信と、長い歴史のなかで信じられてきた信仰を結びつけることができるのではないかという物語への期待である。

幽かなる意識という考えは、C型肝炎により、自らの目前に迫る死期を悟ったヴァレラが、チベット仏教に感化されながら語った言葉である。おそらく彼には、すぐそばにある自らの死が、このリアルな意識をきっぱりと切断していくイメージができなかったのだろう。それよりもむしろ、この意識が膨大なプロセスの流れの中から組織化された可塑的なものであり、死はそれを終焉させるというよりも、本来あったはずのプロセスへと回帰していくのだというイメージが強かったのかもしれない。その意味でヴァレラのこの夢想は、彼の初期からの思想の延長線上にある意識の在り様であった。彼は「生命／人生は儚い（Life is so fragile.）」と言った。自らに迫った病は、この生命の儚さと、そしてそれでも豊かなこの現在の生を教えてくれたと微笑む。ヴァレラの考えた意識は、ほとんど海の泡のように儚くて弱い、しかし常に生成しては新たに波うつ強さをもった心であった。

私たちの心は、カントが理想を描いたような、すべてを明晰に知ることのできる確固たる真理の島にあるのでもないし、また同時にすべてが未知であるような混沌たる海にあるのでもない。おそらく私たちの心は、島と海の狭間で、何度も寄せては返す波打ち際という舞台の上で、小さな破壊と創造を繰り返し、微妙に揺れ動きながら、消え入りそうに儚くも、何度でも上演される、終わらない劇のようなものかもしれない。

第II部
日本編

私たちは、西洋の心の哲学史をめぐる長い旅をしてきた。この長い旅の果てに、現在の私たちの心があると本書は考えている。しかし一方で、私たちはこのような心を、実は最初からすでに持っていたのではないかとも思える。長大な時間をかけて、心はその原初の姿にまで還ってしまったのではないか。そのような疑念が湧いてくる。本書の第二部「日本編」ではこのような仮説に立って、また別の物語を辿ってみようと思う。西洋哲学の最果てにあったその心の在り様、それはもしかすると東洋の日本における原初にあった心の模様と親しいものではないか。心の歴史はもしかすると、どこかぐるりと円環を描くように時間と空間を超えて、何度も繰り返すのではないだろうか。

＊

心は綻びている。心は身体に囲われた美しい結晶であるよりも、身体と共に脈打ち、環境に染み出して動きまわり、世界の無数の繋がりのなかで生成するプロセスである。それがメルロ＝ポンティやヴァレラといった哲学者らが最後に目指した、本書の辿るかぎりでの西洋の心の思想史のひとつの結末であった。ソクラテスの制御する心から始まり、デカルトやカントによってその基盤や機能が設計された西洋の心は、確固たる存在の綻びを自覚するようになった。

一九世紀から二〇世紀の哲学者たちは、西洋思想の自己批判をその責務としながら、同時にみな東洋という別なる思想の可能性に関心を示した。ショーペンハウアーは仏陀の「無」の思想を引き受け、ニーチェは仏教哲学を読んだ。ハイデガーは存在（Sein）が老荘思想の「道」に通じると老子の翻訳まで試みている。彼等ある一群の西洋哲学者たちは、一方では近代哲学の反省としてソクラテス以前の哲学に可能性を見出そうとし、他方でもうひとつの哲学の可能性として東洋に目を向けた。本書が西洋編の最後に読んだメルロ＝ポンティも、西洋哲学が「支配／制御」というモデルを基礎にしていたのに対し、東洋思想が「交渉／共鳴」というモデルを採用していたのではないかと語っている。

> インドや中国の哲学は、存在を支配することよりも、むしろわれわれと存在との交渉（rapport）の反響ないし共鳴器たるべく努めてきた。西洋の哲学も、それから、〈存在との交渉〉やその生れ故郷とも言うべき〈原初の選択〉に気づき直す術を学び、またわれわれが「西洋的」になることに

よって自らに閉ざしてしまったさまざまの可能性を測り、またおそらくはそれをふたたび開く術を学ぶことができるであろう。[1]

西洋哲学が「自らに閉ざしてしまった」可能性、それは東洋にいかなるかたちでありえるのか。心の思想史を辿ってきた本書の物語は三〇〇〇年の時をかけ、今度は再び東洋の原初へとぐるりと旋回する。オリエンタリズムを多分に含むとはいえ、ある意味では西洋哲学はその最果てに、東洋に理想を見た。彼らが最後に見ようとした心の在り方を、もしかすると東洋に生きる私たちははじめから持っていたのかもしれない。東洋哲学という巨大な思想圏の物語——それはおおまかに仏教史にも近い物語——を語る紙幅は本書にはない。また『易経』に象徴されるような、天地の森羅万象を語る荘厳な形而上学としての中国思想でもなく、もっとささやかな心の機微を把捉したい。そこで、本書では中国思想の影響下にありながら、近代には東洋において真っ先に西洋近代思想と融合することになる、微細な心の表現を追うために日本の文学史を辿ってみたい。

「存在の共鳴器」としての心。それはたしかに、日本という東洋の端の国ではじめにあった心の在り様であった。たとえば日本最古の和歌集である『万葉集』に描かれる心は、ホメロスのような神々にコントロールされる心でもないし、ソクラテスのように自ら制御する心でもない。古代の日本の心は、月や花、鳥や風、そういったありとあらゆる自然存在の共鳴器であるかのような心であった。本居宣長は、中国の文学や思想の本質を概念的な「漢意《からごころ》」と言い、日本の文学や思想の本質を朧な情緒としての「もののあはれ」と呼んだ。むろん宣長のこうした図式的な対比構造の設定は、政治思想的なフレームに依るところが多い。しかし、綻びた心、存在の共鳴器としての心、という西洋思想の心の最後の姿の在り様を考えるには、たしかに日本の文学史は興味深い。「哲学」という概念創造の学問が徹底的に西洋的なものであり、形而上学的な思考はほとんど中国思想や仏教の受容というかたちでしか存在しなかった日本の心のモデルの変遷史は、むしろ文学史のなかに色濃く反映されており、しかも着実にその時代ごとに変容を遂げている。

はじめから綻び、自然存在を反響するように生成される心。それが古代の日本文学で描かれた心であった。この原初の心もまたしかし、西洋思想と同じように徐々に多重化してゆき、明治近代という最後の衝撃によって大きな傷を負うことになる。そのような日本の心の物語を辿ってみよう。

5

日本の心の発生と展開

The Birth and Development of the Japanese Mind

我が心　ゆたにたゆたに　浮き蓴《なゆた》
辺にも沖にも　寄りかつましじ
万葉・巻七・一三五二（読人知らず）

春ごとに　ながるる川を　花と見て
折られぬ水に　袖やぬれなむ
古今・春歌上・四三（伊勢）

心は自然に与えられた生物学的な機能ではなく、ある時代に発明され、また世の変遷によってアップデートが要請されるある種のモデルである。私たちがここまで本書で辿ってきたのは、西洋哲学史における心の変遷史であった。それは、現代の全地球規模で西洋的グローバル化が進行する現代の私たちの心の在り様の起源を遡行するために最も適切であると考えられたからである。しかしながら、もちろん世界は一様ではなく、「未開」地域の心が全く別の在り方を持っていることは文化人類学が多く明らかにしていることであるし、またキリスト教、イスラム教、仏教などといった宗教圏によってもその在り方は大きく異なる。心のモデルとはいわば文明と相互作用して生起する可塑的な現象である。そこで本書の最後に、日本というアジアの辺境に位置する小さな島国における心の変遷史を辿ることを試みたい。

なぜ日本なのか、という問題設定には二つの理由がある。第一の理由は、本書が日本で思索され、日本語で書かれているという偶然的かつ経験的な理由である。概念研究である哲学という営みが徹底して西洋的なものであり、原著を参照したとしてもその思索には「翻訳」というプロセスが不可避的に生じるという条件において、日本語の「心」という現象が私たちにはこびりついている。哲学者の九鬼周造はかつて、存在の意味を考えるにはそれぞれの民族における本質を象徴する言葉があるはずであり、それはたとえばフランスでは「esprit（精神／知）」、ドイツでは「Geist（精神）」であり、日本では「いき」だと言って研究を始めた。「心」という語において思索してきた私たちは日本語の「心」という現象の周りに漂うメタファーやイメージを追跡し、その歴史の道程を辿る必要があるだろう。

第二の理由は、現代において日本国の置かれた地理的、歴史的条件に由来する。日本は西洋圏とは全く別の歴史性を持った文明を創り上げてきた中国の文化的影響下にありながら、二〇世紀初頭に、東洋圏において最も早く西洋文明を取り入れ、その思想と技術を血肉化してきた特殊な地域である。別の言い方をすれば、善きにせよ悪しきにせよ、東アジアで中国文明の文化をストレートに背負ったまま西洋近代化に成功した国家であった。現代社会においても欧米圏と中国・アジア圏が不可避的に衝突して混じり合う状況にあるなか、その最初の衝突／融合の試みが行われたのが、日本という場所でもある。この日本という「実験現場」において、どのようにアジア的思想から西欧的思想を受容したかという先例――そのメリットとデメリット――を辿ることは、今後のグローバル化した世界において私たちが生きるための思考材料になるだろう。むろん、単に西洋に対して東洋をオルタナティブとして提示するならば、オリエンタリズムの反復でしかない。よって本書では、東洋文化の称揚のために日本の文化的資源を活用するのではなく、むしろ東洋と西洋の奇妙な接触点、あるいは東西の文明と思想に引き裂かれた歪な文化圏としての日本を参照する。そのため私たちは古代の日本の心から出発し、最終的には近代という西洋文明の到来に衝突した夏目漱石へと辿りつく予定である。足早になってしまうが、まずは古代・中世の日本の心の在り方がどのようなものであったかを見渡し、最後は江戸から明治へという激動の近代化の時代にどのような心のモデルの変容があったのか、夏目漱石という一人の作家を通じて、心の在り様を見てみよう。

神話の起源と心の原初

西洋編をホメロスの叙事詩から出発したように、日本篇も詩歌から始めることにしよう。本書が文学を参照する理由は、歴史学や文学といった研究が、それぞれの時代や地域において開発されてきた様々な心のバリエーションを探る、いわば格好の「心の博物学」と考えることもできるからであった。古代ギリシアでホメロスの叙事詩が成立した紀元前八世紀、日本はまだ縄文時代である。この頃の資料は遺跡や土器を参照するしかなく、日本の文学や歴史書を素材とするには、最も古い『古事記』でも、太安万侶が編纂し、元明天皇に献上した和銅五年（七一二年）を待たねばならない。『古事記』は遡行された「造られた伝統」でもあり、日本の心の起源を参照するには記紀や『万葉集』の以前に遡る必要がある。古代ギリシアのように実際の文献に基づくことはできないゆえ、多くの憶測を含む。しかし、その一端を想像することは興味深い分析を導く。

日本における和歌、あるいはもっと広く文学の起源はどこに存在するのか？　日本の最古の歌集として知られる『万葉集』を読む前に、その前史を少し見てみよう。

古代ギリシアの詩が神々の存在と歴史から始まったように、日本の古代の詩も神々に由来する。しかし古代ギリシアにおける神々が、聳え立つオリュンポス山の頂に君臨する超越的な存在であったのに対し、日本の神々は草木や山河に現れる身近な存在である。本居宣長の言葉を借りれば「鳥獣木草《トリケモノ》のたぐひ海山など、其余何《ソノホカナニ》にまれ、尋常《ヨノツネ》ならずすぐれたる徳《コト》のありて、可畏《カシコ》き物を迦微《カミ》」[2]と呼んだ。それは『古事記』や『日本書紀』などの神道の伝統であると同時に、多くの原始宗教が持つアニミズムでもある。[3]神道が日本の国家的な宗教として定着するのは、中国から伝来した仏教への対抗のため国家的な事業として記紀が編纂されたという歴史的な事情によるところが大きいが、それ以前の原始の神々と人間の交流、そして和歌の発生については折口信夫の『国文学の発生』が興味深い想像力を与えている。

折口によれば、古来日本には村々に訪れる「まれびと」と呼ばれる、人間のような神のような存在（人に扮した神）がいた。[4]彼らは大晦日や節分、小正月や立春などの季節の節目に共同体の外部から到来し、そこでなにがしかの言葉を喋り、踊りを踊っては去っていった。村の人々はこの外部からの異質な存在者であるまれびとを神として扱い、まれびとの言葉を神の言葉として記憶しようとした。神の言葉（呪言）を忘れないために、彼らは律文・韻文調の「寿詞《ヨゴト》」として記憶し、ここから「祝詞《ノリト》」が発生し、「此崩れた形が、万葉集にある」[5]と折口は考えている。また祭事における踊りも、神の振る舞いの反復であったと述べる。村の人々は韻文によって神の言葉を記憶し、神の身体の一挙手一投足を模倣してシミュレーションするために踊りを踊ったのだ。

人間の話す言葉は重要ではない。重要なのは神の言葉と身体であって、人間はそれを再表現することによって社会共同体の構築を図る。神の到来という非日常の出来事は「巫覡《ふげき》の恍惚時の空想」[6]であったため、人々はそれを忘れぬように形式化して記憶し、模倣して内在化するというプロセスによって身体化／日常化していった。それが記紀に現れる語り部の口うつしであり、『万葉集』の起源であり、また神事や儀式、服装などの文化継承をもたらした原始の記憶である。

折口の分析を本書の文脈に拡張すれば、人間は神の到来という一回性の経験をシミュレーションすることによって心の在り様を学習し、それを習慣化することによって共同体において共有可能な心を構築していったのだと考えることができる。人間ははじめに心を持ったからそれを言葉で表現したのではない。むしろ人間は先に言葉と振る舞いをインストールし、何度もそれを実行することによって心を生成・形成することができたのだ。このプロセスは、古代のギリシア神話とそれを演劇によって形式化して記憶の蓄積を文明の資源としたアテナイのポリス的な方法とそう異なるものではない。古代ギリシアでも人々はまず神の「とり憑き」によって意識を様々に変容させ行動した。そして後代の人間たちはその神話に描かれた英雄たちを演劇によって模倣することによって、その在り様を内在化していったのだ。心は与えられた世界の再表現（representation）ではなく、むしろ振る舞いの学習（simulation）である、という考えはヴァレラの認知科学的思想であったが、まさに古代の心はこのような反復する行為の学習として創造されていた。

『万葉集』から『古今和歌集』へ——言葉から心へ

日本の和歌における心の表現は、どこにティッピングポイントがあるのか。本書は『万葉集』（八世紀頃）から『古今和歌集』（一〇世紀）の時代にひとつの大きな変化があったという仮説[7]を考えてみる。たかだか二〇〇年程度ではあるが、ここに時代の分断を見るのは理に適っている。もちろん国文学史を通史的に追えば、『万葉集』も四期の分類（七〜八世紀）があり、『古今集』も三期[8]にわたり、またその間にも漢詩流行の時代があり、連続とも飛躍とも言える解釈がある。ただこの時代（奈良時代から平安時代にかけて）は、日本に中国（唐）から大量に文化と思想が流入してきた時代であることはたしかであり、文学以外にも、律令制をはじめとする政治制度や、何より仏教思想の定着は日本の文化・思想に強大な変容をもたらしたことは間違いない。『万葉集』から『古今集』の違いはどこにあるのか。[9]本節では「知覚」「自然」「自己」といった、いくつかの観点からその違いを見てみよう。

「見る」から「思ふ」へ――身体の眼と心の眼

『万葉集』を一読すると、その歌のなかに「見ゆ」という言葉が数多く使われていることが分かる。そのことから、彼らはおそらく視覚中心の意識を持っていたことが推測されるが、このこと自体は古代の人間においてそれほど不思議なことではない。たとえば古代ギリシアにおいてモノの本質を意味した「エイドス（形相）」は、見るという動詞「eido」と同根で、モノの本質とはすなわち「見られたもの」であった。まず人間はものを見ることでその対象の本質を摑もうとした。また視覚を中心とした世界把握は、西洋史を通じて常に本質的な役割を果たし、ルネッサンスでは人間の視覚の中心点から世界を描く遠近透視図法のような技術も発達した。

　しかしながら、『万葉集』における「見ゆ」あるいはその視覚的意識は、西洋における視覚文化とは大きく異なっている。古典文学研究者の佐竹昭広は「月渡る見ゆ」「煙立つ見ゆ」「咲きて散る見ゆ」など、『万葉集』において動詞「見ゆ」が終止形で文を結ぶ（前の動詞が連体形のように機能する）という独特の文法で使用されていることに注目している。万葉の人々は、ただの情景描写であれば「煙立つ」で済むところを、あえて「煙立つ見ゆ」と書いた。佐竹によれば、万葉の人々にとって風景は人間とは無関係に存在しなかった。「フランス語の Voilà が「そこを見よ」の意から「そこにある」意へと転じてきたように、存在ということは本質的に見ることを前提に」しており、「古代語「見ゆ」の背後にも、存在を視覚によって把捉した古代的思考がなお強力に働いていたと認められる」[10]と論じている。存在と不可分な視覚「見ゆ」の力、それは西洋哲学における「形相」のように、モノの内在的かつ普遍的な性質を捉える力でもなく、遠近透視図法のように風景を視覚による均質性として再構成する力でもない、見ることによって世界を存在させる力であった。それゆえ「見ゆ」の力は、時に現実には存在しないような対象に対してさえ働く呪術性を孕んだものでもあり、日本思想研究者の伊藤益はそれを「幻視の力」と呼んでいる。[11]

なかでも万葉の人々が「見た」ものは、樹々や動物、川や海などの自然現象であった。彼らは見ることの力を存分に使い、自然との共存在を感じる意識を持っていた。唐木順三は『万葉集』の「よき人のよしとよく見てよしと言ひし芳野よく見よよき人よく見」(万葉・二七)や「天離《あまさか》る夷《ひな》の長道《ながち》ゆ恋ひくれば明石の門より大和島見ゆ」(万葉・二五五)などの句を挙げながら、彼らの幻視的かつ存在論的な視覚的意識をこのように語っている。

> 古代人は見ることにおいて偲び、また思つた。眼前の風物、人物を自分の眼で見ること、見入りたしかめることが発想の起点であつた。恋も「相見る」ことにおいて始まり、恋の相手の姿を思ひ見ることにおいて恋のほどをたしかめた。山川草木を「清し」「清《さや》けし」と眼でたしかめることにおいて、山川草木は他人ではなくなつた。「清けき見つつ」といふやうに、山河はその本来において清浄であつた。それは、自然・自己一体の古代人の在り方といつてよい。[12]

本章の冒頭で確認したように、日本の最初の心は、自然の共鳴器として存在する心であり、それは自然を「見る」という視覚的意識によって確たるものとなる心であった。さて私たちは『万葉集』から『古今集』という二〇〇年の間に、古代の日本人にとって重大な意識の変容があったという仮説を追っている。その観点で言えば、まずは『万葉集』における意識の中心であった「見る」の言語表現として の「見ゆ」が持ち得た終止形で文を結ぶという独特の文法が、『古今集』において『万葉集』からの重載を除いて消滅しているという佐竹の指摘が挙げられる。[13] この「見ゆ」の消滅は、単に文学上の変化ではないだろう。万葉の人々における「見る」という行為の重要性、唐木の言葉を借りれば、身体的な知覚経験がそのまま「自然・自己一体」という人間存在の在り方を規定するような「見る」という行為の言語的表現が『古今集』において無くなっているという事実は、意識の在り方それ自体の変化を伴ったと見るのが自然である。

唐木によれば『万葉集』の「見ゆ」の言葉が減少したことに代わって『古今集』で頻繁に登場したのが、「思ふ」という言葉である。たとえば唐木は「思へども思はずとのみ言ふなればいなやお思はじ思ふかひなし」（古今・一〇三九）、「夏山になくほととぎす心あらば物思ふわれにこゑなきかせそ」（古今・一四五）など、過剰なまでに「思ふ」という表現が現れてくる歌を参照する。唐木は「見る」ことによって存在をたしかめた古代万葉人の在り方から、「思う」という新たなる意識への変化が現れてきたことに日本の心の重要な変化があると考えている。本書でもその仮説を踏襲しつつ、その意味を西洋における心のモデルの変化と重ねてみたい。

私たちは西洋編で古代ギリシアの神話からソクラテスの哲学へという変化を確認し、そこに心の発生の起源があるのではないかと考えてきたが、本書の冒頭でも参照した哲学者リチャード・ローティは、この古代ギリシアの哲学の誕生に別の解釈を与えている。ローティによれば、古代ギリシアの知性の発生の本質は、個別具体的な事象への観察から一般化された知識を引き出すことであり、それこそが哲学の果たした役割であった。

哲学は、西の方に平行な山並みがあるという知識と、平行線は無限に延長されても交差しないという知識との差異や、またソクラテスは善人であるという知識と、善とは何かについての知識との差異を吟味しようと企てた。そこで次のような問いが発生した。山についての知識と線についての知識との間にある共通性は何か。ソクラテスについての知識と、〈善そのもの〉についての知識との間にある共通性は何か。この問いが身体の眼と〈心の眼〉を区別することによって答えられた時、ヌース（νους）――思考、知性、洞察――は人間を動物から分つものとして同定された。[14]

「身体の眼」と「心の眼」の区別、それこそが思考＝知性の発生だった。ローティが古代ギリシアの哲学の誕生の意味として見出した事実はこれである。ローティによれば、この「心の眼」のメタファーが後の一七世紀以降の近代化の重要な知的参照資源となっている。その意味で、西洋で紀元前五、六世紀に発生した心の眼の獲得を、人類の最初の「プレ近代化」であると考えたとき、日本の七、八世紀から一〇世紀にかけて、すなわち『万葉集』から『古今集』への移行は日本における最初のプレ近代化とみなすことができるだろうか。もちろん、西洋哲学が心の眼によって「普遍的な知識」を獲得するという変化を起こしたこととは異なり、『古今集』では知識の一般化や普遍化というプロセスは生じていない。しかし、単に世界を見ることから、ある種の推論や知識を通じて世界を見る、という心の変化が生じていることはたしかである。視覚的意識を心の中心とした日本でも、この時期に「身体の眼」から「心の眼」というひとつの心のアップデートが生じていたのである。

見ることそのものから、見てそれを推量する、という高度で抽象的な思考がここに立ち上がる。もちろん『万葉集』にも「思ふ」という動詞は多く使われている。しかしそれは『古今集』における用法や意味合いとはやはり違いがある。たとえば以下の『万葉集』の一節は、天智天皇の皇位継承を巡る政争のなかで、大友皇子の勢力から逃げるため、大海人皇子（天武天皇）が命からがら都を離れ吉野の山を脱出したときの長歌の一節である。

み吉野《よしの》の　耳我《みみが》の嶺に　時なくそ　雪は降りける　間《ま》なくそ　雨は降りける　その雪の　時なきが
ごと　その雨の　間なきがごとく　隈《くま》も落ちず　思《おも》ひつつぞ来し　その山道《やまみち》を

巻一・二五（天武天皇[15]）

吉野の山を歩くと、雨が降り、雪が降る。世界は途切れることなく、風雨に埋め尽くされた山中である。それが世界全体であり、その外側さえない山道を行く体験において「思ふ」とは、世界と私の心の重なる風景そのものだ。「思ふ」は空想や想像ではないし、むろん推量や推論ではない。『万葉集』における「思ふ」は、世界を対象化し、その外側から世界を観測することではなく、世界全体に圧迫されるように覆われた心象風景の否応なき発露である。

「思ふ」のこのような意識と世界との混合性とは対照的に、和歌の大きなテーマである恋人を思う恋歌において「見る」の力は極まっている。それは『万葉集』を代表する歌人・柿本人麻呂の句に象徴的に表れている。京の都から石見国（現・島根県）へと左遷された柿本人麻呂は、山や海を見ることによって、遠く離ればなれになってしまった妻を思った。次の歌は、石見国で寄り添った妻を残し、京の都に帰ったときに詠った歌である。

秋山に　落つるもみち葉《ば》　しましくは　な散りまがひそ　妹《いも》があたり見む
万葉・巻二・一三七（柿本人麻呂）

石見《いはみ》の海《うみ》　打歌《うつた》の山の　木《こ》の間《ま》より　我《わ》が振る袖《そで》を　妹《いも》見つらむか
万葉・巻二・一三九（柿本人麻呂）

秋の山に色づく紅葉、それは暖かくも悲しい色をして、乾いて死を待ちながら樹にぶら下がっている。この美しい紅葉が散ってしまえば、もう愛する人に会えないような気がする。どうか風よ吹かないでくれ、あともう少しだけあの秋の葉を落とさないでくれ。愛し合う私たちを繋ぐ最後の糸のように、細々と黄色く揺れる葉。柿本人麻呂はその小さな葉の揺れを、まるで自分の運命を左右する神の審判のように真剣な眼で見ただろう。

冷たく寒々しい海は、荒々しく岩山に飛沫を打ちつける。飛び散る白い波の破片は、零れ落ちる涙そのものだった。海の水が飛び散るのを見る度に、遠く離れた愛する人は自分のことを思ってこの私のいる方角を見てくれているだろうかと涙が抑えられない。

紅葉する秋の山、波飛沫をあげる海、柿本人麻呂は、眼前に映るこれらの自然の風景を、尋常ならざる眼差しで見つめ、見つめることによって心をたしかめた。そして柿本人麻呂は、愛する妻と私の視線を遮っている、この途方も無い巨大な山に向かって「なびけこの山」と詠ったのだ。

この道の　八十《やそ》隈《くま》ごとに　万度《よろづたび》　かへり見すれど　いや遠《とほ》に　里は離《さか》りぬ　いや高に　山も越え来《き》

ぬ　夏草《なつくさ》の　思ひしなえて　偲《しの》ふらむ　妹《いも》が門《かど》見む　なびけこの山
万葉・巻二・一三一（柿本人麻呂）

長く険しい山路を歩き続け、角を曲がる度、何度も何度も妻の方角を振り返って見た。この山のはるか彼方に、夏草のように悲しく沈んでいる妻を思い、鬼気迫るほどの感情で「なびけこの山」と発し、「妹が門見む」と願った。それは、この山さえなければ幾万里も離れた妻の姿をこの眼で見ることができるのだという執念の歌であった。

「交雑する自然」から「情報論的自然」へ

石見国、という京都から離れた日本の裏側とでも言うべき異郷の地に赴任した柿本人麻呂が、『万葉集』を代表する歌人であることは象徴的である。すなわち万葉の歌人たちは、自然を見るだけで自ずと心の情景が浮かび上がるという歴史的・地理的な条件のなかで歌を詠んだのである。

柿本人麻呂に限らず万葉の歌人たちは、みな自然を見ることによって心をたしかめ、自らもそれに成り入った。彼らは、こぼれ落ちそうな心の不安を夜の白露を見ることで感じとった。[16] 夜が暗くなれば心も暗くなり、沈んだ心を晴らしてくれるのもまた月の光であった。[17] 抑えきれない愛の気持ちを激しい川の濁流になぞらえた。[18] 愛する妻と寄り添って眠った美しい思い出をゆらゆらと海に揺られる玉藻と重ねた。[19]

万葉の歌人たちがこのように自然と心を重ねるとき、彼らは自然を意識の対象として捉えているのではない。意識の対象として自然やモノを捉えるという考えは、西洋哲学では常に基本的な枠組みであり、現象学者フッサールは意識とは常に「なにものかについての意識」＝「aboutness」であると言った。ただ意識そのものというものはありえず、眼の前の樹木についての意識であったり、悲しみについての意識であったりする。対象に向かわない意識は存在しない。それが現象学的な意識である。

しかし『万葉集』の歌に詠われている意識は「なにものかについての意識（consciousness *about* something）」であるというより、「なにものかと共にある意識（consciousness *with* something）」である。意識は単独で存在することはできず、常に自然と共に在ってはじめて可能になる。彼らが詠ったのは「白露についての意識」ではなく「白露と共にある意識」であり、「月についての意識」ではなく「月と共にある意識」である。夜という対象が意識に対して現れ、それが暗くなることで意識が苦しさを感じるのではなく、夜と共にある意識が、夜が暗くなると共に苦しく沈んでいくのだ。

万葉の人々の意識を「についての意識＝aboutness」ではなく「共にある意識＝withness」と呼べるとすれば、その結びつき、交わりは、解きほどくことが不可能なほど絡まり合っていることを意味している。彼らは自然なしでは心が空虚であるかの如く、その心が本物でないかの如くに感じていた。

こと降らば　袖《そで》さへ濡《ぬ》れて　通るべく　降らなむ雪の　空に消《け》につつ

万葉・巻一〇・二三一七（読人知らず）

ひさかたの　天照《あまて》る月の　隠りなば　何になそへて　妹《いも》を偲《しの》はむ

万葉・巻一一・二四六三（読人知らず）

一首目は、雪どうせ降るなら袖を濡らすまで降って欲しい、それなのに地上に降り落ちる前に空で消えてしまう、と嘆いた歌である。まるで、雪がこの私の袖に触れて溶けなければ本当に悲しむことができないではないか、と訴えているようである。また二首目はもっと直接的だ。久しぶりに美しい月が夜を照らしているというのに、雲が月を隠してしまうから、いったい私は何を通じて（「何になぞへて」）恋人を思えばよいのか、と悲しんでいる。この歌は、心が単独で思いを形にすることはできず、月という自然を媒介にしなければ思いが実を結ばないと言い切っている。彼らは「雪と共に」悲しんだのであり、「月と共に」愛する人に思いを馳せたのだ。すなわち彼らは自然を通じて心という存在をたしかめた、というよりもむしろ、自然と交わることによってはじめて心を存在させた、とさえ言えるほど、自然と交雑することの意味は大きかったのである。

このような万葉の人々の感情は、後の『古今集』の歌人と比べると明瞭な違いが分かる。たとえば次の一首。

あはれてふ　ことだになくは　何《なに》をかは　恋の乱れの　束《つか》ね緒《を》にせむ

古今・恋歌一・五〇二（読人知らず）

これは「あはれ」という「言葉《こと》」がなければ、いったいどのようにして思い乱れる心を表現する（束ねる）ことができるだろうか、と詠っているのである。先ほどの『万葉集』の歌人が「月がなければ心を表せない」と言っているのに対し、『古今集』では「言葉がなければ心を表せない」と言っているのだ。さらに次の一首。

思ふてふ　言《こと》の葉のみや　秋を経て　色もかはらぬ　ものにはあるらむ

古今・恋歌四・六八八（読人知らず）

秋になれば樹々の色は変わり移ろってしまうが、時を経ても変わらないものは言葉だけではないだろうか、という歌だ。自然を通じて心を生成させていた万葉の歌人らと比べ、古今の歌人らは、自然よりも言葉を通じて心を表現するようになった。すなわち、万葉歌人らが自然と共になければ心さえ存在しない、といった思想を持っていたとすれば、古今の歌人らはこの自然との最初の決別を断行し、自然がなくても成立する心の創造に立ち会っているように思える。したがってこの万葉／古今の心のモデルの違いは、彼らの「自然観」の違いに大きく起因する。もちろん『古今集』でも自然を詠んだ歌は多いが、これは『万葉集』のそれとは似て非なるものである。結論から言えば、古今時代の人々が見た自然は、桓武天皇によって新造された平安京という都市的文化のなかで人工的に構成された自然であった。彼らの意識の母体となった平安京の自然・宇宙観を少し考察してみよう。

平安京は「碁盤の目」の幾何学的な都市設計によって人間の知的秩序を実現した都市として知られるが、彼らは単に自然を否定して人間的秩序を実現したのではない。むしろ平安の人々は、自然を再構成し、知性によって自然に対する感度を再編成し、そのことによって知覚レベルと思想のレベルで新たなる自然をこの地上に建設した。

そもそも平安京は鎮魂の都市でもあった[20]。延暦一三年、早良親王の怨霊を避けるため、わずか一〇年で長岡京からの遷都が行われたのだ。そのため、平安京はその怨霊と厄災から都を守るための結界を張り、安寧を徹底するために、中国の五行思想を反映した「四神相応」の地形に設計されている。すなわち、玄武の座す北方には船岡山、青龍の座す東方には賀茂川、朱雀の座す南方には巨椋池、白虎の座す西方には山陽山陰道があり、当時の思想において理想的な地形が選ばれている。都の内部にも五行思想は浸透しており、御所は平安京の北側に設置されているが、これも中国の道教で「北極星」を意味する「天皇大帝」に由来し、民俗学者の内藤正敏は「北極星の天皇大帝が、北の空で不動の姿で満天の星を従えて宇宙の陰陽を調和させて輝いているように、地上の天皇も北を背に南面し、平安京の右京と左京の人民を支配する」[21]と論じている。古今の歌人たちが歌を詠んだ平安京は、このような宇宙論的な自然観によって徹底的に設計された都市であった。宗教学者の鎌田東二は「平安京という地上世界が、天空の一つの写し図」であり「大宇宙すなわちマクロコスモスのミニマムな形として、平安京というこの小宇宙の地上世界をどのように楽土としてコントロールし、秩序をつくっていくことができるか」[22]が、この都市を理解する上で重要であると指摘している。その上で、陰陽道や暦法、天文学がいわば当時の最先端の科学知識であったという前提を踏まえて「平安京というのは、日本を代表する非常に伝統的な都市でありながら、同時に、最新の最先端テクノロジー都市だった」[23]と結論づけている。

当然ながら、都市設計のみならず、そこに住む貴族たちの生活もこのような宇宙論的かつ人工的な環境に包まれている。音響学の専門家・中川真は、平安京の周りを取り囲む寺の鐘の音を収録・分析し、実際に平安期から後代にわたって鋳造された京の都を取り囲む鐘が「京の西方の神護寺で平調、北方の大徳寺で盤渉調、東方の高台寺、清水寺で上無調、知恩院で下無調、南方の西本願寺で壱越調甲」[24]であることを発見し、鐘の音のヘルツレベルまでが五行思想に基づいた配置体型を構成していたという仮説を示している。中川の調査によれば、鐘の音の調性は、阿弥陀如来を祀る勝林院では秋の物悲しい音に合わせて平調に、祈願の仏である薬師如来を祀る来迎院では若葉の萌える春の喜びに合わせて双調に調律されており、京の都では「季節や仏の意味体系と緊密な関係をもちながら、鐘の音が鳴っている」[25]と指摘している。

平安の歌人たちが、実際にこのような微細な音の響きを聴き分けていたのかどうかは定かではないが、彼らの意識を構成する「気分」に、体系化された自然という思想が介入していたのは間違いない。具体的には、平安京では立春や立秋など、二十四節気という季節区分の節目には諸門が開場され、また日常でも一日を一二の時刻に分けて鼓がその時を告げていた。律令の施行細則の法典『延喜式』には、時刻に合わせて鼓を打つ回数などの指定が細かく書かれており、彼らは一日を分割する鐘や鼓の音を聴き、また季節を分割する節気に合わせた街の変容を確実に感じながら生活した。このように平安京に住む人々は、日々の環境音から街全体を構成する宇宙論的な幾何学に至るまで、徹頭徹尾「新たなる自然」として設計された人工的な都市感覚を持ちながら歌を詠んだのだ。彼らは北の山を見て天の星や神を思い、鐘の音を聴いて都の外の里山で枯れゆく秋の葉を感じ、開かれる諸門を見て春の訪れの匂いを嗅いだ。彼らは自然を排除して自然との関係を切断したわけではなく、囲われた都市の内部という新たな条件において、別の仕方で自然との出会いを構築しようとしていたのだ。彼らにとっての平安京は単なる建築構造物ではなく、一方では宇宙にまで広がる大自然へとアクセスするための巨大な知覚拡張メディウムであり、また同時に大いなる自然を意識のなかへと集約してしまう膨大な圧縮プロトコルの集積回路でもあった。

さて、このような都市的環境のなかで平安歌人たちが詠った和歌はどのようなものであったのか。注目すべきは『古今集』の成立した一〇世紀頃の宮廷で流行していた「屏風歌」である。屏風歌は、貴族の祝いに際して贈られた大和絵の屏風を見て詠まれた歌である。屏風絵には年中行事や貴族らの生活を描いたものなどあったが、最も多かったのが四季屏風で、四季折々の自然の風景が描かれている。『古今集』の歌人らはこの屏風絵を見て歌を詠むこともしばしばであり、屏風歌を最も多く歌ったのが『古今集』を代表する歌人・紀貫之であった。万葉の歌人たちが生の自然に向き合って歌を詠んだのに対し、古今の歌人たちが向き合った自然は、都市的でありかつ場合によっては絵画的な自然[26]、あえて言い換えれば「情報論的な自然」であった。彼らはもちろん生の自然も詠んだが、時には屏風に描かれた自然を見て歌を詠み、また時には書籍に書かれた現実には存在しない自然（月に生える高さ一五〇〇メートルの巨大樹「桂の木」など）さえを歌に詠むなど[27]、「メディア」を通じての自然にリアリティを感じはじめていた。このような環境の変化がもたらした新たなる自然は、「身体の眼」で見る自然ではなく、「心の眼」で見る自然であると言っていいだろう。

別の言い方をすれば、万葉の人々にとって自然はあまりにも自明であり、心そのものと区別不可能なものであったがゆえに隠されていたが、古今の人々が（メディア／情報を通じて）それを対象化したことによってはじめて「自然」は発見された。たとえば『イリアス』において「四肢」や「骨」「肉」「皮膚」などの語はあっても、その総体としての「身体」という語が存在しなかったように、万葉の人々にとって「花」や「風」、「霞」「波」「月」は存在したが、その全体としての「自然」はいまだに発見されていない。古今的な心は、そのような生の自然がなくても成立した。すなわちそれは、かつての自然からの決別が、かえって「自然」という対象を存在させた（前景化させた）、という逆説的状況においてはじめて成立した心である。一方でこの新たなる心は文法や都市という一種のテクノロジーによってはじめて成立したものだが、他方では「心の眼」の発達が、環境や文学の変化も促進させた。私たちはここに、文明・文化と相互循環的／共進化的に創造される可塑的な現象としての心を見出すことができる。

しばしば指摘されるように、『万葉集』の季節の歌は自然そのものに誘われて歌われたが、『古今集』は暦上の季節を意識して歌われている。そもそも『万葉集』が「雑歌」「相聞歌」「挽歌」という区分をその編集の中心としているのに対し、『古今集』では「春歌」「夏歌」「秋歌」「冬歌」を編集の最初の区分としている。『古今集』の編者たちは和歌を自然の四季折々に際して詠うことを最重要視したのであって、別の言い方をすれば、彼らは連続する自然の時間を「四季（しかも暦上の）」というデジタル区分へと再編成することをその編集方針としたのであった。だからこそ『古今集』の第一歌は「年のうちに春は来にけりひととせを去年《こぞ》とやいはむ今年とやいはむ」（古今・一）で、暦上の春の到来（立春の前に正月＝陰暦の春が来たこと）が歌われており、ここには自然描写すらない。悪名高いこの歌は、正岡子規をして「呆れ返つた無趣味の歌」と言わしめ、和辻哲郎は「集中の最も愚劣な歌」と酷評した。

しかし私たちは、文学としての価値を評価しているのではない。人間の意識の変容に注目しているのであり、なかでも自然と共に心を形成してきた古代・中古の日本人の意識という観点から考えるとき、古今時代の自然への理知的な感覚は注目に値する。特に、情報論的な自然観として興味深いのは次の一首。

六月《みなつき》のつごもりの日よめる

夏と秋と　行きかふ空の　かよひぢは　かたへすずしき　風や吹くらむ

古今・夏歌・一六八（凡河内躬恒）

これは陰暦六月末日に詠まれたもので、夏が終わり秋が始まる日なので、夏と秋がすれ違う空の道では、片方だけ涼しい風が吹いているだろう、という歌である。古今の歌人は、暦という時間的なデジタル区分を内在化していただけでなく、それを外的な自然へと投影し、そのデジタルな区分を、空という連続した空間の分割へと適用したのである。[28]

さらに驚くべきは、この一六八番に収録された歌は『古今集』の第三巻「夏歌」の最後の歌であり、この歌を境として、次の第四巻「秋歌上」が開始されるのである。すなわちこの一首は、夏と秋を区切る自然の時間的・空間的な切断の役割を果たしている歌であると同時に、四季という自然の時間を編集している『古今集』全体の情報としての夏と秋を区切るメタ的な切断の役目も負っているのである（加えて言えば、次の第四巻「秋歌上」の一首目は「秋来ぬと目にはさやかに見えねども風の音にぞおどろかれぬる」（古今・一六九）で、前の句の秋の風の到来を感じる歌から始まっている）。ここに、古今時代の人間の極めて知的で高度な意識を見ることができると同時に、自然に対する感性のラディカルな変容が確認できる。

「メッセージ」から「交渉」へ――変わる自然と心の関係

意識の共存在である万葉の自然から、情報としての古今の自然、という変化のうちに、自然物に対する態度も明確に変わっている。万葉の人々において自然は人の心と不可分であり、彼らは自然のあらゆるものにメッセージを読み取った。

たとえば「風に散る花橘を袖に受けて君がみ跡と偲ひつるかも」（万葉・一九六六）は、風に舞う橘の花びらがふわりと袖に触れたとき、愛しい人の思いが届いたのだと感じる美しい叙情が詠われている。あるいは「天の原振り放《さ》け見れば天の川霧立ち渡る君は来ぬらし」（万葉・二〇六八）は、空に霧が立つのを見て恋人が訪れたのだと知る喜びの心を描いている。花びらや風や霧にさえメッセージを読み取る万葉の人々は、当然のように動物や植物にも意思や感情があると思っていた。彼らは鹿や猪の鳴き声は妻を呼ぶ声だと慣用的に使用し、「木の葉知るらむ」などの表現も多用している。[29]それゆえに同じ動物や植物との交流においても、万葉と古今の人々では著しい違いがある。

ひとり居《ゐ》て　物思《おも》ふ夕《よひ》に　ほととぎす　こゆ鳴き渡る　心しあるらし
万葉・巻八・一四七六（小治田朝臣広耳）

妹《いも》らがり　今木《いまき》の嶺《みね》に　茂り立つ　夫《つま》松の木は　古人《ふるひと》見けむ
万葉・巻九・一七九五（宇治若郎子の宮所）

花の香《か》を　風のたよりに　たぐへてぞ　鶯《うぐひす》さそふ　しるべにはやる
古今・春歌上・一三（紀友則）

よそに見て　帰らむ人に　藤の花　はひまつはれよ　枝《えだ》は折るとも
古今・春歌下・一一九（僧正遍照）

右の『万葉集』の歌は、物思いに耽る私の気持ちをホトトギスも知っているから悲しく鳴いているのだろうなと感嘆したり、森に生える松の木は死んだあの人を見ただろうかと思案したりしている。鳥や松の木は、人間とささやかな気持ちを通じ合ったり慮ったりする間柄として描かれている。

しかし『古今集』の歌はどうか。一首目は、もう花が咲いて春が訪れたはずなのに鶯がまだ鳴かないから、春が来たことを風にのせて手紙で鶯に伝えて誘い出してやろう、という歌である。また二首目は、美しい藤の花をろくに見ずに帰った人々がいる、あいつらに絡みついてやれ、たとえ枝を折られたとしても、と藤の花をけしかける歌である。古今の歌人たちが動物や植物に対して抱いたのは、ささやかなメッセージではなく明確なコミュニケーションであり、交渉や論議とさえ言える高度な知的交流である。

この違いが示すのは、古今の歌人たちは動物や樹々が心を持っていることが当たり前であった万葉の人々とは違い、動植物を戯画化して擬人法的に描いていることである。動物や植物などの自然は古今時代において、あらゆるメッセージが隠された神秘、あるいは心の共存在ではなく、人間の交渉によってその姿や振る舞いをいかようにも変える、いわば心の従属的な対象となったのだ。

古今の歌人たちが情報論的な自然観を獲得したとき、心と自然の関係は大きく変わった。すなわち万葉の歌人たちが、自然を「見る」ことによって自然と「共に」ある意識を持っていたのに対し、古今の歌人たちは自然を「心の対象」として捉えた。これが「見る」から「思う」という表現上の変化、すなわち視覚から思考という意識の変化をもたらしている。たとえば次の一首。

心ざし　深くそめてし　をりければ　消えあへぬ雪の　花と見ゆらむ

古今・春歌上・七（前太政大臣（藤原良房）の歌との説）

心深く春を思って花を折り取ったため、消え残っている「雪」を「花」と見てしまう、という歌である。『万葉集』では自然を見ることに心が導かれていたのに対して、『古今集』のこの歌では心が先行して見ることを導いている。ここに、見ることと思うこと、視覚と思惟の逆転を見ることができる。ローティの言葉を借りれば、「身体の眼」よりも「心の眼」が知覚を規定するようになったと言えるだろう。身体による知覚と意識による現実の解釈のズレが始まっていると言ってもいいかもしれない。このような句は『古今集』には散見され、紀貫之は次のような句も詠んでいる。

人はいさ　心も知らず　ふるさとは　花ぞ昔の　香ににほひける

古今・春歌上・四二（紀貫之）

人の心はまったく分からないが、故郷の花の懐かしい香りならば分かる、という歌だ。ここには、嗅覚という慣れ親しんだ身体感覚への信頼が語られるとともに、新たに形成されてきた、身体による知覚すら変えてしまう「心」という新時代の感覚への戸惑いを見ることができないだろうか。『古今集』はこうした「思う」心の新たな表現が多く出てくるが、『万葉集』のように単に恋煩いの感情だったり情念の発露だったりする「思う」ではなく、世界を対象化し、現実をメタ的な視点から捉える心の在り様だ。なかでも、こうした高度なメタ意識を歌った驚くべき表現も出てくる。それが次の一首。

われを思ふ　人を思はぬ　むくいにや　わが思ふ人の　我を思はぬ

古今・雑躰・一〇四一（読人知らず）

私が、私に思いを寄せてくれる人に思いを寄せない報いだろうか、私が思いを寄せる人は、私には思いを寄せてくれないよ。現代の日本語で読んでみても、一読しただけでは混乱してしまうような複雑な関係が表現されている。同じく「私が思うあの人は私を思ってくれない」という気持ちを詠った歌として、『万葉集』に次のような歌があるが、これと比較してみよう。

風を疾《いた》み　いたぶる波の　間《あひだ》なく　我《あ》が思《おも》ふ君は　相思《あひおも》ふらむか

万葉・巻一一・二七三六（読人知らず）

「我が思ふ君は　相思ふらむか」という表現だけを見れば、先の『古今集』の歌とも似ているが、この歌では同じ「相手も私を思ってくれているだろうか」という不安と情愛の気持ちが、激しい風にさらされて止むことなく荒れる波に寄せて表現されている。『古今集』が人間の心の関係だけで完結した世界になっているのに対し、『万葉集』ではそこに自然という媒介を通じて人間の情愛の嘆きが歌われているのである。

可能世界と心のテクノロジー

古今の歌に詠まれる「思ふ」という言葉の増加は「推し量る」という、意識の自律した思考能力の発展を窺わせる。それゆえ唐木は『古今集』において「らん」「らめ」といった推量助動詞が増えていることを指摘しているが、こうした意識の変化に伴う文法・技法の発展は、言葉の使用頻度だけに留まらない。国文学研究者の鈴木日出男は『古今集』の特色として、ある物を別の物として見る「見立て」と「擬人法」の技法をあげているが、この技法は推量という心の働きを明確に際立たせることに貢献している。たとえば、雪と梅の花と鶯、という情景を詠んだ句が、『万葉集』と『古今集』でどのように詠まれているか。

梅《うめ》の花　咲《さ》ける岡辺《をかへ》に　家居《いへを》れば　乏《とも》しくもあらず　うぐひすの声《こゑ》
万葉・巻一〇・一八二〇（読人知らず）

春たてば　花とや見らむ　白雪の　かかれる枝《えだ》に　うぐひすの鳴く
古今・春歌上・六（素性法師）

前者の『万葉集』における一句は、梅の花を見ていると鶯の声が聞こえたという、ただ事実のありのままを詠うことによって春の到来を待ち望む心を表現している。それに対して後者の『古今集』の一句は、梅の花にかかる雪を、鶯が花と見間違ってしまったのだろうか、と「雪」を「花」と見る「見立て」や、「擬人化」の技法によって視点の移動が行われている。そのことによって『古今集』の歌は、事実を見るという行為そのものに発生する心情ではなく、視点の移動（擬人法）や、事物へのイメージの重ね合わせ（見立て）による、他者の心の推量／推論、といった心の働きが表現されており、事実を読み替えて風景を再創造するというプロセスが生じていることが分かる。鈴木はこの歌の比較から、『古今集』の表現の特徴をこのように分析する。

『古今』的表現の眼目ともみられる事実の再構成は、事柄がつねに、変化の動機や由因などの必然関係によって成り立っているという認識、あるいは事実をその生起死滅の一齣として動態的、歴史的にとらえようという思考を喚起するように仕組まれている。[30]

鈴木の解釈にしたがえば、『古今集』において日本人は世界を「生起死滅の一齣」として捉えるようになった。すなわち彼らは、在るがままの世界をそのまま受け入れるのではなく、世界を一度解体して断片として捉え、なおかつそれを因果関係や時間的変遷といった、あるルールや法則のもとに再統合するという「事実の再構成」を行っている。これは、カントのような経験を組織する心のアーキテクチャの機能ほど洗練されてはいないとはいえ、一種の心の機能化の現れといってよいだろう。心はもはや自然と共に形成されるのではなく、心の見立てる機能的な枠組みに規定され、その現れとして自然／世界を知覚する人間が誕生している。このような和歌の変化は、もちろん一つの文芸上の「技法」の流行には違いない。しかしこの時代の日本人は、唐から到来した新しい文学、またそれを通じた新しい心の在り方を知って、積極的にその技法を使用しただけでなく、その技法を使いこなせるような心へと自らを変化させていったのである。心がはじめから与えられたものでなく、むしろ反復する学習プロセスそのものであるとするならば、心とはその振る舞いを実践するためのある種のテクノロジー（技術／技法）そのものでさえあるのだ。

可能世界と現実の二重化

心が「推量」や「推論」という思考技術を洗練させたことによって、興味深い変化がもうひとつ起こっている。推量するとは、ただ今の目の前の現実だけが存在するのではなく、現実を予測し、その可能世界を想像する力を獲得することである。『古今集』の特色を示す有名な歌として、在原業平の「世の中に絶えて桜のなかりせば春の心はのどけからまし」(古今・五三)がある。これは「せば…まし」という「反実仮想」の文法を使って、「桜のない世界の心」という別の可能世界を想像している歌である。しかし『古今集』には、反実仮想というまったくの非現実の可能世界を想像する空想だけに留まらず、現実の世界のなかで部分的に分岐する、いわば並行世界に対するような想像力も生まれている。たとえば、次のなにげない春の歌を見てみよう。

春風は　花のあたりを　よきて吹け　心づからや　うつろふと見む

古今・春歌下・八五(藤原好風)

春の風よ、花を避けて吹いてみてくれ、という上の句で始まっているが、ここだけみると取り立てて珍しい情景の表現ではない。万葉も含めて古代・中古の歌人たちは、風が花を散り落とすことに悲しみを覚えたからだ。しかしこの歌は、花の散る悲しみを嘆いた歌ではない。下の句に注目してみると「花が自ずから散るかどうかを見てみようと思うから」という意のことが書かれている。藤原好風は、花は自ら散っていくのか、それとも風に吹かれるから散っていくのか、それをたしかめてみたいので、花を避けて風よ吹いてくれと言っているのだ。

ここにはすでに近代的知性の原初が感じられる。哲学者のフランシス・ベーコンは、科学とは自然を無理矢理に実験台に立たせることだと言ったが、この歌にはまさに花の生態を調べるための実験精神のようなものが現れている。すなわちこの歌は、単に空想の別世界を想像しているだけでなく、現実に風が吹いた場合と風が吹かなかった場合の、ある時間や出来事を契機として二つに分岐する世界が想像されている。ここに、先の在原業平の歌のような単に空間的な可能世界だけではなく、時間的な可能世界あるいは反実仮想を描くことのできる精神が生じているのだ。そしてこの時間分岐する世界への想像力は、さらに高度な時間操作を含んだ歌を生み出している。

散らねども　かねてぞ惜《を》しき　もみぢ葉は　今は限りの　色と見つれば

古今・秋歌下・二六四（読人知らず）

この歌は、まだ秋の葉は散っていないけれども、その前から（＝かねて）、（この先に葉が散ることを想像すると）惜しくて悲しい、と詠っている。彼は未来に紅葉が散ることを先取りして、今、目の前では散っていないにもかかわらず、これから散るであろう紅葉を見て悲しんでいるのだ。またさらに、その未来を先取りすることから「今は限りの色と見つれば」と、この紅葉が散るのが今悲しいのは「今この瞬間限りの色だからだ」と現実の一回性を逆算している高度な歌である。

世界がただ一度きりの一回性を持っていること、それは可能世界や未来世界を知り、しかもその先取りした未来の世界を、再び今現在の世界へと回帰させるという認知的操作を経ることによって、はじめて感じることのできる愛おしさである。この歌をもって『古今集』の近代的な時間意識の芽生えを知ることができる。

未来を先取りして現在の現実を見るという複雑な認知的操作は、さらに擬人法とも協力することによって視点を複数化することで現実を多層化し、高度に複雑化する。

散りぬれば　のちはあくたに　なる花を　思ひ知らずも　迷《まど》ふてふかな

古今・物名・四三五（僧正遍照）

この歌も先の歌と同様に、時間の先取りによって、今目の前に咲いている美しい花が、この先の未来では散ってゴミになってしまうことを嘆いている。しかし注目すべきは続く下の句である。遍照は、人間である私はその花の悲しい行く末を知っているが、花の周りを飛ぶ蝶々は、それを知らないから花に惹かれていると言うのだ。裏を返せば、もし蝶々も、この花の未来を予想することができたなら、花に惹かれることもないだろうことを暗示している。蝶々という人間とは別の生物が、今この瞬間の世界を生きることによって恍惚に浸ることができるのに、人間である私はこの予測システムとしての意識を持ってしまっているがゆえに、目の前に咲く美しい花を心から愛することができないと嘆いているのだ。[31] 美しさの象徴たる花と、醜悪の象徴たるゴミ、という真逆の感覚を引き起こす対象が、眼の前に存在する一つのはずの現実を両極に引き裂く。古今の歌人の新たなる意識による卓越した感性は、このような鋭敏で悲しい意識の在り方を生んだ。

いま目の前でまさに美しく咲いている花を見て、そのこと自体は私の意識に大きな喜びをもたらしているにもかかわらず、同時に、この花の朽ち果てた未来からの映像が今の眼前の情景に重なり、心は悲しみに包まれる。現在と未来の同居、美と醜の同居、喜びと悲しみの同居、この「意識の二重化」こそ、古今の歌人たちが到達した新たなる心の在り様である。

それゆえ『万葉集』において別れを惜しむ気持ちが「能登川の後《のち》には逢はむしましくも別るといへば悲しくもあるか」（万葉・四二七九）と、純粋な未来の別れを惜しむように詠われたのに対し、『古今集』では「別れてはほどをへだつと思へばやかつ見ながらにかねて恋しき」（古今・三七二）と、いま目の前にいる友を「見ながらに」して悲しんだのである。そしてその二重化した意識が極地にまで至ると「来む世にもはやなりななむ目の前につれなき人を昔と思はむ」（古今・五二〇）と、自らを来世へと先送りすることによって、いま目の前で私に振り向いてくれない愛しい人を過去の人と見なす、という極端なまでの認知的操作によって心を慰めた。

かつて万葉の人々が、自然を「見る」という行為、その眼差しによって、それと「共にある意識」を形成していたのに対し、古今の人々は、自然を情報論的に再構成し、現実に対して距離を取って意識と分断したその上で、対象に対して「思う」という認知的操作を強力に発揮することによって意識を二重化した。それは、人工的な都市という新たな意識の外部環境の変化によって誘発された在り方であり、また推量助動詞や反実仮想、という文芸上の文法と共に新しく構成された意識の在り方であった。ここに「思考」の母体である「心」という機能が、「知覚」という「身体」の能力よりも優先して実行されるという変化が認められる。このことは、一方では高度で複雑な知性を形成するという進歩でもあり、また他方では心に過剰な役割を与える負荷でもあった。そう考えればたしかに『万葉集』ではなく『古今集』の「仮名序」において「やまとうたは、人の心を種として、万の言の葉とぞなれりける」という紀貫之の有名な序文が書かれたことは、日本の心の生成と発展の歴史において、極めて重要な転機とみなすことができる。

私たちは『万葉集』の前史から、『古今集』に至るまでの意識の在り様の変遷を追ってきた。かつて神の言葉の模倣としてはじまった祝詞、その律文形式の洗練から発達した和歌、それは継承された神の言葉であり、神の言葉をシミュレーションすることによって人間ははじめて心のプロトタイプを形成した。そして『万葉集』ではその心を自然と重ねることで日本的な心の在り様を見つけ、『古今集』に至っては言葉そのものが心の支柱を担うほどに役割を強め、和歌はついに「心の表現」となった。別の言い方をすれば、「言葉が心を形成した時代」から、「心が言葉を形成する時代」へと変わったのだと言えるのかもしれない。紀貫之の序文に込められた言葉はその意味で、日本における「心の時代の宣言書」であると考えることもできる。

6

夏目漱石の苦悩とユートピア

The Tragedy and Utopia of Soseki Natsume

人はだれでも単位で生れて、永久に単位で死なななければならない。
とはいへ、我々は決してぽつねんと切りはなされた宇宙の単位ではない。
——萩原朔太郎『月に吠える』「序」

この男は、知性の暗さに苦しみだす。じっさい知性が暗く愚かなせいで、彼は叫べずにいるのだ。今、彼の腕のなかで身悶えしながら彼の存在を忘れているこの女こそ彼自身なのだと叫べずにいるのである。
——ジョルジュ・バタイユ『太陽肛門』

日本の心は、自然と共に生成する自然の共存在であり続けた。心はいくら二重化しても高度にメタ化しても、自然の反響であって共鳴器であった。万葉歌人たちの心は、ありとあらゆる自然と反響する木霊であり、古今の歌人たちは複雑化した共鳴器に新たなる葛藤を覚えた。私たちはこれから、数百年にわたる中世から近世の時代を過ぎ去って、明治近代という大きな切れ目へと向かう。文学における心の変遷を辿ってきた本書（第二部）においては、『新古今和歌集』以降の変遷を読む紙幅は残念ながらない。あえて本書の観点から粗雑にそれを素描するならば、おそらくは中世から近世の文学における心は、万葉的な心と古今的な心の間で戸惑い彷徨うものだったかもしれない。

とりわけ西行は「心なき　身にもあはれは　知られけり　鴫立つ沢の　秋の夕暮れ」と歌い、メタ化した心（古今的な心）を内在化しながらも、それでも自然と共鳴する心を切り離すことができないという身悶えするような葛藤を描いた。秋に飛ぶ鳴に否応なく導かれて揺れる共存在としての心と、その心を観察する空虚なもう一つの心の距離の乖離。それは本書の考える限り、万葉から古今への経験を経た歌人の宿命的な苦悩であったように思える。

江戸時代に入り、西行に私淑した松尾芭蕉が俳諧で達成したプロジェクトとは、この二つに離れていく二重の心の再縫合であった。「山路来て何やらゆかしすみれ草」と歌った芭蕉は、メタ的な意識が対象を観察する手前の一瞬に、すみれの花へと素早く誘われ、自らが瞬間的にすみれとなって、すみれの放つ光を自らの光として感じ取り、しかしそのまま万葉歌人たちのようにすみれと共に在り続けるのではなく、すぐさま私の意識へと戻る。「物に入て、その微の顕て情感《かんず》るや、句となる所也」と、物へと入りそれを感じながらも再び自己に戻るという刹那の心を描くその速度によって、私の心と自然と共に在る心を往還した。芭蕉はいわば、もう一度自らの心を自然の反響として感じられるように、心を持つ私が瞬く間に物になり入るという境涯を歌い、自然と心の距離を瞬間的なポエジーの力で紡ぎ直したのである。[1]

近世日本の心のモデルは、万葉的な心と古今的な心の距離をたしかめるように、いわば自然と私の心の距離をたしかめるように彷徨っていた。しかし、近代という巨大な時代の激動は、日本の心から自然というひとつの理想郷を奪っていく。たとえば中世において春に咲く桜の花は、鑑賞や美の対象であると同時に、その年の収穫を占う、命と生活のかかった重要な予告であり、心と存在の共鳴器そのものであった。満開の桜を見て彼らは心から喜び、散る桜を見ては心から悲しんだ。桜の花と心は共に移ろったのだ。日本に花鳥風月を離れた心は存在しなかった。それ以外の心の在り方を知らなかった。

しかし、江戸末期から明治にかけて生じた近代化の運動は、心から自然を切り離し、心と世界が一体化して響き合っていた魔術的な世界を物質的で均質な対象へと解体していくプロセスであった。ジュリアン・ジェインズは、古代ギリシアにおいて文字が誕生して人間に「神の声」が聞こえなくなったとき、神々は沈黙し、自律的な心が生じたと言ったが、日本では、鳥の声、花の声、波の声が聞こえなくなった時、自然は沈黙し、新たなる自律的な心を創造する必要が生じた。

明治近代という新たなる時代に、はじめて自然との別れを告げる、自律した心というモデルを構築する使命を負っていた人物こそ夏目漱石である。道は容易ではない。初期の漱石はその別れを惜しむように、自然をもはや「失われた過去」として自覚的に描きながらなんとか脱出しようと試みる。[2] その作品には、心と共鳴するはずの自然全体がこの世界にはもはや存在しない桃源郷のように執拗に描かれる。これらの自然は、私たちの身体に刻まれた確実な記憶でありながら、まるでヴァーチャルワールドのように、なお決して手の届かない別の宇宙として存在する。

トンネルの向こうに存在する雪国、井戸の底を掘ると繋がってしまうパラレルワールド。日本文学はしばしば現実の傍に存在する異世界を描く。なかでも現代の異世界的物語の原型を築いてきた村上春樹の作品はトリップ小説と形容されることもある。村上自身はこれを泉鏡花の影響として語ることもあるが、こうした世界観は「能」の物語構造から、現代のゲーム・アニメ的想像力にいたるまで愛好される、日本的想像力の特色の一つと言えるだろう。この現実に生きながら、どこかにそれとはまったく別の異世界があるのではないかという喪失感と、その裏返しである理想郷への欲望。そのような観点から日本文学を振り返るとき、漱石の作品は一見するとリアリズムに貫かれており、異世界的物語の系譜には属さないように思えるが、漱石こそ常にパラレルワールドを描いてきた作家である。それはかつて心の共存在であった自然世界であり、時に「山中」として描かれ、時に南画的な世界として描かれる世界である。漱石にとっての「自然」とは、明治近代以降の都市文明においては失われたものであり、また漢文学から英文学への移行によってテクストから失われた詩情でもある。この二重の「失われた過去」は、漱石の作品世界の中では「山中＝桃源郷」というかたちで、失われてしまったがゆえの「ユートピア」として描かれる。

しかし漱石は、異世界へとトリップして消失してしまうのではない。「失われてしまった」ことを自覚しているがゆえに、この異世界を仮初めのものとして（ヴァーチャルワールドとして）別空間に望みながらその夢を自ら覚ましたり、あるいはARのように部分的に現実に重ねたりしながら、仮想世界と現実世界の間を往復して傷つきながら生き抜こうとしていた。明治日本という劇的な変容の時代に「失われた過去」と「到来する未来」の狭間で引き裂かれた心の在り様、それこそが漱石が描いた物語であった。

引き裂かれた心

漱石と現代——ヴァーチャルな「自然」と「主体」の困難

「死ぬか、氣が違ふか、夫《それ》でなければ宗教に入るか。僕の前途には此三《この》つのものしかない」（『行人』）と漱石は書いた。彼は西欧近代の輸入という巨大な波に一個の人間として飲み込まれ、狂気に苛まれながらも抵抗し、新たなる心のモデルを模索しようとした。

私たちはこれから、初期の『草枕』から後期の『行人』に至るまでの過程において、漱石がいかに意識の苦悩を深めていったのかを辿っていく。しかしその前に、いったいなぜ彼はこのような複雑な苦悩を抱えるべきことになったのか、明治近代という時代性における都市環境と文学運動という点から、その背景を考えてみたい。

◇無限なる都市「東京」のヴァーチャリティ

漱石が自然を桃源郷のように理想化したのは、単にそれが失われたものだったからだけでなく、現実空間もまたヴァーチャリティを帯びたふたしかな場所になってしまっていたからである。こうした居場所なき実存的な不安は、漱石作品を貫く重要な感覚であるが、本書の考えではその不安の最初の一撃は、『三四郎』における東京という新都市の光景において書かれている。漱石は小説を書き始める前に、イギリスに留学し、ロンドンという近代都市を目撃して衝撃を受けた。『倫敦塔』[3]で「表へ出れば人の波にさらはれるかと思ひ、家《うち》に歸れば汽車が自分の部屋に衝突しはせぬかと疑い、朝夕安き心はなかった」[4]と書き、その波がいずれ（いや今や）日本（東京）を襲うことを予見していた漱石は『三四郎』で、ロンドンの不安を東京という都市に重ねて描いた。それゆえ『吾輩は猫である』の透徹されたアイロニー、『坊つちゃん』の戯画的なまでの解放感、『草枕』で描かれる過剰に美しい自然、における複雑でアイロニカルな筆致と思想は、むしろ『三四郎』の不安を遡行的に前提して読むことによって理解できる。

三四郎が田舎の熊本から上京し、はじめてその眼に映した東京の光景は印象的だ。

尤《もつと》も驚いたのは、何處迄行《いつ》ても東京が無くならないと云《い》ふ事であつた。しかも何處《どこ》をどう歩いても、材木が放り出してある、石が積んである、新しい家が往來から二三間引込んで居る、古い藏が半分取崩《とりくづ》されて心細く前の方に殘つてゐる。凡《すべ》ての物が破壞されつゝある様に見える。さうして凡《すべ》ての物が又同時に建設されつゝある様に見える。[5]

三四郎が東京という新世界へ来たとき、すでに彼は迷宮《ラビリンス》に迷い込んでいる。そうでなければ「東京が無くならない」などという奇妙な書き方はしない。だからこそ三四郎は大学で出会った美禰子に「迷へる子《ストレイシープ》」と呼ばれ、自らを呪縛するようにその言葉をつぶやく。この明治近代を象徴する新世界、東京という都市の光景から、漱石的青年の苦悩は始まる。すべての物が破壊され再構築される場所。世界のすべてを覆い尽くすかのような無限なる場所。都市の誕生は人間の意識を変える。万葉から古今の変化の契機において、平安京という新たな都市が自然を情報論的に再構築、意識の在り様を劇的に変容させたように、漱石の生きた明治近代の都市・東京は、いっそうラディカルに意識と自然の関係を変えた。この非場所なる場所に、三四郎の意識は浮遊する。彼は「自分は此世界のどこかの主人公であるべき資格を有してゐるらしい」[6]と感じている。しかしそれにもかかわらず、この世界はまるで自分の存在すべき場所ではないかのように存在する。

世界はかやうに動揺する。自分は此《この》動揺を見てゐる。けれどもそれに加はる事は出來ない。自分の世界と、現實の世界は一つ平面に並んで居りながら、どこも接觸してゐない。さうして現實の世界は、かやうに動揺して、自分を置き去りにして行つて仕舞ふ。甚だ不安である。[7]

同じ一つの座標軸の空間に存在しながら、その世界と接触できない。この存在感を感じられない非場所的な場所で、三四郎は実感を取り戻すように過去の世界を追想する。彼は故郷である熊本から母の手紙が届くとしばし安心し、また東京にいて不安にあっても空を眺めると田舎を思い出して魂の回復を感じる[8]（この点に注目するとき、漱石における「自然」を「母」[9]と読み替えてみるのも、日本の現代的な心を考えるうえで重要な観点になる）。

しかし三四郎はもはや過去（熊本）へと戻ることはできないから、彼の居場所はどこにも存在しない。すべての世界が手触りのないヴァーチャルであり、過去の桃源郷へ向かおうと、未来の迷宮都市へ向かおうと、それらは決して触れることのできないパラレルワールドであった。その意味で漱石は極めて日本的でありまた現代的な想像力のもとに、その世界を構築している。

◇漱石の心の現代、あるいは近代文学と主体

漱石の心の傷は決して古びたものではないどころか、むしろ現代の私たちの心が直面している傷である。私たちは今なお、グローバル化された西洋的な価値観が飛来する度に、一方ではその表面的な価値に憧れつつ、他方では「日本的」な伝統を参照してその慣習との間で激しい摩擦を起こしている。自ら育て上げた思想ではなく、到来するモデルの導入に戸惑いながら、その軋轢から逃げるようにヴァーチャルで無垢なパラレルワールドを夢想している私たちは、漱石と同じ苦悩を繰り返している。あるいはインターネットの波が到来した二〇〇〇年代において、アメリカではウェブが個人の自由をエンパワメントする技術として歓迎されたのに対し、日本では情報環境がまるで擬似的な自然環境や生態系のように機能すると捉えられた。人間は主体的な自由を発揮するのではなく、データベースという情報環境に駆動される動物的な存在として振る舞うという日本特有の問題が生じていたのだ[10]。日本ではどのような技術的・社会的な変容があったとしても、それを新たなる制度や道具として自覚的に利用するのではなく、新たなる自然環境であるかのように意識を受動化する。主体性の発揮よりも環境への適応を重視するこうした態度は、自律的な心というモデルが日本では徹底的に根付かないことの証左である。自然な

き心、完全に自律した心というモデルは十分な歴史的な蓄積なくしては不可能なのだ。別の言い方をすれば、心はその母体であった自然を常に求めるし、その自然がないような環境においては、なにか自然の代替となるような擬似的な環境を求める。したがって私たちは、明治近代という、おそらくは日本史上最大の環境の変化において、とりわけその心のモデルの形成の過程に、いったい何が生じていたのかに立ち戻る必要がある。

また、言うまでもなく漱石は日本近代文学の誕生に立ち会った作家であり、その苦悩は近代に生まれた「小説」という新たな「制度」との格闘でもあった。明治の作家たちは「言文一致」という試みを通じて人間の主体化というプロジェクトの実行を試みていたことを柄谷行人は指摘した。[11] それはいわば、内的な主体と外的な客体を結びつける「透明な」言語の創世運動である。とりわけ国木田独歩が武蔵野の「自然」を描いたことではじめて「風景」を発見し、そのことによって風景と対置されるべき「内面」を同時に発見した。しかし他方で漱石は、自然をそのような「風景」として発見することに失敗したからこそ、あるいは拒絶していたがゆえに、内面の重力に飲み込まれていった。作家であると同時に文学研究者でもあった漱石にとって、外界の自然を自然そのままに描写する「透明」な言語（言文一致体）は、あくまでも設立された制度であって、素朴に利用できるものではなかった。

漱石は幼少期から漢文学を身体に染み付かせ、学生時代には『方丈記』を英訳し、シェークスピアはじめ幾多の英文学を読み解き、子規と共に写生文を書き、文学理論を構築し、近代文学の成立条件たるその歴史性と方法論とを十分すぎるほど自覚していたのだ。それゆえに透明な主体も確立できなかったし、一人の作家とは思えないほどの多種多様な文体を実験した。漱石作品にはそれゆえ、老荘思想やイギリスロマン主義文学、漢詩や山水画、俳諧や滑稽本、能や落語など、ありとあらゆる言語的に媒介された自然が立ち現れてくる。だからこそ漱石の描く自然は、独歩のようにリアリズムによる「風景」ではなく、絶えず意識の外部に揺蕩う、まさにヴァーチャルな自然であり、失われた過去や異国のユートピア[12]であり、明治近代文学の創世期において自然主義にも浪漫派にも属さない特異な文学を紡いでいた。

しかし、この特異な挫折のなかにこそ、日本の心の来歴と現在を考える鍵がある。なぜなら長大な歴史のなかで「主体（制御する心）」を構築してきた西欧とは違い、この未知の存在への戸惑いこそ日本における主体であるからだ。そもそも、あらゆる世界と身体を制御する心を持てるから人間は主体化できるのではない。むしろ主体化を要請する運動のなかでの挫折において、その不能性、不完全性に直面することで主体は浮かび上がってくる。人間というものは、傷を負い、その傷を修復しようとする過程のなかではじめて心を主体化できるという逆説のうちにある。西欧世界はこの弁証法を幾度となく繰り返し、数百年もかけてゆっくりと主体という存在を構築してきたが、日本ではものの数十年で火急に主体化しなければならないという尋常ならざる圧力がかかっていた。漱石文学のなかには、その異常な圧力に耐えかねて挫折し、彷徨ってしまった、ふわふわとした中途半端な主体、あるいは矛盾に引き裂かれた心が描かれている。

明治に生きた作家のなかで、漱石ほどこうしたテクストと主体の関係や、都市環境と自然環境の関係など「文学の条件」に敏感だった人間もいない。その意味で漱石文学の総体とは、この時代に生きる一人の人間としてのリアルな生を賭した実験でもあった。夏目金之助はこの困難を、作家・夏目漱石が描く登場人物たちの苦悩と共に生きようとした。物語の青年たちは時に限りなく漱石と共鳴し、また時に自らを否定してくる矛盾そのものでもある。金之助はこの小説作品という仮構の世界にいくつもの心をシミュレーションすることによって、自らの実存的な苦悩を昇華し、また自己のパラレルな心を極限まで際立たせることによって、生きて書く夏目金之助の心を救っていたのかもしれない。本書では、物語の人物たちの心情と心の表現を追跡しながら、文学を書くことでしか生きられなかった漱石の苦悩の源泉を辿っていきたい。

『草枕』と『虞美人草』――山・春・眠り

『草枕』（明治三九年（一九〇六年））は、一読すると「非人情」の世界が自然の潑剌とした風景とともに描かれた作品であると思われる。ここにはたしかに東洋の理想的な心の在り方が描かれているが、しかし、同時にそうした心はある種の諦念のもと、あるいはアイロニーさえ感じる構造のもとにある。そして、まさしくこの矛盾した態度ゆえに、この作品は美しくも悲しいのである。

詩を書きたいと望む洋画家の青年は熊本県にある那古井温泉をモデルとした温泉宿に泊まる。「山路《やまみち》を登りながら、かう考へた」と始まる青年の独白は、高き空に鳴く雲雀、赤々とした椿の花、遠く霞む山稜の線、こうした山中の美しい春の風景と混じり合いながら紡がれている。その折、自らの心の在り様を記した一節は白眉である。

> 余が心は只春と共に動いて居ると云ひたい。あらゆる春の色、春の風、春の物、春の聲を打つて、固めて、仙丹に練り上げて、それを蓬萊の靈液に溶いて、桃源の日で蒸發せしめた精氣が、知らぬ間に毛孔《けあな》から染み込んで、心が知覺せぬうちに飽和されて仕舞つたと云ひたい。[13]

春の景色に包まれているうちに、自分が「春そのもの」になってしまう。春の色、春の風、春の物、春の声……あらゆる春が自分の身体に染み込み、その境界が曖昧になる境地。自己の内面と外側の環境の区別がなくなり、周囲の環境とインタラクションする中で新しい自分が生成されるという感覚。それは、私が外的世界の対象を知覚する以前に起こっている。知覚はもはや二次的な出来事であって、心そのものが外部へと浸透しながら融和しているのだ。

この「融和する心」とでも呼べるような漱石の心のモデルは、万葉的な心の再構成のようでもあり、またヴァレラが目指した「上演する心」にも近い、日本的な心のひとつの理想である。しかし、こうしたモデルは『草枕』をはじめとした初期の作品でこそしばしば見られるが、後期作品においてはほとんど見られなくなる。さらに『草枕』という作品においてさえ、こうした心の在り方が成立するには、ある条件が必要である。

第一の条件は「山中」であること。漱石作品において「山を登る」という行為は特別な意味を持っている。人は山を登ることによって、忙しない現実の世界から逃避することができる。すなわちこの山中は一種の「桃源郷」であって、現実世界ではない。実際、漱石は『桃花源記』の作者である東晋末の詩人・陶淵明を幾度も引用して山を描き出す。青年はここが現実から乖離した幻想空間たる山中だからこそ、このような融和する心を感覚することができる。

また、第二の条件は「意識が朦朧としている」こと。漱石作品でこのような穏やかで世界へと融和する心は、風呂の湯や、眠りのなか、あるいは病に臥せっているときに描かれている。たとえば、先ほどの心の記述をよりはっきりと「魂」の様子として描いている一節を見てみよう。

余は湯槽のふちに仰向の頭を支へて、透き徹る湯のなかの軽き身體《からだ》を、出來る丈抵抗力なきあたりへ漂はして見た。ふわり、〱と魂がくらげの様に浮いて居る。世の中もこんな氣になれば樂なものだ。分別の錠前を開けて、執着の栓張《しんばり》をはづす。どうともせよと、湯泉《ゆ》のなかで、湯泉《ゆ》と同化して仕舞ふ。流れるもの程生きるに苦は入らぬ。流れるもの丶なかに、魂迄流して居れば、基督《キリスト》の御弟子となつたより難有い。[14]

ふわりふわりと魂が抜けていく。流れる湯水と一体となり、苦が消え去っていく。あるいは覚醒と睡眠の中間、そのぼんやりとした意識のなかで魂は身体を離れようとする。漱石の融和する心は「湯泉」や「睡魔の妖腕をかりて」成立する。[15]
または魂を融和させた一種の理想的な心の状態は、仏教的な悟りの心と重ねられているが、漱石はそれを仏教的瞑想修行といった心的状態の操作、積極的な行為によってではなく、湯船や睡魔といった消極的かつ外的条件においてしか経験できないということを最初から予告しているのである。こうした悟入した生の在り方は、生命においてはいとも簡単に実現されている。山を歩く青年は、それを空を飛ぶ雲雀に見出す。

忽《たちま》ち足の下で雲雀《ひばり》の聲がし出した。谷を見《み》下《おろ》したが、どこで鳴いてるか影も形も見えぬ。只聲だけが明らかに聞える。せつせと忙《せは》しく、絶間《たえま》なく鳴いて居る。方幾里の空氣が一面に蚤に刺されて居たゝまれない様な氣がする。あの鳥の鳴く音《ね》には瞬時の餘裕もない。のどかな春の日を鳴き盡《つ》くし、鳴きあかし、又鳴き暮らさなければ氣が濟まんと見える。其上どこ迄も登つて行く、いつ迄も登つて行く。雲雀は屹度《きっと》雲の中で死ぬに相違ない。登り詰めた揚句は、流れて雲に入つて、漂ふて居るうちに形は消えてなくなつて、只聲丈が空の裡《うち》に殘るのかも知れない。[16]

雲雀はただ高らかに鳴く。何かに向かって鳴くのではなく、ただ春の日を鳴き尽くす。雲雀という生物主体と、雲雀が鳴く空間たる春の空に区別はない。ただ雲雀の声だけが世界に鳴り響いている。やがてその姿かたちさえも消え、ただその声だけが空に響く。しかし、この上なく美しいこの情景を、漱石がある種の「諦念」のなかで描いていることに最大の悲哀がある。青年は詩も書けず、山を降りる。雲雀が全身で世界に溶け込みながら生きるその姿は、人間たる青年にはできない。いや、正確には「人間」ではなく、悟っていない人間、あるいは「近代的人間」、そしてすなわち漱石にはできない。

漱石の生きた二〇世紀では、誰もがself-consciousness（自己意識）の病（神経衰弱）にかかる。[17]流れる意識が宇宙へと繋がることができず、それをくるりと囲ってしまう自己という殻は強固である。「無為」という東洋的悟りの境地はもはや時すでに遅く、私たちの意識は自己という巨大な主語の支配下にあって、すべからく衰弱していくというのが漱石の人類史的かつ実存的な見立てであった。

『草枕』の翌年に書かれた『虞美人草』では、そのことがさらに率直に書かれている。主人公の甲野欽吾は、哲学者にして神経衰弱の青年である。作品は欽吾が友人の宗近に連れ出されて、比叡山に登るところから始まる。またもや「山」である（ちなみに、『草枕』の直後に書かれた『二百二十日』もまた二人の男の山登りの作品であり、さらには『虞美人草』の次の作品『坑夫』もまた山中へと歩く物語であり、いかに初期の漱石が「山中」へと逃げ込もうとしていたかが分かる）。

しかし『草枕』と同じように山路を登る欽吾は、もはや雲雀の声を聴くような自然への同化はできず、桃源郷を見ることができない。ようやく山を登り終えて頂上に着いた宗近は欽吾に「一寸あの景色を見なさい。あれを見ると折角の反吐も残念ながら収まつちまふ[18]」と感嘆しながら共感を求めるが、眼前に広がる近江の海を見て、欽吾は「成程」としか言わない。全く美しい風景に感動することのない彼に宗近は「さう云ふ恩知らずは、得て哲學者にあるもんだ[19]」と言う。そして欽吾は山中の眺望に臨んで一言「丸で夢の様だ」と漏らす。山の中の美しい自然の風景、それは朦朧とした夢の風景であったが、欽吾はそのことを自覚して醒めている。二人は山を降りた後に宿に戻るが、そこで欽吾は雨の降る縁側から聴こえた琴の音を聴いて「一奩楼角雨《いちれんろうかくのあめ》、閑殺古今人《かんさつすここんのひと》」と始まる漢詩を書く。静かな雨が宿に降り、琴の音が響き、柳が寂しそうに枝垂れており、自我が消えて風景に溶け込んでいるかのような描写である。しかし欽吾はこれを「氣に入らぬと見えて、すぐ様棒を引い」て消し、次のような文を書きつける。

> 宇宙は謎である。謎を解くは人々の勝手である。勝手に解いて、勝手に落ち付くものは幸福である。疑へば親さへ謎である。兄弟さへ謎である。妻も子も、かく観ずる自分さへも謎である。此世《この》に生まれるのは解けぬ謎を、押し付けられて、白頭に儃佪《せんくわい》し、中夜に煩悶する爲めに生まれるのである。親の謎を解く爲には、自分が親と同體にならねばならぬ。妻の謎を解く爲めには妻と同心にならねばならぬ。宇宙の謎を解く爲めには宇宙と同心同體にならねばならぬ。これが出來ねば、親も妻も宇宙も疑《うたがひ》である。解けぬ謎である、苦痛である。〔…〕……凡ての疑は身を捨てゝ始めて解決が出來る。只如何《どう》身を捨てるかゞ問題である。死？　死とはあまりに無能である[20]

美しい自然の描写を線で消した欽吾、彼はもう自然と同一化することはできない。意識は対象を感覚して同化するのではなく、それを謎として思考する。欽吾は対象と「同心」にならなければ謎は消えないことが分かっている。しかし、もはや対象と同一化できない欽吾にとって宇宙は「謎」であり、「苦痛」であり続ける。そして、宇宙と同一化するような方法はもはや「死」しかありえないと思えるほど、意識は強靱で捨て去ることができない。

なぜ欽吾は、他者、あるいは自然、宇宙と同一化することができないのか。柄谷行人は、漱石が明治三八〜三九年の日記に書いた「二個の者が same space ヲ occupy スル譯には行かぬ。甲が乙を追ひ拂ふか、乙が甲をはき除けるか二法あるのみぢや[21]」というテキストを引用し「漱石は人間と人間の関係を意識と意識の関係としてみるよりも、まず互いが同じ空間を占めようとして占めることができないというふうな、なまなましい肉感として、いいかえれば存在論的な側面において感受していた[22]」と述べる。

たしかに柄谷の分析によって、欽吾が自己と他者を同化して扱うことのできない理由の一端は説明されている。しかしながら『虞美人草』における同一化を妨げる障壁は、肉体と肉体という物理空間的な排斥であるよりも、むしろ論理学上の都合としての排斥が問題になっている（加えて言えば、この時期の漱石においては、次節で確認するが自己と他者の身体関係は排斥よりもむしろ同化傾向において捉えられることもある）。それはA=Aという同一律を原理とする哲学上の問題であり、まさに欽吾が「哲学者」であることに由来する問題だ。それは、文学、もっと言えば『草枕』における詩人的な立場と対比することで明確に理解できる。次の台詞は欽吾が文学者と哲学者を対比的に語った言葉である。

「いえ、單なる文學者と云ふものは霞に醉つてぽうつとして居る許りで、霞を披《ひら》いて本體《ほんたい》を見付け様としないから性根がないよ[23]」

同一の空間は二物によつて同時に占有せらるゝ事態はずと昔しの哲學者が云つた。愛嬌と不安が同時に小野さんの脳髄に宿る事は此哲學者の發明に反する。愛嬌が退《の》いて不安が這入る。[24]

『虞美人草』における同一化の不可能性は、私と他者の間のみならず、一人の人間の意識の内部においても「愛嬌」と「不安」という別々の感情の共存を妨げるものとして描かれていることが分かる。もちろん、これが他者の意識と争うときは柄谷の言うように肉体的かつ存在論的に排斥しあう形になるが、一個の人間の意識内部でも成立しうるということは、まず排斥関係が論理的に前提とされていることを示している。すなわち、漱石にとってこの原理は「哲学者」にとっての自然の論理なのである。

これが自然へと拡張する場合、文学者（詩人）や芸術家（画家）、あるいは眠気の中や山中にある意識においては、心の自然への流出による融和という同一化が果たされることになる。しかし冷静な意識を持つ状態においては、常にこの論理学上の排斥関係が登場するために、同一化は不可能になる。

欽吾にとって文学者とは「霞に酔」う者であり、哲学者とは世界の本質を開くものである。世界の本質とは「A=A」という同一律を持ち、また「Aかつ非A（A ∧ ¬A）」は許されないという無矛盾律を有しているものである。これは「文学者」の態度とは決定的に異なる。文学の世界は本質として論理学的にアイデンティファイできる固有の領域を持たず、曖昧とした連続の世界である。だからこそ『草枕』では、青年は絵描きであり詩人になりたかったのであり、意識の朦朧とした酔いのなかで、意識と世界の融和を感じとっていた。詩人は自己と対象という区別をなくし、対象と同一化する人であった。『草枕』の詩人を評した一節ではこのように語られる。[25]

但詩人と畫客《ぐわかく》なるものあつて、飽くまで此待對《たいたい》世界の精華を嚼《か》んで、徹骨徹髓の清きを知る。霞を餐し、露を嚥《の》み、紫を品《し》し、紅を評して、死に至つて悔いぬ。彼等の樂《たのしみ》は物に着するのではない。同化して其物になるのである。其物になり濟ました時に、我を樹立すべき餘地は茫々たる大地を極めても見出し得ぬ。[26]

主体と客体が同一化するということは、物と心が本来は分かつべきものではないと理解することであり、天地や山川、月や星々にいたるまで、すべてが自己そのものであると悟ることである。その時世界に「我」の余地は存在しない。そしてこのような意識にいたることができるのは、芸術家（詩人・画家）だけである（『斷片』明治四〇年頃）。

カクノ如ク藝術ノ極致ハ Sensuous ナルアルモノト一致シテ其モノニナルノデアッテ其 Sensuous ノ奥ニアルモノガアレバ Sensuous ヲ通シテ此アルモノト一致スル故ニ此アル物ガ高尚デアレバ自分ハ此間高尚ニナルノデアル。是ハ consciousness ノ differentiate セザル以前ノ oneness ト同ジ state デアッテ highly differentiation ノ後ニ至ッテ還元スルノダカラシテ大ニ趣ガ違フ。Dim cons. デ物我ノ境ガ判然セヌノデハナイ。Clear cons. デ物我ヲ免カレテ悲壮ニモ雄大ニモ高遠ニモ慈仁ニモ色々ニナリ得ルノデアルカラシテ是程功徳ノアルモノハナイ。[27]

芸術の極地は、感覚（Sensuous）した対象と「一致してそのものになる」ことであり、これは「意識」が世界を「分割／差異化（differentiate）」する以前の「同化（oneness）」である。しかもそれは『草枕』で描いたような、半分眠りのなかにいるような朦朧とした「判然セヌ」ような衰退した意識（Dim cons.）においてではない。芸術家や詩人は、判然とした明瞭な意識（Clear cons.）において「物我」の二極化を自覚的に「免レ」るのである。それゆえ『草枕』で青年は画家として山中に入り、また詩人たろうとしたのである。

しかし『虞美人草』に至って、詩人の酔い、自然との同一化は否定された。なぜか。それは欽吾が無矛盾律を信じる「哲学者」だからである。「私であり、かつ（同時に）（私でない）対象である」といった事態、すなわち「A∧¬A」といった事態は欽吾には許されない。漱石はまさに『虞美人草』を執筆していた明治四〇年頃のメモ（『斷片』）に、「Philosophers, scientist ハ吾人ノ cons. ヲ clear ニスル爲メニ whole ヲ分解スル[28]」と書いた次の節に、このようなことを書いている。

○ Whole ナ consciousness ハ experience デキマル。故ニ此還元的ニ悟入シタ人ハ何ヲ見テモ何ヲ聞イテモ不思議ニ思ハヌ。Causal relation ニ反シタ consciousness デモ平氣デアル。如何トナレバ causal relation ハ cons. ヲ綜合シテマトメタ abstraction デ consciousness 其物ノ方ガ本デアル real デアル。此 real ナル者ニ causal relation ヲ破ルモノガアレバソレガ real ナノデ causality ガ false ナノデアル。少シモ不思議ガルニハ當ラヌ。俗人ハ causality ハ independent ニ exist シテ居ルト思フテ其 conception ト自己ノ cons. ト一致セヌト却ツテ自己ノ cons. ノ方ヲ疑フ。之ハ本末ヲ誤ッタ議論デアル。Causal law ハ矢張リ便宜ノ爲メニ作ツタ abstraction デアル。之ヲ assume シテ矢鱈ニ應用スルノモ矢張リ一時ノ便宜ニ過ギヌ。自己ノ cons. ガ real デァル以上、何モ疑フ必要ハナイ[29]

このメモは、まさに欽吾の言葉と対をなした裏返しの思想である。欽吾が「宇宙は謎である」と言うのに対し、「悟入シタ人」すなわち悟りを開いた人間は「何ヲ見テモ何ヲ聞イテモ不思議ニ思ハヌ」と言う。全体なる意識というのは経験そのものであって、悟りをひらいた者はそれを知っているため「不思議（謎）」を感じない。たとえ「因果関係（causal relation）」が意識経験と矛盾したとしても、意識のほうが「real（真）」であり、因果（causality）のほうが「false（偽）」である。俗人はこの矛盾（謎）が生じたとき、意識経験のほうを疑うゆえに悩む。まさに欽吾は死をもってしか「疑い」を解決できないと言ったが、因果関係は「便宜」のために作られた「抽象（abstraction）」に過ぎないのであるから「何モ疑フ必要ハナイ」はずなのだ。

このような日記と小説内の人間の共鳴は、金之助（人生）と漱石（作品）の共鳴を意味するだろう。しかし初期の漱石には、欽吾のように「謎」への懐疑と思考に囚われた人物だけでなく、いまだ思考と世界、あるいは思考と身体の関係をとり戻そうとする物語がある。意識に囚われる人間の心という後期に中心化していくモデルは、すでに『草枕』でほんのりと予感され、また『虞美人草』の欽吾によって予告されていたとはいえ、続く作品『坑夫』では、まるでそのようなモデルに自ら抵抗するかのような、あるいはその抵抗によって矛盾が詳らかになってしまうような心の在り方が描かれている。

『坑夫』の心身問題――他者・群体・文明

漱石の小説に出てくる男たちは、とかく働かない。苦沙弥先生（『吾輩は猫である』）のように日がな縁側で眠ったり話したり、三四郎（『三四郎』）のように学生だったり、『それから』の代助のように無職であることを誇りにすら思ったり、あるいは『虞美人草』の欽吾のように働くことを軽蔑したり、労働を拒絶している。その理由の根源には、身体活動そのものの拒絶という、漱石の心身問題とも呼べる、より深い問題が横たわっているように思える。

漱石作品には珍しく『坑夫』の主人公の青年は、肉体労働へと向かう。この作品は、とある青年が自分の経験を小説にしてくれと申し出て出来たという特殊な経緯によって成立した作品であるが、逆にそれゆえに漱石の珍しい思想の一面を見ることができる。本作品は、一般には漱石の意識論である「流れる意識」の具現化された小説として評価されることも多いが、むしろ注目すべきはこの小説で語られる意識と身体の関係性である。

作品は、主人公が生きる希望を失い、自死の念を抱きながら、呆然と目的もなくただ「歩く」場面から始まる。

> 不安に追ひ懸けられ、不安に引つ張られて、已《やむ》を得ず動いては、いくら歩いてもいくら歩いても埒が明く筈がない。生涯片付ない不安の中を歩いて行くんだ。とてもの事に曇つたものが、一層《いつそ》段々暗くなつて呉れゝばいゝ。暗くなつた所を又暗い方へと踏み出して行つたら、遠からず世界が闇になつて、自分の眼で自分の身體が見えなくなるだらう。さうなれば氣樂なものだ。[30]

注目すべきは、青年が自身の「身体」を、暗闇へと歩いていくように「消去」しようとしている点だ。ここに（初期の）漱石の心身論が現れている。『草枕』で漱石は魂を「くらげの様に」「ふわり、ふわり」としたイメージで描いたが、初期の漱石において、心は不安定に揺らいだクラゲのような存在者である。『坑夫』でも「自分のばらばらな魂がふらふら不規則に活動する現状を目撃」し、それこそが魂の本性であることを確信し、そのような魂を「ぎゅぎゅ押しつけるなんて蠻《ばん》行は野暮の至り」であると断じている。

　私たちはここで、西洋編のホメロスからソクラテスへの魂の変異を思い出すだろう。かつて煙のように空気を漂っていた魂（プシュケー）を、ソクラテス（プラトン）は、まさにぎゅっと押しつけて「造形」しようとしていた。漱石に西洋的精神がひとつの心の鋳型を持っているという理解はあったはずであり、しかもそれは忌避されるべきものであった。

『坑夫』に描かれる魂は、ホメロスのように漂う風でもないが、ソクラテスのように造形されて身体から分離されたものでもなく、いわば両者の中間に位置するかのような存在者である。すなわち、このふわりふわりと漂う魂は、身体とゆるやかな関係を持っている。心は単独で存在するわけでもないが、身体という外殻の内部に閉じ込められたものでもない。『坑夫』の主人公が電車の中でうとうとと眠り、徐々に自分の意識のコントロールを失っていくときは「魂が地の底へ抜け出して行く途中でも、手足に血が通ってるうちは、呼ぶと返って來るから可笑しなものだ」[31]と、身体という母船へと魂が還ってくる様が描かれている。ここで興味深いのは、魂は「私」という自我と結びついているのではなく、「身体」という有機体に結びついている点である。したがって、ふわりふわりと漂う魂は、「私」以外の身体とも結びつく。次の一節は、長蔵さんという怪しげなリクルーターに坑夫にならないかと誘われてついていき、自分と同じように誘われようとしている、汚らしい赤い毛布を被った少年（赤毛布）との会話を見ている場面の描写である。

長蔵さんが働かないかと談判してゐるのは赤毛布《あかげつと》で、赤毛布は即はち自分である。何だか他人《ひと》が赤毛布を着て立つてる様には思はれない。自分の魂が、自分を置き去りにして、赤毛布の中に飛び込んで、さうして長蔵さんから坑夫になれと談じつけられてゐる。そこで、どうも情なくなつちまつた。[32]

青年の魂は、目の前にいる他者へと飛び込んでいく。身体の内部に完全に囲われているのではなくゆるやかに結びついている魂は、ふとしたきっかけで自己の身体から離れ、他者の身体へと潜り込む。このような描写は、現象学における間主観性よりもラディカルである。間主観性は他者の身体が自己の身体と「似ている」という事実をもとに、「感情移入」を通じて他者の主観性と私の主観性を同期させていくプロセスであったが、漱石がここで描いているのは、まるで芭蕉がスミレと一体化したような速度で、感情移入よりも先に他者の身体に魂が飛び移っている様だ。[33] まさに青年の魂は、我を離れて他者へと飛び込んだのである。『虞美人草』で、他者を理解することは他者と「同体」になることだ、と語った欽吾の理想がここでは幾分か実現されている。さらに赤毛布や長蔵さんらと炭坑に向かう青年の魂は、一人の他者だけでなく、複数人で同体となり、まるで「群生物」のように一体化する描写まである。

然《しか》し此《こ》の時の雲は全く嬉しかつた。四人《よつたり》が離れたり、かたまつたり、隔てられたり、包まれたりして雲の中を歩いて行つた時の景色は未だに忘れられない。〔…〕世界から切り離された四つの影が、後になり先になり、殖《ふえ》もせず減《へり》もせず、四《よつ》つの儘《まゝ》、引かれて合ふ様に、弾《はじ》かれて離れる様に、又どうしても四つでなくてはならない様に、雲の中をひたすら歩いた時の景色は未だに忘れられない。[34]

彼らの魂は四人で共有されていた。なぜこのようなことが可能なのか、そこには二つの理由がある。第一に、彼らが歩いている場所が「山中」であることだ。『草枕』から一貫して見られるように、山中は漱石において桃源郷であり、ここでは魂は自由に他者や自然と融和する。また第二に、この『坑夫』の心身論という問題に着目した観点から言えば、青年たちが山を登る間、あたりは雲一面に包まれて彼らは一時的に身体を喪失しているからである。『坑夫』における魂は自我に結びついているのではなく、身体とゆるやかに結びついていたのであるから、身体さえ消えてしまえば魂はそれぞれ浮遊して癒合してしまうのである。そしてさらに重要なことは、青年は冒頭から身体を消し去りたいという欲望を持っており、これが山中の「雲」によって実現されていることである。

四人《よつたり》とも雲の中を、雲に吹かれる様な、取り捲かれる様な、又埋められる様な有様で登つて行つた。自分には此の雲が非常に嬉しかつた。此の雲のお蔭で自分は世の中から隠したい身體《からだ》を十分に隠すことが出來た。さうして、さのみ苦しい思ひもしずに其の中を歩いて行ける。手足は自由に働いて、閉ぢ籠められた様な窮屈も覺えない上に、人目にかゝらん徳は十分ある。生きながら葬られると云ふのは全く此の事である。それが、その時の自分には唯一の理想であつた。[35]

身体を持っていること、それは生きていることの証拠であると同時に、生きていることとの制約である。身体があるからこそ魂は生きられるのであるが、それゆえに拘束もされている。本節の冒頭で、漱石の作品に出てくる人間たちは、労働＝身体活動を否定する傾向があると書いた。この『坑夫』の描写には、果たして人間は身体を消去し、魂だけで生きることができないのか、という漱石の欲望の端緒を見ることができる。雲のなかを群生物のように歩く青年は、涙が出るほど辛いと漏らす苦しい登山の最中に、たしかに幸福を感じている。身体が消去され、自我を生成する魂は融合してしまっているというこの状況は、息も絶え絶えの苦しみでありながら、同時に一種の理想である。

ところが、このような「群体」として人間を捉えるという理想は、その裏側に全く別の矛盾する不幸な可能性を孕んでいる。すなわち、漱石は一方では人間が「自然」のなかで群体として生きることに理想を描きながら、他方では人間が「文明」のなかで群体として生きることに嫌悪を抱いている。

漱石において、「個体」を「群体」として扱うもの、すなわち人間の個別性を剝奪し、集合的で匿名的な存在へと変えるもの、それは文明の象徴たる「汽車」である。『草枕』の一節「人は汽車へ乗ると云ふ。余は積み込まれると云ふ。人は汽車で行くと云ふ。余は運搬されると云ふ。汽車程個性を軽蔑したものはない」[36]も有名だが、『虞美人草』でも汽車に乗るシーンでは、京都から東京へと移動する人々は「十把一絡」に積み込まれ、「場内は生きた黒い影で埋ま」り、乗客の「一團の塊まりはばら〳〵に解《ほご》れて點となる。點は右へと左へと動く」[37]と表現されている。先ほどの『坑夫』の描写と同じように、人間が点のように塊になったり離れたり影のようにゆらめいているにもかかわらず、ここでの評価は真逆である。そして漱石は『草枕』でこう書いていた。

余は汽車の猛烈に、見界《みさかい》なく、凡《すべ》ての人を貨物同様に心得て走る様を見る度に、客車のうちに閉ぢ籠められたる個人と、個人の個性に寸毫の注意をだに拂《はら》はざる此鐵車《てつしゃ》とを比較して、――あぶない、あぶない。氣を付けねばあぶないと思ふ。[38]

しかし『坑夫』においてはどうか。個人の魂が雲のなかで抹消され、群体として動くその様に青年は「生きながら葬られると云ふのは全く此の事である。それが、その時の自分には唯一の理想であつた」と言ったのだ。自我的な意識を消し去って自然と一体化してしまうという理想を抱いていた『坑夫』の青年と、『草枕』で語られた自我的な意識を奪う文明に対する過剰な嫌悪。漱石はこの意識を捨てたいという欲望と、この意識を決して手放してはならないという真逆の欲望を同時に抱えていた。すなわち、漱石の描いた「理想」は矛盾を孕んだ危険な欲求であり、いわば初めから詰んでいたのだ。この先の漱石の作品はこの矛盾に引き裂かれて走ってゆく危険な滑走路である。走れば走るほど引き裂かれる矛盾のなかで、漱石の描く意識は他者、外界との関係を断ち切るように自己の内部へと渦巻いていく。漱石作品の人物たちは、より色濃く人間としての漱石自身の写し絵のようになっていく。

『それから』、『門』、『彼岸過迄』――渦巻く心

父と兄に絶縁され、親友の妻を奪って決別し、その愛する人は死の病に臥せっていて、もう永久に会えないかもしれない。『それから』の物語の最後、「電車」に乗った代助の意識は、終に臨界点に達した。

飯田橋へ來て電車に乘つた。電車は眞直《まつすぐ》に走り出した。代助は車のなかで、「あゝ動く。世の中が動く」と傍《はた》の人に聞える様に云つた。彼の頭は電車の速力を以て回轉し出し

た。回轉するに從つて火の樣に焙《ほて》つて來た。是で半日乘り續けたら燒き盡《つく》す事が出來るだらうと思つた。

　忽ち赤い郵便筒が眼に付いた。すると其赤い色が忽ち代助の頭の中に飛び込んで、くる〳〵と回轉し始めた。傘屋の看板に、赤い蝙蝠傘を四つ重ねて高く釣してあつた。傘の色が、又代助の頭に飛び込んで、くる〳〵と渦を捲いた。四つ角に、大きい眞赤な風船玉を賣つてるものがあつた。電車が急に角を曲るとき、風船玉は追懸《おつかけ》て来て、代助の頭に飛び付いた。小包郵便を載せた赤い車がはつと電車と摺《す》れ違ふとき、又代助の頭の中に吸ひ込まれた。烟草屋の暖簾が赤かつた。賣出しの旗も赤かつた。電柱が赤かつた。赤ペンキの看板がそれから、それへと續いた。仕舞には世の中が眞赤になつた。さうして、代助の頭を中心としてくるり〳〵と燄《ほのお》の息を吹いて回轉した。代助は自分の頭が燒け盡《つ》きる迄電車に乘つて行かうと決心した。[39]

『それから』に至って、心は「回転する渦」のように世界のあらゆる対象を絡め取っていった。意識は自らを焼き尽くしてしまうほどの速度で回転し、暴力的な勢いで世界を収奪してゆく。この時の意識のフィルターは「赤」であった。朦朧する意識にとって、認知しやすい対象と言えるだろう。フィルターを通じた対象は、精査されることなく半ば強制的に意識に飲み込まれる。私の意識は対象を知性によっても感性によっても把握していない。外的な環境の情報は、ただただ意識の重力に飲み込まれるだけである。ここにはもう、初期の漱石における心のイメージとの決定的な断絶が表れている。『草枕』において魂は、自己の内部と外部の境界で、意識と自然の境界で、睡眠と覚醒の「兩域の間に縷のごとき」に(「起臥の二界を同瓶裏に」)ふわりふわりと漂っていた。内部と外部の重力が均衡しているとき、意識は外界を取り込みもするし、外部へと抜け出しもする。しかし、いつからかこの均衡が崩れ、意識の比重が巨大化していくとき、魂が漂う境界領域は消え、内面の重力が激増し、外界の引力は消滅してしまった如く一方的なベクトルが生成する。

これは、まさに西洋における心の歴史が、その役割と仕事を増大させていったプロセスと重なる。いわば漱石は、西洋が数千年をかけて徐々に経験してきた心の歴史を、たったの数十年に圧縮して経験しているのである。その圧倒的なスピードと過重な負担が、漱石の心にかけた圧力とストレスは想像を絶する。

その意味で、心のイメージという観点で漱石の作品を区別するとき、『それから』に転機を見てもよいだろう。加えて言えば『それから』の一節には、その傍証となるような興味深い変化も読むことができる。実は漱石は、しばしば「赤い対象」[40]を意識が認知する場面を描くことが多いのだが、先の一節と見事な対比を見せている『坑夫』の一節を見てみよう。

自分は漸《やうや》く寛容《くつろい》だ思ひをして、圍爐裏《ゐろり》の炭の赤くなつたのを見詰めて、色々考へ出した。勿論纏《まと》まり様のない、且《かつ》考へれば考へる程馬鹿になる考へだが、火を見詰てゐると、炭の中にさう云ふ妄想がちら〳〵ちら〳〵燃えてくるんだから仕方がない。とう〳〵自分の魂が赤い炭の中へ抜出して、火氣《くわつき》に煽られながら、無暗に踊ををどつてる様な變な心持になった[41]〔…〕

代助の意識が、赤いものを渦のように巻き込んでその中心へと回収していたのに対して、『坑夫』の青年の魂は自分から抜け出して赤い火の中に飛び出していく。漱石における意識のベクトルの逆転。後期に向かって暗い基調を帯びていく漱石の心の表現は、このベクトルの方向性に関係している。『坑夫』の意識は「考へれば考へる程」、思考が回転して内省へと向かっている。にもかかわらず、意識の外部にある火がそれを中断し、心は火と同化してしまい、ゆらゆらと揺れる火と同じように、心も踊りを踊っているような気持ちへと導かれていたのだ。

しかしながら、内側へと回転していく意識、というメタファーはもはや留まるところを知らない。それを最も強く告白したのが、次の『彼岸過迄』の一節だ。

市藏といふ男は世の中と接觸する度に内へとぐろを捲き込む性質《たち》である。だから一つ刺戟を受けると、其《その》刺戟が夫《それ》から夫《それ》へと廻轉して、段々深く細かく心の奥に喰ひ込んで行く。さうして何處迄《どこまで》喰ひ込んで行つても際限を知らない同じ作用が連續して、彼を苦しめる。仕舞には何うかして此《この》内面の活動から逃れたいと祈る位に氣を惱ますのだけれども、自分の力では如何ともすべからざる呪ひの如くに引つ張られて行く。さうして何時か此《この》努力の爲に斃《たふ》れなければならない、たつた一人で斃《たふ》れなければならないといふ怖れを抱くやうになる。さうして氣狂《きちがひ》の様に疲れる。是《これ》が市藏の命根に横はわる一大不幸である。[42]

代助の意識は回転して内側へと巻き込むとはいえ、まだ「電柱」だの「郵便ポスト」だのといった外部との接続を保っていた。しかし市藏の意識はもはや外部との接続さえ途切れ、意識それ自体のなかで回転している。それは「呪い」のような強さで心を呪縛し、そこから脱出することも外部へとアクセスすることさえできないような、眩く輝くはずの赤い光さえ届かない、いわば漆黒のブラックホールのような心だ。かつて詩人バイロンは、私は目をつむってさえ魂の内部を見続けると言ったが、外部へとアクセス不可能な渦のような心は、いかにして自然への接続を失ってしまったのだろうか。

『坑夫』を最後に、しばらく漱石は山登りを描かなくなった。『草枕』で山を降りる青年を書いた漱石は自然という桃源郷に見切りをつけ、都市社会のなかで生きる人間を書こうとした。『それから』、『門』、『彼岸過迄』といった作品は、そうした自然なき人間社会のなかで生きるための意識を獲得しようとする漱石の挑戦でもあった。しかし、自然への矛盾した執着はそれでも顔を覗かせる。

『門』の宗助は（暗黙には『それから』で略奪愛をした親友の恋人である女性と）結婚し、妻と二人で暮らしている。慎ましく暮らす二人だが、二人とも社交的とは言えず、愛し合う二人だけの世界へと閉じてゆく。興味深いのは、漱石が二人の完結した世界を、再び「自然」と、あるいはあまつさえ「山中」と呼ぼうとしていることだ。漱石が、二人の生活する世界をさらりと描写した次の一節を見過ごすことはできない。

　彼等に取つて絶對に必要なものは御互丈で、其御互丈が、彼等にはまた充分であつた。彼等は山の中にゐる心を抱いて、都會に住んでゐた。[43]

そしてこの関係においては「渦を巻く心」の新たな二人版のパターンと、かつその異形の在り様が描かれている。

　外に向つて生長する餘地を見出し得なかつた二人は、内に向つて深く延び始めたのである。彼等の生活は廣《ひろ》さを失なふと同時に、深さを増して來た。〔…〕彼等の命は、いつの間にか互の底に迄喰ひ入つた。二人は世間から見れば依然として二人であつた。けれども互から云へば、道義上切り離す事の出來ない一つの有機體になつた。二人の精神を組み立てる神經系は、最後の纖維に至る迄、互に抱き合つて出來上つていた。[44]

宗助と妻の心は、外部との接続が途切れ、内側へと伸び始める。しかしその精神の触手は互いに絡まり合って、ついには「一つの有機体」にまで至る。これは『坑夫』の群生物ともまた異なるパターンである。『坑夫』では身体から魂が抜け出して癒合したり離れたりしていたのに対し、宗助と妻は精神が絡まり合って、もはやとき解くことができない一つの統一体になっている。そしてこの描写においては、宗助とは漱石そのものではないかとさえ思われる興味深い事実が存在する。夫婦で離れがたく絡み合って抱き合う神経の糸、というまるでサイバーパンク小説の恋愛描写のようなメタファーは、漱石自身のある経験に基づいていることが推察される。漱石の妻・鏡子は、はじめての子供を流産したこともあって、明治三一年（一八八八年）に入水自殺を図っているが、ある種の「ヒステリー」を持っていたことが伝えられている。漱石はこれを抑えるためにか、二人で夜に寝るときは、互いの手首を細い紐で結んでいたのだ。[45] まさに神経繊維のごとく、紐で互いを結びつけていた漱石／宗助は、夫婦という絆を強引に自然なる統一体へと統合しようとしていたかのようだ。その意味で、宗助という人物と作家・夏目漱石のシンクロ率は極めて高かったであろう。[46] しかしもちろん、二人だけで完結する自然に融和する穏やかな心などありえない。彼らは閉じこもった偽物《ヴァーチャル》の自然のなかで、次第に窒息していく。

男と女は二人「山の中にいる心」で生きていた。しかし、実際には彼らは都市に住んでいるのであって、いくら二人の関係を「自然」と呼ぼうが、それが幻であることは分かっている。したがって彼らはやはりまだ外部へとアクセスを求めているのである。内的に閉塞する心を癒すことができるのは何か。宗助が求めた一つは「宗教」で、もうひとつが「自然」である。「宗教への希望と挫折」こそ本作品のテーマであるが、その背後にある「自然への希望と挫折」が本書の追跡しているテーマである。次の一節は「キリスト教」（会堂）にも「仏教」（寺院）にも救われないという宗助が、最初期からの夢である自然を求めた描写である。

二人は兎角《とかく》して會堂の腰掛《べんち》にも倚《よ》らず、寺院の門も潛らずに過ぎた。さうして只《ただ》自然の恵《めぐみ》から來る月日と云ふ緩和劑の力丈《だけ》で、漸《やうや》く落ち付いた。[47]

宗助は「凡ての創口《きずぐち》を癒合するものは時日である[48]」という信念を持っていた。いや、持っていたというより自らに信じ込ませようとしていた。先の引用から分かるように、これは「自然の恵から来る月日」である。しかし、この「自然」への癒しの渇望さえも破綻を来す。彼は苦しみが増してくるある夜に、時計の音が妙に気になって眠れなくなる。

宗助は眼を閉ぢながら、明らかに次の間の時計の音を聞かなければならない今の自分を更に心苦しく感じた。其時計は最初は幾つも續けざまに打つた。それが過ぎると、びんと只一つ鳴つた。其濁つた音が彗星《ほうきぼし》の尾の樣にほうと宗助の耳朶《みみたぶ》にしばらく響いてゐた。次には二つ鳴つた。甚だ淋しい音であつた。宗助は其間に、何とかして、もつと鷹揚に生きて行く分別をしなければならないと云ふ決心丈をした。三時は朦朧として聞えた様な聞えない様なうちに過ぎた。四時、五時、六時は丸で知らなかつた。たゞ世の中が膨れた。天が波を打つて伸び且《か》つ縮んだ。地球が糸で釣るした毬の如くに大きな弧線を描いて空間に搖《うご》いた。凡てが恐ろしい魔の支配する夢であつた。[49]

初期の漱石において、眠りは乾坤であり救いであったはずだ。なぜならそれは夢であり桃源郷であり、すなわち理想化された「自然」だからである。そしてこの自然だけが、彼の傷を癒やしてくれる唯一にして最後の希望であった。しかし、この自然さえ破綻した。宇宙空間は膨れ縮み蠢き、その変貌は時間間隔を崩壊させ、時計の針は尋常には過ぎ去ってくれない。もはや眠りの世界は「恐ろしい魔の支配する」空間へと変わってしまったのだ。もしもこの宗助の経験を漱石自身が感じ始めていたのだとすると、漱石の意識を救ってくれるものはどこにもない。

漱石は自然を欲望していた。しかし、それが幻想であることを承知しながら欲望していた。もはや彼の眼には本当の自然は映らない。そういう思いが募れば募るほど、自然へのアクセスは切断され、また切断されれば切断されるほど、再びその欲望は膨れ上がった。そうして外部を失った漱石の心は、自己の心だけで完結すべく、死ぬまで空虚に回転し続けるのであった。

『行人』——狂気の思想

漱石の描く心は、いつしか身体を失い外部との接続を失ってしまった。それゆえ晩年の作品『行人』では、彼の描く身体や外界の風景は力なく色褪せている。

「椅子位失つて心の平和を亂《みだ》されるマラルメは幸ひなものだ。僕はもう大抵なものを失つてゐる。纔《わづか》に自己の所有として殘つてゐる此肉體さへ、（此手や足さへ、）遠慮なく僕を裏切る位だから」[50]

呼息《いき》をする度に春の匂が脉の中に流れ込む快よさを忘れる程自分は老いてゐなかつた。〔…〕自分に媚びる花やかな色が、新しく活けた佐倉炭の焔と共にちら／＼と燃え上るのが常であつたけれども、時には一面に變色して何處《どこ》迄《まで》行つても灰の様に光澤《つや》を失つてゐた。[51]

「呼ぶと返つて來る」はずであった魂の依代としての身体を失い、「踊ををどつてる様な」気持ちにさせてくれる揺れる炭の火は色褪せている。『門』や『彼岸過迄』では、心だけが激しく回転して閉塞していくのに対し、『行人』ではまた違った様を浮かび上がらせてくる。『行人』の主人公の兄は、回転する意識によって外部との接続を失うが、しかし同時に、反転して心が一足飛びに全自然を「所有」しようとする人物である。それは『草枕』の青年が「同化して其物になる」と言い、『虞美人草』で欽吾が「宇宙と同心同體にならねばならぬ」と言った初期の漱石が描いた心の在り方を強制的に実現しようとした狂気の心である。その意味で『行人』の一郎は、夏目金之助自身の心の臨界点を持った人物、あるいは作家自身の限界を越えてその道の最後の地点で絶望する心をを持つ人物と言うこともできるだろう。おそらく漱石はこの一郎という人間を描くことで、自らの狂気と死をぎりぎりで回避することができた。別の言い方をすれば、文学（制度）／テクストにおいて、一郎という人物を生み出し、現実に生きる漱石（金之助）の心を限界までシミュレーションすることによって、自らの心の破綻を防ごうと防衛したのかもしれない。

二郎の兄の一郎は、常に生きる不安を抱えながら生きている神経質な人間である。あらゆるものを信頼できず、疑心暗鬼になって、妻さえ自分を裏切っているのではないかと弟にその忠義心をたしかめさせたりする。一郎は回転する心の速度の絶頂にあり、留まることもできず、行き先を知らないまま不安と恐怖を走り続けている。

> 兄さんは書物を讀んでも、理窟を考へても、飯を食つても、散歩をしても、二六時中何をしても、其處《そこ》に安住する事が出來ないのださうです。何をしても、こんな事をしてはゐられないといふ氣分に追ひ掛けられるのださうです。〔…〕
> 兄さんの苦しむのは、兄さんが何を何《ど》うしても、それが目的《エンド》にならない許《ばか》りでなく、方便《ミィンズ》にもならないと思ふからです。たゞ不安なのです。從つて凝《じつ》としてゐられないのです。兄さんは落ち付いて寐てゐられないから起きると云ひます。起きると、たゞ起きてゐられないから歩くと云ひます。歩くとたゞ歩いてゐられないから走ると云ひます。既に走《か》け出した以上、何處《どこ》迄《まで》行つても止まれないと云ひます。止まれない許《ばかり》なら好いが刻一刻と速力を増《ま》して行かなければならないと云ひます。其《その》極端を想像すると恐ろしいと云ひます。冷汗が出るやうに恐ろしいと云ひます。怖くて／＼堪らないと云ひます。[52]

意識の加速主義。肥大化した意識の極北。明らかに過剰な意識の作動。この目まぐるしく回転し続ける「意識の病」からなんとしてでも逃れ、救われるために、兄・一郎はやはり、これまでの漱石の描き続けてきた青年たちと同じように自然を求める。山中の桃源郷を求めている。しかし一郎は、もはやそれが幻であることを強くはっきりと自覚する人間でもある。自然へと心を融和させることが悟りに近づくことであることも知りながら、兄はただどうすることもできずにただただ苦しむのである。

兄さんは眼からぽろ〳〵涙を出しました。

「僕は明かに絶對の境地を認めてゐる。然《しか》し僕の世界観が明かになればなる程、絶對は僕と離れて仕舞ふ。要するに僕は圖《づ》を披いて地理を調査する人だつたのだ。それでゐて脚絆を着けて山河を跋渉する實地の人と、同じ經驗をしようと焦慮《あせ》り抜いてゐるのだ。僕は迂潤なのだ。僕は矛盾なのだ。然し迂潤と知り矛盾と知りながら、依然として藻搔《もが》いてゐる。僕は馬鹿だ。人間としての君は遙《はるか》に僕よりも偉大だ」

兄さんは又私の前に手を突きました。さうして恰も謝罪でもする時のやうに頭を下げました。涙がぽたり〳〵と兄さんの眼から落ちました。私は恐縮しました。[53]

兄は「山中」を欲望しながら実際には山中には足を踏み入れず、「地図」というヴァーチャルな自然だけを眺めている。そしてその矛盾についても自覚している。彼は自然だけが唯一、自分の過剰な意識を救ってくれると願いながらも、同時にもはやこの意識は自然そのものへと接続することはできないということも分かっている。もはや彼には救いはないのだ。終に漱石は、一郎という人物にこれまでの自分が描き続けてきた人物の総決算のような心象を託した。

兄さんは時々立ち留まつて茂みの中に咲いてゐる百合を眺めました。一度などは白い花片《はなびら》をとくに指さして、「あれは僕の所有だ」と斷りました。私にはそれが何の意味だか解りませんでしたが、別に聞き返す氣も起らずに、とう〳〵天邊《てつぺん》迄上りました。二人で其處《そこ》にある茶屋に休んだ時、兄さんは又足の下に見える森だの谷だのを指して、「あれ等も悉く僕の所有だ」と云ひました。[54]

心が極限までに肥大化した。心は自然へと抜け出して融和するのでもない、他者たちとくっついたり離れたりするのでもない、身体とゆるやかに結びついているのでもない。これらの心の在り様が不可能になり、回転して外界を巻き込んで取り込んでいくことしかできない高速の心は、終に世界のすべてを巻き込み終わって心へと回収しきってしまったのだ。全自然を飲み込んだ心、それこそが兄・一郎の異様な心である。

そしてこれは、漱石が初期から抱いてきた論理学的に世界へと関係するという思想――「A＞」A」は許されないというあの原理――の必然的な帰結である。私の心と世界が互いに融和しながら同一化することが不可能であり、かつ心が肥大化するとき、私の心はそのまま世界であることはできず、私の心が一方的に世界を所有するか、世界が私の心を飲み込むか、そのどちらかしか選択肢はない。そして兄の一郎は、弟にこう宣告されるのだ。

兄さんの所謂《いはゆる》物を所有するといふ言葉は、必竟物に所有されるといふ意味ではありませんか。だから絶對に物から所有される事、即ち絶對に物を所有する事になるのだらうと思ひます。神を信じない兄さんは、其處《そこ》に至つて始めて世の中に落付けるのでせう。[55]

私が世界を所有し、世界が私を所有する。この間に介在するものはなにもない。世界には私しか存在しないがごとく。私の意識こそが世界である、というもはやポストモダン的な想像力にさえ思える感覚が明治時代の一郎を支配している。

私たちはここで、否応なくパスカルの心を思い出すだろう。自分を宇宙に飲み込まれる「宇宙のゴミ屑」であり、同時に全宇宙を飲み込む「真理の保管者」であると言ったパスカルと一郎の思想は、かなりの重なりを見せており、二人とも神（宗教）なき心の在り方に異様なまでに敏感であった人物である。明治二三年（一八九〇年）、漱石がまだ二四歳であったとき、親友であった正岡子規への手紙（八月九日）のなかで、病床に伏せって真に死が近い子規にこんなことを言うのは申し訳ないと断りつつ「浮世がいやになり」、死にたいが「自殺する程の勇氣」もないと綴った。そして「life is a point between two infinities（人生は誕生と死という二つの無限に挟まれた一個の点）[56]」と書いた。パスカルは『パンセ』（断章七二）のなかで、人間は「無限に対しては虚無であり、虚無に対してはすべてであり、人間はこのすべてと無に挟まれた一個の点である（a mid-point point between nothing and everything）[57]」と言った。パスカルが空間的な二つの無限に挟まれた一個の点として自己を捉えているのに対し、漱石は時間的な二つの無限に挟まれた一個の点として自己を捉えている。

パスカルの矛盾は西洋の心のモデルの（副作用としての）象徴でもあったことを踏まえれば、漱石の苦悩はパスカルその人への共振というよりも、西洋的な心のモデルを真っ先にインストールした東洋の独りの人間としての親近性と苦闘であると考えられる。実際、本書では先ほど、漱石が西洋の歴史を圧縮して経験したと書いたが、一郎はそれを強烈に自覚した人間でもある。

「人間全體が幾世紀かの後に到着すべき運命を、僕は僕一人で僕一代のうちに經過しなければならないから恐ろしい。一代のうちなら未《ま》だしもだが、十年間でも、一年間でも、縮めて云へば一ヶ月間乃至《ないし》一週間でも、依然として同じ運命を經過しなければならないから恐ろしい。君は嘘かと思ふかも知れないが、僕の生活の何處《ど》を何んな斷片に切つて見ても、たとひ其斷片の長さが一時間だらうと三十分だらうと、それが屹度《きつと》同じ運命を經過しつゝあるから恐ろしい。要するに僕は人間全體の不安を、自分一人に集めて、そのまた不安を、一刻一分の短時間に煮詰めた恐ろしさを經驗してゐる[58]」

一郎の不安は、人類全体の不安である。漱石は、単に一郎という一人の狂人を描こうとしたのではない。漱石自身が狂気に取り憑かれようとしていること、そしてそれは日本が西洋、あるいは人類全体の歴史を圧縮して高速シミュレーションした結果として生成してしまった心の在り様であることを告白しているのだ。神なき近代の精神は「人間は完全でなければならない、そうでなければ無だ」という極端な二者択一を迫る。夏目漱石の苦悩も、この問題を頂点として高まっていった[59]。漱石は、人間に迫る新時代の緊張感を真っ先に東洋の孤島で独り感じていた。

西洋ではこうした心の苦悩を癒すために超越的な神への信仰が近代以降も残響していたが、そうした神を信じることができない一郎は終に「神は自己だ[60]」と言う。しかし同時に、「僕は死んだ神より生きた人間の方が好きだ[61]」とも言う。彼は神を見ながら、即座にそれを否定する。そしてこの矛盾の繰り返しは、取りも直さず漱石を圧迫するオブセッションである。

歴史を後から辿ることのできる私たちは知っている。漱石が『行人』を書いた後、『こゝろ』というタイトルをつけて人間の自死を描くことを。日本という東洋の端に位置するこの文化圏において、西洋的な心を取り込んだ作家が、最後にはその心の荷重に飲み込まれて自死を描くという選択は象徴的な物語の結末である。

漱石（一郎）の悲劇は、個人の悲劇ではない。歴史の悲劇である。心の歴史のひとつの終着駅としての悲劇である。私たちはしたがって、一郎の苦しみを、日本の心の思想史の突端であるというよりも、日本の心と西洋の心の化学反応として読む必要がある。

たとえば西洋哲学史において、最も意識の苦悩を抱えていた哲学者の一人、ジョルジュ・バタイユのテキストを見てみよう。バタイユは「もしかりに人間たちの総体を……ひとりの人間が体現するとしたら」と一郎のような言葉を綴った後にこう述べた。

この体現者の頭脳は鎮めるすべもない闘争の場と化し、その激しさのために遅かれ早かれ砕け散ってしまうことだろう。なぜならこの体現者の見るものは、覚知しがたい程の暴威と狂奔とに達するだろうからだ。彼は神を見るにちがいない。がその瞬間に神を殺し、そして彼自身が神となる。だがその後はただたちまちのうちに無のなかになだれ落ちてゆくばかりである。そうして彼は、最初にやって来た行きずりの男、それもあらゆる休息の可能性を奪われた行きずりの男と同様、意味を失い尽くしたひとりの人間となって我に返ることだろう。[62]

漱石など読んでいないこのバタイユの言葉は、一郎という人間を解説するために書かれたような一節である。しかし私たちは、もはやこの奇跡的な一致に驚いてはならない。なぜなら、一郎の運命は人類の歴史を一人でシミュレーションしたことによる必然の帰結だからである。漱石を知らずに全く同じような人類の結末の風景を、ほぼ同年代に生きたフランスの哲学者であるバタイユが描き出してしまった。このことは、漱石の思想が日本固有の問題よりもむしろグローバルかつ歴史的な意識の問題を描き出しているということを示唆する。奇しくもバタイユは、ヘーゲルによって圧縮された西洋精神史の物語を感受して衝撃を受けた人物でもあるのだから。

果たして漱石には、このような悲劇の結末しかなかったのか。あるいはもっと別の道があったのだろうか。私たちは最後に、漱石の心を本書の西洋編で扱った欧米の哲学史のなかで捉え返してみることで、思考の襞を締めくくりつつまた伸び広げてみようと思う。

漱石・バタイユ・江藤淳

虚無的な思想は、結局、一様に加速度のついた運動のなかに突入してしまう。そのもたらす結果について、止めだてするものはなにもない。それは、そのようにして完全破壊や無限の征服を正当化している。
——アルベール・カミュ『反抗的人間』

漱石の課題は、もちろん明治近代における「成熟」をめぐる日本固有の問題であり、それはいまだに日本に影を落としている。しかし同時に、その問題が「近代」をめぐる問題であるかぎり、それは西洋史の問題の特異な発露であり、グローバルな問題であることは疑いない。

心／意識がソクラテスによって神と自然から切り離された、というのが本書の出発点であった。デカルトからカントに至る近代的意識の発明のプロセスとは、この独立した心の自律性をいかにして確保するかという試みであった。初期の人工知能の発明とは、この独立した意識の具体的実装であり、人間の意識が完結した自律システムであることの証明のようでもあった。しかし、哲学では現象学が、身体、環境、他者などとのインタラクションを要請し、認知科学でも身体性や環境とのインタラクションこそ重要であるという方法論が登場してきた。現象学や身体性認知科学は心の完結性への緩やかな解除であったが、そのような中間的で曖昧な心の在り方をすぐに受け入れられるほど人間は柔軟ではなかった。心は全能でなければならない、そうでなければ無である、という極端な思想を持ってしまったのが漱石であったが、西洋でも同様の極限を求める思想家は存在した。

心の完結性を究極まで欲望する一方で、心の完全なる放棄を望むかのような矛盾。それこそパスカルの絶叫であり、漱石の絶望であり、バタイユの狂気であった。一郎は「死ぬか、氣が違うか、それでなければ宗教に入るか。僕の前途にはこの三つのものしかない」とつぶやいていた。死、狂気、神、それが最期の選択肢であった。パスカルの場合、彼をかろうじて狂気から守っていたのは微かなる神へのアクセスであったが、漱石に最初から神はいない。だからこそ彼はついに『行人』で狂い、『こゝろ』で自死を書いてしまったが、その漱石が最後までアンビバレントな欲望としてであれ、信じようとしていたのは「自然」であった。しかし、この自然への融合とでも言うべき欲望は、近代以降を生きる人間にとってそうたやすくは「救い」をもたらさない。

江藤淳とバタイユ

夏目漱石研究に実存をかけて取り組んだ江藤淳はそれゆえ、漱石における「自然」は「逃避先」であったと指摘している。そしてその自然は常に東洋的な思想に包まれた安住の「隠れ家」であり、そのためにこそ漱石は漢詩や南画を愛したというのだ。むろん「逃避」と言うだけあって、東洋的自然への埋没という漱石に垣間見られる傾向を、江藤は肯定的に評価していない。江藤によれば、東洋的自然への同化という方向性は「自己抹殺」の別名であり、社会あるいは「他者」からの責任逃れであり、人間の倫理はこの振り払いがたき他者との関係において求められるものであって、自然への同化は倫理的な「解決」ではなく、むしろ「超倫理（アンモラル）」という倫理の「解消」にすぎないのであり、漱石がかつて病に臥せり癲痫において経験した幸福（ブリス）を「植物のように存在し得た人間の至福[63]」であると断じた上で、「超倫理への希求とは如何にして人間を離れるか——植物たり得るかという憧憬である」と指摘する。[64] 江藤は、漱石の思想の集大成は「則天去私」である、というこれまでの漱石研究（とりわけ漱石の弟子筋の小宮豊隆や松岡譲ら）が築いてきた「神話」を解体し、漱石の逃走と苦悩を全面に押し出した。江藤は漱石の則天去私とは「人生に傷つき果てた生活者の、自らの憧れる世界への逃避の欲求をこめた、吐息のような言葉でもあった[65]」と言った。則天去私は人間としての成熟や解脱などではなく、いわば「人間をやめる」という逃避の別名にすぎなかったのだ。そして江藤淳は、それを否定的な意味での東洋的倫理であると指摘した。

> 人が伝統といい、東洋という時、ぼくらに指し示すのは自己抹殺の倫理である。〔…〕ここで可能な行為は、他者に働きかけようとする自己主張ではなく、他者（又は自己）を抹殺しようとする衝動のみである。[66]

江藤淳は、漱石の本質は「我執」と「自然」という対比的な思考であると考えたが、その「我執」は全世界へと拡大して世界を覆い尽くす無限の拡大傾向か、あるいは自然へと同化して完全に消え去ってしまう無限の縮小傾向の二極であり、しかもそれは同じ直線の二方面にすぎないのであって、本質は同じであると言う。果たして江藤の指摘するように、漱石の東洋・自然への欲望は「逃避」なのか。あるいはもし逃避だとしたら、漱石はその逃避に何を求めたのか。先ほど『行人』における一郎の苦悩と重ねて読んだバタイユの思想を手がかりに、ひとまずその問題を考えてみたい。

漱石が鎌倉の円覚寺に参禅し、悟りに救いを求めながらもそれに挫折したのが明治二八年（一八九四年）、彼が二七歳の時であった。一八九七年に生まれたジョルジュ・バタイユもまた、絶望のなかで救いを求めて教会に赴き、そして挫折して棄教したのが一九二四年、彼が二七歳の時であった。

バタイユは何を望み、何に挫折したのか。そのヒントはバタイユが研究していたヘーゲルの思想にある。西欧的理性という王国を完成させたヘーゲルの体系は、現代でも西欧哲学の最高峰として君臨している。しかしその殿堂の背後に、深淵なる「闇」があったのをバタイユは見逃さなかった。ニーチェに傾倒し、意識の病に冒され、頭部を切り落とした怪物をシンボルに「アセファル（無頭人）」[67]という秘密結社を創り、人身供犠まで企てたバタイユは、デュオニュソス的な無秩序の力の奔走、またヘラクレイトス的な闘争の場としての力（force）を求め続けながら、その力をどこに向かわせるかという持続性を模索するなかでヘーゲルに出会う。ヒントは彼が三年もの間学んだコジェーヴのヘーゲル講義にあった。コジェーヴはヘーゲルが若き頃に「心気症」を患っていたことに注目し、[68]ヘーゲルの弁証法体系には、与えられた存在としての人間は闇に包まれており、それを上昇させるための要請があったという註解を行った。これを受け、バタイユはヘーゲルの体系についてこう語っている。

私の考えでは、ヘーゲルは極限に触れたのである。彼はまだ若く、自分が発狂するかもしれないと考えた。私は、ヘーゲルが逃避するために体系を練りあげたのだとさえ考えている。〔…〕ヘーゲルは生きながら救済を得て、嘆願を殺し、おのれを毀損した。彼から残ったのはシャベルの柄だけ、つまり一人の近代人だけである。だが、おのれを毀損する前に、おそらくヘーゲルは極限に触れ、嘆願を知ったのである。極限の記憶が、ちらりと覗いた深淵のほうへ彼を連れ戻すのだが、それがその深淵を無化するためになのだ！　体系とは無化にほかならない。[69]

バタイユの告発は過激だ。彼は「（ヘーゲルの）体系は無化だ（Le système est l'annulation.）」（人間に与えられた深淵を無かったことにするためのものだ）と言った。すなわちバタイユの考えでは、ヘーゲルによる理性の体系、あるいは西洋精神の進歩の物語は、理論的に構築された純粋な形而上学ではなく、いわば実存的な狂気からの「逃避」である。あの理性の自由への発展という巨大な歴史の物語を描いたヘーゲルは、実は発狂しそうになるほどの恐怖に怯え、それを回避するために、そこから目をそむけるために、あの理性の物語を拵えたのだ、バタイユはそう言っている。理性、それは人間が向き合ってしまう恐ろしい闇の「深淵」を「無化（annuler）」してしまう虚構の、こう言ってよければ「政治的な」要請（あるいはカント的に言えば「統制原理」）だったのであり、そしてそれこそが「近代人」の正体であり唯一の残された姿なのだ。

実際、ヘーゲルの体系は危険な脈動を孕んでいる。それは、その体系が人類史の意識の発展過程を目的論的に、すなわち終局に向かっていくものとして捉えているからではなく、むしろ始原的に捉えているゆえにである。ヘーゲルにおける存在は、プラトン的な存在の同一性を前提とせず、常に「生成（Werden）」であることによって発展が可能となる。存在の同一性と認識の安定性の前提を取っ払ってしまっているゆえに、弁証法は棄てつつ持ち上げるアウフヘーベン（止揚）を可能にし、意識は自己意識から理性へと、自己否定とその相克によって発展しうる。しかしそれは裏側から見れば、あらゆる存在の同一性の確証が与えられない、存在の始原の世界を曝け出してしまっているとも言える。

これはバタイユから見れば、存在が常に自己滑りし、すべてが自己模倣であるようなパロディ的世界のなかで、その相克を競い合いつつ補完し合う力の拮抗した蠢きだけの、世界の戯れが暴露されてしまっているということだ。〈善〉と〈悪〉も、〈清浄〉と〈穢れ〉も、〈生〉と〈死〉も、〈聖〉と〈俗〉も、なんらの同一性を保持するものではなく、ただそれぞれの力だけが不定な仕方で働いているのであって、存在の同一性は人間の言語認識による仮初めの呼称でしかない。

ヘーゲルにおいては神という契機や、イエスという契機がその生成を自由へと導く方向性を定めるため、この生成の力は人間の認識にうまく適合するように発展していく。しかし、もしもこの純粋な力の場から神（による方向性）を抜き去ってしまえば、世界はいつでもデュオニュソス的な力の奔走の場へと回帰してしまうのではないか、それがバタイユがヘーゲルに見た体系の裏面である（この関係は、本書で見たデカルトとパスカルの関係にも似ている。デカルトから神の力を取り去ってしまったとき、宇宙の中心に取り残されたパスカルの恐怖が噴出する）。ヘーゲルが進歩のたびに棄てた（アウフヘーベンした）もの、それはバタイユにおいては棄てられることによって私たちを逆に魅惑し、欲望を誘うものであった。生のために、生の最大の肯定としての「死」が魅惑し、禁忌（タブー）としての「性」は再び侵犯の対象となる（エロティシズム）。こうした対抗する力動に必然的な導きの方向性がないのならば、棄てられたものは絶えず亡霊のように回帰し、常に外部から意識を瓦解させんと誘惑する。人類史は、進歩や発展ではなく、終わらない闘争を繰り返している。

だからこそ、理性と自由へと向かう世界精神の発展を描いたヘーゲルと、性と死の氾濫するパロディ的世界を目にしたバタイユは、ある意味では紙一重の思想なのであり、それゆえバタイユからしてみればヘーゲルの体系は、この恐ろしい世界＝深淵からの「逃避」のために創造された空中庭園の如きもので、理性の王国の創建を夢みることは狂気からの「逃避」であり、「無化」なのだ。

江藤淳は、漱石の東洋・自然への欲望を「逃避」だと言った。それは倫理の解決ではなく、倫理の「無化」であると言った。もしも江藤の言うように漱石の自然への希求を逃避であるという点で批判するのだとしたら（そしてバタイユの告発が正しいとしたら）、その方向性と人間倫理の根拠を与えるために希求された、ヘーゲルの理性的近代人の姿も（混沌とした奔走する力の場からの）逃避であることによって批判される。

ここにバタイユと江藤淳の批判の構造が重なる。漱石の東洋・自然への「逃避」を批判した江藤と同じように、バタイユはヘーゲルの西洋・理性への「逃避」を批判した。彼らの批判は、人間を根拠なきユートピアへと逃避させるのではなく、現実の闘争の場を直視して生きろという批判である。しかしながら、一切の逃避を許さず、現実の奔走する力の暴風の中で生きることは過酷である[70]。むろん、そのような過酷な闘争の場を切り盛りしながら生きていける強い心が育める人間も存在する。

しかし実際、江藤淳もバタイユもそのような強い心の人間ではなかった。バタイユは死を希求し続け、あるいは死の経験不可能性を知ってもなお死の模倣として供犠を求め、また死における自己喪失を望み続けた。そして昭和三〇年（一九五五年）に「夏目漱石論」を書いた青年・江藤淳は、昭和四五年（一九七〇年）に再び大著『漱石とその時代』の執筆に取り組み、還暦を過ぎた第四部（一九九六年）のあとがきで「生の限界」を感じると漏らし、一九九九年に第五部を未完のまま（没後刊）六六歳で自殺してしまった（「這ってでも〔…〕『漱石とその時代』を完成させなければならない」[71]と言っていたにもかかわらず）。漱石作品では『こゝろ』が一番好きだと言っていた江藤は、漱石に逃避であると言った自己抹殺を最悪のかたちで実行するという悲劇を辿ってしまった（その意味では、江藤による漱石への批判は、漱石と同じ問題設定の圏内における批判であったと言える。ニーチェのプラトン批判が転倒したプラトニズムであったかのように、バタイユのヘーゲル批判が転倒したヘーゲル主義であったように）。江藤淳もバタイユも、洋の東西を問わず、人間の弱き心が求める理想郷への批判を繰り返し、自らは死へと赴いてしまったのだ。

人間は意味なしには生きることはできないが、意味に縛られても生きていけない。この不条理は人類に与えられた課題である。西洋では究極の意味として神が君臨し、近代では理性の王国としてヘーゲルが道筋を与えた。他方で東洋では逆に意味の世界を否定して無垢で無為な自然の桃源郷を求める老荘思想が栄え、禅の思想は超脱を目指す道筋を与えた。究極の意味か究極の無意味、人間はこうした二択の間に彷徨い苦悩する。

近代以降の西洋哲学の苦難とは、暴力的に論じてしまえば、神なき人間がいかに生きるべきかの根拠を設定し直すことの困難であった。ある哲学者は神の代理となる別の超越的な原則を設計しようとしたし、ある哲学者は自らが神の代理を務めようとした。カントは神の力が衰えつつある一八世紀に人間だけで成立可能な普遍的な倫理原則を構想したし、ヘーゲルは神の助力を借りつつも人間の歴史の必然性を見出すことでその物語を描いた。他方で、ニーチェは自らを「超人」として一個の個人が神の如き振る舞いを生きることを切望したし、バタイユは自らが神となった後に神を殺し、その残骸の荒野で死を欲動した。そして漱石も物語のなかで、自らが神となることを欲望し、その重圧に耐えきれずに自死してしまう。

漱石の身体

しかし、作家・夏目金之助その人は死ななかった。おそらくは、晩年の漱石には、過剰なる意識の重圧を少しだけ回避する糸口があったのだ。修善寺の大患の時の随想『思ひ出す事など』（明治四三年）で、漱石は次のように書いている。

余は默つて此空を見詰るのを日課の樣にした。何事もない、又何物もない此大空は、其靜かな影を傾むけて悉く余の心に映じた。さうして余の心にも何事もなかつた、又何物もなかつた。透明な二つのものがぴたりと合つた。合つて自分に殘るのは、縹緲《へうべう》とでも形容して可い氣分であつた。
其内穩かな心の隅が、何時か薄く暈《ぼか》されて、其所を照す意識の色が微かになつた。すると、ヱイルに似た靄が軽く全面に向つて萬遍なく展《の》びて來た。さうして總體《そうたい》の意識が何處も彼處も稀薄になつた。[72]

意識がその過剰なる重みを休ませ、透明な空に伸び広がっていく。あのメルロ＝ポンティが描いたような、心と空の互いに支え合いながら存在しているような心境が、素直に書かれている。このような心持ちは、漱石の作品内に出てくる男たちの心とは違う。

漱石がこのような境涯を書くことができた最大の理由は、彼が「病に臥せっていた」ことである。『坑夫』の山中で、身体が雲に包まれてしまえば心は自由に世界と融合すると描いていた漱石は、身体が病によって機能停止、あるいは不可視化してしまうことによって、その「天国」のような心持ちを現実でも描くことができた。漱石の身体が横たわっていること、これは『思ひ出す事など』に偶然に書かれた境地ではない。

蓮實重彦は漱石作品の最初期から晩年に至るまで、登場人物が「横たわっていること」(「横臥」や「仰臥」の姿勢でいること)が常に物語における鍵を握ってきたことを指摘している。[73] 横たわる身体は、他者を招き、そこで交流を開始する。意識や言語が交流を可能にするのではなく、身体の状態こそが交流を導く。縁側に寝そべる苦沙弥先生(『吾輩は猫である』)、『それから』の冒頭、布団で椿の落ちる音を聴く代助、病院のベッドで療養する津田(『明暗』)など、漱石作品の人物たちは横臥/仰臥の姿勢において他者たちを招き、そこで言葉が開始される場面が何度も描かれている。

『行人』の一郎は山の上から風景を見下ろして、あの百合もあの蟹も「僕の所有だ」と言って自然を意識の対象物へと吸収したが、仰向けで空を見る療養中の夏目金之助は、決して対象化しえない茫漠として広がる空に意識の志向対象なき伸び広がりを感じた。私たちが仰向けになって空を見上げるとき、意識はその先になにものも摑むことができず、世界に対する所有の不可能性にただただ呆然とするほかない。意識による世界の対象化作用は、身体やその姿勢、行為という思わぬ無意識に規定された作用なのである。もちろん、自然に対してだけでなく、他者に対しても身体の姿勢はいっそうの強い規定を与える。私たちは他者と向き合うとき、互いに視線を合わせ、対象化の攻防を行う。とりわけ漱石作品における男と女の口論や、沈黙の恋愛感情などは、ほとんど静止したような向かい合わせの姿勢で描かれる。漱石はこの視覚の権力性とその不可避の闘争を何度も描き、逆に男女が和解したり情愛を感じたりする場面では、男か女かのどちらかは横たわっていることが多い。たとえば、発作を起こした横たわる御米を心配する宗助（『門』）や、入院してベッドにかける津田を気遣うお延（『明暗』）などは象徴的だろう。

身体を横たえ、朦朧とした意識になるとき、漱石作品の人物たちは世界や他者と和解する。しかし身体を起こし、直立し、真正面から他者と向き合うとき、彼らは世界を支配しようと身構え、他者との闘争を始める。ここに「A＞¬A」は許されないというあの論理学上の原理が、自己の心と他者の心という関係に適用されるとき、私の心は他者の心を排斥する運動となる。柄谷行人はそれゆえ、漱石の意識は他者を殲滅しなければ気が済まないものとして見たし[74]、漱石自身もそれを必然的な闘争であると見た。そして日記に「われはわれなる外何者たるを得んや。われ人を曲げずんば人遂に我を曲げんとす。両者曲げ得ざる時、両者は死するべき運命を有す。運命はわれの如何ともする能はざる所なり[75]」と書き付け「われを曲げ得ざるの前に吾は世界の表面より消えて去るべし」と自死への傾向を必然として受け入れた。

このような意識の攻防と闘争こそ、ヘーゲルが描いた西洋史の過程でもある。ヘーゲルはこの自己承認をめぐる命を賭けた闘争の結果、主人と奴隷が決定され（詳述しないが、奴隷という否定性のほうが意識をより高次の自己意識へと発展させる）、意識は発展していくのだと考えた。しかし漱石にはこのような弁証法は存在しない。意識は一貫して排斥の傾向を持っており、時折その身体の姿勢や状態によって融和するだけである。他者との闘争によって発展していくヘーゲルの意識とは異なり、漱石の意識はただ膨張して拡大しては、病によって縮小するという、テロス（目的／終末）なき膨張と収縮の往復運動である。したがって漱石における苦悩は、ヘーゲルが意識の発展の途上にある「不幸な意識」[76]と呼んだものにも似ているが、神なき漱石のそれはどこに向かっても発展しない。

漱石の意識の苦悩は西洋哲学史をインストールしてしまったがゆえの苦悩であることは間違いない。この意識の苦悩はヘーゲルのように弁証法的に克服されるべきものなのか。少なくともキリスト教の助力を確信することのできないバタイユはヘーゲルの体系の前提としての実存的な狂気が抹消されている限り、これを信じることはできないと考えた。そうであれば、バタイユと同じように漱石も、西洋哲学史の宿命を拒絶する者として、力の奔走の場に投げ出されたままに死を欲動するしかないのか。あるいは江藤淳に批判されたように、東洋的な自然へと「逃避」するしかないのだろうか。

メルロ＝ポンティは、ヘーゲルの意識の闘争を自覚しながらも、その意識を可能にする身体に注目することで、バタイユとは別の意識の在り方を見ていた。メルロ＝ポンティは、他者の心を排斥する心という在り方の起源をデカルトに、そしてその完成をヘーゲルに見出し「コギトとともに、ヘーゲルの言うところでは、そのそれぞれが他のものの死を熱望するような意識の戦いが始まる」[77]と言った。しかし、彼はそのコギトによる「戦い」には「前提」が潜んでいるとしてこう続けた。

> だが、この戦いが始められるためにも、つまり、それぞれの意識が他の意識の現存を推測し、それを否定しえんがためにも、それらの意識は共通の地盤を持っていなくてはならないし、幼児の世界で自分たちが平和に共存していたことを覚えていなくてはならないのだ。[78]

人間が単独で生きることを不可能にする他者との不可避の領野がある。そして人間の心はそうした他者と環境の混じり合う交流の最中で浮かび上がる起伏であり、行為によって結実する結節点である。それがメルロ＝ポンティの世界像であり心の在り様であった。身体をもつこと、そこに意識が参加しようとしまいと、自覚しようとしまいと、それだけで人間は世界へと開かれて交わっている。知覚は意識が起こすのではなく、身体とそれが住み込む環境世界のなかですでに生じている。それはまるで「渦にのまれるように」とメルロ＝ポンティは言っていた。

知覚される身体のまわりには渦が巻いていて、私の世界もそこに引きこまれ、まるで吸いこまれるかのようなのである。[79]

漱石は意識こそ渦の中心であると考えていた。しかし、メルロ＝ポンティの渦の中心は意識の外側にあって、意識はむしろ世界の渦に巻き込まれるものであると考えていた。渦の中心をほんの少しずらすこと、それだけで世界はまったく別の様相を帯び、転倒する。私は世界をこの頭蓋の中心にある渦に巻き込むのではなく、世界という渦に、事物や、他者たちと共に巻き込まれるのである。そこで「自己本位」は機能しない。

漱石は『こゝろ』の執筆直後の講演（『私の個人主義』大正四年（一九一五年））で「私は此自己本位といふ言葉を自分の手に握つてから大變強くなりました。〔…〕其時私の不安は全く消えました」[80]と言った。しかし本当だろうか。江藤淳は漱石がこの「確信」の後にも死の観念につきまとわれ、不安を日記や手紙に漏らしていることを調べながら、彼の確信がひどく脆いものであったことを追跡し、不可能なプロジェクトであったことを指摘し続けた。

「自己」そのものが最初から欠損し、静謐なときですら「人に知られない淋しさ」を湛えているからである。その故にこの「自己」は、ときにもがいてより大きなものに抱きとられようと躍動し、ときに「淋しさ」を横溢させて絶望の淵に沈む。この希求と絶望との往復運動のあいだに、いわば漱石の胃潰瘍が位置しているのである[81]

漱石の病。神経症から癇癪、そして胃潰瘍という病理は、江藤淳によれば自己への希望と絶望の往復運動の中心に位置している。そして先の蓮實重彦の漱石的身体を踏まえれば、漱石は意識の病が重篤化するたびに寝込み、そしてその横たわる身体によって、死のぎりぎりの手前のところで世界と和解するのである。したがって私たちは、やはり小宮豊隆や和辻哲郎らのように、漱石の自己本位や則天去私の境涯を彼の人格的な完成や思想的な超脱とみなす[82]のではなく、孤立化して病理化する意識と、交流して和解する身体の振幅の一過程とみなさざるをえない。漱石は病によって、あるいは身体の姿勢や態度によって少しだけ意識の過剰さという狂気を収めることができたのであり、それは一種の擬似的で部分的なユートピアの到来とでも言うべき瞬間であった。しかし、漱石の遺作『明暗』においては、本書が辿ってきたユートピアに対する新たなる漱石の思想が語られている可能性がある。

決別の『明暗』

絶筆となった『明暗』（大正五年）で、漱石は後期三部作で描いたような過剰な自我の小説から、登場人物たちがそれぞれの行動原理を持って交錯する、いわばドストエフスキー的な「ポリフォニー小説」を描いたことで、他者との関係の再構築を見せたと評される。しかし本書の考えでは、漱石はこの小説において、それとは別の、より重要で根本的な展開を企てている。それは「山」への決別の物語である。

漱石は『明暗』で久しぶりにまた「山中」を書いた。それは、山中と呼ぶには中途半端な山の中腹にある温泉宿屋である。初期の『倫敦塔』を思わせる、自然もないが人間もいないような、迷宮のごとき宿屋は逃避としての桃源郷ではない。そこは、意識が捕まえようとしても消えてしまうヴァーチャルワールドのような世界である。

この中途半端な山中への温泉旅行は、漱石がこれまでずっと桃源郷としてきた「自然」への回帰ではなく、決別を意味する。主人公の津田は妻であるお延に秘密で、過去に交際のあった人妻・清子と会うために東京を離れ、躊躇いを抱きながら温泉宿に向かう。ふつうに物語を読めば津田が温泉宿に向かう際の葛藤は、自分を縛っている「過去」としての清子に対する心情であるが、本書はそれをむしろ桃源郷＝山中に対する葛藤であると読んでみたい。すなわち「この物語」（『明暗』）において津田は過去へと決別する人間であるが、同時に、この物語を超えた、夏目漱石がこれまで描いてきた人物たちの欲望が重ねられていると読むことによって、漱石の山中＝桃源郷への決別、として見えてくるのである。津田が温泉宿に着いたシーンの冒頭を、漱石は次のような風景描写から書き出す。

> 靄《もや》とも夜の色とも片付かないもの丶中にぼんやり描き出された町の様は丸で寂寞たる夢であつた。
> 自分の四邊《しへん》にちら〳〵する弱い電燈の光と、その光の届かない先に横はる大きな闇の姿を見較べた

時の津田には慥《たし》かに夢という感じが起つた。[83]

津田にとってこの山中はほとんど夢の景色であった。しかし、津田はこの夢＝桃源郷に再び「逃避」しようと訪れたわけではない。注目すべきことに『草枕』、『二百二十日』、『虞美人草』、『坑夫』などで、男たちが例にもれず全員が「歩いて」山中に入ったのに対し、『明暗』では津田は「汽車」で山へ向かっている。漱石は、身体を徐々に失い、魂を冥合させる「歩く」という桃源郷に入るための儀式を省略したのだ。その代わりに漱石は、一見すると不自然なほど長く、何節にもわたって汽車で山に向かう様子を描写する。それは執拗というべきなほど細かく、汽車がいかに山間の雨を避ける快適な空間[84]であり、便利な交通機関[85]であるかを反芻しながら宿への道程を書いた。津田は汽車を乗り継いで当地に着いても、歩かずに「馬車」に乗って宿へ向かう。そうして最後まで歩く姿は描かれず、唐突に山中の宿へたどり着くのである。

津田は漱石が近代文明の象徴として忌み嫌いさえした汽車に乗って、自己を保ったまま、決別のために山中へ向かった。このような明確な決意を持って山中を描こうと挑む漱石は最初で最後であった。

おれは今この夢見たようなもの、續きを辿らうとしてゐる。〔…〕。自分の夢は果して綺麗に拭ひ去られるだらうか。自分は果してそれ丈の信念を有つて、此夢のやうにぼんやりした寒村の中に立つてゐるのだらうか。[86]

これまで、何度も自然を捨てようとしながらもその甘い誘惑に屈する人間の姿を描いてきた漱石は、果たして本当にこの夢を断ち切る人間の心を描けるのか。「自然」は漱石の人生をずっと縛り続けてきた、逃避と救済を同時に与える呪いでもある。江藤淳は漱石の実存的な苦しみと救いを「彼が平和に暮らすことの出来る楽園があるとすれば、それは自分が存在しないように存在するという奇怪至極な世界以外にはない」[87]と評したが、靄に包まれた山（楽園）に向かって身体を失いつつ魂を解き放つ「歩く」という儀式を自ら封じた漱石の描写は、その誘惑の執拗さに怯える津田の心情を書く。

今迄も夢、今も夢、是から先も夢、その夢を抱いてまた東京へ歸つて行く。それが事件の結末にならないとも限らない。いや多分はさうなりさうだ。ぢや何のために雨の東京を立つてこんな所迄出掛けて來たのだ。畢竟馬鹿だから？[88]

夢との決別は恐ろしい。実際、津田が宿屋を恐れるのは、かつての恋人である「清子という過去」に惹かれつつも清算しなければならないという矛盾した感情をたしかめなければならないためであるが、それだけにしては漱石は明らかに山というメタファーにこだわり続けている。『草枕』で山へと歩き夢を見て恍惚となる快楽を書いた漱石が、今度は目を覚ましたまま山（夢＝桃源郷）に入る人間を書かなければならない。津田は覚悟を決めて山中に入ったにもかかわらず、思案していると不安になる。山の魔力は恐ろしい。

冷たい山間《やまあひ》の空氣と、其《その》山を神秘的に黒くぼかす夜の色と、其《その》夜の色の中に自分の存在を呑み盡《つく》された津田とが一度に重なり合つた時、彼は思はず恐れた。ぞつとした。[89]

津田は実際、山の魔力に存在を呑み尽くされそうになる。これまで漱石が描き続けてきた人間たちにとって、山中は心を癒す救いであったはずであったが、津田は山を恐れゾッとするのだ。津田もまたこの幻の救いに手を伸ばしてしまうのだろうか。『明暗』に漱石の人生（あるいは漱石がこれまで描いてきた人物たち）を重ねて、その人生を賭けた決別の意志と読むと、山中の宿に向かう津田の一挙手一投足は、まるで薬物中毒の人間が薬物を眼にしてしまったときのような物語へと変貌する。そこには、自己回復のための断薬の決意と誘惑する薬物の魔力への揺らぎが驚くべき緊張感のもとに描かれている。さらに、津田と漱石を重ねるという想像力を推し進めれば、興味深いことに薬物中毒者という描像はあながちメタファーとも言い難い。

『行人』執筆中の頃から漱石はその神経症を悪化させ、幻聴を聴いたり突如として怒りだしたりするような状況に陥っていた。この神経症を抑えるために、漱石の妻・鏡子は医師の林原（岡田）耕三から睡眠薬としてヴェロナール[90]（バルビタール）を漱石のためにもらっていた。江藤淳がその記録を丹念に調査したところ、実は鏡子は漱石に隠れて処方以上の大量のヴェロナールをオブラートに包んで夫に飲ませていた[91]。林原の回想によれば、この当時の漱石は「このごろは眠くて、眠くて、どうにもならない」と洩らし、玄関先でよろめく姿も見られたという。漱石は、それが自らの意志ではなく妻・鏡子の知られざる意志によってであったとしても、現実には湧き起こる不安と狂気を、過剰な薬物摂取によって緩和させて生きていたのである。江藤淳はここで『行人』の「兄さんが此眠《このねむり》から永久覺めなかつたら嘸《さぞ》幸福だらうといふ氣が何處かでします」という一節を引きながら、漱石は自らの眠りと死が直結していることを自覚していただろうと論じている。現実の夏目漱石が薬物によって眠り、死に接近することで狂気と不安を免れている最中、小説の中で漱石の写し絵である津田由雄は自らの狂気と不安を癒やす山（夢）と決別して生きようとしていたのである。

無事に温泉宿に辿り着いた津田を待ち受けた次の関門は、湯泉であった。あの『草枕』で、魂がクラゲのようにふわりふわりと身体を抜ける経験をもたらし、極楽の如き心を与えてくれた湯である。温泉に浸かる津田の描写は『草枕』とは似ても似つかぬ表現で描かれている。

思ひの外に浪漫的《ロマンチツク》であつた津田は、また思ひの外に着實であつた。さうして彼は其両面の對照に氣が付いてゐなかつた。だから自己の矛盾を苦にする必要はなかつた。彼はたゞ決すれば可かつた。然し決する迄には胸の中で一戰爭しなければならなかつた。——馬鹿になつても構はない、いや馬鹿になるのは厭だ、さうだ馬鹿になる筈がない。——戰爭で一旦片付いたものが、又斯ういふ風に三段となつて、最後迄落ちて來た時、彼は始めて立ち上れるのである。

人のゐない大きな浴槽のなかで、洗ふとも摩るとも片の付かない手を動かして、彼はしきりに綺麗な温泉をざぶ〳〵使つた。[92]

なにげない、温泉に浸かる描写。素通りしてしまいそうになるこの軽い独白のなかで、漱石は人生すべてをかけた決別の儀式を完遂させようと戦っていたのではないか。だからこそ漱石はただの「入浴」の場面で「戦争」と書いた。津田は湯水の誘うロマン（夢）に浸かりながらも「着実」に現実を眼差していた。彼は湯の中に自らの身体を包み込んで境界をなくし魂を融けさせてしまうのではなく、大きな浴槽のなかでも「手を動かし」、こするように自らの身体の輪郭をたしかめていたのだ。この誘惑を断ち切る決別の儀式に漱石は打ち克ち、そして立ち上がったのであった。

宿屋での津田の見る風景は、ある意味では幻想を打ち消し続ける、いわばトライアル（試練）の連続のようなものであった。湯船に浸っている津田は不意に硝子戸を開けてある婦人が入ってくることに気づくが、これはまさに『草枕』で風呂場から出る青年のもとに不意に訪れる女性のシーンをなぞるような展開である。[93]『草枕』ではその女性（那美さん）の美しい姿が、ギリシア彫刻やフランス絵画などと比較されながら幻想的な筆致で描写されていた。すなわちこのときの漱石は湯船という夢の中で、絵描きとしてこの女性を「絵画化」させて幻想で包んでしまっていた。

しかし『明暗』では、津田がその女性に気づくや否や、女性は硝子戸の向こうへ身を引く。そして扉の向こうからすぐに一緒に男が入ってくる。ここでは婦人の美しい描写などは一切なく、彼らは会話を交わして津田は風呂を出ていくのである。漱石はわざわざあからさまに『草枕』と同じような湯船と女の登場というシーンを描きながら、自ら徹底して幻想世界を断ち切ろうとしている。風呂上がりの津田は薄暗い宿のなかで、また誰かと見知らぬ男と出会ってはっとするのだが、これもまた鏡に映った自分であった。夢が絶えず津田を幻視させようと執拗に迫ってくる。津田はこの男が鏡に移った自分であると気づきながらも「是が自分だと認定する前に、是は自分の幽霊だという氣がまず彼の心を襲つた[94]」と感じる。その後も津田は、不意に物音がして訪れ、そして無言で急に立ち去る（幻のような）清子と思しき女性を見るなど、この宿で次々と幻想と現実を行き来するのである。翌朝に「殆んど夢中歩行者のやうな氣がした[95]」と言うほど幻想に囚われながらも、この幻想をひとつずつ津田は現実化し、この夢の襲うトライアルをクリアすることで桃源郷との決別を実行していくのだ。

津田は幻想の襲う山中にあって、ちゃんと眼を覚ましていた。もはや夢に飲み込まれることもない。

だからこそその山の自然は『草枕』で描かれた赤い椿の乱れ咲く山のように、美しくないどころか人工的で陳腐ですらあった。

> 朝早く男が來て雨戸を引く音のために、一旦破り掛けられた其夢は、半醒半睡の間に、辛うじて持續した。室《へや》の四角《よすみ》が寐てゐられない程明るくなつて、外部《そと》に朝日の影が充ち渡ると思ふ頃、始めて起き上つた津田の瞼はまだ重かつた。彼は楊枝を使ひながら障子を開けた。さうして昨夜來の魔境から今漸く覺醒した人のやうな眼を放つて、其所《そこ》いらを見渡した。
>
> 彼の室の前にある庭は案外にも山里らしくなかつた。不規則な池を人工的に拵へて、其周圍に稚《わか》い松だの躑躅《つつじ》だのを普通の約束通り配置した景色は平凡というより寧ろ卑俗であつた。[96]

支えきれない心を癒やしてくれた「山」。漱石にとってそれは自然であり夢であり桃源郷であった。それは眠りであり温泉であり病の混濁であり、究極的には死そのものであった。しかし津田はもはや夢を見ない。そして凡庸な自然の風景を見据えて眼を覚ましている。

残念ながら、絶筆となった『明暗』において、津田＝漱石の決別の儀式がどのような結末を迎えたのかを知る術は私たちに残されていない。しかしこの津田という男は、これまでの漱石が描いてきた『行人』の一郎や『こゝろ』の先生のような、過剰な意識と世界への絶望といった感情を湛えている男ではない。むしろかぎりなく平凡で、夢想的でもない、いわばふつうの男なのだ。そしてこのもはや桃源郷を当てにしない津田という男において、他者への排斥、という漱石の男たちがずっと持ち続けてきた傾向も、幾分か緩和されており、しかもそれは幻想の自然の力を借りてではなく、生きる他者の身体の力を通じてであることは示唆的である。

『明暗』はかつてなく男女が諍いをおこす物語でもある。主人公・津田の妻君・お延の自我は強烈で、彼女の方こそ漱石の分身ではないかとも言われるほど男女はそれぞれの攻防を行う。しかしその闘争のさなか、ふとした瞬間に津田とお延が互いに和解する場面の描写は興味深い。

お延は微笑した。すると津田も微笑した。其所には外に何もなかつた。たゞ二人がゐる丈であつた。さうして互の微笑が互の胸の底に沈んだ。少なくともお延は久し振に本來の津田を其所に認めたやうな氣がした。彼女は肉の上に浮び上つた其微笑が何の象徴《シムボル》であるかを殆んど知らなかつた。たゞ一種の恰好を取つて動いた肉其物の形が、彼女には嬉しい記念であつた。[97]

彼ら・彼女らは互いに話をしてもすれ違い続け、その言葉では諍いを大きくするばかりで、互いに思う相手の像も敵として膨れ上がる妄想に終始する。しかし二人の和解は、思わぬ身体的な体験によってもたらされる。しかもこれは、『坑夫』で描かれたような、私と他者の身体が癒合してしまうような、自我が消失してしまうような経験でもなく、『それから』のように互いの神経を有機的に結合してしまうような経験でもない。互いに身体を持ちながらその一瞬の共鳴に和解を得るような経験である（桃源郷とは別のかたちで救われる可能性の萌芽があったのだ）。このような描写を読むと、私たちは再びメルロ＝ポンティのテキストを想起せざるをえない。

他者の身体を知覚するのも、まさしく私の身体なのであり、私の身体は他者の身体のうちに己れ自身の意図の奇蹟的な延長のようなもの、つまり世界を扱う馴染みの仕方を見いだすのである。以後、ちょうど私の身体の諸部分が相寄って一つの系をなしているように、他者の身体と私の身体もただ一つの全体をなし、ただ一つの現象の表裏となる。そして、私の身体がその時どきのその痕跡でしかない無記名の実存が、以後同時にこれら二つの身体に住みつくことになるのである。[98]

私たちは、眼差すことによって他者とかかわるのではない。私たちは、触れることによって他者とかかわるのである。メルロ＝ポンティは、見ることとは触れることであると言った。そして、触れることは同時に触れられることでもあると言った。私が愛する人に触れるとき、その人もまた私に触れている。そこでは眼差しの攻防があるのではなく、触れ合いの混じり合いがある。私たちは誰かを愛することによって同時に傷つけ、また愛されて傷つけられる。私たちの知覚は、本質的に愛と暴力を区別することはできない。メルロ＝ポンティが「触視」と言った触れ合いの混交は、眼差しのように他者を一方的に所有することはできずに、所有することが同時に所有されることへともたらされる知覚である。視覚の攻防がすれ違いを闘争とみなすならば、触覚の攻防はすれ違いこそが交流の証となる。晩年の漱石がかろうじて感じた他者の存在は、このような触覚的な他者への微かなる実感ではなかったか。

漱石は後期三部作で意識の病を悪化させたが、大患を経て『明暗』で超脱の境地にたどり着いたのだという「神話」を繰り返すつもりはない。むしろ漱石はずっと意識の病に冒され続け、逃避としての桃源郷を求め続け、そしてほんの一瞬だけ和解を垣間見ることができたと言うべきである。それほど病は深刻であり、漱石の世界との和解は一時的でぎりぎりの治癒だったのだ。

しかしながら、ヘーゲルが命を賭ける闘争といったその力の攻防の手前には、メルロ＝ポンティが言ったような身体の不可避の接続があったということを、漱石の作品に見出すことは無駄ではない。漱石は相手を眼差しながらも他者の身体と向かい合うなかで一瞬の和解を見たのだから。そして本書で見てきたように、西洋の心の思想史と比較しても、日本の心の思想史は明らかに身体的感覚を中心に自然と癒合するというモデルが中心にあって、そこに侵入してきた意識の支配性やその形而上学というのは、奈良・平安では中国からの、明治では西欧からの、矯正的に導入されたガジェットのようなものであり、その拘束具に混乱をきたすというのが日本の典型的なパターンであったように思える。意識の支配性を引き受けてコントロールすることもできないし、かといって跳ね返すこともできない。この中途半端な態度は悲劇であると同時に可能性でもある。あるいは問題の突端であると言ってもいいかもしれない。

本書は、ヘーゲル的な闘争、あるいはバタイユ的な力の奔走よりも、メルロ＝ポンティの言う身体的な和解を優先してそこに希望を見出そうというのではない。意識は他者と闘争する、意識は世界の所有を意志する。しかし同時に、身体化された心は他者の身体と穏やかに繋がり、世界と曖昧に融和する。

私たちは誰かを傷つけながら生きると同時に、誰かに支えられながら生きている。そのどちらかだけを選んで生きることはできない。この両側面があることを受け入れること。それが意識と身体である心の在り様である。傷つけるだけでもない、しかし和解するだけでもない。あまりにも凡庸で陳腐な結末だが、私たちが見てきた意識の悲劇はこの凡庸さを避け続け、この身体を持ったただの生命である人間を、あたかも神のごとく極端化してきたことによるものではなかったか。

私たちは神でもなく、神の似像でさえなく、陳腐な人間であること。しかし、かといって樹々や飛ぶ鳥のような自然や生命でもないこと。そしてまた、時計じかけの機械でもないこと。それを近代は、漱石は、受け入れることができなかった。サルトルが神なき時代にいかに生きるべきかという問いに実存主義の名をもって答えたとき、私たちはもはやアブラハムが神の声を聴いたようには生きられないのだと言った。サルトルの徹底的なところは、神がいれば問題が解決されるのではないという点だ。たとえ神がいたとしても、もはや神に決定権はない（「一つの声が私に語るとすれば、それが天使の声であると決定するのはつねに私である」[99]）。そしてサルトルが出した結論は、近代を生きる私たちには衝撃である。彼は「夢〔幻想〕を持たないで、自分にできることだけをする」[100]と言ったのだ。

このあまりに凡庸な結末、しかし人間の意識の条件そのものを封じるような目標。矛盾の要請。漱石ならば悩乱の怨言を吐くのではないか。あなたたち西洋が、夢を持てとさんざん喧伝したのではないか。デカルトは精神は無限であり、意識の支配を宇宙にまで拡大できると言い、カントは世界をすべて取り仕切るアーキテクチャとなれと言い、ヘーゲルは理性の王国が待っていると言った。意識は世界を所有し支配する夢を持ちうるのだと、あなたたちが言ったのではないか。その終わらぬ夢を求めて、アメリカというユートピアまで作ろうとしたではないか。意識は、どこまでも高みを目指さなければならないのだと。その夢を持つなと言うのか。

実際、漱石が『こゝろ』で描いたKは「精神的に向上心がないものは馬鹿だ」と吐き捨てた。侮蔑の言葉を投げつけられた先生は自分は「人間らしい」のだと言葉を返すが、Kはその言葉こそ弱点を隠しているのだと切り返す[101]。そして「人間らしい」ことを拒絶したKは自殺する。いったい漱石は、この二人のやりとりの言葉を誰に投げかけていたのか。

サルトルの訓戒は考えれば考えるほど難題である。なぜなら近代的な心とは、世界を超越するということ（夢をみること）を前提に作られたモデルだからだ。サルトルの思想によれば人間はその存在の本性として「やむことなく自己を超越することを強いられている」[102]し、本書の思想によれば、私たちはそのような心を持つように二五〇〇年の歴史にプログラムされたはずだ。だからこそ近代という楔が私たちにサルトルの「夢をもたない」という目標を容易には許さない。意識は主体化され、個体化され、世界は対象化され、客体化される。意識は情報処理システムとして世界をコーディングする装置であり、自然は物質であり複雑な計算機械である。それは現象学が脱去しようとした企てでもあり、自然科学の領域ではヴァレラが西洋の科学者として乗り越えようとしたことでもある。

漱石の意識の苦悩を読むこと、あるいはその一瞬の治癒を見ること、あるいは夢への決別の意志を感じること。そのなかに私たちの心の現在を見ること。二一世紀にまで続く日本の心の歴史の突端を見ること。それが本書のひとつの結末であり、西洋編と日本編がぐるりとまわって接続する地点である。

漱石とサイバネティクス？

私たちは西洋編の最後に、意識の単独性を不可能化する身体性や生命性を打ち出したメルロ＝ポンティを見たが、同時にそのモデルは自然へと埋没し、原始の心を目指すものではないということを確認することで、ある種の心の魔術性や全体性への回帰を警戒した。またフランシスコ・ヴァレラがその理論的支柱の一人となっていたサイバネティクス思想も、心の「再魔術化」という文脈へと展開されている。彼らは意識の単独性という幻想を打ち破るために、もうひとつの天秤に自然への一体化という重しを置いてその絶妙なバランスを取らなければならなかった。それは、意識と自然という西洋形而上学の裁断が孕む裂け目をくぐり抜けるための不可避の衝動である。

この問題は、西洋近代を受け入れた日本／漱石にも投げかけられていたのである。その意味で、漱石の危険とは江藤淳的に言えば自然への没入による自己抹殺の危険性でもあるし、実際にまさにサイバネティクスの思想家たちが東洋的な自然へと憧憬を抱いたこともその証左のひとつとなるだろう。このような傾向が果たして漱石の思想の先にもあるのか、それを最後に確認してみよう。

夏目漱石の思想のなかに、サイバネティクスとそこから派生したアメリカの思想・文化との接近を見ようと試みるのには理由がある。江藤淳は、漱石の「自然への逃避」は東洋思想への回帰であると論じていたが、漱石は単純な懐古主義として東洋的自然を欲望していたのではない。それは、近代という合理性の楔を心に植え付けられた一種の反動であって、そこにはまぎれもなく近代合理主義的な「科学」の負の影がちらついている。本書はそれゆえ、漱石が知る由もなかった戦後アメリカの、新たなる科学思想と自然思想の融合した文化現象に対する関心を、もしも時代がパラドックスを許すなら、漱石が抱いていたかもしれないという可能世界の物語を、夢想ながらも思い切って描いてみたい。

一九六〇〜七〇年代にアメリカで花開いたカウンターカルチャーは、コンピュータの誕生に熱狂したギークたちのテクノユートピアの夢想と意識の拡張思想、ビートニクの詩人たちの機械へのアイロニカルな欲望、オリエンタリズム、ドラッグカルチャー、神秘思想、これらの融合した奇妙な思想運動であった。ヨーロッパ文学におけるロマン主義が、機械文明への抵抗から自然に霊性を見出していく傾向があったのに対して、新大陸アメリカではねじれた状況が生まれていた。すでに一九世紀のアメリカにおいてエマソンやソロー、ホイットマンらの文学者たちは、目の前に広がる自然を愛しながらも、機械技術によってそれを自ら切り崩さなければならないという条件の中で、自然と機械の折り重なる風景を愛するという歪な文学・思想を生み出した。たとえばエマソンはロマン派詩人コールリッジに影響を受け、自然（ニューイングランドの森林）を賛美しながらも、木材調達のために森林開拓を薦め、また超絶クラブという神秘主義的運動を作りながらも、自然科学・技術を賛美して蒸気船や汽車を称賛するという歪な自然思想を形成した。あるいは、エマソンの見出したソローもコンコードの森に籠もって独力で生活しながら、池の温度の計測からリスの生態調査まで、科学的態度を持ちながら自然を愛し接するという両義的な思想を生み出している。

このような奇妙な土壌をもった戦後のアメリカで、コンピュータによる自然現象のシミュレーション（フラクタル構造を利用して描かれた、樹木、海岸、雪の結晶……）や、ドラッグや神秘思想を通じて自然・宇宙と一体化するというカウンターカルチャー／ビートニク運動のムーブメントが混じり合いながら生まれたのはある意味では必然であった。ヨーロッパが産業革命と啓蒙思想を通じて、徐々に機械や理性の力を育てつつ、また同時にロマン派がその批判精神とオルタナティブな思想を形成していたのに対して、非ヨーロッパ圏においては、機械や理性という成果物だけを輸入し、かつ急速にそれを身体化しなければならなかった。それゆえアメリカや日本という非ヨーロッパの土地において、自然と科学に対する思想は対立するものであるというよりはむしろ、混合して同居しながら反発しあうというキメラ的なものにならざるをえなかった。その意味において漱石の「自然」も単に日本や東洋の過去にあった自然というだけでなく、自然科学的な自然観への複雑な反動を含んだものであった可能性がある。

漱石の自然観――イギリスからアメリカへ

漱石を自然回帰への憧憬を抱いた作家として位置づけるのは、不自然ではないどころか通俗的でさえある。しかしもちろん、漱石の抱いた自然への接近はカウンターカルチャーであるはずはなく、ロマン派作家としてである。『草枕』が「ピクチャレスク」[103]の作品であることが象徴的だろう。

ロマン派の詩人は一八世紀の産業革命と啓蒙主義における理性の謳歌への対抗のなかで、西洋に自然を再発見する契機を与えた。漱石が最も影響を受けた詩人の一人、ワーズワースはその代表でもある。彼は若き頃に故郷イギリスからフランスへと徒歩で旅行し、アルプス山脈を超え、広大な自然を感じながら詩を書いた。若き日に匿名で急進的なフランスの共和主義を支持する論文を書くも、後にロベスピエールの恐怖政治への落胆から理性への信頼を失い、神秘主義的傾向をもって自然へと回帰してゆく。そして晩年はスコットランドの湖水地方にこもり、豊かな自然に神と霊性をみる詩を書いた。八歳で母を亡くし一三歳で父を亡くしたワーズワースは、愛の欠如を自然への愛で補おうとしたとも言われるが、幼い頃に養子に出された漱石に通じることもあっただろう。

　漱石は明治二六年（一八九三年）に「英國詩人の天地山川に対する觀念」という講演を行い、そのなかでポープから始まるイギリスロマン派詩人らの自然観を論じ、最後の到達としてワーズワースを評価している。しかし漱石の自然に「崇高」はないし、自然は畏怖する対象でもなければ神も宿らない。漱石における自然は融合する対象である。[104]ロマン派の「アルプス山脈」のように堂々と聳え、命の危険と紙一重の体験をもたらすものではなく、雲雀が鳴き、椿が落ちる、のどかな熊本の春の山である。また『坑夫』の山中を歩く描写は、自らの身体が他者と共に雲に包まれてしまう自然である。自然はロマン派の見た広大で圧倒的な存在ではなく、人間を脅かすことなく融和的で、むしろ優しく人間を包み込んでしまうほどの存在である。『二百十日』においては、阿蘇山の窪みの崖地に落ちて文字通り呑み込まれてしまい、彼らはハハハと笑いながら楽しんでいる。

　漱石における「自然」は、柄谷行人が指摘するように多義性に満ちていて曖昧であるが、ロマン派の自然が科学文明や都市文化と対比される西洋的自然であったとすれば、漱石の自然は宇宙論的な世界観と結びついた東洋的自然であると言えるだろう。漱石の自然観に注目する池田美紀子は、漱石が幼少期から南画を愛し、なかでも竹ともやに包まれて霞む一軒の庵を描いた徳川中期の詩人／画家・与謝蕪村の《竹渓訪隠図》の風景に魅せられていたのではないかと推測する。また盛唐の詩人・王維を生涯にわたって愛し、その桃源郷的自然とほとんど同じ風景を漢詩に歌っていると指摘する。[105]だからこそ江藤淳は漱石の自然を東洋的な自然観のなかに見出し、それを自己抹殺の逃避とみなした。その意味で、柄谷行人が漱石よりも武蔵野の自然を描いた国木田独歩の自然描写に「風景」の誕生＝「内面」の発生を見て、そこに近代文学の成立を見出したのは正しい。

近代以降の西洋文明において、人間と対峙し脅かす存在としての自然ではなく、人間と融合し一体化する存在としてのコスモロジカルな自然、すなわち「東洋的な自然」をはじめてはっきりと感知したのは、やはりアメリカという新大陸においてである。アメリカにおける東洋的自然への憧憬は、一九七〇年代のビートニクやカウンターカルチャーにおいて最盛期を迎えることになるが、実はその艶やかな花が咲く前には二〇世紀初頭からの萌芽があり、漱石との微かな繋がりがある。本書ではそのか細い線を、妄想力を使って物語化してみることを試みたい。

青春時代にイギリス留学を経験した漱石は英国詩人に影響を受け、（探偵小説の体を取る『彼岸過迄』に影響を与えた）エドガー・アラン・ポーを除いてアメリカの文学者について語ることは少ない。しかし漱石が明治二五年（一八九二年）『哲学雑誌』に寄稿した原稿で、日本にはじめて紹介されたアメリカの詩人がいる。ウォルト・ホイットマン（Walt Whitman, 1819 - 1892）だ。はじめてのアメリカを象徴する詩人でもあったホイットマンは、南北戦争というアメリカの近代の芽生えの時代を生き、鉄道網の敷設などによって開拓されつつあった新しい大地の建設に賛同を示しつつも、自身は近代化された新築の都市を避け、ニュージャージー州キャムデン近郊の自然へと隠遁し『草の葉』という自然への愛を綴る詩を書いた人物である。ホイットマンは「ブロードウェイの行列　日本使節団を歓迎して」という詩を書き、東洋への関心を早い時期に示した詩人でもあり、仏教への強い関心も持っていた。ホイットマンはまた神秘主義者として自然を愛したエマソンの見出した詩人であり、彼らアメリカの詩人たちは東洋趣味と神秘主義的傾向、そして機械産業への賛美というイギリスロマン派とは異なる思想観を抱いていた。

　ワーズワースとホイットマンを比べて興味深いのは、二人とも自然を愛し郊外に移り住んで未開拓の自然を書いた詩人でありながら、ワーズワースがイギリスの鉄道敷設に反対していたのに対し、ホイットマンはアメリカの鉄道敷設に賛成しているという違いである。ホイットマンは、自然も人工物もすべてが等価に存在する宇宙、というアメリカ的とも言える新たなる自然への意識を獲得していたのだ。だからこそ彼はライラックの花を喜び、草の葉に自然の奇跡を見ながらも、同時に都市の汽船や列車を讃え、《大道の歌》と題した詩で「おお、公共の道路よ（O public road）」とその愛を呼びかけた。

　果たして漱石はどうだったか？　その態度は微妙なラインにある。もちろん、再三にわたって鉄道が人間を悲劇的な運命にもたらすと『草枕』でも嫌悪していたように、漱石は文明批判の作家だ。しかしながら文明技術に対しては常に両義的な評価をしているようにも読める。たとえば『虞美人草』では、東京に住む小野を訪ねて、京都という「古い過去」の街から小夜子が上京し、彼らは上野の博覧会[106]に行く。博覧会では外国館や水晶館など世界の科学技術文明が華やかに見せられ、なかでも本会のきらびやかなイルミネーションは美しく描写されている。もちろんその叙述には、輝く光に群がる文明人の姿への批判が込められているが、単に技術文明に対する批判とも思えない。漱石はまるでイルミネーションが人工の星々であるかのように、その技術がもたらす光を美しく描いているのだ。[107] これもまた、エマソンの見出した自然を愛する詩人デイヴィッド・ソローが、機械の馬である汽車と愛すべき自然を重ねて描いた情景を想起するような描写である。ヨーロッパとは異なり、彼らに共通する技術文明へのアンビバレントな態度は、自力で産業革命を興し、時間をかけて技術開発してきたのではなく、すでに完成された技術としての機械文明が急速に輸入された国（アメリカ／日本）における不可避の反応であるのかもしれない。

ホイットマン、ジェイムズ、ギンズバーグ

漱石はホイットマンをどのように読んだか。本書の文脈で興味深い点は二つある。一つはホイットマンを、アメリカ民主主義の独立精神を表現した詩人であるとみなしている点で、もうひとつはその「ポジティビズム（楽天主義）」に惹かれている点である。[108] ホイットマンはたしかに自己の精神の独立をその詩のなかで謳歌しており、漱石もそれを近代的な新しい国家の姿として捉えているが、興味深いのは彼を「平等主義者」と評し、しかもそれを人間の平等主義に留まらず、人も事物も自然も、あらゆる存在者を平等に扱う形而上学的観点から読んでいる点にある。

平等の取扱をなすこと人間に限るかと思へば左にあらず人外の事物も亦一様の権利を以て其詩中を往來す入り替り立ち替り、故に今水禽の虚空に飛翔する様を敍するかと思へば忽ち蒼穹水に映ずる景色となり列邦の旗旌晩風に翻つて落日に輝く抔と唐詩めきたる言を發する其次に製造所の烟突よ

り石炭の烟が黒々と立ち登る[109]

ホイットマンの平等主義は人間のみならず、空を飛ぶ鳥、それを映す水面、また太陽に輝く旗、また石炭の煙まで「人外の事物」を含む。ありとあらゆる世界のものが入り乱れながら、しかもそれぞれの存在者は平等の地位を獲得していると漱石は述べる。ワーズワースのように「生を山林に寄せ瞑目潜心して天地の靈氣と冥合」するのではなく「此個々獨立の人を連合し各自不羈の民を聯結して衝突の愛を絶たんとする」[110]というホイットマンの思想に驚嘆しているのである。鳥や空、また人間は独立した「不羈の民」であるにもかかわらず、独立したそれぞれの事物（ノード）は「聯結（リンク）」され、衝突を回避（し、いわば調和）する。現代であれば「自律・分散・協調」という、インターネットの理想でもありカリフォルニア・イデオロギーの標語でもあるような思想を、漱石はホイットマンに見ていた。

さらにもう一点、漱石はホイットマンをバイロンの詩と比較し「余は只「バイロン」の厭世主義を悲しんで「ホイツトマン」の樂天教を壯とするのみ」[111]と語る。漱石を驚かせたのはホイットマンのある種のポジティブな明るい思想であり、「亞米利加人に恥ぢざる獨立の氣象を示したるものにして天晴れ一個の快男兒[112]」とさえ形容している。

さて漱石は、ホイットマンの「楽天教」に「救い」とまでは言わないにせよ、少なくとも彼を生涯悩ませた厭世主義を回避する可能性としての「癒し」を見たわけだが、ホイットマンのこのポジティビズムに注目した哲学者がいる。漱石が最も影響を受けた哲学者ウィリアム・ジェイムズである。ジェイムズはしかも、このホイットマンのポジティビズムを宗教的観点から、アメリカ神秘主義思想の重要な起源として見ている。ジェイムズは一九〇一年からエディンバラ大学で行われた講義録『宗教的経験の諸相』の第二講、第三講にて「健全な心（healthy-minded）」と彼が呼ぶ思想を中核とする一群の宗教経験があることを論じ、その代表的詩人としてホイットマンを挙げている。

興味深いのは、ジェイムズはホイットマンを「永遠なる自然宗教の回復者」と紹介しながら、彼の「健全な心」／ポジティビズム／神秘主義の系譜にある思想が、一九六〇年代の「ニューエイジ運動」の起源の一つでもある「ニューソート運動」であると論じている点である。ニューソート（新思想）のことをジェイムズは「精神治療法」の運動と呼ぶが、これは現代の自己啓発、精神世界、スピリチュアリズムのジャンルに広く影響を与えた宗教的思想である。彼らはルターの「信じるものが救われる」という同じ論法の「ポジティブになれるものが救われる」という過剰な楽天主義を盲信することによって苦悩から逃れ、実際に（プラシーボ効果的にではありながらも）身体的苦痛などから逃れる治療に成功しているとジェイムズは見ている。ジェイムズはこのアメリカ特有の、世界を善とする楽天主義を怪しげな新興宗教とみなしながらも、敬虔的なカトリック宗教の喪失を経験した現代アメリカでは、十分な宗教的経験を満たす活動として受け入れられているどころか、その影響については重大であると捉えた。ニューソートの思想はヒッピーカルチャーと結びついたニューエイジ思想へと繋がり、さらにはIT技術と結びつき「make the world a better place」というポジティビズムの標語を掲げるカリフォルニア・イデオロギーに繋がっている。Google社の標語「Don't be Evil」に象徴されるように、アメリカのITカルチャーにおける「善」への信頼と希求は現代に至るまで強固に存続している。

むろんジェイムズはしかし、こうした運動に対する懐疑も持ち合わせている。ニューソートは紛れもない宗教的経験を与えるものでありながら、そこには敬虔さがもたらす長期的な救いがなく、瞬発的な逃避傾向が隠れていると考える。「健全な心」を謳った詩人ホイットマンに対して、ジェイムズは「彼の楽観主義はあまりにも気ままであり、反抗的である。彼の福音には、むやみに強がっているようなところが」[113]あると論じ、第一六講、第一七講に至ってはこれらが飲酒やドラッグの経験と重ねられる。たしかに自然への神秘的同化は世界を明るくし、肯定的感情を人間にもたらすが、それは飲酒の楽しさと親しい。ジェイムズは「正気《しらふ》は縮め、分離し、そして否《ノー》と言い、酩酊は広げ、統合し、そして諾《イエス》と言う。事実、アルコールは人間のなかの応諾《イエス》機能の大きな推進力なのである」[114]と述べ、飲酒が単なる酩酊ではなくある種の形而上学的洞察をもたらすと考えている。また興味深いことに、ジェイムズ自ら実験と称しながら行ったドラッグ体験をこのように報告している。彼が使用したのは亜酸化窒素を空気で薄めた、いわゆる「笑気ガス」である。

> 亜酸化窒素とエーテル、ことに亜酸化窒素は、十分に空気で薄められると、異常なまでに神秘的意識を刺激する。それを吸入した人は、深遠な真理がだんだんと啓示されるような気がする。けれども、この真理は、それに達した瞬間に、消え去る、あるいは、逃げ去る。そしてこの真理を包んでいるように見えた言葉がいくらかあとに残っても、それは事実ナンセンスきわまるものである。それにもかかわらず、なにか深い意味がそこにあったという感じがいつまでもあとに残るのである。[115]

ジェイムズは、ドラッグ経験が明らかに宗教における神秘主義的経験と近しい作用を意識に与えることを認めている。また、その経験は新たなる真理を啓示し、それは消え去ってしまうものであるにせよ、たしかな刻印を残すと言っているのだ。さらにジェイムズはこのドラッグ経験によって意識のモデルそのものに対する考え方を変える。

私たちが合理的意識と呼んでいる意識、つまり私たちの正常な、目ざめているときの意識というものは、意識の一特殊型にすぎないのであって、この意識のまわりをぐるっととりまき、きわめて薄い膜でそれと隔てられて、それとはまったく違った潜在的ないろいろな形態の意識がある[116]〔…〕。

ドラッグ経験中の「真理」に関してはナンセンスと言うジェイムズだが、この経験を経て獲得した意識に対する考え方には「揺るぎない確信」を抱いていると言う。この「潜在的ないろいろな形式の意識」、その一つがドラッグ経験中の意識に他ならないが、その思想はどのような形而上学を与えるか。

その基調はきまって和解である。世界にはさまざまな対立があって、この対立するものの矛盾と葛藤から私たちのあらゆる困難や苦労が生まれてくるのであるが、その世界における対立物がまるで融け合って一体となってしまったかのような気がするのである。[117]

さて私たちは、漱石が瀕死の病床で癲癇に陥り、混濁した意識のなかで世界と「融和」していたことを思い出す。しかもこの時の漱石の啓示は、小宮豊隆ら、漱石の弟子たちが「則天去私」と言った境涯である。

余は黙つて此空《この》を見詰めるのを日課の様にした。何事もない、又何物もない此大空は、其静かな影を傾むけて悉く余の心に映じた。さうして余の心にも何事もなかつた、又何物もなかつた。透明な二つのものがぴたりと合つた。合つて自分に殘るのは、縹緲《へうべう》とでも形容して可《よ》い氣分であつた。[118]

本書は漱石の感慨が、ドラッグ体験のもたらす意識と同じであると主張したいのではない。しかし、これら二つは明らかに即物的には近い経験である。私たちはこの微妙な差異を意識しなければならない。別の言い方をすれば、意識が自己を離れようとするとき、一歩間違えればその先にはドラッグ経験に限りなく接近する意識の混濁が待ち構えているということである。しかもそれは、ホイットマン的なポジティビズムと自然への融合を経由して行われる。漱石はそれを「ヴェイルに似た」ような心であると言い、ジェイムズは意識が「薄い膜[119]」で隔てられていると言った。

ホイットマンという詩人を初めて日本に紹介したのが漱石であったこと、そしてウィリアム・ジェイムズが彼を自然に埋没する神秘主義の思想家、そしてニューソートという健康な心（ヘルシーマインド）の傾向を持つ詩人として紹介しながら、しかもそれをドラッグ体験に近いものとして語っていたという評価を紹介した。ここまで来れば次の人物を挙げ、私たちはようやく一九六〇年代のアメリカに到達できる。カウンターカルチャーの文学的ヒーローであり「ホイットマンの再来」と呼ばれた詩人アレン・ギンズバーグ（Allen Ginsberg, 1926 - 1997.）である。

一九五五年、ギンズバーグは「カリフォルニアのスーパーマーケット（A Supermarket in California）」という詩のなかで、ホイットマンに「dear father（親愛なる父へ）」と呼びかけた。カウンターカルチャーが花開く直前のアメリカの西部海岸のカリフォルニアのスーパーマーケットで、ギンズバーグは空想のホイットマンを見かけたという詩である。なぜギンズバーグはこのような詩を書いたのか。

アメリカの開拓期にその大地を闊歩する溌剌なイメージを描き、アメリカ詩の父とまで言われたホイットマンは、実は現実では父になれなかった人物であった。同性愛者であったとも言われるホイットマンは、母親に自分をパートナーとして、自分の兄弟たちを子供のようにしてよいかと請願し、自分には子供が六人もいると嘯いていた。英文学者の田中礼は「ギンズバーグのホイットマンは、初めからさまよえる「父」」[120]であったと指摘する。漱石が「快男児」と呼び、楽天主義と自由を喜び、自然も人も事物も愛し、アメリカの個人主義を謳歌する詩人だと見たホイットマンは、実際は孤独で、放浪する、父になれない男であった。ギンズバーグの見たホイットマンはまさしくこの西部開拓の完了した西の果ての、しかも「草の葉」の自然も失われた産業社会のもたらしたスーパーマーケットで孤独に彷徨う一人の男であった。

I saw you, Walt Whitman, childless, lonely old grubber, poking among the meats in the refrigerator and eyeing the grocery boys.

僕はあなたを見ましたよ、ウォルト・ホイットマン
子供もいない、孤独な、老いてみすぼらしく彷徨うあなたを
冷蔵庫の肉をつつきながら、若いスーパーの店員をじろじろと見るあなたを。[121]

この詩を二八歳で書いた若きアレン・ギンズバーグは、翌年の一九五六年には狂騒に満ちた言葉を叫

び続ける荒唐無稽な『Howl（吠える）』を出版し、一九六三年にはウィリアム・バロウズと『麻薬書簡』を書き、ドラッグとカウンターカルチャーのカリスマになっていった。しかし彼のその原点には、寂しく孤独なアメリカの「父」、ホイットマンの背中があった。そして彼はインドへと旅をして般若心経に心を打たれる。

ギンズバーグの詩はサイバネティシャンたちの想像力を刺激したし、逆もまた然りであった。実際、興味深いことにアレン・ギンズバーグに最初にLSDをすすめたのは、サイバネティクスの重鎮グレゴリー・ベイトソンであった。それは一九五九年の出来事で、サイバネティクス研究を支えたメイシー財団のフレモント・スミスはベイトソンにLSDを勧め、ベイトソンは友人としてギンズバーグを紹介した。ギンズバーグはチベット曼荼羅を見つめ、ワーグナーを聞きながらLSDを試し「ビッグ・ブラザーの脳と繫がった」と言った。[122] ギンズバーグはこの時の劇的な経験を一九六〇年代を通じて意識し続けたと回想する。一九六七年にロンドンで開催された「自由の対話（The Dialectics of Liberation）」会議では、ベイトソンとギンズバーグは、環境と交流する生態学的な精神の在り方とLSDのもたらす精神変容について論じた。彼らは自然への融合によって自己が「oneness」へと到れるのだという思想を共にした。父になれなかったスーパーマーケットのホイットマンを継承し、ドラッグを浴びて吠えたアレン・ギンズバーグと、自然の生態系のフィードバックの中にのみ自己が生成するのだと主張したベイトソンが、文学と科学という別方向からアメリカの思想を重ね合わせたのはいかにも時代の必然であった。

アメリカという急速にヨーロッパの文明を吸収して再構築すべしという命題を与えられた土地で、エマソンやソローらと共に産業革命の圧倒的な力と大自然の狭間でねじれた思想を育んだホイットマン、その惨めな残り香をたどりながら、コンピュータ革命であらゆる社会がオートメーション化していくサイバネティクスと、その反動で自然共生を求めたカウンターカルチャーの中心にいたアレン・ギンズバーグ。彼らはある意味では「科学と自然」という伝統的な対立をあまりにも性急に意識のなかで統合しなければならなかった時代の犠牲者でもある。

漱石の意識の科学論

漱石が明治初頭の文学者らのなかで、抜きん出て自然科学に関心を抱いていた作家であったことは、寺田寅彦との交流や『三四郎』の野中などの描写でもよく知られている。またさらに、思想家としての漱石の出発点は小説ではなく文芸批評であったが、その批評は昭和の文芸批評のような「政治と文学」を媒介するという機能よりもむしろ「科学と文学」を媒介するという文明論的な使命を担っていた。漱石は漢文学と英文学という日本近代の直面した途方も無い乖離に橋を架けるために奇妙な文学研究を発案していた。それは『文學論』で展開された、文学を「F＋f」という一種の「関数」に見立てた文学理論の構想である。文学は「F」という「観念」（認識すること）と、その観念の引き起こす「f」という「情緒」を組み合わせた数式によって普遍的に定義できるという理論である。漱石の目論見は、一般的に文学が成り立つ形式を打ち立てることにあり、実際にシェークスピアからキーツ、テニスン、ポープまで、様々な文学作品にこの形式を当てはめることによってその普遍性を検証しようとした。この構想は（柄谷行人によれば）漢文学と英文学のような異質な文学に等価性を与えようとする一種のコンプレックスの解消でもあったが、同時に見過ごすことができないのは、文学という人間の精神世界の表現を「形式化」することによって、いわば文学を「心の科学化」せんとする漱石の意志である。

人間の不定形な心の表現を数式によって形式化しようとする欲望は、本書が見てきたＡＩ研究に繋がる西洋的な心の思想史、あるいはその頂点とも言えるサイバネティクスの思想と共通する。また『文學論』の「Ｆ＋ｆ」という関数の興味深い点は、文学に表現される人間の心を、単に要素に分解するという旧来の科学の基本的な考え方ではなく、そこから様々な文学を「生成」できるのではないかと想像させるその方法の分析性にある。漱石の文学論はアナログな手つきであるとはいえ、古今東西の文学作品を要素（データ）に分解し、その共通の法則を丹念かつ緻密に発見しながら、法則を細かく分類しつつ、それぞれのデータに意味を与えている。したがって同時代から見ても異質な文学論を拡大解釈し、勝手な妄想を付け加えれば、もしも漱石が二一世紀に生きていたら、あらゆる文学作品をデータベース化し、ディープラーニングに文学を自己生成させつつその法則を定式化する研究に勤しんでいたとしてもおかしくない。実際、漱石のこの文学論は文学作品そのもののみならず、それを読む読み手の意識との関係性まで含んだ方法論となっているが、現代のゲーム作家でもある山本貴光は「譬えるなら、漱石は文学・文芸という多様な現象を生じさせるプログラムを捉えようとしている」[123]と述べるとともに、このプログラムが再利用可能な一種の「リヴァース・エンジニアリング」でもあると考え、漱石が分析しなかった文学作品群の解析にも応用展開している。

このような漱石の科学への関心の傾向は、近代科学の要素還元主義的な発想よりも、複雑系的な全体論へと向かう傾向である。その意味で、漱石が取り組んだ別の理論である「集合的意識」における意識の創発論的な思想も見過ごせない。漱石が『文學論』のなかで展開した「流れとしての意識」は、ウィリアム・ジェイムズの影響を基本としているが、「集合的Ｆ」という人間の集合的意識に関する展開はジェイムズからも離れた独特の理論である。[124] 漱石は一方で、近代的な「個人的意識」あるいは「我執」というものの強さを執拗に描いてきた作家であり、本書もその強き自我の桎梏を読み解いてきた。しかし漱石は他方で、少なくとも「理論上」は、人間の意識は他者たちと否応なく共鳴する集合的な意識であると捉えていた。

まず人間の瞬間の意識は、一分間という短い時間のなかで「意識F」を形作るが、その一分が集まって一時間になることで「意識F^1」を形作る。さらにそのF^1が集まって「一日の意識＝F^2」を作り、F^2が集まって「一月の意識＝F^3」「一年の意識＝F^4」、「一〇年の意識＝F^5」、F^6、F^7…を作る、というようにどんどん意識の単位が上方へと新たに作られていく。これは下方へも同じ構造で展開するモデルであり、一分の意識Fの下層にも、さらなる微分された意識があり、それがミクロな瞬間的な意識まで底なしに降りていく【図1】。

これは現在の複雑系科学の観点から言えば、ほとんど一人の意識を「フラクタル構造」として捉えている点に特徴がある。また、一人の個人的な意識は時間的なフラクタル構造のなかで意識Fを形成しているだけでなく、他者たちとの意識とも連関している（個人の縦の意識と社会の横の意識との総合としての意識）。漱石は意識Fはその意識を包む、より大きな「集合的F（集合的意識）」によって規定されると考えていた。しかしそれは、たとえばユングの

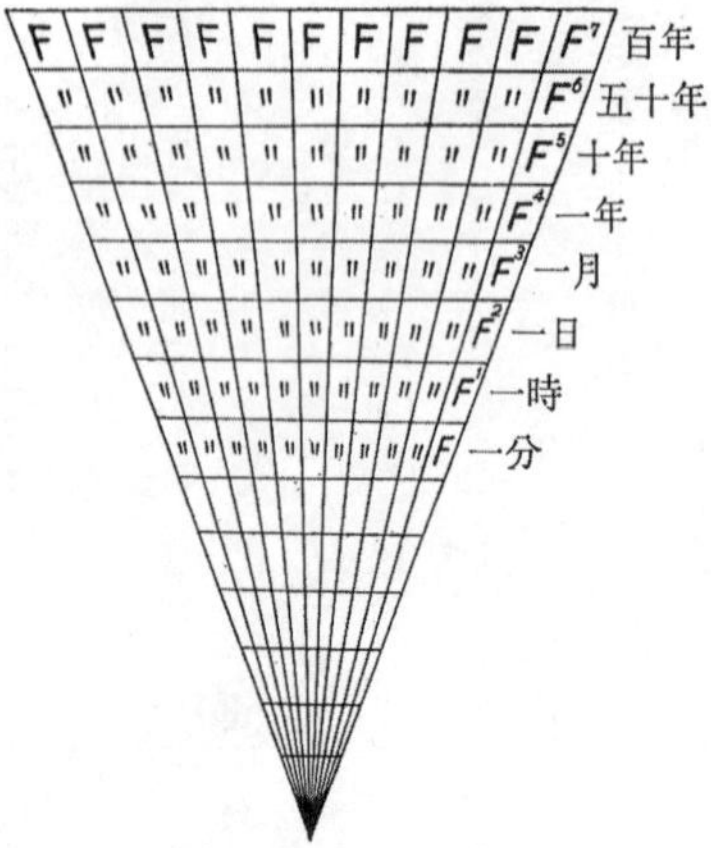

【図1】夏目漱石『文學論』より

「集合的無意識」のように、先天的で民族や人類の「元型」として与えられているような無意識ではなく、むしろ個々人の相互作用のネットワークを通じて絶えず生成される社会的で創発的なものである。意識は個人の心の働きであると同時に、社会的で大きな群れのような集合的意識を分有した意識である。

漱石は意識のタイプを三つに分類する。一つは集合的意識を模倣するような「模擬的F」、二つ目は集合的意識をリードする「能才的F」、そして三つ目が集合的意識にはまったく流されない独立した「天才的F」である。このモデルでは、天才的Fがある意識を持ち、それを能才的Fがリードし、それを模擬的Fがフォローするという流れをもって集合的Fが形成されるのだが、その形成のモデルは興味深い。

> 先覚者の實現せる意識が勢を得て普く模擬的意識を感染するとき一代の集合意識は此先覺者の爲めに波動を刺激せられて一種の新境界に向つて推移す。[125]

> 一時代に於る集合意識の播布は暗示の法則に由つて支配せらる。暗示とは感覺と云はず、觀念と云はず、意志と云はず、進んで複雑なる情操に至つて、甲の乙に傳播して之を踏襲せしむる一種の方法を云ふ[126]

意識は別の意識から「感染」するように「伝播」し、「暗示」のように無意識に作用する。この無数の階層的ネットワーク上の情報伝播の結果として集合的意識Fは生成し、個々の模擬的意識Fもまた形成される。集合的Fはこのように、下方から見れば三つのタイプの個人的な意識からボトムアップに全体的意識を生成し、また上方から見れば集合的意識に作用されながらトップダウンにそれぞれの個々の意識を生成する。すなわち個人の意識は常に全体の意識から切り離すことはできずに、個々の意識と全体意識のダイナミックな創発現象のプロセスとして生成されるものである。興味深い点は、漱石がこの理論において、人間の意識をなんらかの社会制度や思想、倫理、歴史などの規範の内面化として捉えているのではなく、意識同士の相互作用による循環的なモデルとして捉えている点である。

また、模擬的意識Fに対して能才的意識Fは意識F'を持ちつつF''を予期している。能才は「更に進んでF'''に及び、―F'''に安んぜずしてF''''に至り、遂にF^nに行き得る」[127]というように無限に模擬的意識Fに先んじるが、このF^nの位置にいるのが天才的意識である。したがって「凡人と天才との距離は、FとF^nとの間隔」である。しかしながら、漱石がこのモデルで提示しているのは、通常は質的な違いと考えられる凡人と天才の差異を「凡人と天才との差違は其意識する内容の質にあらずして其先後なり」[128]という主張である。凡人（模擬的意識F）と天才（天才的意識F^n）の間には、三階層ではなくF^1からF^nまでの無数の階層が存在するが、その差異は本質的な差異ではなく（モデル上は）単に時間的な差異でしかないのである。集合的意識を個々の意識エージェントの相互作用であると考えたとき、天才的意識と模擬的意識はある意味では単にネットワーク上の配置が違うだけであり、そのエージェントの振る舞いは同じである[129]（「天才の意識波動は、一般の推移と只其stageを異にするのみにして、推移の過程と順序に至つては毫も矛盾せざるのみか、よく合致して戻らざるものなり」[130]）。

現代の複雑系科学や人工生命研究（ex. 一九八〇年代のboid-modelに端を発する群体シミュレーション研究）では、膨大な数のエージェントがボトムアップとトップダウンに情報を伝播させて、全体がまるでひとつの意識であるような振る舞いをするシミュレーションによって、鳥の群れや魚の群れを、あるいは脳の神経細胞ネットワークの振る舞いを理解する研究は一般的になっているが、漱石の集合的意識論のモデルはほとんどこのような研究にも似た構想を持っていたことは驚きである。むろん私たちは、漱石の理論の妥当性を検証しようとしているのではない。重要なことは、まるで一九七〇年代のサイバネティクス思想を代表するマトゥラーナや、ニクラス・ルーマンがオートポイエーシスという生命論によって社会システムを意識やコミュニケーションの循環的な相互作用システムとして捉えたかのような、あるいは複雑系科学が鳥の群れのモデルをシミュレーションしたような、そうした意識論のモデル化を夏目漱石が試みていたという事実である。

本書において最も注目すべき点は、漱石が理論的に語ったマクロな意識理論が、小説作品に描かれるミクロな意識とは途方もなくかけ離れている、という問題である。すなわち漱石にとっての意識は、小説作品の内部においては、明らかに他者や自然を排斥する強い独立した一個の自我として描かれつつ、時折そのひび割れた自我の裂け目から外部へと漏れ出して融和するものであった。しかし、理論においては、意識は数式によって形式化されて生成可能なものであると同時に、不可避的に他者や社会などの全体と密接に連関して接続されたものとして捉えられているのである。

作品と理論における漱石の矛盾をどのように解釈すればよいだろうか。私たちは意識論の「結果」ではなく、「動機」に注目したい。なぜ個々の独立した意識ではだめなのか。

漱石は小説では肥大化し孤立する意識を描きながら、文学論においては科学的な方法で意識の全体論的な性質を説明しようとしていた。それは、漱石の実存として「自己本位」と「則天去私」に引き裂かれていた自意識の共存にも思える。漱石は小説における自我と、理論における集合的意識をそれぞれに並行して統合することができなかったが、意識がその両面を持つことは痛切に感じていたし、孤立した意識をどうにかして全体へと連関させなければならないという動機だけは抱いていた。そしてこの動機——意識は途方もなく内的に拡大する自我でありながら、個人の意識を超えた全体へと接続していなければならないという直観——において、漱石とサイバネティクスの思想家たちは共鳴している。マトゥラーナやベイトソンも、個々の意識を拡大させながら、かつ同時にその意識は全体のネットワーク上に生成したものだという両義性をその思想の根本に置いていた。漱石が「全体」を理論上の集合的Fや東洋的な自然としてしかイメージできなかったことに対して、コンピュータや生命論の新たな道具立てや着想を手にしていたサイバネティシャンたちは、それを十分に統合して理論化することができた。

全体からの呼び声

本書は漱石がサイバネティクスと同じ思想傾向を持っていたというような暴論をかざそうというのではない。そうではなく本書が考えてみたいのは、西洋哲学史が到達した近代的意識というものが引き起こす一種のアレルギー反応の症例パターンとその近似性である。その症例の診断としては、ベイトソン研究者のモリス・バーマンの指摘が最も的確であると考えられる。

全体論は近代人にたえず付きまとい、彼の意識の袖を執拗に引っぱりつづける。自分を世界から切り離す生き方を強いられながら、なお「私と世界はひとつなのだ」と言う前意識のこだまがいまでも近代人の耳元で響いているのである。禁欲を強いられ、自然から自らをひき離し分析的態度を取るように教え込まれていながら、近代人はその教えに確信を抱けずにいる。[131]

漱石は近代が強いる個と全体の統合を果たせずに苦悩したし(我執と自然の乖離、小説と理論の乖離、という二重の乖離)、サイバネティシャンたちは個と全体を統合する思想を、スピリチュアリズムや東洋思想やコンピュータの想像力を借りながら形成した。こうした思想は積極的な理想であるというよりも、近代というプロジェクトの急速の実装という不可避の時代的宿命に対するアレルギー反応である、というのが本書の見立てである。人間は自分が独立した小さな小宇宙であることを自ら求めながら、そのことに耐えられない。自分がなんらかの存在の一部であることを求め続ける。世界から完全に切り離された独立した存在であれ、という司令は、漱石のように、あるいはカウンターカルチャーの青年たちのように存在の分裂を刻印する。

一九世紀の西欧においては啓蒙主義に対するロマン主義者たちの表現が、いわば理性/霊性、あるいは科学/人間、という分かりやすい対比構造を用意した。しかし、自らその思想を生み出したヨーロッパとは異なり、非ヨーロッパ圏では歪な毒花となってその芽を吹いた。アメリカ大陸においてそれは、情報科学と結びつき、インディアンの持つスピリチュアリズムと東洋へのオリエンタリズムを混ぜ込みながら、自然への回帰を目指すサイバネティクス/ニューエイジという思想を生み出した。あるいは日本では西洋的な自我を輸入してそのコントロールに苛まされつつ、その思想的古層である自然思想を逃避的に懐古して苦悶した漱石の思想が生まれた。[132]日本におけるアレルギー反応は、漱石だけに集約するのではない。哲学においては周知の通り、京都学派が「近代の超克」という標語において近代的意識を東洋的な無の思想によって覆い被そうとした。

近代的意識、それは身体性や霊性（スピリチュアリズム）を排除し、自然を統御可能な機械的対象とすることによって、自然たる人間の心そのものもある種のアーキテクチャとみなし、かつそのように再構築する思想である。人工知能はその到達点であり、サイバネティクスはそれを内側に取り込みつつも同時に反動形成された思想であった。本書の辿ってきた心のモデルをすべて総括するとこのような精神史を見出すことができると同時に、その欲望の背後で生じる副作用を確認することができる。

本書が、西洋科学思想から東洋思想へと赴いたヴァレラというサイバネティシャンと、夏目漱石という東洋思想から西洋思想を強制的に受肉しようとした人物を、西洋編と日本編の最後に位置づけた理由はここにある。かつてなくグローバル化した現在の世界で、西洋と東洋の問題意識は、いま改めて問い直されている。それはもはや別々の思想的な課題ではなく、人間の本性を問い直す思考として人類に共通の課題でもある。この二一世紀的な課題はすでに二〇世紀において、人類の知的伝統を積み重ねてきたヨーロッパにおける心のモデルを基本とし、また同時にそれを急速に構築しようとしたアメリカや日本という新たな場所で歪なねじれを生んでいる。こうした課題は、哲学、文学、科学、という領域さえ横断しながら様々な領域でその奇妙な毒花を咲かせている。本書が古今東西、また多領域の思想を継ぎ接ぎにしてかき集めながらもひとつの物語を描こうとしてきた理由はここにある。むろんこれを直ちに解決する思想などない。本書ではむしろその解決よりも課題、落とし穴を見ることに力を割いてきた。

＊

私たちは、自らの意識を愛するかたちを見つけなければ、それを捨て去ってしまうだろう。本書が描いてきたのは、容易には愛することのできない意識の困難な物語であった。

夏目漱石は、山に登ることでこの現実を離れた桃源郷を求めた。別の言い方をすれば、彼は全体論的意識――すなわち私の個々の意識が独立して生きるのではなく、他者や自然と混じり合って混交する魂の領域――に捕らわれていたということである。漱石は山を降り、街で生活しながらも都市の中の山中を擬似空間として作りながら生きようとした。結局のところ、私たちの心が全体論的な誘惑を断ち切ることができなければ、どんな場所に生きようと、あるいはどんな時代に生きようとも、この意識を融解させ、消失させてしまいたいという欲望は何度でも回帰する。たとえば太宰治は過剰な意識に悩まされて自殺し、また現実とはかけ離れた異世界を執拗に書き続けた芥川龍之介も自殺した。彼らはまるで漱石の内的な亀裂としての苦悩を二手に分かれて反復してしまったようにさえ思える。あるいは、村上春樹が常にパラレルワールドを描きながら、意識の荷重をできるだけ取り去って風のように軽快に現実を過ぎ去ろうとするのは、漱石的な問題に対する処方箋であったのではないか。日本に限っても、漱石的な課題は現在進行系の問題である。

しかしむしろこれらは、日本文学の問題というよりも、前近代的な世界と近代的な世界の急速な衝突領域で生じる副作用の一面であり、それゆえ本書では戦後アメリカのサイバネティクス／カウンターカルチャーにおいても似たような思想形成があったことと重ねた。本書で見てきたように、西洋哲学史においてはたしかに心の自律的な機能の設計が長い時間と様々な改良を経て形成されてきたが、同時にまたその副作用への警鐘や、あるいはゆるやかな解除としての思想も並行して形成されてきた。ヨーロッパはある意味ではこのようなバランスをとりながらオルタナティブのオプションを用意してきた。しかし近代的な心を輸入して接ぎ木的に導入しようとした文化圏においては、その生成のプロセスもオルタナティブもなく、結果のインストールだけが求められ、その急速な「近代」という劇薬に副反応を起こしてしまった。

私たちは今なお、あるいは今いっそう全体論的な世界像を求め、その魔術的な世界を欲望し続けている。急速にグローバル化が進み、科学技術は人間の意識・身体をラディカルに変容させ、インターネットが世界を張り巡り、民主主義がポピュリズム的沸騰を繰り返す現代において、漱石の課題、あるいはサイバネティクスの問題は終わっていない。私たちはいま再び、山中という幻想、全体論的桃源郷という誘惑を断ち切れずにいる。こうした現代の技術的、あるいは政治的課題の奥底には、私たちがどのような心のモデルを設計しているのかという根本的な問題が横たわっている。西洋では、現実を生きる近代的意識の外部に「自然」や「東洋」などの桃源郷を求めてバランスを保ってきたし、逆に近代的意識が存在せずにすべての存在が反響しあって融合しているような日本の意識は、その理想郷（山）を降りて、近代的な意識を構築しなければならないという課題を負うことになった。

西洋と東洋は世界大戦を通じて互いの世界を、あるいは互いの意識の在り方を衝突させ、反対側から互いの意識のモデルの改革を強いられることとなった。西洋ではいまだにオリエンタリズムの問題が根深く浸透しているし、日本ではいまだに近代的意識を獲得できていない。日本に限って言えば「モダンを経ずにポストモダンへと突入した」と言われる問題が再び問われているし、モダニズムからやり直すのか、あるいは日本流のポストモダニズムのなかで新たなる解を見出すのか、先行きは混沌としている。現代日本の心の問題を、しかも世界史的な物語と平行して考えるとき、この漱石が直面した問題を避けて考えることはできない。それは、単なる一五〇年前の過去における近代的意識の苦悩としてではなく、むしろ現代の個人主義的な意識と全体論的な意識の亀裂という問題を先駆的に捉えていた未来の課題として、漱石を読み直す試みである。

終章

拡散と集中

Development and Envelopment

カリギュラ　なかなか見つからなかった。
エリコン　何がです?
カリギュラ　ほしいと思っていたものがな。
エリコン　何がほしかったのですな、いったい?
カリギュラ　月だ。
——アルベール・カミュ『カリギュラ』

人間は儚い。人間は弱く、愚かだ。しかし、人間はたんに儚く、たんに弱いのではない。むしろ人間は、強くあろうとすることによって弱く、賢くあろうとすることによって愚かになる。本書になんらかのメッセージがあるとすれば、そういうことになる。人間の弱さについて考えるとき、私たちは弱さそのものを見つめながら、同時にその弱さが生じてしまったプロセスについて考える必要がある。人間の心ははじめから弱く脆かったのではない。子どもの頃に喜びに満ちて野原を走っていたこと、虫たちを追いかけて転げ回っていたこと、石を拾うだけで笑っていたことを思い出してみる。人はどこかで何かを失い、そのたびごとに小さな傷を抱え、いつしかそのひび割れた傷が心を呪縛し、それを埋めようと思い、ときに過剰で巨大なものを求めるようになった。もしも人間の心が儚く、脆く、弱いのだとすれば、それは、強く固く在らねばならないと、強迫にも似た悲しき欲望に駆動されて大きく揺れる、津波の起こす破壊のはずだ。

カントは、答えることができないはずなのに、それでも問うてしまう人間の宿命的なジレンマこそが哲学の課題だと言った。私たちの心は世界のはじまりについても、世界の終わりについても考えることはできない。それにもかかわらず、私たちはいつも唯一の起源を求めてしまうし、また辿りつくべき終着点を求めてしまう。カントがすでに数百年前に警戒した心の誤ちは幾度となく人間を誘惑する。アルベール・カミュの書いたカリギュラは、月が欲しい、なぜならそれは不可能なものだからだ、と言った。不可能にむかって突進してしまうこと、それこそが人間の弱さであり愛すべき存在の理由である。

《拡散する心》―《集中する心》

本書がこれまで辿ってきた精神の歴史は、心の《拡散》と《集中》の往復の歴史であると言いたい。人間の心はあるときは世界へと拡散し、あるときは自己へと集中した。

《拡散する心》は私の身体に囲われることはなく、樹々や水や夕陽や虫たちと、あるいは空の神々と、心を分散して共有した。心はネットワーク上に分散されており、私一人が意志を決定したり、感情を専有する必要はなかった。私が一人で世界全体について理解する必要もなく、鳥のことは鳥に任せ、海のことは海に任せ、心はそのようなネットワークに触れることでたしかめられた。世界を理解することは、世界に触れ、世界に成り、世界と交流することだった。

他方で《集中する心》は世界に分散された意識の切片をこの一個の身体のなかに凝縮し、すべてを一人の心に束ね上げた。意志はこの私という小さな箱の中で独立し、感情は何者とも分かち難いアイデンティティを構成した。鳥のことも海のことも、私の表象／対象としてはじめて理解可能なものであって、心は複雑なネットワークを切断して世界を俯瞰することでたしかめられた。世界を理解することは、世界を対象化し、記号化し、再配列することだった。

心のモデルは、この拡散と集中をくり返してきた。その往復、あるいは緊張、あるいは相克の歴史こそ本書が捉えたかった精神の歴史である。あるいはこれを運動として捉えれば、《発展（develop）》と《内包（envelop）》をくり返してきたと言ってもよい。「velop（包み）」を開いて（de）、世界へと伸び拡がってゆく運動と、世界を心の「velope（包み）」の内（en）へと内包してしまう運動。

春の雲ひとつない青空へと融け入る心、夏の鬱蒼とした木立に風が吹くように澄み渡る心。また、秋の夕暮れに名前を与えて包み込んでしまう心、冬の凍てつく空気の孤独の中で星を繫いで記号する心。私たちの心は世界へと融け入って伸び広がる性質と、世界を可能な限り把握して内部へと収めてしまうという性質の両方を持っている。

ホメロスの心は風のように世界へと《拡散》していたし、ソクラテスはこれを《集中》させて自己の内に収めた。デカルトはこの《集中》する心の中心に「我」という原点と「考える」という機能を与え、パスカルは《拡散（develop）》と《集中（envelop）》を同時に実現しようとして引き裂かれた。カントは世界と心を分離し、《拡散》と《集中》を分割統治する方法を考案した。フッサールは《集中》の束を一つずつ手に取りながら緩やかにほどき、ハイデガーは《拡散》する心の可能性を持ちながら、その裏側で極度に《集中》する心を論理化してしまった。

初期の認知科学は《集中》する心を記号と推論によって強化させたが、「情報」という世界との交通路を開き、媒介することで容易に心を世界へと《拡散》する可能性も加速させた。自然現象はコンピュータによってシミュレーション可能な存在となり、同時に意識もコンピュータ上でシミュレーション可能な現象に思われた。意識と世界を、情報という同じプロトコルで処理することが可能なのではないかという期待は、歴史的にも革新的なものであった。すなわち情報技術は《拡散／集中》の方向性そのものを無化するような《媒介》という新たな心の可能性を開いた。一方で私たちは情報を通じて世界へと《拡散》することも容易であり、他方で世界を情報を通じて回収して《集中》することも容易になった。情報技術を媒介にした私たちの心は、むしろ世界へと拡散しているのかあるいは集中しているのか、そもそもが区別不可能な媒介的な接続状態を創り出した。

現代の情報技術が無際限に世界へのアクセスを切り開いたことで、意識と世界の交流はなだらかで終わらない手続きであることがリアルなものとなった。その意味で、はじめから出発点も終着点もないメルロ＝ポンティの思想の重要性は際立ってくるように思える。

> 世界とは、私が思惟しているものではなくて私が生きているものであって、私は世界へと開かれ、世界と疑いようもなく交流しているけれども、しかし私は世界を所有しているわけではなく、世界はいつまでも汲みつくし得ないものなのだ。[1]

メルロ＝ポンティは、心と世界の《拡散》と《集中》の緊張関係が拮抗しながら運動するプロセスを描いた。この終わりなき運動がメルロ＝ポンティにとっての哲学の出発点であり、終着点はなかった。ヴァレラもそれを強く自覚していたからこそ生命という次元にまで遡ったし、逆に夏目漱石は、この意識と世界の分断と拮抗を生き抜くにはあまりに繊細で過敏すぎた。世界に心を《拡散》すれば私は消えてしまうし、世界を心に《集中》させようとすれば、すべてを渦のように絡め取ってしまおうとするほど激烈であった。

汲み尽くしえない世界。それは豊かさであると同時に恐怖でもある。人類の歴史は、この豊かさと恐怖のなかで心を構築してきた。私たちの心は、この汲み尽くしえない世界に対してどのように生きるのかということに賭けられている。この恐怖と豊かさを同時に与える世界に描く「心」という人間の自画像、決して完成することのない自画像にどう向き合うのか、それだけが重要な問いであると本書は考えている。

自画像としてのＡＩ？

心は目に見えぬものであるからこそ、そのイメージは自らを制約する。洞窟に壁画を描いた人類は、いつからか心という不可視の存在をイメージし、その存在の在り方を身に纏ってきた。生命の哲学者ハンス・ヨナスは人間の自画像についてこう語っている。

> 人間は人間という理念を「生きている」――それに同意するにせよ、反対するにせよ〔…〕時として幸福な動物へ戻りたいという願望を人間のうちに呼び起こすとしても、人間の像は人間を見放しはしない。[2]

人間は自らのイメージにどこまでも囚われた存在である。しかし同時に、自分とは何者なのか？　私の心とは何なのか？　そう考えようとした瞬間に、そこに見える心や自分は、そのような問いを発した最初の自己からはすでに離れてしまっている。見ようとしているそのものが手のひらにある。終わりなき循環、この永遠に届かない、すれ違い続ける無限の鏡。自己に直面することで不可避的に出会う裂け目。これこそが人間に絶望をもたらし、また高揚をもたらす。悲しみも喜びも、この人間の心が抱く自らのイメージとの裂け目に生じるのだ。本書が追跡してきた心のメタファー、心のイメージとは、人間が自らを捉えようとして描く自画像にほかならない。あるときは人間は自らに神を覗き込んだし、またあるときは自らにコンピュータを見出した。最後に、おそらくは現代の人類の最も象徴的な自画像である「AI」について触れて終わろう。

Artificial Intelligence。人工知能は現代における最も象徴的な私たちの心の自画像であると言っていいだろう。カントは心を形式化することによって、ある種の全能な機能を持つソフトウェアに仕立てるとともに、それ自身は何ものでもなく単なるデータ処理のアーキテクチャであるという空虚な存在として、パスカルの矛盾を両義性のうちに調停した。その意味で、本当にAIを思想的に用意したのはカントかもしれない。AIこそ、心の不安、心の暴走を鎮めるために私たち人類が造った心の鎮魂歌だったのだ。

ネグリとハートが『〈帝国〉』で早々に指摘したように、現代では労働は「非物質化」（知識・情報・情動・コミュニケーション）され、グローバルな帝国は領土的で物理的な支配よりもむしろ、アメーバ状に張り巡らされたネットワークを生活の隅々にまで浸透させ、非物質的な情動やコミュニケーションを通じて、微分化された指令群《コマンド》として私たちの脳と身体を支配する。情報技術が包括する私たちの精神は今や常にネットに接続している。あらゆる意思決定はインターネットを経由して広告やマーケティングに代替され、コンテンツは最適化されたアルゴリズムをもとに提供され、自らの精神で考えることは燃費の悪い車に乗って走ることのようだ。あなたが自分で考える必要はない。思考はアルゴリズムに委ねましょう。そうした網の目が、いま無数に私たちの精神のノードを奪いつつある。精神はあなたの身体にある資産ではない。精神はネットワーク上の変数として、アルゴリズムにデータを与える変数としてはじめて価値を持つ。

こうした現代の問題の核心は「心を持つことのコスト」に起因している。自分で自分の意思決定をすることのストレス。ＡＩもインターネットも、宗教も、資本主義も、あるいはマスメディアと連動した民主主義さえも、これら現代を覆う巨大なシステムたちは、いかに心のコストを代替する装置としてうまく機能するかという覇権争いをしている。しかしこのような事態はまったく驚くに値しない。なぜなら本書で見てきたように、かつて私たちは心を一個の個体で所有していたのではなく、自然や神々という膨大なネットワーク上で分有してきたのだ。一個の身体だけで処理できる心のキャパシティをそう簡単に増やすことはできず、その仕事量が増大すれば、そして自然や神々と分有することができないのであれば、ＡＩやインターネットや資本主義を通じた匿名的なシステムと分有することになることは必然である。現代では、一個の人間が抱えきれなくなった心の仕事を、技術が、制度が、市場が、様々なかたちでその役割を引き受けようとしている。

ＡＩへの欲望や期待というのはつまるところ、精神を持つことのコストに耐えきれない人間たちの精神のアウトソーシング（外注）なのだ。歴史的に見ればＡＩは長い夢であり希望であったが、現実に精神への負担の速度が加速していくとき、それはもはや希望ではなく逃避である。人間は自分たちの有機体という母体のなかに、心というひとつの情報処理機構を開発し、それによって世界をミラーリングして再生産し、かつそのシミュレーションによって世界それ自体を創り変えていくという循環システムを作ることで、知的労働を最も効率のよい生産メソッドとして定着させた。しかし、茫漠とした巨大な世界の情報をこの小さく制限された有機体のなかで処理するには様々な副作用があることを本書で見てきた。もし仮に人間に代わってAIが世界を処理して再生産してくれれば、人間はその精神（知的）労働から解放される。かつて人間が産業革命において肉体労働を機械労働に代替させることで解放されたことと、全く同じ歴史の要請がいま繰り広げられている。

二〇世紀が機械によって人間の肉体や行為が凄まじい速度で代替されていった時代だったとすれば、二一世紀は機械が同じような速度で人間の精神やコミュニケーションを代替していく時代になるだろう。AIのアルゴリズムという、個人の精神をターゲットにした機械による代替だけではない。現代のブロックチェーン技術はもはや単に暗号通貨の記録に留まらず、プログラムのコード自体を分散的に記録する第二段階に移行している。ブロックチェーン上に書かれたスマートコントラクト（契約自動実行）は、事前に設計されたコードによって一切の人間のコミュニケーションを介在させない無数の取引をすでに実行している。もはやこの世界では私たちが他者と会話したり交渉したりする必要さえない。ここではオンチェーン上にデプロイされたコードによって、人種や国籍、IDさえ分からない他者たちとコンマ単位の速度で価値交換が実行され続ける世界がすでに到来している。さらにこれがIoTや生体デバイスなどといった、ありとあらゆるモノや身体へと接続しネットワーク化されれば、もはやネットワークこそが主体となり、精神と身体という区別さえ重要ではなくなり、ありとあらゆるミクロに分散化されたシステムが「最適」にアルゴリズムと契約を粛々と実行していく時代も到来するだろう。

私たちは、ある意味ではAIやネットワーク技術とwin-winの関係性を形成しつつある。そこで私たちが受け取る恩恵は、自分の心で考えなくてよいというコストの肩代わりであり、私たちが払う代償は、心そのものを失ってしまうことである。

私たち人間は本当にこの心、意識というものを持つことが有用であると信じられるのか？　それとも個人の意識など早々に手放して、ネットワークによって管理される統計的な存在、あるいは群生物のように生きたほうがよいのか？　現代の技術的な環境の変化は、こうした究極の問いを私たちに突きつけている。哲学者のダニエル・デネットは、私たちがコンピュータに意識の機能を委ねていく現代の技術的環境において、真の問題は人間の意識よりも有能性の高い機械に意識の役割を手渡していくことではなく、私たちが思考の道具である機械の能力を「過大評価」してしまうことによって機械の有能性を越えた権威を、あまりにも拙速に譲り渡してしまうことであると述べている。[3]

本書で辿ってきたように、人間の心には様々なモデルや可能性がある。心は思考する機械であることもあるが、それは一面的な見方でしかない。心は風のように大地や生き物たちと感応しながら生成することもあるし、バクテリアのように世界のただ中で行為しつつ自らを創り上げていく創造性も持っている。喜びと悲しみを同時に抱き、その矛盾に苦しむのもまた心の自然である。生命である人間の意識はかくも複雑で多様であり、容易に収束することはない。心をコンピュータのようなものであると捉える考え方は、その大いなる変容の一過程、いわば流行の一つにすぎない。

近代が想像してきた、独立して自己で完結した心のモデルは、現代の哲学者たちによって徐々に綻んでいった。また情報技術によって無数に接続された心は、私たちが不可避的に世界に開かれ、侵入される存在であることを示し、世界が複雑でネットワーク上に分散されているという新たなる想像力を生み出した。しかし、私たちの心が容易に世界のネットワークへと拡散するものであればあるほど、私たちは心をどのように《集中》させ、また《拡散》させて分有するのかというその境界領域に敏感である必要がある。

もしもはじめから意識をコンピュータのようなものと考えるならば、すべてを委ねてしまったほうがいいかもしれない。しかし、意識はそのような圧倒的な情報処理能力を持つべき存在だっただろうか。

終わらない心

私たちは、喜びと悲しみを共に生じさせる、この厄介な心という存在を肯定することができるだろうか。それとも、この心を捨て去って空虚なシステムに身を明け渡し、悲劇もないが退屈な存在へとなり変わろうとするだろうか。本書の冒頭で「心に託された仕事は多すぎる」と書いた。私たちは、いかにして心の過剰な役割をスケールダウンさせるか、という問題に直面している。そうでなければ意識とシステムの共進化的／共犯的な機能委譲は、ますます加速していくだろう。

心はたしかに空疎で形式的なシステムにもよく適合する反面、完膚なきまでに従順ではない。時に心は自らのシステムを逸脱させる野生も持ち合わせている。私たちは心の生き生きとした豊かな世界の生成力をも知っている。心は生成の結果ではなく、いつも創造の現場である。一方で心を情報処理の機械としてその苦悩を抹消してしまう技術的達成を欲望しながらも、他方では形式を超え出てしまう心の野生を望んでいる。人間の歴史は、この究極的な矛盾を往復しながら心を創造してきた。私たちは心を鏡のような存在であると捉えたとき、外部を見るときもいつも内部を覗き込むようになった。心の内面的自由を獲得したとき、同時に心の内面空間という拘束にとらわれるようになった。ぐるぐるとめぐる不可避の循環、人間が世界を認識する存在であり、そのことによって生きる存在であるかぎりこの循環は終わらない。

心は終わらない。しかし心は不滅だと言っているのではない。むしろその逆である。心は終わり続ける。私たちの心は浮かんでは消え、消えては浮かび、何度でも終わり続ける。心は永久だという意味で終わらないのではなく、心は終わり続けながら再開し続けるという意味で終わらないのだ。

月を求めたカリギュラのように、私たちは油断すると大いなる不可能を、大いなる死や大いなる生を求めるだろう。ほんの些細な出来事で、世界が終わるのではないかと怯えてしまう。そしてそれゆえに私たちは世界のすべてを求めてしまう。しかし、些細な出来事は些細な結末しかもたらさない。運命とは、目に見えない複雑な世界の錯綜を忘却するために名づけられた幻にすぎない。だからこそ私たちは、運命も結末もない、物語なき物語を辿ってきた。

私たちは儚い。私たちは、小さな死と小さな生を繰り返す。いつも何かが失われる。そしてそれはもう取り戻せない。しかしそれは、また別のかたちで回復する。

エピローグ——あとがきにかえて

僕はずっと、考えることが好きだった。子供の頃からやたらと考えることが好きで、中学生の頃は一人で市立図書館に行ってデカルトの本を読み、興奮するとともに世界が恐ろしくなった。それが哲学との最初の出会いだった。いったい人間は何のために考えるのか、考えているのは誰なのか、世界は存在しているのか、何のために生きているのか、そんな思考がぐるぐると回り始めた。そうして僕は、次第に考えることの重力に飲み込まれていった。

ヘミングウェイの短編小説に「父さんは、なにをみてもなにかを思い出すね」という台詞があるけれど、これは人間の心の本質を捉えた言葉だと思う。人間はなにかに無関心でいることができない。どれほど心を湖のように静かに保っていても、ひとつでも刺激の小石が投げ込まれると、心は揺れ動き、波紋はだんだんと大きくなっていく。僕もまた、なにをみてもなにかを考える人間だった。脳が絶えず高速で回り続けていて、それを止めることが難しい。いったい、この考えることの起源は、どこにあるのだろうか。人間はいったい、いつから何かを考え始め、何のために考え、そしていつまで考え続けるのだろうか。考えることは、人間を幸福にしただろうか、それとも不幸にしただろうか。僕はそんな問いを抱えながらたくさんの本を読み、そして一冊の本まで書いてしまった。その意味でこの本は、人間の心の宿命に向き合おうとして書かれた本だ。

僕は二十歳くらいの頃、小さな絶望のさなかにいた。心の過剰さに曝されて、死の存在が心の周りを漂っていた。周囲の誰にも心を打ち明けることができずに、小さな宇宙のなかで、独り神様を恨んでいた。いま振り返ってみればそれは、誰にでもある青年期のもたらす憂鬱と、いくつかの不運が重なりあったものだったのだろうと思う。当時の僕はそれを、なにか不意に訪れた悲劇のようなものだと感じていたし、しかも同時にそれは自分の犯した「罪」のようなものだという観念に取り憑かれ、なにかを書くことでその罪から救済されるのではないかと妄想しながら人生を過ごしていた。そのとき、僕を繋ぎとめてくれたのもまた哲学や文学の思考と言葉たちだった。

そうして今、一冊の本を書き終えたことで、僕は赦されたのかもしれないと思えるようになった。この過程にはひとつの愛があったこともまた大いなる救いだった。こうしたことのすべてが、それもひとつの過ぎ去っていく心の移ろいだと思えるようになったし、その移ろいのなかで刻まれた大切なものが、今の僕の心に繋がっていると思えるようになった。心は生まれながらも消え続け、そしてずっと続いていくということが、今の僕にはひとつの救いであるように感じられる。

「なにをみてもなにかを考える」。そんななかで考えることから自由になることは、考えることを拒絶することではなく、考えるという人間の宿命を受け止めることだった。思考から自由になることは、いっそう思考にまみれることだった。考えることを手放すのではなく、考えることの速度を、質感を、方向を、少しずつ調整していって、思考を愛しなおすことだった。拒絶することのできない重力に抗うのではなく、むしろ重力を熟知することで、それと戯れるダンサーのように。その過程で僕は思考することとの苦難だけなく、子供の頃に感じていた喜びも少しずつ見出すことができるようになってきたように思う。その意味で、この本を書くことは僕にとって、ひとつの治癒の過程であり、どこかリハビリテーションのようなものでもあった。

人間には、過剰さがつきまとっている。あの空を飛ぶ鳥のように、風に運ばれるだけで人は生きていけない。それこそが人間であることの証でもある。しかしそれは、時に苦悩をもたらすことを僕たちは知っている。この本が、同じようになんらかの過剰さを抱える人間の、ひとつの小さな恢復になれば嬉しいと思う。

僕は、誰かのために何かを書こうとしたことはない。深く自己の問いに向き合うことでしか書けないものがあると、そう信じてきた。しかし同時に、僕は時代の風を感じ、歴史に潜ってこの本を書いた。そうして書き終わった今、誰かに何かが、ささやかな手紙のように届くなら、それは嬉しいことなのかもしれないと思えるようになった。それはこの本を手にとってくれた人ばかりではなく、過去の自分や未来の自分、あるいは過去の哲学者たちや未来の哲学者たちに。あるいは、何かを考えることを手放さないと思う誰かに。書くことは、望むと望まざるとに関わらず、誰かに何かを届ける行為なのだろう。僕が、過去の哲学者たち、文学者たち、芸術家たち、数多くの死者たちにどれほど支えられて生きてきたか、言葉にすることさえできない。

だから僕は、僕の思索のなかに多くの人々のメッセージが込められていることを知っている。むしろ僕の思索は、人類の思索の海に揺れる、ひとつの小さな波紋にすぎない。けれどその波紋は、過去と現在と未来を区別することなく揺れている。死者も生者も、思索の海で響き合っている。

＊

大学という知のジャングルに飛び込んだ最初の年、はじめて知的な興奮を覚えたのは、鈴木健さんの、生命とコンピューティングの広大な思想を語った鮮烈な講義だった。いつしか大学院生になってからも、健さんには原稿の手伝いをさせてもらったり、Alifeの国際学会でロドニー・ブルックスとの会食に招待してもらったり、今に至るまで多くの知的な恩恵を受けている。

大学・大学院では、生意気にも孤立して勝手に研究をする始末で、とてもよい学生とは言えなかったが、指導教授らは寛容で良いところを見てくれた。複雑系科学の魅力を伝えて頂いた井庭崇教授、身体性認知科学の議論をさせてもらった諏訪正樹教授、生命論と哲学をつなげる訓練をさせて頂いた西垣通教授、科学哲学の現代的課題を学ばせて頂いた佐倉統教授、先生方には学問・研究の魅力や作法を学ばせて頂いた。

また、僕の子供じみた欲望から、この本では全くの専門外のことについて好き勝手に書いてしまったが、専門家の方々から貴重な意見を伺うことができた。多少なりとも専門性への敬意が成立しているとすれば、無謀な原稿を読んで頂いたこの方々のお陰である。古代ギリシア・政治哲学研究者の隠岐‐須賀麻衣さん、基礎情報学／表象文化論の原島大輔さん、人工生命研究者の土井樹さん、廣田隆造さん、日本近代文学に造詣の深い垣内健吾さんに感謝します。

僕は大学院の博士課程で研究をしていた。図書館で論文を読み耽ったり、学会で世界の研究者らと議論したりする日々は、刺激的でもあった。だけど僕は、アカデミアの研究者への道を選ばずに、大学を離れ、独りで思索する道を選ぶことにした。ただ一人の、知を愛するという生、フィロソフィアを生きる人間であることが、僕は好きだったのだろうと思う。どこの組織にも所属せずに、独り野ざらしで生きながら、こうした本が書けたのは、メールマガジンを読んで、小さなパトロンとして支えて頂いた人々のおかげだった。この方々のお名前は、僕のウェブサイト（kazeto.jp/support/）に記載させて頂いている。

最後に、何者でもない僕に声をかけてくれて、筆の遅い僕の原稿をじっと五年も待って、読者へと届けるための細やかなアドバイスを続けて頂いた文藝春秋社の鳥嶋七実さんに感謝の意を伝えたい。お陰でこのような、ある意味では奇妙な本を完成させて世に届けることができた。また、最後まで原稿を丁寧に読んでコメントして頂いた同社の山本菜月さんにも感謝を伝えたい。お二人の尽力で、ささやかな一冊の本を書き残すことができた。

生きることが考えることと共にあることだとすれば、僕たちは考えることを愛さなければならない。この本の小さな思索が、大きな思索の海に溶け消えていくことを望んでいる。あらゆる生き延びてきたものたち、そして死んだものたちの海に。

二〇二二年・夏　千駄木にて。

註

序章　心の形而上学とメタファー

1 Michel Foucault, *Les Mots et les Choses*, Gallimard, 1966, p. 15.（ミシェル・フーコー『言葉と物——人文科学の考古学』渡辺一民・佐々木明訳、新潮社、一九七四年、二二頁。）

2 本書では「心」「意識」「精神」「魂」などという語を使ってその思想的系譜を辿っていく。学問的にはこれらの語・概念そのものの区別や使用法、関係性そのものが重要となるが、本書では細かい差異の検討は基本的には行わずに、むしろ心や意識と呼ばれるものの総体やイメージを辿ることを優先する。各論において、特にその術語の概念が重要な意義を持つ場合に限ってその含意を検討していく。

3 *Ibid.*, p. 319.（前掲書、三二八頁。）

4 *Ibid.*（同前、同頁。）

5 *Ibid.*, p. 15.

6 坂部恵によれば、中国語の「人間」は「永遠の輪廻のうちにあって、魂が滞留するひとつの段階」を示す仏教用語「manussaloka」を翻訳したものである。（坂部恵『鏡のなかの日本語——その思考の種々相』筑摩書房、一九八九年、五九頁。）

7 和辻哲郎『人間の学としての倫理学』岩波文庫、二〇〇七年、二二頁。

8 心の哲学における様々な立場の網羅的でクリアな整理は、ジョン・サールの以下の文献が参考になる。John R. Searle, *Mind: A Brief Introduction* (Fundamentals of Philosophy), Oxford University Press, 2005.（ジョン・サール『マインド——心の哲学』山本貴光・吉川浩満訳、朝日出版社、二〇〇六年。）

9 Richard Rorty, *Philosophy and the Mirror of Nature*, Princeton University Press, 1979, p. 12.（リチャード・ローティ『哲学と自然の鏡』野家啓一監訳、産業図書、一九九三年、三一頁。）

10 *Ibid.*, p. 43.（前掲書、三一頁。）

11 認知言語学者のジョージ・レイコフとマーク・ジョンソンが、私たちの日常的な言語にはメタファーが常に侵入していることを指摘したことはよく知られている。たとえば、「議論（argument）」という語をめぐって私たちの使用する文は「戦争」のメタファーによってその構造が与えられている。「議論に勝てない」「その主張は守れない」「発言が的を射る」などの文は、すべて戦争という見地にたったときにその意味が明確になる。Cf. G. Lakoff and M. Johnson, *Metaphors We Live By*, University of Chicago Press, 1980.（ジョージ・レイコフ&マーク・ジョンソン『レトリックと人生』渡部昇一・楠瀬淳三・下谷和幸訳、大修館書店、一九八六年。）

12 事実ローティは、「われわれは、単に何かを語っているだけのことかもしれない――つまり、探求に貢献するというよりは、会話に参加しているだけのことかもしれない」（Rorty, *Philosophy and the Mirror of Nature*, p. 371.）（ローティ『哲学と自然の鏡』、四三〇頁。）とまで言っている。哲学者は真理の「探求」に勤しむ者ではなく、「単に何かを語っている（saying something）」という挑発的な、そして同時に諦念を感じる告発である。哲学者である自らが露見させてしまった哲学の欺瞞――あたかも哲学が学問の基礎である――、ローティはこの事実を受け入れた上で、なお哲学の役割とは何かを、自身の主張を裏返すかたちで提案する。哲学がもはや概念の体系でもなく、厳密たる学問でなく「会話」だったとしたら、（少なくとも）西洋哲学の仕事は、この「会話を存続させる」ことだと言う。

13 野家啓一『無根拠からの出発』勁草書房、一九九三年、三一二頁。

14 たとえば言語哲学を専門とする飯田隆は、M.F. Burnyeat の議論を参照しながら、哲学には「論証とヴィジョン」という二つの捉え方があると言っている。一方で哲学は概念の論理的な分析による「論証」という方法があり、他方で哲学はその議論を創造し発展させる「ヴィジョン」がある。前者はその哲学を提唱した人物や時代背景とは関係のない「純粋な議論」であり、後者は逆にその哲学を提唱した人物や時代背景がその表現を支える重要な要素になる。飯田自身はその両者は互いに絡み合っていると考え、言語哲学の専門家として哲学の「論証」を詳細に検討していくことをその仕事としているが、本書はこの「ヴィジョン」の創造者としての哲学者たちを辿るという道を選んでみたい。（Cf. 飯田隆『言語学大全I 論理と言語』勁草書房、一九八七年、二一四頁。）

15 Rorty, *Philosophy and the Mirror of Nature*, p. 12.（ローティ『哲学と自然の鏡』、三一頁。）（傍点筆者）

16 初期の人工知能研究では、推論と探索のルールを与えた。しかしコンピュータ自ら世界を認識してそれを知識とすることはできなかったため、一九八〇年代の研究では、人間があらかじめ知識のデータベースのプールを与えた。現代のディープラーニングでは、ニューラルネットワークが自ら世界の情報をインプットしてその膨大な情報から一意の知識を形成することが可能となっている。

17 Hubert. L. Dreyfus, *What Computers Still Can't Do: A Critique of Artificial Reason*（Revised Edition）, MIT Press, 1992, p. 67.（ヒューバート・ドレイファス『コンピュータには何ができないか――哲学的人工知能批判』黒崎政男・村若修訳、産業図書、一九九二年、一二一頁。）

第1章　心の発明

1 古代ギリシア文明以前の心の進化に関しては、下記文献を参照。スティーヴン・ミズン『心の先史時代』松浦俊輔・牧野美佐訳、青土社、一九九八年。

2 後述するが、ソクラテス以前の人間たちが（現代的な）「意識」を持っていなかった、あるいは現代的な意識とはかけ離れていたという分析は、ジュリアン・ジェインズ『神々の沈黙』やエリック・ハヴロックなどが指摘している。

3 ホメロス『イリアス』上巻、松平千秋訳、岩波文庫、一九九二年、二〇頁。

4 ホメロス『イリアス』下巻、松平千秋訳、岩波文庫、一九九二年、二三一頁。（傍点筆者）

5 ホメロス『イリアス』上巻、一四四頁。（傍点筆者）

6 前掲書、四三頁。

7 前掲書、四七頁。

8 Jaynes, J. *The Origin of Consciousness in the Breakdown of the Bicameral Mind*, Houghton Mifflin, 1976.（ジュリアン・ジェインズ『神々の沈黙――意識の誕生と文明の興亡』柴田裕之訳、紀伊國屋書店、二〇〇五年。）

9 ヘシオドス『神統記』廣川洋一訳、岩波文庫、一九八四年、二一―二三頁。

10 前掲書、三二頁。

11 前掲書、三四頁。

12「さてこの時もその女神が、兵士らの苦しみをさらに増そうと、軍勢の群がるなかを駆け巡り、両軍の真直中《まっただなか》に互いの敵意を叩き込んだ」（ホメロス『イリアス』上巻、一三二頁。）などと描写される。

13 前掲書、一七八頁。

14 前掲書、二三八頁。

15 また、そもそもギリシア語のプシュケーは古代エジプトにおける魂「ba」の翻訳であり、ヒエログリフでは「（ba）」と、鳥の姿で記号化されており、魂が空を飛ぶものに起源を持つことが分かる。

16 前掲書、一五二頁。

17 ホメロス『イリアス』下巻、七四―七五頁。

18 Cf. Bruno Snell, *The Discovery of the Mind: The Greek Origins of European Thoughts*, Angelico Press, 2013.

19 *Ibid.*, pp. 2-3.

20 スネルらの研究を発展させ、ホメロスの心と身体に関する語彙の頻出度合いを統計的に調べ、語彙の意味を検討した研究として、以下を参照。林英彰・片岡暁夫「ギリシア的身体観の成立に関する研究1――ホメロスにおける身体表示語の分析」『筑波大学体育科学系紀要』一五号、一―一四頁、一九九二年。

21 ソクラテスとプラトンという二人の哲学者を語ることに付き纏う困難がある。ソクラテスは、書物を一冊も書いていない。彼はギリシアの賢人や市民たちと議論するだけであり、その様子をすべて文字に書き起こしたのがプラトンであった。したがって私たちはプラトンの著作を通じてしかソクラテスの思想に触れることができない。ジャック・デリダのように、この二人の差異にこそ本質を見出す議論もあるが、ソクラテスとプラトンの思想を厳密に区別することは難しい。プラトンの著作時期や他の伝記などから、中期・後期著作に見られる「魂」の存在論はプラトンの思想であると解釈されることが多いが、本書では目下、二人の差異よりは二人の共同作業としての魂論に着目するため、特に断りのないかぎり両者の思想的な区別は割愛する。

22 プラトン「パイドン」『プラトン全集』第一巻、松永雄二訳、岩波書店、一九七五年、二二三頁。（以下、プラトンの翻訳はプラトン全集版と岩波文庫版をその文脈に応じて適宜引用し、出典を明記する。また、プラトンの著作については再掲時以降は著者名を省略する。）

23 前掲書、二三二頁。

24 D・ギャロップによる英訳では「constant in relation to itself（それ自身と関わり続けるもの）」(Plato, *Phaedo* (Clarendon Plato

Series), transl. David Gallop , Oxford University Press, USA; Reprint, 1977, p. 29.)。

25 ここでソクラテスはホメロス『オデュッセイア』で、オデュッセウスが「耐えよ、わが情《こころ》！（Τέτλαθι δή, κραδίη）」と言って自身の心を制御しようとするオデュッセウスの言葉を取り出し、肯定するかたちで述べている。しかし、この「こころ（情）」と訳されたギリシア語は「καρδία（カルディア）」（心臓）でもあることに注意。

26 プラトン『パイドン』岩田靖夫訳、岩波文庫、一九九八年、一一七頁。プラトン全集版では「主人となるようなもの」の箇所を「導き、統御するもの」と翻訳してある。この原文にあたる「δεσπόζειν」は「be master, ruler」という意味を持つ「δεσπόζω」のため、岩波文庫版の訳を採用した。

27 プラトン「国家」『プラトン全集』第一一巻、藤沢令夫訳、岩波書店、一九七六年、九八頁。

28 Plato, *Republic*, transl. C.D.C. Reeve, Hackett Pub Co Inc, 1998, p. 34.

29 Plato, *The Republic*, transl. Paul Shorey, Harvard University Press, 1930, p. 105.

30 また、近年でもケンブリッジ哲学史原典叢書シリーズの『国家』では「management」と翻訳されている。(Cf. Plato, *The Republic*, ed. G. R. F. Ferrari, transl. Tom Griffith, Cambridge University Press, 2000, p. 35.)

31 「思案」は「助言」「計画」「決断」なども意味する「βουλεύω」。

32 プラトン『パイドロス』藤沢令夫訳、岩波文庫、一九六七年、五八頁。

33 E. R. Dodds, *The Greeks and the Irrational*, University of California Press, 1951, p.16.（E・R・ドッズ『ギリシア人と非理性』岩田靖夫・水野一訳、みすず書房、一九七二年、二〇頁。）（傍点筆者）（「」の後のギリシア語表記を省略して引用）

34 J.G. Montoya, Toxoplasmosis, Lancet, 363(9425), 2004: 1965-1976.

35 エムラン・メイヤー『脳と腸——体内の会話はいかにあなたの気分や選択や健康を左右するか』高橋洋訳、紀伊國屋書店、二〇一八年、三四頁。

36 ピーター・ゴドフリー＝スミス『タコの心身問題——頭足類から考える意識の起源』夏目大訳、みすず書房、二〇一八年、一二六頁。

37 ソクラテス／プラトンは、魂は不死であり、肉体が滅びても生き続けると考え、魂／身体を切り離したが、後にアリストテレスは魂と身体の一体性を強調する生命的なものと捉えただけでなく、動物や植物にも「魂／プシュケー」があると論じた。

38 F・M・コーンフォード『ソクラテス以前以後』山田道夫訳、岩波文庫、一九九五年、五三−五六頁。

39 ヒポクラテスを中心とした当時の魂に対する身体の関係、とりわけその医学的な分析に関しては、以下の論文に詳しい。木原志乃「古代ギリシア初期医学にみる魂と身体の相関性の問題——De victu とプラトン哲学」『人文学論集』三三集、二〇一五年、一一−二七頁。

40 ホメロス『イリアス』下巻、一九九頁。

41 アキレウスのこのような強い悲しみは、現代に通じる悲しみの心にも思える。しかし、このアキレウスの泣き叫ぶ場面では、アキレウスは自分一人の心の内で悲しむのではない。ネレウスの女神をはじめとした三〇以上の神々が集い、「みな一様に胸を打ち、テティスが悲しみの歌の音頭を」（前掲書、一九七頁）とって神々と共に嘆き悲しみ、アキレウスが「すぐにでも死んでしまいたい」と漏らす直前には、神テティスが「わが子よ、そなたがそのようにいうのであれば、辛《つら》いけれど長くは生きられまい、ヘクトルに続いてすぐそなたにも死の運命が待っているのだから。」（前掲書、一九九頁）と声をかけている。その意味で、アキレウスの悲しみは現代的な個人の内面に生じる悲しみであるというよりも、神々と共に生成された悲しみと言うほうが適切であるか、あるいはその両者を区別することはできないと言うべきである。

42 ベネット・サイモン『ギリシア文明と狂気』石渡隆司・藤原博・酒井明夫訳、人文書院、一九八九年、五七−六五頁。

43 このソクラテスの台詞は、プラトンの著書『国家』に書かれているものである。本書では、ソクラテス／プラトンの差異は論点にしないと書いたが、『国家』に関してはプラトンの思想が色濃く出ており、プラトンが自らの思想をソクラテスに語らせているとするのが一般的な見解である。

44「国家」、一五五頁。（傍点筆者）

45 原文は「πλάττειν」で、「πλάσσω」は「form（形作る）」という意味のほか、「鋳型」などにも使われる「mould（型取る）」の意味を持つ。

46「国家」、二一四頁。

47 ソクラテスが自然哲学の延長線上にいたか、あるいは断絶の契機となったかについては様々な議論がある。本書はソクラテス／プラトンに断絶を見る立場を取っているが、たとえばソクラテス研究者の納富信留は、コーンフォードのソクラテスに断絶をみる古代ギリシア哲学史観を批判している。(Cf. 納富信留『哲学の誕生——ソクラテスとは何者か』ちくま学芸文庫、二〇一七年。)

48 エリック・A・ハヴロック『プラトン序説』村岡晋一訳、新書館、一九九七年、二三一頁。

49 前掲書、六六頁。

50 前掲書、二三四−二三五頁。(傍点筆者)

51 「思う(think)」のほか、「期待する(expect)」、「想像する(imagine)」、「仮定する(suppose)」などを意味する動詞「δοκέω(dokéō)」の名詞形。

52 原文は「λόγος(logos)」で、広く言語や言葉、理性を意味するが、この文脈では英訳も「statement」と翻訳されている。「statement」は現在の記号論理学でも一般に「言明」で、言明のうちで「真/偽」が決定されるような言明が「命題」となる。(Cf. Plato, *Philebus*, transl. J. C. B. Gosling, Oxford University Press, 1975, p. 35.)

53 プラトン「ピレボス」『プラトン全集』第四巻、田中美知太郎訳、岩波書店、一九七五年、二五〇頁(38E)。

54 前掲書、二五一頁。(38E)(傍点筆者)。J. C. B. Gosling による英訳では「I think our mind (psyche) is like a book on that occasion.」(「このような場合、私たちの心(魂)は、紙のようなものであると考えられる」)(Plato, *Philebus*, p. 35.)。

55 「ピレボス」、二五一—二五二頁。(傍点筆者)

56 前掲書、二五二頁。(39B)

57 プラトン「テアイテトス」『プラトン全集』第二巻、田中美知太郎訳、岩波書店、一九七四年、三八八頁。(傍点筆者)

58 「λόγος」(logos)のもととなる動詞「λέγω」は「pick(拾う)」「gather(集める)」の意味を持つ。「λέγω」の語幹「leg」が「集める」という意味で、「並べる」、「数える」などの意味も持つことから、「言う」などの意味が生まれたとされる。また「catalog(目録)」の語とも同根語である。

59 また、古代ギリシア語と英語の辞書の集大成かつ定番となっている *Liddell-Scott-Jones Greek-English Lexicon* では、「ロゴス」の第一義に「computation, reckoning(計算)」が挙げられている。

60 ここで言う「超越」は、カント以降の超越論的な枠組みにおける、人間の意識を超越したモノ自体という意味ではなく、原始に人間が動物から自らを区別し始めた契機といぅバタイユ的な意味で使用している。

61 プラトン「クラテュロス」『プラトン全集』第二巻、水地宗明訳、岩波書店、一九七四年、五三頁。

62 原文は「ἀναθρῶν ἃ ὄπωπε」。C. D. C. Reeve の英訳では「one who observes closely what he has seen」（Plato, *Cratylus*, transl. C. D. C. Reeve, Hackett Publishing Company, 1998, p. 29.）。

63 プラトン「ソピステス」『プラトン全集』第三巻、藤沢令夫訳、岩波書店、一九七六年、一五三－一五四頁。（傍点筆者）

64 プラトンが「自己との対話＝思考」と呼んだ「ディアノイア（dianoia）」はギリシア語で「διάνοια」と言う。プラトンは現象界を認識するための感性的認識（見られるもの）と、イデア界を認識するための知性的認識（思惟されるもの）を分けた。感性的認識は、影などの映像のみを認識する「憶測＝エイカシア（eikasia）」と、実際に目の前に実在する対象を認識する「信＝ピスティス（pistis）」から成る。知性的認識は、イデアそのものを直感する「知性＝ノエーシス（noesis）」と、数学的な推論によって認識する「ディアノイア（deanoia）」から成る。すなわち、内的な対話としての思考は、単に外界を認識するための感性的認識でもなく、また思いなしでもなく、イデアへと至るための知性的認識であり、しかも推論的な「思考」なのだ。

65 井筒俊彦『神秘哲学』岩波文庫、二〇〇一年（一九四九年）、六四頁。

第2章　意識の再発明と近代

1 デカルト「方法序説」『デカルト著作集1』三宅徳嘉・小池健男訳、白水社、一九七三年、二四頁。以下、デカルトの引用は著作集を中心に参照し、そのほか岩波文庫版、平凡社ライブラリー版を適宜参照し、出典を明記した。また、デカルトの著作については再掲時以降は著者名を省略する。

2 「方法序説」、三七頁。

3 中世神学において神の魂に対する力は大きかったとはいえ、アウグスティヌスの、自己認識こそが魂の能力であり、懐疑を通じて自己認識の明証性を知るという議論は、デカルトの論証の先駆的な議論であった。ただし、アウグスティヌスにおいては神への祈りによって、その神との（内的）対話として、自己が構成されてゆく（あるいはアヴィセンナが「空中浮遊人間」の比喩――視覚も含めたあらゆる感覚がない空中に浮遊しているとしても、感じることはあり、それこそ自己の感覚であるという思考実験――で示したように、自己意識を重視する中世哲学も存在したが、本書はデカルトの断絶性を中心に論じる)。

4 正確に言えば、デカルトは「思う我」の発見から、神の存在を証明した後は、神の完全性と無限性を根拠に明晰な思考や、数学をはじめとした学問体系から自然法則に至るまで、その正当性を主張するのみならず、出発点であった「思う我」すら神を存在の原因とする。私がそもそも存在に「疑い」を持ちえるのは、疑いなき存在を知っているからであり、それはすなわち完全なる神が存在するからである。したがってここでは、疑う私から神が導き出されるが、その私は神を原因として疑うことができるという転倒が生じている。権利上は神が先行するが、しかし事実上は私が先に存在するのである。

5 デカルトは「思う我」の持つ様々な観念にはその意味を可能にする「完全表象」が潜在的に含まれており、有限で不完全な思う我が完全や無限の表象を理解できるのは無限かつ完全な神が存在するからである、というロジックで神の存在証明を行った。

6 デカルト「書簡集」『デカルト著作集3』竹田篤司訳、白水社、一九七三年、三九一頁。

7 デカルト『精神指導の規則』野田又夫訳、岩波文庫、一九五〇年、八四頁。

8 先の注（4）でも記したように、ひとたび神を証明した後は、私を含めたすべての存在は神に根拠づけられるが、その神を発見するのは「思う私」が手続き上は先行する。たとえば『省察』第五省察のなかで、デカルトはこう述べている。「神があると私の知得するに至った後は〔実は〕しかし、〔そう知得したと〕同時にまた私はその他のすべてのものが神に依存していること、そして神が欺く者ではないこと、をも知解した――かくてそこから、明晰かつ判明に私の知得するもののすべてが必ずや真である、と私は論決した〔…〕」（デカルト「省察」『デカルト著作集2』所雄章訳、白水社、一九七三年、九一頁。）（傍点筆者）。したがってその意味で、いかに神が世界や自然法則の原因となろうとも、その神を召喚するのは懐疑する私の意識である。

9「方法序説」、一二頁。

10 デカルト『精神指導の規則』、五七頁。

11「方法序説」、六二頁。

12 デカルト研究の権威ドゥニ・カンブシュネルは人間を「自然の主人にして所有者」にまで高めることができるというデカルトの思想は、デカルトの固有性というよりは、ベーコンら同時代の思想的傾向であり、必ずしもデカルトが人間の自然支配を肯定していたわけではないことに注意を促している。（ドゥニ・カンブシュネル『デカルトはそんなこと言ってない』津崎良典訳、晶文社、二〇二一年。）

13 ちなみに、プラトンは魂の座は脳にあると考えていた。また、アリストテレスにおけるプネウマは大気中に存在するのではなく、「生来のプネウマ」として生物にもとから存在するものと考えられた。

14 Cf. 梶田昭『医学の歴史』講談社学術文庫、二〇〇三年。

15 デカルトのガレノス理論の受容に関する研究は、以下の論文が詳しい。豊岡めぐみ「デカルトの心身合一体における「動物精気」の位置づけ」『筑波哲学』一七号、二〇〇九年、一五四—一七二頁。

16 デカルトがラテン語の「conscientia」を厳密に現代の「consciousness」という意味において使用したかについては多くの研究がある。たとえば近年ではボリス・ヘニングが、デカルトの様々な著作における「conscientia」の用法を検討し、トマス・アクィナスらのスコラ哲学における用例との連続性も指摘しながら、その意味は不確定であり、心理学的な意味であるよりは制約されていたと新たな見解を提示している。（Cf. B. Hennig, Cartesian conscientia, *British Journal for the History of Philosophy*, 15(3), 2007: 45-484.）しかしアリソン・シモンズは、たしかにデカルトは実際には「conscientia」やフランス語の「conscience」を明確な定義の下には使っておらず、また『省察』においても名詞形「conscientia」はなく、形容詞形「conscius」が一度だけ使われているという事実はあるが、それを踏まえた上で「彼［デカルト］がその言葉を使う時には、その用語を歴史的用法から切り離し、英語「conscience（良心）」が持つような規範的あるいは倫理的意味合いを剝奪し、純粋に記述的で心理学的なものへと変更するために使用していると思われる」と分析し、今日の「意識 consciousness」とほぼ同義に使用したと主張している。（Cf. A. Simmons, Cartesian consciousness reconsidered, *Philosophers' Imprint*, 12(2), 2012: 1-21, p. 3.）

17 ラテン語の「conscientia」は、ギリシア語の「συνείδησις（シュネイデーシス）」に由来し、これも「συν（共に）」「εἴδω（知る）」の意味であり、現代のドイツ語の「良心（Gewissen）」も「ge（共に）」「知る（wissen）」である。

18 哲学者ギルバート・ライルは、一七世紀ヨーロッパにおいて、プロテスタントが自分の魂の道徳的状態を聖職者の力に頼らずに知る必要があったという宗教的要請と、デカルト・ガリレオの機械論的な意識の説明に対抗する必要があったことから、自ら知るものとしての「良心（conscience）」に「意識（consciousness）」の意味が与えられたと分析している。Cf. Gilbert Ryle, *The Concept of Mind:*

60th Anniversary Edition, Routledge, 2009, pp. 141-142.（ギルバート・ライル『心の概念』坂本百大・井上治子・服部裕幸訳、みすず書房、一九八七年、二二七-二二八頁。）

19 デカルト「省察」『省察・情念論』井上庄七・森啓・野田又夫訳、中公クラシックス、二〇〇二年、三八頁。（傍点筆者）

20 実際の意識の作用ではなく、意識の成立の論証のプロセスから記述するならば、一度「神（God）」の証明を済ませた後には、人間やその意識は神によって創造されたことが判明し、神に与えられた自我は意識を生産し続けられるため実質的には「c（S）+G→S―c―c―c―c……」とも書けるだろう。

21 デカルト「第五答弁」『デカルト著作集2』白水社、二〇〇一年、四三二頁。（傍点筆者）

22 この受け入れがたい主張は、デカルトが魂を「思惟する実体」と捉えていたことに由来するが、昏睡状態や母体のうちでも思惟するのか、というアルノーやガッサンディらの疑念への回答がどの程度妥当かはデカルトの翻訳者でもある山田弘明が検討している。山田によれば、第一にデカルトにおける「実体」概念がスコラ的な属性を批判的に踏襲しつつも曖昧であったため、一種の「作業仮説」として理解する必要があったこと、また第二に「精神はつねに思考する」というデカルトの譲れない条件においても、「つねに」を顕在的な思考ではなく「潜在的に」と解釈すれば成立しうるのではないかと、提示している。（Cf. 山田弘明『デカルトと哲学書簡』知泉書館、二〇一八年。）

23 パスカル『パンセ』（I）（II）前田陽一・由木康訳、中公クラシックス、二〇〇一年。パスカルの著作『パンセ』は死後に発見された断章の集積であり、ポール・ロワイヤル版、ラフュマ版、などそれぞれに構成の異なる複数の編集版が存在するが、本節ではブランシュヴィック版を底本とした、中公クラシックス版の断章番号と翻訳から引用を行い、その断章番号を注記する。また、パスカルの著作については再掲時以降は著者名を省略する。

24「方法序説」、一八頁。

25 アンリ・グイエ『人間デカルト』中村雄二郎・原田佳彦訳、白水社、一九八一年、一〇一頁。

26 前掲書、一〇八頁。

27 世界への確実な知、という観点におけるデカルトとパスカルの差異は、彼らの自然科学に対する信頼の影響もあるだろう。デカルトは数学を自然学の模範として演繹的に自然を理解できると考えたのに対し、パスカルはデカルト派が数学の補助的な役割として捉えた物理学を、とりわけ実験の意義を重視した。パスカルは『真空論序言』にて、自然はつねに変化し秘密を抱えており、自然に対する知を得るためには「実験はたえず増加する。そして実験は自然学の唯一の原理であるから、帰結もそれにともなって増加する」（パスカル「真空論序言」『パンセ』（Ⅱ）、前田陽一・由木康訳、中央公論新社、二〇〇一年、二九四頁）と述べ、自然学における知の有限性を主張している。したがって自然に対する普遍的で演繹的な知にも懐疑的で『パンセ』では「われわれは、ある現象が常に同じように起こるのを見ると、そこから自然的必然性を結論する。たとえば、明日も日があるなどということきである。しかし、自然はしばしばわれわれの予想を裏切り、自分自身の規則に従わない」（断章九一）と述べ、自然の規則を知的に把捉することの不可能性をしばしば主張している。

28『パンセ』、断章七七。

29そもそも『パンセ』という書物は、キリスト教を信仰しない者たちへの説得を目的に執筆が計画され、未完に終わった『キリスト教護教論』の断片が編集されたものである。その意味で、通常はたしかに『パンセ』における神への信仰に対する揺らぎ、あるいは弱き心の告白は、無神論者への警句あるいは堕落し原罪を抱えた人間の惨めさを説き、その堕落した本性を救う唯一の存在としてキリスト教が語られていると読む。そもそも『キリスト教護教論』の構成自体が、堕落した人間本性の論証（一部）と、それを救済するキリスト教の教え（二部）を説く、という構想となっていた。しかしながら、パスカル自身が神への信仰を確信していると言うよりはむしろ、自分自身へと言い聞かせるように書いているとも読める。実際、パスカルは信仰と懐疑を繰り返しており、ある時期には「神の側からの極めて大きな見放し」にあったとも洩らしている。（Cf. 宮永泉「パスカルにおける哲学とキリスト教」『宗教哲学研究』四巻、一九八七年、四一―五四頁。本書はそうした複雑な心情を抱えたテキストとして『パンセ』を読んでいく。）

30『パンセ』、断章三四七。

31『精神指導の規則』、五五頁。

32パスカルにおける意識は、身体、精神、愛のそれぞれの秩序と階層を持つ（断章七九三）。より詳細には、デカルトの言う精神を「心情」と「精神」とに区別していたものであると竹中利彦は整理している。パスカルにおいて「精神」は推論を含む理性的あるいは学問的な認識能力で、「心情」は宗教的な直感を含む認識能力である。こうしたパスカルの心の能力や秩序、階層の整理は下記論文を参照。（竹中利彦「パスカルにおける『精神』の機能とその『偉大さ』について」『哲学論叢』三八号別冊、二〇一一年、S一三―S

二四頁。）
33『パンセ』、断章三四八。
34 たとえばデカルトも、有限な自己＝コギトが無限な神を理解できるのか？ という問題に向き合っていたが、パスカルのように思考によって「包み込む」という方法を取らなかった。デカルト研究者のロランス・ドヴィレールは、「メルセンヌ書簡」に書かれた「包括的に理解するとは、思考によって包み込むことですが、或ることを知るには、思考によって触れるだけで十分だからです」というデカルトの言葉を引用し、これがアウグスティヌスに由来する思考であることを指摘しつつ、デカルトが包括的な思惟としての「理解する（comprehendo）」と「知解する（intellego）」を区別していたことに着目し、「神は包括的には理解されないということは、理性の失墜を意味しない」と述べ、有限な存在である人間の理性を維持しつつ、神という無限を理解（知解）できる通路を確保していたことを示している。（ロランス・ドヴィレール『デカルト』津崎良典訳、白水社、二〇一八年、九七頁。）
35 伊東俊太郎は『思想史のなかの科学』において、「近代の無限宇宙観を樹立して、コスモス的な閉じられた世界を徹底的に破壊したのは、ジョルダノ・ブルーノ」（一一六頁）であり、これにより「アリストテレス以来二千年存続したコスモス的宇宙観は潰え去った」（一一七―一一八頁）と述べている。（伊東俊太郎・広重徹・村上陽一郎『思想史のなかの科学』平凡社、二〇〇二年。）
36 エルンスト・カッシーラー『啓蒙主義の哲学』中野好之訳、紀伊國屋書店、一九六二年、四五頁。
37 マルクス・アウレーリウス『自省録』神谷美恵子訳、岩波文庫、二〇〇七年、五八頁。
38 リチャード・E・ルーベンスタイン『中世の覚醒――アリストテレス再発見から知の革命へ』小沢千重子訳、ちくま学芸文庫、二〇一八年、八七―八八頁。
39 ニコラウス・クザーヌス『学識ある無知について』山田桂三訳、平凡社、一九九四年、一六―一七頁。
40 前掲書、一七頁。
41 前掲書、二三九―二四〇頁。
42 クザーヌスは宇宙は始点も持たず、終点も持たない無限であると論じる。「世界の中心は周と一致しているのである。なぜなら、世界がもしも中心を持つとともに、別にまた周を持つとすると、世界は自分自身のうちに始めと終わりを持つことになり、世界そのものを何かそれ以外のものに対して限界づけることになって、世界の外部に他のものなり空間なりがあることになるが、こういうことは全て不条理だからである。それゆえ、世界が物体的な中心と周の間に囲まれて存在するというのは不可能であるから、神が中心であり、かつ周であるようなこの世界は認識を絶しているのである」（前掲書、一七五頁）。クザーヌスは中心と周縁が一致するメビウス的で自己完結する宇宙を想定しており、したがって中心は空間的に規定されず、すべての存在から等距離にあることが可能な神だけが中心であり、同時にまた偏在の可能性を持つ。偏在する神を中心なる神と一致させるのは、中間者たる人間である。

43『パンセ』、断章四三四。

44「私は、眠っているあいだに荒れ果てた恐ろしい島につれてこられ、さめてみると〔自分がどこにいるのか〕わからず、そこからのがれ出る手段も知らない人のような、恐怖におそわれる」（『パンセ』、断章六九三。）

45『パンセ』、断章七二。

46 E・カッシーラー『個と宇宙――ルネサンス精神史』薗田坦訳、名古屋大学出版会、一九九一年、五三頁。

47 前掲書、五四頁。

48 たとえば「教会」という建築物も単なる荘厳で神秘的な建物ではない。カトリックにおいては、パウロの「神は光なり」という言葉から、神の光は救済をもたらすと考えられていたが、その光は非物質的な永遠の命であって自然光とは別の存在者であった。新プラトン主義者の偽ディオニュシオスは、神の光と自然光を統合し、教会のステンドグラスから注ぐ光にも救済の力があると論じた。この論理は救済が物質的な力によってもたらされることの保証でもあり、知性が高く教養ある人間にかぎらず、物質的な教会の光を通ずれば誰でも、神への位階を昇ることができることを示すものだった。その意味で中世の教会は、汚れた地上から清浄なる天国へと通じる中間地帯という役目を果たしていた。中世から近世にかけて教会が果たした役割を特に建築物の観点から論じた文献は下記を参照。酒井健『ゴシックとは何か――大聖堂の精神史』ちくま学芸文庫、二〇〇六年。

49 マックス・ヴェーバー『プロテスタンティズムの倫理と資本主義の精神』大塚久雄訳、岩波文庫、一九八九年、一九六頁。

50 前掲書、一九七頁。

51 前掲書、一八五頁。

52 ドイツ語の「Beruf」は「恩寵」という意味のほかに「労働」という意味を持ち、日本語では「天職」と翻訳されるのにふさわしい。英語では「calling」であり、「神からの召命」である。神からの恩寵を受けることはすなわち天職を持ち働くことである。ピューリタンにとって、神からの恩寵は、勤労せよ（働け）という呼び声であると解釈できることから、救済のために労働が奨励され、資本の蓄積が発生したとウェーバーは分析した。簡単に言えば、教会が救ってくれない時代においては、無心に働くことが唯一の救われる道であるということである。

53 前掲書、一九七―一九八頁。

54『パンセ』、断章五三七。

55『パンセ』、断章一九四の二。

56 新宮一成「歴史を拓くフロイト」フロイト『精神分析学入門』（I）懸田克躬訳、中公クラシックス、二〇〇一年、一一頁。

57 原語は「divertissement」。近年は「気晴らし」と翻訳されることが通例であるが、哲学者の三木清は、「遊びによって慰める」というニュアンスを反映させるために「慰戯」と訳した。（Cf. 三木清『パスカルにおける人間の研究』岩波文庫、一九八〇年。）

58『パンセ』、断章一三九。

59「もしも彼が、いわゆる気を紛らすことなしでいるならば、彼はたちまち不幸になる。賭事をしたり、気を紛らすことのできる彼の臣下のはしくれよりも、もっと不幸になってしまう。」（『パンセ』、断章一三九。）

60『パンセ』、断章一三九。

61「人間は明らかに考えるために作られている。それが彼のすべての尊厳、彼のすべての価値である。〔…〕ところが、世間は何を考えているのだろう。決してそういうことではない。そうではなく、踊ること、リュートをひくこと、歌うこと、詩をつくること、環取り遊びをすること等々、戦うこと、王になることを考えている」（『パンセ』、断章一四六。）

62『パンセ』、断章一七一。

63『パンセ』、断章三二四。

64『パンセ』、断章一三九。

65『パンセ』、断章一三九。

66 カント『純粋理性批判』（一七八一／一七八七）からのの引用は Philosophische Bibliothek 版（Immanuel Kant, *Kritik der reinen Vernunft*, Felix Meiner Verlag, 1998.）を参照し、慣例にしたがってA版、B版の頁数を表記した。邦訳は、イマヌエル・カント『純粋理性批判』（上）原佑訳、平凡社ライブラリー、二〇〇五年、を参照した。

67「人間的理性はその認識の或る種類において特異な運命をもっている。それは、人間的理性が、拒絶することはできないが、しかし解答することもできないいくつかの問いによって悩まされているという運命であって、拒絶することができないというのは、それらの問いが理性自身の本性によって人間的理性に課せられているからであり、解答することができないというのは、それらの問いが人間的理性のあらゆる能力を越え出ているからである。」（A VII.）（『純粋理性批判』（上）、二五頁。）

68 正確に言えば、はじめからデバイス機能のすべての条件を規定し、容易に削除もできないという意味ではむしろ心の「OS（オペレーティング・システム）」に近いが、ここではデータ処理の機能的な側面をイメージするために、ソフトウェアやアプリケーションのメタファーを使用する。

69「現象の多様なものが或る種の関係において〔秩序づけられて、直観される〕〔秩序づけられうる〕ようにするそのようなものを、私は現象の形式と名づける。諸感覚がそのうちでのみ秩序づけられ、だから或る種の形式において配置されうるものは、それ自身これまた感覚ではありえないから、私たちにはなるほどすべての現象の実質はア・ポステリオリにのみ与えられてはいるが、しかしすべての現象の形式はことごとく、心のうちにア・プリオリに感覚のためにすでに用意されていなければならず、だからすべての感覚とは別個に考察されうるのでなければならない。」（A20/B34.）（『純粋理性批判』（上）、一四六頁。）

70 付言すれば、カントは『実践理性批判』において、各人が自身の格率（傾向性）に従うのではなく、自らの行為が普遍的な行為となるように行為すべき、という新たな道徳律を展開することになるが、それは神（宗教）と道徳が強く結ばれつつも、また同時に宗教的権威が徐々に衰退していく一八世紀ヨーロッパにおいて、神に与えられる道徳ではなく、人間の意識を自ら導いて理性を使用することによって可能になる新たな道徳が求められていた時代であったことも、カントの革新性を示している。正確にいえば、カントもまた神を完全に排除したわけではなく、むしろ理性の「統制原理」として掲げた。

71 A XIII.（『純粋理性批判』（上）、三〇頁。）

72「understanding」という意味の「Verstand」が「悟性」の翻訳である。カントが親しんだラテン語では「intellectus」に対応する語であり、近年では「知性」と訳する石川文康や、冨田恭彦らもいるが、原佑訳（平凡社ライブラリー版）、篠田英雄訳（岩波文庫版）など伝統的には「悟性」と訳されており、本書では、他の「知性」の語と区別するために「悟性」で統一した。

73 この一二のカテゴリーに分割された思考形式には、それぞれに対応する判断形式のカテゴリーが存在する。（1）判断の量（単称判断／特殊判断／全称判断）（2）判断の質（肯定判断／否定判断／無限判断）（3）判断の関係（定言判断／仮言判断／選言判断）（4）判断の様相（蓋然判断／実然判断／明証必然判断）。

74 構想力は直観において表象する能力であるという意味においては「感性に属する」が、それは自発的であるという意味においては「悟性が感性へとおよぼす一つの作用」でもある（B152-152.）（『純粋理性批判』（上）、二九五頁）。構想力が感性に属する能力か、悟性に属する能力であるかは、『純粋理性批判』の第一版と第二版でその位置づけが変わっていることもあって、現在に至るまで多くの議論があるが、本書では立ち入らない。

75 構想力には、目の前に対象が存在するときに働く「産出的（produktiv）構想力」と、対象が現前しない過去のデータを復元するように働く「再生的（reproduktiv）構想力」がある。カントの例では、一本の線を頭のなかでひくとき、その最初の線がそのまま引かれている線を持続して同一のものであるとイメージできるためにはそれを図示する構想力の力が必要である。

76 A78/B103.（『純粋理性批判』（上）、二二一頁。）（後に「悟性の機能」と改定されている。）ところでカントは「魂（Seele）」という語をこうした象徴的な表現で使ったが、『純粋理性批判』における意識論では「意識（Bewußtsein）」や「心（Gemüt）」という語を中心にその性質を語り、「魂」は当時の生理学や経験心理学から区別される自己活動的な生の原理として扱われる。カントにおける「魂」の地位についての近年の研究は下記論文参照。渡邉浩一「魂と認識論――カントの心理学をめぐって」『日本カント研究』二一号、二〇二〇年、九三―一〇三頁。

77 とりわけカントの認知科学的な解釈については、ストローソンが『意味の限界』においてカントを言語哲学的に再解釈したことを端緒に、心の哲学におけるカント像が切り開かれ、キッチャー、アメリクス、ブルックらのカントを自然化する潮流が生まれた。

78 Andrew Brook, Kant, cognitive science and contemporary neo-Kantianism, *Journal of Consciousness Studies*, 11(10-11), 2004: 1-25, p.1.

79 *Ibid.*, p. 5.

80 たとえばブルックはカントの三つの綜合の方法に注目する。（1）直観における「覚知の綜合（Synthesis of Apprehension）」（経験における生《なま》の素材を時間的にlocateする能力）、（2）構想力における「再生産の綜合（Synthesis of Reproduction）」（時間―空間的に構造化された item を別の時間―空間的に構造化された item と関係づける能力）、（3）概念認識における「再認の綜合（Synthesis of Recognition）」（概念を使用した item の概念認識能力）。そしてこの綜合の方法は、認知科学者アン・トリーズマンの提唱する対象認識における、特徴特定、特徴の空間的配置、概念に基づく対象の統合の特定、を手続きとする三段階モデル（特徴統合理論）に近いとブルックは指摘する。

81 *Ibid.*, p. 7.

82 たとえばアメリカでは、『認知科学の歴史的基礎（*Historical Foundations of Cognitive Science*）』（未邦訳）などの論集が出版され、キッチャーらがカントを取り扱った論文が掲載されている。日本では科学哲学者の戸田山和久が自然主義の立場から論じている。戸田山は、あるシステムが意識を持つことの定義を「内省」か「行動」でしか有効に査定できない認知科学的な観点において、内省の立場を取れば意識はほとんどナンセンスであり、行動の立場を取れば意識と振る舞いの概念的な区別が無効になってしまうという状況を指摘し、もしもカントを認知科学的に解釈するブルックらの議論がここに有効性を示すとすれば、「意識の問題を、まずは徹底して意識の機能、システムの仕様（アーキテクチャー）の問題として考察すること」（五八頁）がそのアポリアを解消する出口になる可能性があると論じている。Cf. 戸田山和久「カントを自然化する」『カントと心の哲学』日本カント研究8、日本カント協会編、理想社、二〇〇七年、四九―六九頁。

83 キッチャーのカント解釈は、基本的にはカントの意識論の唯物論的な読解である。カントの超越論的統覚よりもむしろ綜合の機能に注目し、心理学的な自我としてカントの意識論を再構成する試みである。たとえばキッチャーは、論集『認知科学の歴史的基礎』所収の論文では、カントの二層理論が、コネクショニズムの理論に寄与しうる可能性について論じている。

84 Patricia Kitcher, *Kant's Transcendental Psychology*, Oxford University Press, 1993, p. 72.

85 Paul Guyer, Psychology and the transcendental deduction, *Kant's Transcendental Deductions: The Three Critiques and the Opus Postumum*, ed. Eckart Förster, Stanford University Press, 1989: 47-68, p. 65.

86 一九世紀後半のドイツにおける生理学・心理学の創成には、カント主義の多大な影響がある。たとえばロッツェは空間認識の生理学的なア・プリオリ性に基づく、皮膚や網膜の空間知覚を研究し（「局所徴験説」）、ヨハネス・ミュラーも同じく空間知覚を先天的な生理過程（網膜上の刺激配列など）に基づくと考えた。高橋澪子は、彼らの研究が「あたかもカントの認識論そのものを〝生理学的に〝裏づけ、カント哲学を〝自然科学の側から〟支持したかのように解釈され、同時代の人々（特に自然科学者）から歓迎された」（一七四頁）と指摘する（高橋澪子『心の科学史――西洋心理学の背景と実験心理学の誕生』講談社学術文庫、二〇一六年）。

87 たとえば哲学者マルクス・ガブリエルは、神経科学者カンデルらに象徴されるような、カントの意識論が神経構築主義の源流にあるとする立場を「神経カント主義」と呼び、彼らが「不当にカントの説に寄りかかって」（九七頁）いると非難しつつ、カントは思考能力の担い手を特定のなんらかの実体に見出すことを批判していたのだと反論している（マルクス・ガブリエル『「私」は脳ではない――21世紀のための精神の哲学』講談社、二〇一九年）。この反論はカント解釈としては正当である。たしかにカントは超越論的統覚をまったく形式的なものとして規定し、いかなる実体も認めなかった。しかしながら、それゆえにこそブルックのようにそれを機能主義として解釈できる余地が生まれたのであり、現代の新たな事実から言えば「脳」の機能だという解釈を誘発しているとも言える。

88 この講義録（L1）の成立年代については様々な検証研究があるが、おおよそ一七七〇年代後半とされている。

89 イマヌエル・カント「形而上学L1」『カント全集』第一九巻、岩波書店、二〇〇二年、一三一頁。

90 正確に言えば、カントはこの講義録の「心理学」の章において、「魂」を「身体と結びつき、人間を形成するこの知性的存在者」（前掲書、五二頁。）と定義し、（1）思考作用、（2）意欲作用、（3）外的な対象による触発、によって身体と相互作用し、調和する単一な実体としての魂について論じている。

91「形而上学L1」、一〇〇頁。（傍点筆者）

92 カトリーヌ・マラブー『明日の前に――後成説と合理性』平野徹訳、人文書院、二〇一八年、三三一頁。

93 Raymond W. Gibbs, Jr, *Embodiment and Cognitive Science*, Cambridge University Press, 2005.

94 これまでの研究では、脳は認知タスクや外部刺激がない安静状態においては機能的な脳活動はないという前提が共有されていたが、MRIのノイズ除去精度が向上したことなどにより、二〇〇〇年前後から、脳は安静状態（resting state）においても自発活動を行っており、DMN（安静状態において脳の複数領域で特異的に活動するネットワークを発見したマーカス・レイクルが名付けた）が健常者とアルツハイマー病患者や各種の精神神経疾患患者の意識活動の差異に影響を与えているなど、重要な役割を果たしていることが解明されてきた。

95 Georg Northoff, Immanuel Kant's mind and the brain's resting state, *Trends in Cognitive Sciences*, 16(7), 2012: 356-359.

96 Sina Fazelpour and Evan Thompson, The Kantian brain: brain dynamics from a neurophenomenological perspective, *Current Opinion in Neurobiology*, 31, 2015: 223–229, p.226.

97 近年の脳科学研究で注目される、脳の統一的な説明モデル「予測符号化（Predictive Coding）」の仮説。脳は外的刺激に反応するのではなく、事前に内部モデルを構築してその予測を投げかける。その際、予測のシミュレーションとの誤差（prediction error）こそが知覚経験を構築し、脳はこの予測誤差を最小化するように働いているという理論。予測符号化理論の近年の動向や展開については、下記論文参照。大平英樹「予測的符号化・内受容感覚・感情」『エモーション・スタディーズ』第三巻第一号、二〇一七年、二一―一二頁。

98 Link R. Swanson, The Predictive processing paradigm has roots in kant, *Frontiers in Systems Neuroscience*. 10(79), 2016.

99 生成モデルとカントの共通性は、その内容のみならず、歴史的な影響もないとは言えない。近年の予測モデル・生成モデルやベイズ脳の議論の起源とされる「無意識的推論」を提唱したヘルムホルツは、カントの影響を多大に受けており、新カント派を自称する科学者でもあった。ヘルムホルツは、感覚刺激が統一的な知覚を成立させる過程には無意識的な推論の働きがあると考え、一九世紀当時の心理学とカントの認識論の親近性を主張した。詳細は下記論文を参照。辻麻衣子「心理主義から論理主義へ――ヘルムホルツ・ランゲ・コーヘン」『哲学論集』四五号、二〇一六年、二三―三一頁。

100 William James, *Essays in Radical Empiricism (The Works of William James)*, eds. Fredson Bowers and Ignas K. Skrupskelis, Harvard University Press, 1976, p. 3.（ウィリアム・ジェイムズ『純粋経験の哲学』伊藤邦武訳、岩波文庫、二〇〇四年、九頁。）（傍点筆者）

第3章　綻びゆく心

1 フッサールの強い自己同一性への批判として最も知られたものに、デリダの研究がある。デリダ（『声と現象』）の批判の中心は、フッサールの超越論的主観性の構成には、直接的な「現前性」という前提が忍び込んでいるという点である。デリダの考えでは、意識は絶えず遅れる。遅れなき、純粋な自己触発というのは不可能であるが、フッサールはこの空間、この距離を無きものとしている。意識は裂かれ続け、裂かれ続けることで意識でありうる。しかし現象学の超越論的還元が最も原初的な地点において「自己−触発」を基礎にするかぎり、現象学は自身の理論の内部においてその理論体系が「動揺させられている」と告発した。

2 世界が自明に与えられ、存在しているのだという私たちの素朴で自然な信憑（一般定立）を持つ態度をフッサールは「自然的態度」と呼び、これを懐疑によっていったん保留して「括弧に入れる」手続きを「エポケー（判断停止）」と呼んだ。このエポケーによる現象学的還元を経ることによって、私たちは意識が世界と志向的に関係し、意味を与えるものであるということを理解できる。あらゆる判断作用を停止しても残るもの、フッサールはそれを「純粋意識」と呼んだ。この純粋意識から出発して、世界の対象の本質に迫る方法が現象学である。本章のフッサール現象学の説明は基本的にはフッサール自身の著作に基づくが、特にダン・ザハヴィ『フッサールの現象学』、田口茂『現象学という思考』の説明は参考にした。

3 意識は、それがどのような意識であれ、意識それ自体として在るのではなく、常に「なにものかについての意識（Bewußtsein von etwas）」であり、そうである限り意識は閉じることなく世界へと開かれている。この意識と対象の関係、知覚するものと知覚されるものの関係をフッサールは「志向性」と呼んだ。主観でもなく、客観でもなく、意識と対象の結びつきそのものである志向性から出発して世界の現れを捉えることが現象学の主眼である。

4 ドイツ語の Abschattung には「シルエット」の意味もある。

5 Vgl., Hua III/1, § 41.（『イデーンI‐I』、四一節。）

6 ここではカントとフッサールの差異が明確に現れている。なぜならカントにとって「直観」は感性のみに適用できる能力であり、対象の統一された本質を特定するのはカテゴリーを通じた自発的な悟性の能力であった。しかしアプリオリな悟性を前提としないフッサールにおいては、「範疇《カテゴリー》的直観」や「本質直観（Wesens anschauung）」などのように対象のカテゴリーや統一的な対象の本質の特定に対しても「直観」の能力が働くのである。特に「この本がある」というような思惟において、「この」や「ある」といった具体的な感性に基づく直観ではないカテゴリーに対しても、私たちがア・プリオリに理解できるという点は、主観性よりもむしろ存在こそがア・プリオリであるという可能性を引き出す。このフッサールのカント解釈におけるカテゴリー的直観の理解から、超越論的主観性よりもむしろ超越論的存在論を展開したのがハイデガーである。この点に関しては下記文献を参照。齋藤元紀「カントの現象学的解釈」『ハイデガー読本』秋富克哉・安部浩・古荘真敬・森一郎編、法政大学出版局、二〇一四年。

7 初期の『論理学研究』、特に第一研究では志向性をフレーゲ的な立場から分析することからはじめ、言語表現における「意味」と「対象」を区別することで真理の条件としての規範性を言語表現に求め、意味をイデア的存在のスペチエス（種）として規定した。しかし第五研究においては「意味」を志向体験における作用から捉えることを試み、『イデーン』において本格的に志向性の知覚経験の分析に至る。本書では特に『イデーン』以降の意識理論を読んでいく。

8 「体験作用を行なう自我は、それ自身だけ切り離して別個に取り扱われうるようなものではなく、一つの固有な研究対象になされうるようなものでは全くない。自我の「関係の仕方」や「態度の採り方」を別とすれば、自我は、本質構成要素の点では全く空虚〔völlig leer〕であり、自我は、開陳展示されうるような内容を全く持たず、自我は、それ自身として元来、記述できないものなのである。」（Hua III/1, 179.）（『イデーンⅠ‐Ⅱ』、七三頁。）

9 「流れる意識」において自我がどのように位置づけられるかは、近年にフッサールの新資料として刊行された『ベルナウ草稿』『C草稿』を中心に様々な研究と議論が行われている。流れ去る経験のなかでそれを捉えようと反省する自我が存在するが、それもまた流れ去るのであれば、いかにしてこの流れる意識は超越論的意識であることが可能なのか。ダン・ザハヴィはこの流れる意識の「生き生きとした今」は常に反省的意識の主題化を逃れ続ける「匿名的」なものになると論じている。（Cf. ダン・ザハヴィ『自己意識と他性――現象学的探究』中村拓也訳、法政大学出版局、二〇一七年、第一〇章）。

10 フッサールの意識流の構想は、心理学者ウィリアム・ジェームズが『心理学原理』で呈示した「意識の流れ（stream of consciousness）」から大きな影響を受けている。両者の直接の接触はなかったが、献本などの交流が確認されている。

11 Hua III/1, 167.（『イデーンⅠ‐Ⅱ』、五四頁。）

12 フッサールの術語では、今しがた過ぎ去った過去を「過去把持（Retention）」、これから到来する予見を「未来予持（Protention）」と呼ぶ。また今の瞬間を「原印象（Urimpression）」と呼び、「今」が無小限の点ではなく、「過去把持－原印象－未来予持」という三つ組構造の時間幅をもったまとまりとして定義される。

13 Hua X, 111.（『内的時間意識の現象学』、一五〇頁。）

14 Hua III /1, 182.（『イデーンⅠ‐Ⅱ』、七七頁。）

15 Hua I, 63.（『デカルト的省察』、五四頁。）

16 ここでのフッサールのデカルトに対する不満は、デカルトが思惟する自我を「世界の末端」すなわち世界を基礎づけるものではなく逆に世界内部の存在としてしまっているということにある。フッサールにおいてこのデカルトの不徹底が、心理学的な自我、あるいは推論の「出発点」にしかすぎない意識の発見に留まらせているのであって、デカルトの方法では、意識は世界そのものを構成し、学問の真理性を保証する根拠（超越論的意識）となりえない。したがってその意味ではフッサールはデカルトよりも意識を世界を根拠づける基盤として「強化」させたとも捉えられる。しかし逆に言えば「出発点」ではなく「不断の」意識の働きとして、「思惟」のみならず、「知覚」「想起」「想像」などあらゆる「思念」において機能する意識、すなわち「意識流」が要請されることで、デカルトのような一点／一瞬に掛けられた強固な基盤であるよりはむしろ、流れ続ける体験を持つ存在として捉えられているため「弱体化」させられているとも読める両義的な側面がある。

17 Hua III/1, 73.（『イデーンI-I』、一五八頁。）

18 ebd.（前掲書、一五八頁。）

19 ebd.（前掲書、一五八－一五九頁。）

20 後期のフッサールは、意識と自我の区別を強調し、意識は眠りや朦朧状態のなかで消えゆくことがあるが、自我は不滅であると説明する。「自我は生じることも消え去ることもなく〔Ich kann nicht entstehen und vergehen〕、つねに何かを体験している（「つねに考えている〔denkt immer〕」）。現象学的還元が私たちに純粋に与えるような純粋なモナド的主観性としての自我は、「永遠」であり、ある意味で不死である。」(Hua XIV, 157.)（『間主観性の現象学III』、五八頁。）

21「自我は決して消滅しえず、つねに自我自身の諸作用に介在しているのであるが、しかしその作用の仕方には違いがある。すなわち自我の作用が顕在的な場合や顕在的になる場合には、自我はいわばそれらの作用のうちに登場し、顕現して、顕在的に生き生きと機能し、顕在的に放射光線を投射して対象に向かっているのであるが、しかし他方、自我がいわば秘匿されている場合には、何かに顕在的な眼差しを向けることもなく、顕在的に経験したり活動したり受け入れたりすることもない。」(Hua IV, 100.)（『イデーンII-I』、一一七－一一八頁。）

22 ebd.（前掲書、同頁。）

23 Hua.I, 70.（『デカルト的省察』、六六頁。）。英訳は Edmund Husserl, *Cartesian Meditations: An Introduction to Phenomenology*, transl. Dorian Cairns, Martinus Nijhoff Publishers, 1960, p. 31.

24 フッサールの「自我」に対する考え方は、執筆時期によっても変遷があり、解釈も多様である。たとえば後期の受動的志向性においては「自我は関与しない」という立場を取る山口一郎。あるいはこれに対して「先－自我（Vor-Ich）」とは区別される「原－自我（Ur-Ich）」はいわば「あらゆる意識プロセスの共属性」の別名であり、受動的な志向性において自我は「関与がない」が「共にある」と解釈する田口茂。また、榊原哲也は原－自我の全くの欠如を認めないという点において田口氏と同意するも、発生的現象学の観点から、自我を媒体とする田口氏に対して、「時間化しつつ時間化される」という意識経験における自我の機能を強調する立場を取っている。（Cf. 山口一郎「フッサール現象学から見る「自然、人間、環境」」、『国際哲学研究』別冊九号、二〇一七年、五三－六三頁。田口茂『フッサールにおける〈原自我〉の問題――自己の自明な〈近さ〉への問い』法政大学出版局、二〇一〇年。榊原哲也「フッサールにおける自我・反省・時間」、『フッサール研究』第一〇号、二〇一三年、一－一二頁。）

25 フッサールはいわばデカルトのコギトを超越論化しながら、しかもカントのように経験と切り離すのではなく経験とも結びつけたと言える。なぜならフッサールは「過去把持－原印象－未来予持」という時間において構成される意識、あるいは流れる意識を超越論的な意識の様態としたことで、デカルトにおいては瞬間しか保証しなかった確実性としての自我が、あらゆる時間のなかでも確実性の根拠になるために学問の基礎づけも可能であり、かつそれぞれの経験を可能にするからである。比喩的に言えば、フッサールはデカルトの意識の瞬発的な能力の高さを犠牲にするかわりに、持続的でゆるやかな別の機能に注目することで意識の守備範囲を拡大した。

26「意識の存在、つまりあらゆる体験流一般の存在は、事物世界が無と化せしめられること〔durch eine Vernichtung der Dingwelt〕があろうとも、なるほどそれによって必然的に変様を蒙りはするであろうが、しかしおのれの固有の現実存在に関しては何の影響も蒙らないであろうということ、これである。」（Hua III/1, 104.）（『イデーンI－I』、二一〇－二一一頁。）

27 Hua III/1, 109.（『イデーンI－I』、二一八－二一九頁。）

28「フッサールはついには次のようなことまで言っています。つまり、神といえどもこの世界については、われわれの経験と同じような〈つねに完結することのない射映の系列〉という形をとらない経験をすることはできないであろう、と。」（『眼と精神』、二〇頁。）

29 Vgl., Hua IV, §18-21.（『イデーンII－I』、一八－二一節。）

30 この「対化」という作用は意識の積極的な作用ではなく、受動的な作用であり、「受動的綜合」と呼ばれる。

31「連合という対化は、相互的な「衝上」（押しかぶせ）（Überschiebung）であり、互いに対になるものが、それぞれそれ自身の仕方で、それに帰属する可能力性をともなって推定的妥当性をそのうちにもっているなら、それは相互的に、一方から他方へ――受動的に、あっさりと、一挙に——転用される。」(Hua XV, 252.)(『間主観性の現象学Ⅱ』、二四六頁。)

32 Hua I, 142.(『デカルト的省察』、二〇二頁。)

33 またピアノ演奏で「手を交差させる」ことや、感染症が「広がる」などの場合にも使用される。

34 田口茂『現象学という思考——〈自明なもの〉の知へ』筑摩書房、二〇一四年、二四六頁。

35 近年の認知科学において発見された、脳は他者の行為を知覚した際、自身の身体行為に伴って活性化する領域が働くというミラーニューロンは、フッサールの間主観的身体の理論を強く後押しするだろう。フッサール研究においてはミラーニューロンと間主観性の違いを論じるものもあるが、トンプソンらは両者の親近性を主張している。(Cf. E. Thompson and F. Varela, Radical embodiment: neural dynamics and consciousness, *Trends in Cognitive Sciences*, 5-10, 2001: 418-425.)

36 田口茂『現象学という思考』、二四六頁。

37 フッサールは『イデーン』ではこれを「Umwelt(環世界/周囲世界)」と呼び、「Erfahrungswelt(経験世界)」などを経て『デカルト的省察』で積極的に論題として提起し、最後に『危機』で「Lebeswelt(生世界)」として理論的に統合しようと試みた。

38 Hua VI, 51.(『ヨーロッパ諸学の危機と超越論的現象学』(以下『危機』)、九三頁。)

39 Hua VI, 141.(『危機』、二四六頁。)

40 フッサールはこの生活世界が具体的にどのような形で学問に影響するのかを、ほとんど例示していない。唯一の事例として、科学研究の前提にある生活世界として、自然科学者が利用している実験器具がその理論的研究の前提になっているという事例を指摘している。

41 Hubert L. Dreyfus, *Being-in-the-World: A Commentary on Heidegger's Being in Time, Division I*, The MIT Press, 1990, p. 32.(ヒューバート・ドレイファス『世界内存在——『存在と時間』における日常性の解釈学』門脇俊介監訳、産業図書、二〇〇〇年、三五頁。)

42 フッサール自身、生活世界に対して「生活世界と客観的科学とが対照的関係にありながら離れがたく結びついているという事情は、考えれば考えるほどわれわれを、ますます堪えがたい困難に巻きこまずにはおかない。「客観的に真の世界」と「生活世界」との逆説的な相互依存関係〔Die paradoxen Aufeinanderbezogenheiten〕は、両者の存在様式を謎めいたものにしている。」(Hua VI, 134.)(『危機』、二三五頁。)とその矛盾性を認めているが、十分に展開しなかったため、議論が残っている。フッサール研究においては、

U・クレスゲスがこの生活世界を学的な「基盤」であると同時に、学を「包括」するものであるという問題を「生活世界の二義性」として定式化したことを端緒として、後続研究が行われている。

43 Donn Welton (ed.), *The New Husserl: A Critical Reader*, Indiana University Press, 2003.

44 Hua VI, 110.（『危機』、一九三―一九四頁。）（傍点筆者）

45 Hua VI, 106.（『危機』、一八六頁。）

46 Hua VI, 106 - 107.（『危機』、一八七頁。）

47 ハイデガーの哲学は独自に定義された術語で語られるため、そのドイツ語の術語体系に馴染んでいなければ理解し難い。本書で解説する紙幅はないが、最も重要な「存在」概念のみ簡単に説明する。ハイデガーは「存在（Sein）」と「存在者（Seiendes）」を区別する。「存在者」はふつう私たちがこの世界に存在していると考える事物などの存在（者）のことで、「存在」はそうした存在者を存在させているはたらきのことである。日本語では「存在」と名詞形になるが、「存在（Sein）」は「be動詞」であり、活用によって「ist」などの語形を取る。「空が青い」という文は、ドイツ語で「Der Himmel *ist* blau」（The Sly *is* blue）となり、日本語で対応させると「空が青く在る（存在する）」となる。この青い空を「在らせる」はたらきがbe動詞である「Sein（存在）」である。

48 SZ, 7.（『存在と時間』（I）、一九頁。）

49 ebd.（前掲書、二〇頁。）

50 現代のフッサール研究の第一人者ダン・ザハヴィもこの核心的な問いをこう語る。「超越論的主観と経験的（内世界的あるいは世界内的）主観との関係はどんなものなのか。フッサール自身が指摘するように、いかにして意識が心理物理的世界を含むすべての超越を構成する絶対的なものであり、同時に世界の実在的部分として現出するものであることができるのかはまったくの謎である」。（Dan Zahavi, *Husserl's Phenomenology*, Stanford University Press, 2003, p. 48.）（ダン・ザハヴィ『フッサールの現象学』工藤和男・中村拓也訳、晃洋書房、二〇〇三年、七三頁。）

51 フッサールには、超越論的現象学と記述的現象学（現象学的心理学）を区別することによってこの問題を回避するという戦略もあった。「厳密学」としての現象学は超越論的問題に関わり、「事実学」としての経験心理学は経験的次元に関わる。あるいはエポケーという「方法」によって、あるいは「態度」の変更によって（自然的態度／現象学的態度）、与えられた世界と構成する世界を往復する通路を確保したと解釈することもできる。このことによってフッサールは、超越論的現象学を通じて経験心理学をも意識の志向的分析から発展させることができた（その意味でフッサールにおける超越論的自我は、カントが経験的自我とまったく別のレイヤーとして峻別したのに対し、現象学においては繋がっている）というのは一つの成果であるが、本質的に問題が解決されているとは言えず、現象学の自然化という問題において、再びこの意識の超越論性の問題が再燃してくるのである。

52 GA 29/30, 263.（『形而上学の根本諸概念』、二九三頁。）

53 GA 29/30, 305.（『形而上学の根本諸概念』、三三五頁。）

54 初期の『存在と時間』においては、現存在を唯一の手がかりとみなしていたハイデガーは、後期の『「ヒューマニズム」についての書簡』（一九四七年）で宣言された、むしろ存在そのものから現存在という存在者を明らかにするという手がかりの順序を逆転させる思索を進めることになり、一般にはハイデガーの「転回（ケーレ）」と呼ばれる。これも「円環歩行」の一つであろうが、それにしても、現存在の中心性は回避されていないと言える。

55 ハイデガーが人間の意識という中心を避けようとしながらも、人間（現存在）もまた中心とならざるをえなかったという事態を木田元は『存在と時間』の頓挫の一つの要因とみなし、『存在と時間』の失敗は、結局、人間が中心になっている世界を乗り越えるのに人間が自分の現存在を変えることによって、つまり人間が主導権を握ってやれると思い込んだところにある。つまり近代主義の乗り越えをひどく近代主義的なやり方でやろうとした自家撞着に気がついてそれで書き継げなくなったのではないか」と指摘している。木田元・高田珠樹「ハイデガーの世紀」、『現代思想5月号臨時増刊――ハイデガーの思想』青土社、一九九九年、三一頁。

56 この記述はあくまで物語的な想像にすぎないが、実際にハイデガーのカント批判の中心は、カントが『純粋理性批判』の特に第二版において超越論的統覚を主題化し、また理性の役割を強調したことによって、人間の「有限性」から目を背けたのではないかという点、また超越論的統覚の「超時間」的なカテゴリー論の中から、本来は「時間化」を含んでいたはずの「構想力」の役割が純粋悟性に吸収されていく点、またフィヒテ、シェリングら新カント派が悟性を「神的」で「完全」なものへと展開していった点にある。

57 Cf. Terry Winograd and Fernando Flores, *Understanding Computers and Cognition: A New Foundation for Design*, Intellect L & DEFAE, 1987.（テリー・ウィノグラード＆フェルナンド・フローレス『コンピュータと認知を理解する――人工知能の限界と新しい設計理念』平賀譲訳、産業図書、一九八九年。）

58 ドレイファスがハイデガーのプラグマティックな解釈を決定づけ、認知科学への影響を与えたのはたしかだが、彼はハイデガーが「道具主義者」ではないことに注意している（Cf. Dreyfus, *Being-in-the-World*, p. 253.）（ドレイファス『世界内存在』、二九一頁）。ドレイファスはハイデガーの没入的で技能的な対処としての道具論を『存在と時間』第一部を中心に読解したが、ハイデガーは行為的な存在としての現存在だけでなく、生活と離れた自然科学のような理論形成が可能であると考えていたことに触れている。

59 Cf. 門脇俊介『破壊と構築——ハイデガー哲学の二つの位相』東京大学出版会、二〇一〇年。

60 ハイデガーは、意識や精神という語を使用することは、意識や精神を事物的存在として捉えているため、存在そのものから意識がいかに出会われるかを問題化すべきだと主張する。「自我や主観というものを発端に置けば、現存在の現象学的な事態が根底から逸せられるということ、〔…〕事物性自身が、まずおのれの存在論的由来を証示される必要があるのであって、かくして、主観とか霊魂とか意識とか精神とか人格という事物化されない存在が、いったい積極的には何と解されるべきであるのかが、問われうるのである。」(SZ, 46.)（『存在と時間』（I）、一一八頁。）

61 この事物に対して概念づけられた二つの術語には、様々な翻訳が存在する。たとえば、「Vorhandensein」は「眼前存在」、「Zuhandensein」は「手許存在」などもある。そのニュアンスを理解するには英訳が参考になる。両者はそれぞれ「present-at-hand」「readiness-to-hand」で、岩波文庫版の熊野純彦訳では「手もとにあるありかた」と「目の前にあるあり方」と訳されている。

62 Dreyfus, *Being-in-the-World*, p. 51.（ドレイファス『世界内存在』、五六頁。）

63 *Ibid.*, p. 55.（前掲書、六〇頁。）

64 *Ibid.*, p. 67.（前掲書、七六頁。）

65 「道具（Zeug）」は英語圏では、哲学者ジョン・マクアリーによって「equipment」と訳されているが、「tool」や「instrument」ではなく、「stuff」に近い語として使用されていることに注意を促している。Cf. Martin Heidegger, *Being and Time*, transl. John Macquarrie and Edward Robinson, Harper&Row, Publishers, 2008, p. 97.

66 SZ, 68.（『存在と時間』（I）、一七七頁。）

67 SZ, 71.（『存在と時間』（I）、一八三頁。）

68 岡倉覚三『茶の本』村岡博訳、岩波文庫、一九九二年、八七頁。

69「知る（know）」という語には、「knowing that（内容を知る）」と「knowing how（方法を知る）」という二つの用法が存在していると指摘したのはギルバート・ライルである。ライルは心に関する日常的な言語の分析を通じてその概念の適用範囲を明確にしようとしたが、ドレイファスはこれを応用するかたちでハイデガーを読み直そうとしている。

70『存在と時間』以後のハイデガーも、むろん道具的存在者について語らないわけではないが、戦後直後の後期ハイデガーの代表作『講演と論文』で語られる、「瓶」や「橋」など、「四方対象」（大地／天空／死すべきものたち／神的な者たち）と名付けられた「物」は、私たちは日常的に出会い使用する事物ではなく、世界そのものを象徴する事物であった。また、アガンベンは『芸術作品の根源』など後期ハイデガーが挙げる「物」の例が「農夫の靴」であり、『存在と時間』で挙げられていた「ドアノブ」や「ハンマー」などと比較すると、単なる実用的な道具ではなく、農夫を中心としてそれに奉仕するという特性を持ち、「世界に意味と確実さを付与する魔術的な力が宿っている」道具に変化していると指摘している。（ジョルジョ・アガンベン『身体の使用――脱構成的可能態の理論のために』上村忠男訳、みすず書房、二〇一六年、一二一頁。）

71日本語では「Befindlichkeit」は、「Stimmung」（日：気分　英：mood）と訳し分けるために「情状性」と翻訳されている（原佑・渡邊二郎訳）。

72 SZ, 134.（『存在と時間』（Ⅱ）、一三頁。）

73 Dreyfus, *Being-in-the-World*, p. 174.（ドレイファス『世界内存在』、二〇〇頁。）

74 SZ, 136.（『存在と時間』（Ⅱ）、一七頁。）

75和辻哲郎『風土――人間学的考察』岩波文庫、一九七九年、一四頁。

76前掲書、一四－一五頁。

77 SZ, 138.（『存在と時間』（Ⅱ）、二一頁）

78「ライオンは百獣の王ではない。それらは水流の動きの内で、比較的弱小な他の波たちを打ち倒すより高い波にしか過ぎない。〔…〕全て動物は、世界の内にちょうど水の中に水があるように存在している。」（ジョルジュ・バタイユ『宗教の理論』湯浅博雄訳、ちくま学芸文庫、二〇〇二年、二三頁。）

79とりわけフッサールは、人間も動物もともにその環境世界を有するが、動物が現在のみの世界に生きているのに対し、人間は歴史的世界の担い手であることを主たる理由として峻別する。「どの動物の世代も、その共同体化した現在にあって、その種に固有な類型をそなえた種的な環境世界をくり返している。人間の文化世界は継続する発展の内にあり、どの人間の現在の文化も、人間性の新たな世代の新たな文化創出のための地盤となっている。」（Hua XV, 180.）（『間主観性の現象学』、四八七頁。）

80 ハイデガーは『存在と時間』刊行の二年後に行われた講義をまとめた『形而上学の根本諸概念』において有名な「石は無世界（weltlos）」、「動物は世界貧困（weltarm）」、「人間は世界形成的（weltbildend）」、というテーゼを示した。ハイデガーによれば、石は世界の存在を所有することも知覚することもできないため、世界というものが存在しない。動物はたしかに世界の存在と交流することができるが、世界を「欠いている」（「石」はそもそも世界を所有していないので、世界を欠くことさえできない）ゆえに「貧しい」。

81「貧乏性ということがそれ自身で必然的に、豊富ということに対立して程度の低いものであるかどうかは、直ちに疑わしくなる。全く逆だということもあり得よう。〔…〕例えば鷹の目の捕捉能力を人間の目のそれと比較し、犬の嗅覚能力を人間のそれと比較するならば、われわれは、有るものの接近通路可能性のそのつどの完全性の高低という問題で忽ち最大の当惑に陥るからである。われわれはすぐさま人間を動物よりもより高級なものと査定してしまうけれど、このような評定は疑わしい。」（GA 29/30, 286.）（『形而上学の根本諸概念』、三一五－三一六頁。）

82 GA 29/30, 287.（『形而上学の根本諸概念』、三一六頁。）

83 GA 29/30, 409.（『形而上学の根本諸概念』、四四四頁。）

84 Treiben はドイツ語ではスポーツの「運動」や、水が「流れる」などの動きを表す語で、英語では文脈によって「drive」「do」「float」「drift」などの訳になる。「ハイデガー全集」では「Treiben」に「やらかし」の訳語があてられているが、本書では「ドライブ」の意味合いを含めて併記した。

85 たとえばハイデガーは、蟹が光源に向かって姿勢を変えるという生態を示し「動物は光の中で、自分の振舞いと自分固有主催（Eigen-tum）とをいわばホックで留めてある」（GA 29/30, 365.）（三九七頁。）と言う。また光のなかに飛び込む蛾を「この動物は光の中へと墜落する」（GA 29/30, 366.）（三九八頁。）と言い、動物たちの行動は「衝き動かされた／ドライブされた」もの（Treib）だと主張した。あるいは蜜を吸っていたミツバチが蜜を吸うのをやめて飛び立つような場合でも、それは意志によって別の行動を起こしたのではなく、蜜を吸っているあいだ「飛び立つ」という衝動が抑止されていたのだが、それを留めていた衝動の抑止が解除されたため、ミツバチは飛び立ったのだと考える。したがって動物たちの行動は主体的な行動ではなく「抑止解除（脱抑止）」として実現された振る舞いである。

86 通常この語は「朦朧、恍惚」などと言う意味を持つため、ハイデガー全集などでは「放心」と翻訳されてきたが、近年の研究では「とらわれ」と翻訳されることが多い。

87 人間の「振る舞い」はつねに「として（als）の構造」を持っている。たとえば岩はあるときは大地「として」、あるいは鉱物学的な研究対象「として」、私たちは関わることができる。これに対して動物はそうではない。「トカゲがその上に横たわっているそのものは、たしかにトカゲになんらかの仕方で与えられてはいるが、しかし岩板として識られているわけではない」（GA 29/30, 291.）（三二一頁）。この「として（als）構造」はロゴスの働きによって可能になるのだが、人間は対象を「として構造」が可能にする複層性として経験できることにより、「とらわれ」の圏外を生きることができる、というのがハイデガーの見解である。

88 なかでも串田純一はこれらの問題群に関して、ハイデガー哲学を生物の観点から再構成するという網羅的で精緻な研究を行っている。（Cf. 串田純一『ハイデガーと生き物の問題』法政大学出版局、二〇一七年。）また、國分功一郎もハイデガーが人間だけに環世界がないと主張するのは不合理であると批判し、人間には「環世界間移動能力」があると展開することによって人間と生物の差異の相対的な再定義を試みている（Cf．國分功一郎『暇と退屈の倫理学』朝日出版社、二〇一一年）。とりわけ串田の研究でこれらの問題がほとんどカバーされて検討されているため、本書では、両者では詳しくは検討されなかったアガンベンの議論を確認する。

89 「ハイデガーにとっての焦眉の課題とは、動物の「世界の窮乏（Weltarmut）」と「世界を形成する（weltbildend）」人間との関係をつうじて、現存在《ダーザイン》――世界内存在――という根本構造そのものを動物に対して位置づけることなのであり、そうすることで、人間の登場とともに生物のうちに現れる開示《アパルトゥーラ》の根源と意味を探究することなのである。」（ジョルジョ・アガンベン『開かれ――人間と動物』岡田温司・多賀健太郎訳、平凡社ライブラリー、二〇一一年、八六頁。）

90 ハイデガーは退屈を三つの段階に分けて分析する。「退屈の第一形式」は「何かに退屈させられている状態」、「退屈の第二形式」は「何かに際して退屈である状態」、「退屈の第三形式」は「なんとなく退屈だ」という気分であり、ハイデガーはこれを「深い退屈」と呼ぶ。

91 GA 29/30, 208.（『形而上学の根本諸概念』、二三一頁。）

92 GA 29/30, 207.（『形而上学の根本諸概念』、二三〇頁。）

93 アガンベン『身体の使用』、三一二頁。（傍点筆者）

94 厳密に言えば、ハイデガーは深い退屈によって人間は、現存在の意志によっては変えることのできない根本気分に引き渡されると言い、動物は環世界の衝動を起動させられるために変えることのできない閉鎖性に引き渡されると言っているため、アガンベンの「自分の言うことを聞かないなにものか」という抽象化によって両者を同一視する解釈に問題はある。しかしながら、かと言ってハイデガー自身の説明における深い退屈によって現存在が引き渡されるものも曖昧であるため、このような読解もある程度は妥当するだろう。

95 串田はこの時期のハイデガーの「自由」は「有限的な超越」と等置されているとした上で「彼の言う人間の企投における自由とは、個々の可能性あるいは事柄を無から始めて作り出すということではなく、既に与えられている諸々の衝迫と抵抗を組織的に配置してその全体性を維持しつつ、それによって規定された方向づけを受けた出来事を、生じるがままにさせるということである」（『ハイデガーと生き物の問題』、一七五頁。）（傍点筆者）、と解釈することによって現存在と動物を相対的に位置づけるとともに、むしろこの超越こそが現存在の衝動であると捉え、しかもそれゆえに現存在を知性ではなく情状性として位置づける根拠となっていると示している。「「超越する生き物」としての人間には「世界に潜在する諸可能性を囲みつつ解放しないではいられない」という衝迫が属しており、このような「世界形成」は何らかの形で「全体への開け」を必要とする。そして、この必要に応えうるものを人間の普遍的な経験のなかに探し求めれば、それは気分・感情・情動などと呼ばれる現象以外にはない。なぜなら、分節化された知覚や思考は、単に世界の全体性を捉えることができないだけではなく、むしろ全体としての環境が持つ諸可能性を積極的に制限し、規定を与えて方向付けることを本領とするものだからである。」（前掲書、一八八頁。）

96 そもそもハイデガーの「存在」という語には、つねに「生命」の響きが奏でられているように思われる。ハイデガー自身、「存在(Sein)」という語において「もっとも古い本来的な語幹」は「es」であると語る。この語はサンスクリット語において《asus》であり、その意味は「生命、生きているもの、自分自身から自分自身の中に立ち、運動し、静止するもの、自主独立のもの」（GA 40, 75.）（『形而上学入門』、七八頁。）であると言う。この語幹《es》がラテン語で存在を表す「esse」や、ドイツ語の「sind, sein」に繋がっているとハイデガーは指摘する。

97 ハイデガーが動物は「ドライブ」させられている、すなわち衝動に駆られていることを本質とする、と論じるとき、そこで挙げられる最も典型的な事例は「蜜を吸うミツバチ」であり、その他の端々で語られるのは「モグラから逃げるミミズ」、「光に向かって姿勢を変えるカニ」など、昆虫や下等動物を事例にしていることもまた問題であるように思われる。したがってたとえばハイデガーは「犬」については現存在と「共に生きる」存在であるという独特の立場を与えている。実際、縁側で日向ぼっこをしている昼下がりの猫と、お腹をすかせてラーメンを勢いよく食べる人間の、どちらが「衝迫」させられていて、どちらが「退屈」なのかを想像すれば、その区分の絶対性については考える必要があることは明白だろう。

第4章　認知科学の心

1「認知科学」という学問領域の誕生は、一九五六年のダートマス会議であるとされる。C・シャノンやM・ミンスキーといった情報科学・人工知能の旗手達が集まったこの会議で、意識はコンピュータのメタファー、すなわち情報処理システムとして理解された。認知科学の黎明期である一九五〇年代から一九六〇年代は「認知主義（cognitivism）」と呼ばれる考え方が認知科学における支配的な考え方であった。認知主義によれば認知とは情報の入力と出力による記号の計算であり、認知主体は外界の現実を適切に表象し、表象された記号を適切に処理することで認知を実現する。表象の操作には、それを統御する中央集権的な認知主体が必要であり、すべての情報を管理・制御するモデルが構想され、コンピュータのメタファーとよく適合した。

2 一九四六年、チリのサンティアゴに生まれたヴァレラは、一九六八年にアメリカにわたりハーバード大学にて、ノーベル生理学・医学賞を受賞することになるトルステン・ウィーセルのもと生物学の博士号を取得した。この時の研究は昆虫の網膜についての機能的構造の分析である。その後再びチリに戻り、ここで神経科学者のウンベルト・マトゥラーナと共に生命システム論「オートポイエーシス」を提唱。その後、一九七三年に生じたチリでのピノチェト軍事政権による政変によって故郷を追われ、再びアメリカで研究活動を行い、一九八六年からはパリに移動し、一九八八年よりフランス国立科学研究センター（CNRS）で研究部長を務めた。この時期にダライ・ラマ一四世らとも交流を深め、科学者とチベット仏教との対話を作る会議「Mind and Life Institute」を設立した。そして二〇〇一年、C型肝炎によってその生涯を終えることとなる。

3「人間ならばどんなにぼんやりしていて頭のわるい人でも、頭のおかしい人も例外なしに、いろいろな言葉をいっしょに並べ、それで一つづきの話を組み立てて自分の考えをわからせる能力のないような人はいないのに、反対にほかの動物は、どんなに完全で生まれつきどんなにめぐまれていても、同じようなことをするものがいないのは、大いに注目にあたいする」（「方法序説」、五八頁。）

4「言語論的展開」という言葉自体は、ウィーン学団のG・ベルクマンによるものだが、ローティが編纂したアンソロジー『言語論的展開』（一九六七年）によって特徴づけられ、普及した。

5この論理のための言語は大まかに「命題論理」と「述語論理」に分けられる。命題論理は、「p∧q（pかつq）」（連言命題）（and）や「p→q（pならばq）」（含意命題）（if…then…）といった記号によって論理の真偽を確定する。述語論理は、命題の意味するところを精確に把握するために、全称量化子「∀x（すべてのxについて）」や存在量化子「∃x（あるxについて）」などの独自の記号を使って、精確に文の意味を表現し、文が表している内容を明晰化する。たとえば、「ある犬は白い」という命題は、「［犬］かつ［白］が空集合でない」（犬∧白≠∅）であることを意味するので、「犬かつ白を満たすあるxが（少なくとも一つ）存在すること」と同義であり、「…は犬」をP、「…は白い」をQとすれば、「∃x（Px∧Qx）」と記号化することができる。もし仮に文が「犬は白い」だという命題だとすれば、「∀x(Px∧Qx)」となり、自然言語であれば似たような文でも、記号論理に翻訳することで、その命題の意味を精確に峻別して規定し、推論することができる。

6ウィトゲンシュタイン『論理哲学論考』野矢茂樹訳、岩波文庫、二〇〇三年、一一四頁。

7ヴィトゲンシュタインは『論理哲学論考』を後に自ら批判することになるが、その後期著作「哲学探究」（『ウィトゲンシュタイン全集』第八巻、藤本隆志訳、大修館書店、一九七六年。）では「論理学の中にあいまいさなどありえない——とわれわれは言いたがる。われわれはいまや、理想的な〈ねばならない〉が現実の中に見出される、という考えにとらわれている。」（九六頁。）や「論理の透明な純粋さといったものは、わたくしにとっては〔探究の結果〕生じてきたのではなく、一つの要請だったのである。」（九八頁。）と書き、論理学という言語の形式化による言語の明晰化は、探求の結果ではなく「要請」であり、「ねばならぬ」という一種の願望とも言える思考へのとらわれであったと語っている。

8「ライプニッツの着想の端緒となったものは、すべての言葉がアルファベットの結合から成りたっているように、もし人類の思想のアルファベットを見いだすことができれば、それのあらゆる可能的な結合によって人類のいっさいの思想が導きだせるはずであるという構想である」（下村寅太郎「来たるべき時代の設計者」、ライプニッツ『モナドロジー・形而上学叙説』清水富雄・竹田篤司・飯塚勝

久訳、中央公論新社、二〇〇五年、五三頁。）

9 ライプニッツ『モナドロジー・形而上学叙説』、七頁。

10「フレーゲは、ライプニッツの「もし何らかの厳密な［アダムの］言語、少なくとも、真に哲学的な表記法が与えられれば、所与［としての思考のアルファベット］から理性によって獲得しうるすべては、何らかの計算法により、ちょうど算術や幾何学の問題が解かれるのと同じように、見出すことができよう」という文言を暗に参照して、ライプニッツの記号言語という着想自体が、推論計算と密接し（BL. 9）、記号言語はある種の計算を遂行可能にするものだ、と解している。」野本和幸『フレーゲ入門——生涯と哲学の形成』勁草書房、二〇〇三年、八八頁。

11 計算機の歴史の詳細には触れないが、正確に言えば世界初の電子デジタルコンピュータは、一九四四年一月に完成した、真空管を一八〇〇本使用した重量一トンの「コロッサス」であった。同年八月には「ENIAC」がプレスパー・エッカートとジョン・モークリーによって完成された。このプロジェクトの担当者であったゴールドスタインは、より高性能な計算機を設計するためにフォン・ノイマンに助言を求め、ノイマンが電子計算機の論理構造の説明と制御回路やプログラムなどの概念をまとめた報告書を書き、これがその後のコンピュータ開発の基本設計として用いられたために「ノイマン型コンピュータ」と呼ばれ流通した。Cf. 高橋昌一郎『ノイマン・ゲーデル・チューリング』筑摩書房、二〇一四年、二六〇—二六二頁。

12 Cf. Friedrich A. Kittler, *Draculas Vermächtnis: Technische Schriften*. Reclam, 1993.（フリードリヒ・キットラー『ドラキュラの遺言——ソフトウェアなど存在しない』原克他訳、産業図書、一九九八年。）

13 F. Crick and C. Koch, Towards a neurobiological theory of consciousness. *Seminars in the Neuroscience*, 2, 1990：263-275.

14 サイバネティクス運動の科学者たちに焦点を当て、その思想的系譜を追った文献としては下記を参照。西垣通『デジタル・ナルシス——情報科学パイオニアたちの欲望』岩波書店、二〇〇八年。

15 Warren S. McCulloch and Walter Pitts. A Logical Calculus Of the Ideas Immanent in Nervous Activity, *The Bulletin of Mathematical Biophysics*, 5, 1943：115–133.

16 マカロック／ピッツのニューロンモデルはシンプルで、入力の引数に対して0/1で値を返すステップ関数を使って $\sum_{i=1}^{n} w_i x_i - \theta$ のように記述できる。神経細胞のインプットを $x_1, x_2, x_3, \dots x_n$ とし、神経ネットワークが反復された入力を強化することから、その重みを $w_1, w_2, w_3, \dots w_n$、としたとき、1からNまでの入力と重みをかけあわせた値が情報伝達の閾値 θ を超えた時だけ1を返すというモデルである。

17 論文の具体的なモデルの検証および、チューリングマシンとの関係性、そしてその後のフォン・ノイマンに至るまでの影響については下記文献（特に三章、五章）を参照。杉本舞『「人工知能」前夜 ――コンピュータと脳は似ているか』青土社、二〇一八年。

18 哲学者のジャン＝ピエール・デュピュイ（Jean-Pierre Dupuy, 1941 - .）は大胆にも、分析哲学が認識論の自然化というプロジェクトを頓挫させてしまったことと比較しながら、ニューラルネットワークや力学系理論の方が心の志向性に対して適切なモデルを提供するのではないかと論じている。Cf. Jean-Pierre Dupuy, Philosophy and cognition: historical roots , *Naturalizing Phenomenology*, eds. J. Petitot, F. Varela, B. Pacoud, J. M. Roy,Stanford University Press, 1999.

19 意識における「簡単な問題」は「認知システムによる情報の統合／心的状態の報告可能性／システムの自己の内的状態へのアクセス可能性／注意の焦点化／振る舞いの意図的コントロール／睡眠と覚醒の違い」などで、これらの現象は科学的説明を受け入れる。他方「難しい問題」は、「赤の赤らしさ／光や暗さの経験／クラリネットの音色／痛み／心のイメージ」など経験する主体の次元に関わるもの。

20 D. Chalmers, Facing up to the problem of consciousness, *Journal of Consciousness Studies* , 2(3), 1995 : 200–219 , p. 201

21 *Ibid.*, p. 207.

22 Thomas Nagel, What is it like to be a bat?, *The Philosophical Review*, 83(4), 1974 : 435–450.

23 フランシスコ・ヴァレラのドキュメンタリー映画『Monte Grande: What is life?』（Franz Reichle , 2004）より。

24 ヴァレラ以前、認知科学と現象学の関係は微妙なものであった。ドレイファスは『論理学研究』を中心にしたフッサールを、ライプニッツ、フレーゲ、前期ヴィトゲンシュタインに連なる、意識を記号的に捉える「表象主義者」として紹介し、認知主義的な認知科学の祖と位置づけ、非表象主義的で実践知を重視するハイデガー像と対比させた。また、フッサールが当時の心理学を批判し、「反自然主義」の立場を固持していたことから、超越論的現象学と経験的な認知科学は架橋できないプロジェクトであるとも考えられていた。この状況を協力的な関係として「認知科学と現象学の相互制約」を掲げたのがヴァレラの「神経現象学（NeuroPhenomenology）」である。このドレイファスのフッサール解釈の妥当性、また神経現象学と超越論的現象学の協力可能性については、拙論文を参照。下西風澄「フッサールの表象概念の多様性と機能——ドレイファスの解釈と現象学の自然化」『現象学年報』第33号、二〇一七年、八五－九二頁。）

25 Cf. スタニスラス・ドゥアンヌ『意識と脳——思考はいかにコード化されるか』高橋洋訳、紀伊國屋書店、二〇一五年。

26 F. Varela, Truth is what works, Bernhard Poerksen, *The Certainty of Uncertainty: Dialogues Introducing Constructivism*, Imprint Academic, 2004, p.92.

27 意識を合理的で統御的な、中央集権化された情報処理システムとして捉えるのではなく、身体性を有し、意識の周縁的な領域である環境や他者と相互作用しながら生成していくプロセスとして捉えようとする、認知科学研究の第二ステージとも呼べるこのような流れは「身体性認知科学（Embodied Cognitive Science）」と呼ばれる。Cf. Michael L. Anderson, Embodied cognition: A field guide, *Artificial Intelligence*, 149, 2003: 91-130.

28 二〇〇七年九月。セントラルフロリダ大学で開催された学会で、ショーン・ギャラガーは、二一世紀に取り組むべき「非デカルト的な認知科学」の指針を「4e」と名付けるセッションとして取りまとめた。それは「embodied」（身体化された心）、「embedded」（状況に埋め込まれた心）、「extended」（拡張された心）、「enacted」（行為的な心）、の四つの「e」の頭文字を冠した心の捉え方を総称する名である（Cf. M. Rowlands, *The New Science of the Mind: From Extended Mind to Embodied Phenomenology*, The MIT Press, 2010, p. 219.）。二〇一八年にはオックスフォード大学出版から一〇〇〇頁近い *The Oxford Handbook of 4E Cognition* が出版され、新しい認知科学のパラダイムのひとつとして定着しつつある。

29 端的に言えば、認知主義に欠落していた創発の概念を補ったのが一九七〇年代にでてくるコネクショニズムという立場であり、このコネクショニズムに欠落していた身体性・自律性の概念を補ったのがエナクティヴアプローチの立場である。

30 F. Varela, E. Rosch, E. Thompson, *The Embodied Mind: Cognitive Science and Human Experience*, The MIT Press, 1991, p. 9. 既訳

（フランシスコ・ヴァレラ、エヴァン・トンプソン、エレノア・ロッシュ『身体化された心――仏教思想からのエナクティブ・アプローチ』田中靖夫訳、工作舎、二〇〇一年）では「世界の存在体が演じる様々な行為の歴史に基づいて」と訳出されているが、原文は「actions that a being in the world performs」で、ヴァレラはハイデガーの世界内存在（being in a world）を意識して書いているため「世界内の存在」と訳出すべきところである。

31 *Ibid.*, p. 174. この箇所は、ヴァレラが『身体化された心』でメルロ＝ポンティ『行動の構造』を引用したテキストの一部だが、原著ではメルロ＝ポンティがゴルトシュタインの『生体の機能』の一節を引用しながら地の文に組み込んだテキストである。ゴルトシュタインの英訳から日本語訳したが主意は変わらない。注意する点があるとすればここでの「環境」は「Umwelt」である。(Cf. Kurt Goldstein, *The Organism: A Holistic Approach to Biology Derived from Pathological Data in Man*, American Book Company, 1939, p. 88.)

32 古代ギリシア語の「自己（auto）」と「制作（poiesis）」をあわせて「オートポイエーシス（autopoiesis）」（自己制作／自己創出）と名づけられた生命システム論。

33 H. Maturana and F. Varela, *Autopoiesis and Cognition: The Realization of the Living*, Reidel, 1980.（H・R・マトゥラーナ、F・J・ヴァレラ『オートポイエーシス――生命システムとはなにか』国文社、河本英夫訳、一九九一年。）

34 区別の運動が生命のはじまりであり、運動が開始される以前には生命は成立しないという視点は生命のモデルとしてはいささか奇妙である。たとえばドーキンスは、生命は原初の地球の海＝化学スープのなかで、自己複製子と呼ばれるDNAの原型が、他の自己複製子との生存競争のためにその優位性の獲得として細胞という「外殻」を獲得したという説を展開し、彼によれば細胞や身体はDNAの乗り物（ヴィークル）でしかない。自己と非自己の区別という役割を果たす細胞や身体は、自己複製の付属的な戦利品にすぎないのだ（Cf. リチャード・ドーキンス『利己的な遺伝子』日高敏隆・岸由二・羽田節子・垂水雄二訳、紀伊國屋書店、二〇〇六年）。しかし、オートポイエーシスの観点からいえば、ドーキンスが「自己複製子」と呼んでいるその「自己」はどこから到来したのかという説明が欠けている。ヴァレラはこの「自己」と呼ばれるものの生成する条件として、境界の自己決定という特性を生命に付与している。細胞は高分子タンパク質を産出するが、その産出プロセスのネットワークが自己循環的に生成される。化学的な生成プロセスのなかで、自己循環による自己と非自己という境界決定の作動が安定するとき、生命は自己を獲得する。すなわち、原初的な自己（＝生命）とは、位相空間的な同一性の絶えざる生成システムである。

35 ヴァレラの共同研究者でもある化学者のP・ルイージはオートポイエーシスのモデルとして、オレイン酸無水物から界面活性剤であるオレイン酸を形成する化学的反応系と、二重結合の酸化によってオレイン酸を分解する化学的反応系を組み合わせ、自己の境界を自律的に生成する小胞システムを実装し、これが化学的オートポイエーシスシステムであり、原初的な認知機能を持つと主張している。(Cf. P. L. Luisi, *The Emergence of Life: From Chemical Origins to Synthetic Biology* , Cambridge University Press, 2006.)

36 たとえばヴァレラは、外敵が襲来する「前に」免疫系は自ら免疫グロブリンを活動させると示すことで、システムの再帰的で自律的な作動を強調する。Cf. F.Varela and A.Coutinho, Second Generation Immune Networks, *Immnology Today*,12(5), 1991: 159-166.

37 ただし「オートポイエーシス」という概念自体に関しては、マトゥラーナが神経システムに拡張し、ルーマンが社会システムに拡張したのに対し、ヴァレラは単細胞生物に限定し、それ以外のシステムに対しては「作動的閉鎖性（operational closure)」や「自律性(autonomy)」という概念を用いた。

38 F.Varela, The Emergent self, *The Third Culture: Beyond the Scientific Revolution*, ed. John Brockman, Simon & Schuster, 1995, p. 211.（傍点筆者）

39 センサーモーターの概念はヴァレラが一九八〇年代から好んで使うようになった概念であるが、主に神経システムの作動の説明原理として使用されていた。感覚を示すセンサーは、神経系では感覚ニューロンを示し、環境と接し感覚刺激を伝達する神経細胞である。運動を示すモーターは神経系では運動ニューロンを示し、骨格筋を動かす神経細胞である。我々の身体はこのセンサーがモーターに影響を与え、モーターが再びセンサーを変えるという循環的なプロセスによって運動している。神経システムのような作動的閉鎖システムは、センサーもモーターもそれぞれ閾値を持っており、それぞれの場面に応じて複雑なプロセスの結果としてセンサーモーターを駆動させる。Cf. F.Varela, The creative circle: Sketches on the natural history of circularity. *The Invented Reality: How Do We Know What We Believe We Know? Contributions to Constructivism*, ed. P. Watzlawick, W. W. Norton, 1984.

40 生命システムをセンサーモーターカップリングという形式によってシステムと環境の関係をいかに関連づけるかという問題に関してはいくつかの立場がある。マトゥラーナはシステム内部と外部環境の対応関係が不可能なシステムとして構想し、河本英夫もこれに準ずる。ヴァレラは『生物学的自律性の諸原理』で、環境との対応は平衡関係を維持するカップリングとして語る必要があると述べ、トンプソンは明確にセンサーモーターカップリングとして語る。それぞれの論者による立場の違いは、下記の拙論文を参照。下西風澄

『F. Varela の理論的変遷とエナクティブアプローチの可能性について』修士学位論文、二〇一二年（未公刊）。

41 E. Thompson, Sensorimotor subjectivity and the enactive approach to experience, *Phenomenology and the Cognitive Sciences*, 4(4), 2005: 407–427, p. 419.

42 E. Thompson and M. Stapleton, Making sense of sense-making: Reflections on enactive and extended mind theories, *Topoi* , 28(1), 2009: 23-30, p. 25

43 自己参照的なセンサーモーターシステムは「反射」ではない。たとえばヴァレラは、アメフラシの神経システムを例にセンサーモーターを説明するが、アメフラシのような原始的な生命においても、外界を認知する感覚神経と、運動を制御する運動神経の間に、それらを調整して媒介する介在神経が膨大に関与していることが分かっている（実際、人間の場合も神経細胞は約一〇〇万の感覚ニューロンと、約一〇〇〇万の運動ニューロンを持っているが、その間に介在ニューロンが約一〇〇〇億あり、この比率は一：一〇：一〇万である）。センサーによって得られたデータは、この介在神経を媒介して運動神経を機能させる。Cf. F. Varela, Organism: A Meshwork of selfless selves. *Organism and the Origins of Self*, ed. A. I. Tauber Kluwer Academic Publishers, 1991: 79-107.

44 ここでは説明のために「自己（身体）」と表記したが、厳密にはオートポイエーシス理論においては、システムの自己は再帰的なネットワークを通じた産出プロセスのことであり、実現している構造ではない。マトゥラーナとヴァレラは「組織（organization）」と「構造（structure）」を区別しており、単細胞生物において細胞組織を産出する化学プロセスが組織であり、細胞壁が構造となるため、目に見える境界（自己）がそのままシステムの自己ではないことに注意。

45 それゆえヴァレラにおいては、意識が外界の現実を正確に表象しているかということは二次的な問題であって、まずは認知主体が意識と世界をその都度差異化することによって自己／環境という領域を形成している区別の運動が一次的である。「何かを区別することとは、どんな宇宙の記述の基本においても起こっていることである。区別があるか、区別がないか、ということは、真か偽か、ということよりもより一般的であり基礎的なことである。真—偽というのは、一般的な区別の行為における、ある一つのケースにすぎない。」(F. Varela, On observing natural system, *The CoEvolution Quarterly*, 1976: 26–31, p. 29.)

46 H. Maturana and F. Varela, *The Tree of Knowledge: The Biological Roots of Human Understanding*, Shambhala, 1987, p. 169.（ウンベルト・マトゥラーナ&フランシスコ・バレーラ『知恵の樹——生きている世界はどのようにして生まれるのか』管啓次郎訳、ちくま学芸

文庫、一九九七年。）

47 Jeremy W. Hayward and F. Varela(eds.), *Gentle Bridges: Conversations with the Dalai Lama on the Sciences of Mind*, Shambhala Publications, 2014, p. 67.

48 F. Varela., Autopoiesis and a biology of intentionality. ed. B. McMullin, *Proceedings of the Workshop "Autopoiesis and Perception"*, Dublin City University, 1991: 4–14, p. 12.

49 例えばノエの参照する医師グレゴリー&ウォレスの報告によれば、ある患者は手術後、医者の顔を見ながらぼんやりとその景色を見ているが、それを顔であるとなかなか認知できず、「もし事前に声が聞こえて来なかったら、また、顔が声からやってくるということを知らなかったら、それが顔であることを知ることはなかっただろう」と記述している。観察した医師によると、「最初の印象では、彼は視力をもった通常の人のように見えたが、たちまち違いが明らかになった。彼が座ったとき、彼は目を動かして部屋を見渡すとか、観察しようとはしなかった」という。（アルヴァ・ノエ『知覚のなかの行為』門脇俊介・石原孝二監訳、春秋社、二〇一〇年、七―九頁。）（Cf. R. Gregory and J. G. Wallace, Recovery from early blindness : a case study, *Experimental Psychology Society Monograph*, 2, 1963.）

50 「知覚者として私たちは、感覚—運動依存性[sensorimotor dependence]のなすこの種のパターンに精通している。私たちがそれに精通しているということは、周囲に何があるのかを見て取ろうと、目、頭、身体を動かすときの、無思考の自動性のうちに示されている。私たちは、よりよく見るために（あるいは、自分の関心を引く対象を上手に扱ったり、嗅いだり、なめたり、それに耳を傾けたりするために）、自ずと首を伸ばしたり、じっと見つめたり、目を細めたり、眼鏡に手を伸ばしたり、近づいたりする。私がエナクティヴ・アプローチと呼ぶものの中心的な主張は、私たちの知覚能力が、この種の感覚—運動的知識の所有に依存しているというだけでなく、それによって構成されているということにある。」（前掲書、二頁。）

51 E. Thompson, *Mind in Life: Biology, Phenomenology, and the Sciences of Mind*, Belknap Press of Harvard University Press, 2010, pp. 243-266.

52 現象学者の村田純一は、こうした環境内で行為することによって認知を成立させるエナクティヴ認知を、意識の「世界内存在」であると論じている。（村田純一「意識——その科学と現象学」新田義弘他（編）『岩波講座現代思想（10）科学論』岩波書店、一九九四年、一〇九―一三八頁。）

53 この構想は「ラディカルな身体化（Radical Embodiment）」とも呼ばれる。Cf. E. Thompson and F. Varela, Radical embodiment: neural dynamics and consciousness, *Trends in Cognitive Sciences*, 5(10), 2001: 418-425.

54 ラディカル・エンボディメントの構想は物理的な境界領域をまたぐことから、哲学者ジョン・プロテヴィがこれを「横断的創発（transversal emergence）」とも名付けている。Cf. J. Protevi, beyond neo-cybernetics: Inflections of emergence and politics in Francisco Varela's work, *Department of French Studies*, 2005.

55 Andy Clark and David Chalmers, The extended mind, *Analysis*, 58(1), 1998: 7-19, p.8.

56 Varela et al., *The Embodied Mind*, p. 204.

57 センサーモーターシステムは、エナクティヴ主義のいわば具体的なモデルであるが、トンプソンはこの差異にも注意を向ける。センサーモーターに欠けているのは「agency（行為者主体性）」と「action（≒意味形成的行為）」である。別の言い方をすれば、自律性（autonomy）を強調するのがエナクティヴ主義の特徴であり、それゆえ生命の自律性を基本モデルとして、生命と意識の連続性を主張する。

58 Cf. Tim van Gelder, What might cognition be, if not computation?, *The Journal of Philosophy*, 92(7), 1995: 345-381.

59 アンディ・クラークは、ゲルダーやヴァレラらの身体性認知が標榜する過度な表象主義に対する批判を警戒しながらも、力学系認知の可能性を指摘している。クラークによれば、力学系認知の利点は二つある。一つは、システムを進行する状態空間の軌道として記述することができるため、認知を時間に主眼をおいて研究することができる点。もう一つは、任意の次元のカップルしたシステムとして状態空間を記述できる道具立てのため、多数の相互作用する構成要素をパラメータとして組み込むことができる点である。身体性認知においては、脳だけではなく、身体や環境をすべて含んだ一つの全体システムとして相互作用を捉えるため、物理的制約をまたいだ時間発展としての運動性を捉える認知を考えることができる。Cf. Andy Clark, *Being There: Putting Brain, Body, and World Together Again*, The MIT Press, 1998.

60 たとえばヴァレラが神経科学者ルッツと共に進めていた研究では、第一人称的な主観性を神経科学に取り込むために、次のような実験が行われている。脳の活動は、注意状態（attentive state）によって定義される主体の認知的文脈で高度に変化する。通常この変化性は平均化技術によって処理されるが、神経の反応はこの進行中の活動（ongoing activity）によっても形成される。したがって実験では、これまでなおざりにされてきた主体の主観的な注意状態を活用し、神経プロセスの解釈と発見に利用する。ルッツらは、被験者の両眼視差を利用した三次元の奥行知覚の画像による刺激を各被験者にそれぞれ二五〇〜三五〇回与え、自分の注意状態を精確に報告できるよう訓練を行なった後、報告された注意状態に基いてEEG分析を行った。結果、主観的報告によるクラスタ分類に依存した、（1）刺激から知覚が起こるまでの反応時間、（2）刺激以前の脳の正面電極において計測された局所的、大域的な神経同期、が見られることを示した。この結果から、ルッツらは主観性を排除すべきノイズではなく、認知プロセスを分類する積極的な変数として活用できたと主張している。（Cf.A. Lutz, Lachaux, J.-P. Lachaux, J. Martinerie, F. Varela, Guiding the study of brain dynamics by using first-person data: Synchrony patterns correlate with ongoing conscious states during a simple visual task, *PNAS*, 99(3), 2002: 1586-1591.）

61 神経現象学におけるこうした形而上学的な課題は「現象学の自然化（Naturalization of Phenomenology）」と呼ばれる。ヴァレラは第一に、フッサール時代にはなかった力学系やシミュレーションなど新たなる科学が、複雑で微細な主観的な経験を説明することを可能にするのではないかと論じたが、これに対してはザハヴィがフッサールの論点は超越論的主観性に関わるのであり、経験的主観性については妥当するが前者には妥当しないと反論しつつ、超越論的現象学を切り離し、現象学的心理学としては有用であると主張する。これらの議論は専門的で本書では割愛するが、筆者の立場はこうした形而上学的な議論よりも、むしろヴァレラは現象学と認知科学の「相互制約」を最重視していたという観点を強調し、「存在論的自然主義」ではなく「方法論的自然主義」として、相互発展を評価すべきだと考えている。それぞれの主張は、下記文献を参照。Cf. Jean-Michel Roy, J. Petitot, B. Pachoud, F. Varela, Beyond the gap: An introduction to naturalizing phenomenology. *Naturalizing Phenomenology: Issues in Contemporary Phenomenology and Cognitive Science*, eds. J.-M. Roy et al., Stanford University Press, 1999. D. Zahavi, Phenomenology and the project of naturalization, *Phenomenology and the Cognitive Sciences*, 3(4), 2004: 331-347.

62 Cf.OE, 18-19.（『眼と精神』、二五八－二五九頁。）

63 SC, V.（『行動の構造』、一頁。）

64 ヴァーレンは序文の冒頭でハイデガーの「世界－内－存在」（In-der-Welt-sein）を「être-dans-le-monde」と訳しつつ、続く「世界にある」を「être au monde」とメルロ＝ポンティが訳語として使用した語で表記しているがメルロ＝ポンティは基本的に「世界内存在」を「être au monde」の訳語で使用している。

65 *Ibid.*,（前掲書、二頁。）

66 メルロ＝ポンティ「人間の科学と現象学」『眼と精神』、九三頁。

67 メルロ＝ポンティの知覚論の（とりわけ『知覚の現象学』で明快に示された）思想的な意義は、知覚を感覚に還元する（ことで自然科学に従属する）経験主義と、知覚を統覚の判断に従属させるカント的な主知主義への両者への批判的立場を確立することで、知覚そのものが持つゲシュタルトという両者のどちらにも与さない位相の発見、また主体と環境の弁証法という在り方の記述を中心に知覚を捉え直すことであった。

68「行動は〈物〉〔chose〕ではないが、しかし〈観念〉〔idée〕でもなく、行動は純粋意識の〈外皮〉〔enveloppe〕ではない〔…〕行動はゲシュタルトだと言うときにわれわれの言おうとしたのは、まさにそのことなのである。」（SC, 138.）（『行動の構造』、一九一頁。）

69「自然物とそのさまざまの質の表象や真理の意識は、高等な弁証法に属するものなのであり、われわれはやがてそれらを、今記述しようとしている意識の原初的生活のなかから、出現させてみせなくてはならないであろう。」（SC, 180.）（『行動の構造』、二四七頁。）

70 SC, 188.（『行動の構造』、二五八頁。）

71 SC, 187.（『行動の構造』、二五八頁。）

72「感覚的内容とア・プリオリな構造との区別は二次的な区別であって、成人の意識によって認識される自然物の世界においては正当だが、幼児の意識においては不可能な区別であるから、つまり「実質的ア・プリオリ」が存在するわけであるから、われわれが意識について持たねばならぬ観念は根本的な変更を受ける、ということである。われわれはもはや意識を経験組織化の普遍的機能として定義することはできない。」（SC, 186.）（『行動の構造』、二五五頁）

73 SC, 216.（『行動の構造』、二九八頁。）原文は「d'un côté elle est milieu d'univers, présupposée par toute affirmation d'un monde,…」で、邦訳文献は「一方では、意識は〈宇宙の場〉であり、世界のいかなる肯定も意識を予想しなければならないが……」と直訳されているが、メルロ＝ポンティの文章そのものも省略が多く不明瞭であるため、前後の文脈を考慮して筆者が意訳に近いかたちで文を補って訳出した。

74 PP, III.（『知覚の現象学I』、五頁。）

75 *Ibid*.（前掲書、同頁。）
76 PP, VI.（『知覚の現象学Ⅰ』、八頁。）
77 たとえばフッサールも、現象学的反省による超越論的主観性の確立という理論を保持していたが、晩期のメルロ＝ポンティのこれに対する一つの応答は、（フッサールの）「徹底した反省が最後に発見したのは、みずからの背後に自分自身を可能にしてくれる条件として〈反省されないもの〉があり、これがなければ反省そのものが無意味になること」（「人間の科学と現象学」『眼と精神』、九〇頁）であり、カント的な認識論と同様の結論に至っていると批判する。彼は、この反省の働きが「歴史性」に根ざしており、「外的で偶然的な時間性からまぬがれたいと思って反省するからこそ、私は私という〈時間性〉と、私という〈歴史性〉を発見する」（九〇－九一頁。）のである、と超越論的態度の現象学的理路を考えていた。また空間性においても、私たちは対象を知覚するとき、どれ一つとして新たな「地平」を抱えつつ変遷するものであり、「世界にたいする私の遠近法的展望がどれ一つとして世界を汲みつくさず、もろもろの地平がつねに開かれて」（PP, 381.）（『知覚の現象学Ⅱ』、一八六頁）おり、「展望の一つ一つは、その地平を通して別の展望へと無限にさしむけ」（*Ibid*.,）（『知覚の現象学Ⅱ』、一八七頁。）られ、「展望の連鎖」があるからこそ超越が不可能なのではなく、むしろ逆に「展望を超越するのは、この連鎖が時間的であり未完結だからである」（PP, 384-385.）（前掲書、一九一頁。）というように、超越という構造の可能性を知覚から無限に形成し続ける経験に見出している。
78 「われわれはいままで、対象から自分をもぎ離そうとするデカルト的伝統に慣らされてきた。すなわち、反省的態度は、一方では身体を内面性なき諸部分の総和として、他方では精神を距てなく自己自身に全的に現前する存在として定義づけることによって、身体と精神との常識的概念を同時に純化したわけである。このような互いに相関した定義づけは、一方では何の襞もない対象の透明性、他方ではみずからそうあると思惟しているもの以外の何ものでもない主観の透明性、といった具合に、われわれの内でも外でも透明性を確立した。対象は徹頭徹尾対象でしかなく、意識も徹頭徹尾意識でしかない。」（PP, 230-231.）（『知覚の現象学Ⅰ』、三二四頁。）
79 VI, 56.（『見えるものと見えないもの』、五六頁。）
80 「私が人体［corps］を認識する唯一の手段は、みずからそれを生きること、つまり、その人体の閲したドラマを私の方でとらえ直し、その人体と合体すること［confondre avec lui］だけである。したがって、私とは私の身体である。」（PP, 231.）（『知覚の現象学Ⅰ』、三二五頁。）

81 戦争で負傷した患者の幻影肢は、一方で神経の興奮流に起因する客観的な過程として生理学的に説明もできるし、他方では戦時中の情動や記憶によって生じる心理学的な過程としても説明できるが、両者の説明が成り立つには、それを同時に可能にするような説明基盤を持たなければならない。それがここで世界内存在という展望が示される根拠である。

82 PP, 97.（『知覚の現象学Ⅰ』、一四七頁。）

83 *Ibid.*.（前掲書、一四七－一四八頁。）

84 PP, 96.（『知覚の現象学Ⅰ』、一四五頁。）

85 PP, 102.（『知覚の現象学Ⅰ』、一五五頁。）

86 *Ibid.*.（前掲書、同頁）

87 メルロ＝ポンティはここで、身体を「習慣的身体（corps habituel）」と「現勢的身体（corps actuel）」の二重構造として捉えている。英語で言い換えれば、身体はhabitual bodyとactual bodyが二重化されていることで、行為が可能となるのであり、habitual bodyは「身体図式（body schema）」によって可能になり、actual bodyを可能にしているのが感覚＝運動回路であるとともに、感覚運動回路が身体図式を賦活することで身体は二重に機能する。

88 ベルクソンにおける身体は、生の必然的な自己保存的な欲求のために、イマージュのなかで生じる知覚を有限化し、中心化する機能である。杉山直樹の表現を借りれば、「生の要求に促されて生じる執着こそが、この運動感覚系の座」であり、それは「実践上の便宜による割り振り」である。（Cf. 杉山直樹『ベルクソン――聴診する経験論』創文社、二〇〇六年、一三九頁。）

89 PP, 102.（『知覚の現象学Ⅰ』、一五五頁。）

90 「こうした「我」が、話すなどということはありえないであろう。話す者は、話している当人を予想しながらも、その彼を開かれた、傷つきうる者たらしめるような諸関係の体系のなかに入りこむのだ。」（PM, 26.）（『世界の散文』、三五頁。）

91 *Ibid.*.（前掲書、同頁。）

92 PM, 28.（『世界の散文』、三七頁。）

93 PM, 27.（『世界の散文』、三五－三六頁。）（傍点筆者）

94 PP, 264.（『知覚の現象学Ⅱ』、三九頁。）

95「共感覚的知覚は〔むしろ〕通例なのであって、われわれがそれと気づかないのは、科学的知識が〔具体的〕経験にとってかわっているからであり、また、われわれが見ること、聞くこと、一般に、感覚することをきれいに忘れてしまって、われわれの身体組織や物理学者が考えるような世界からわれわれの見たり聞いたり感覚しなければならぬものを演繹しているからである。」(PP, 265.)(『知覚の現象学Ⅱ』、四〇頁。)

96 PM, 26.(『世界の散文』、三五頁。)(傍点筆者)

97 PP, 328.(『知覚の現象学Ⅱ』、一一八―一一九頁)

98 VI, 56.(『見えるものと見えないもの』、五五頁。)

99 メルロ＝ポンティは、『行動の構造』から『知覚の現象学』に至る間に、後期フッサールの「受動的綜合」の理論を読むことになり、フッサールにおいて意識が受動的に構成される発生の側面を強調して継承していくことになる。とりわけ『デカルト的省察』を中心とした「発生」の影響については下記文献(特に第一章第三節)を参照。加國尚志『自然の現象学―メルロ＝ポンティと自然の哲学』晃洋書房、二〇〇二年。

100 PP, 240.(『知覚の現象学Ⅱ』、九頁。)

101 OE, 31.(『眼と精神』、二六六頁。)

102 VI, 185.(『見えるものと見えないもの』、一九八頁。)

103 VI, 150-151.(『見えるものと見えないもの』、一五八頁。)

104 果たして視覚が、触覚が「触れると同時に触れられる」という構造を持つように、「見ると同時に見られる」という構造を持つことができるか、という疑問は一つの問うべき課題である。加國はメルロ＝ポンティの「自然とロゴス」講義に着目し、フッサールが視覚と触覚を区別している論点との比較を通じて、この課題を検討している。同書では、メルロ＝ポンティの観点から言えば、フッサールにおいて眼が見られるものであるには「鏡が必要であった」が、フッサール自身も他者や世界の構成に必要な条件とした「自己移入」の概念を考えれば、それを他者や自然へと拡張せざるをえないし、意識と他者、意識と自然には相互内属の絡み合いとして捉えるしかないと主張できると論じられている。(加國尚志『自然の現象学――メルロ＝ポンティと自然の哲学』、一六三―一八〇頁)

105 クリス・フリス『心をつくる――脳が生みだす心の世界』岩波書店、二〇〇九年、一二三頁。

106 こうした意識の手前の行為の次元において、いかに繊細な行動の調整が行われているか、そしてこの身体行為の調整こそ認知システムにおいて最も重要であるという知見は臨床現場で多く発見されており、河本英夫や稲垣諭らは、これをシステム論的かつ現象学的観点から幅広く研究している。（Cf. 河本英夫『システム現象学――オートポイエーシスの第四領域』新曜社、二〇〇六年。稲垣諭『壊れながら立ち上がり続ける――個の変容の哲学』青土社、二〇一八年。）

107 VI, 174.（『見えるものと見えないもの』、一八五頁。）

108 *Ibid.*.（『見えるものと見えないもの』、一八六頁。）

109 VI, 174-175.（『見えるものと見えないもの』、一八六頁。）

110 「もはや何が見、何が見られているのか、何が描き、何が描かれているのかわからなくなるほど見わけにくい能動と受動とが存在のうちにはあるのである」（OE, 32.）（『眼と精神』、二六六頁。）

111 VI, 155.（『見えるものと見えないもの』、一六三頁。）

112 VI, 153.（『見えるものと見えないもの』、一六〇頁。）

113 メルロ＝ポンティはまたこのようなメタファーでも存在を表現する。「私は、結晶や金属や多くの物質と同じように、音響的存在であるが〔je suis un être sonore〕、ただし私自身の振動を私は内側から聞く。マルローが言ったように、私は自分の音をのどで聞くのだ。」（VI, 187.）（『見えるものと見えないもの』、二〇〇頁。）

114 たとえば『行動の構造』でメルロ＝ポンティは「有機体は、自己にたいする事物の作用を自分で測定し、そして物理的世界には類のない循環的過程によって自己の環境を自分で限界づける」（SC, 161.）（『行動の構造』、二二二頁）と述べる。これは、前節で確認したエナクティヴ主義のモデルとほぼ同型である。ヴァレラがメルロ＝ポンティから影響を受けていることを考えれば当然ではあるが、この自己と環境の相互の創発という考えは、むしろオートポイエーシスという生命システムの構想の中から発展したもので、結果的に近いモデルへと到達したとみるのが自然である。

115 VI, 180.（『見えるものと見えないもの』、一九二頁。）

116 研究ノートには「どうすればわれわれは文化によって形成されたこうした知覚から、「生まの」あるいは「野生の」知覚へたちもどることができるのか。」（VI, 260-261.）（『見えるものと見えないもの』三〇五頁。）と書かれた上で、文化的知覚の例の一つにルネッサンスの遠近法が示されており、こうした文化による知覚の形態化作用は「自然の上に」ある層であると記されている。

117 VI, 160.（『見えるものと見えないもの』、一六九頁。）

118 加國尚志「野生の知覚、なまの知覚——後期メルロ＝ポンティの「研究ノート」における知覚経験の位相」『立命館文學』第六六五号、二〇二〇年、八九〇－九〇〇頁、八九九頁。

119 PP, 76.（『知覚の現象学Ⅰ』、一一九頁。）（傍点筆者）

120 VI, 166.（『見えるものと見えないもの』、一七五頁。）

121 PP, 467.（『知覚の現象学Ⅱ』、三〇三頁。）

122 *Ibid.*（前掲書、同頁。）

123 PP, 256.（『知覚の現象学Ⅱ』、三〇頁。）

124 PP, 248.（『知覚の現象学Ⅱ』、一九－二〇頁。）「私は取り集められて結びあわされ」の箇所は、既訳では「私は集中し静思し」と訳出されている。原文は「je suis le ciel même qui se rassemble, se recueille et se met à exister pour soi…」で、ニュアンスが難しいが「集中（rassemble）」「静思（recueille）」をコリン・スミスによる英訳では「drawn together and unified」(Maurice Merleau-Ponty, *Phenomenology of Perception*, transl. Colin Smith, Routledge, 2002, p. 249.）と訳している。「rassemble」も「recueille」も、「集める」という意味がその中心にあるが、前文に「己れを思索する」とあり、「精神の集中」でもあるが同時に「存在の集中」でもあるため、本文のように筆者が訳出した。

125 フランシスコ・ヴァレラ「オートポイエーシスと現象学」（聞き手：河本英夫・永井晋）、『現代思想』（一九九九年四月号 特集＝システム論 内部観測とオートポイエーシス）、青土社、一九九九年、八九頁。）

126 Cf. F. Varela, Organism: A Meshwork of selfless selves. *Organism and the Origins of Self*, ed. Alfred I. Tauber, Kluwer Academic Publishers, 1991: 79-107.

127 フランシスコ・ヴァレラ「生物学的自律性の諸原理」染谷昌義・廣野喜幸訳、『現代思想』（二〇〇一年十月号 特集＝オートポイエーシスの源流——F・ヴァレラの思想圏）、青土社、二〇〇一年、一八三頁）。

128 Varela et al., *The Embodied Mind*, 1991, p. 141.

129 *Ibid.*

130 *Ibid.*, p.59.

131 *Ibid.*, p. 70.

132 オートポイエーシス研究の第一人者である哲学者、河本英夫はオートポイエーシスのシステム論を自己組織化システム論の次世代として論じた。（Cf. 河本英夫『オートポイエーシス――第三世代システム』青土社、一九九五年。）

133 PP, 100.（『知覚の現象学Ⅰ』、一五一頁。）

134 「セル・オートマトン（Cellular Automaton）」はもともとフォン・ノイマンなどサイバネティクス研究で注目された、有限状態を持つ格子状のセルによる離散的計算モデルのコンピュータ・シミュレーション。とりわけスティーブン・ウルフラムが『*New Kind of Science*』でまとめた二次元セルオートマトンは、あらかじめ決められた単純な規則に従って複雑なパターンが生成できる自己組織化システムとして注目され、複雑系科学を象徴する研究となった。また「ライフゲーム（Game of Life）」は一九七〇年に数学者ジョン・コンウェイが発表したセル・オートマトンの一種で、コンピュータ上で生命の誕生、進化、死などが生成できる。ちなみに、オープンソースのソフトウェア「Golly」はフリー公開されており、ライフゲームを含む様々なセルオートマトンをシミュレーションして体感することができる。

135 F. Varela, The Emergent Self, p. 1.

136 Sergio Benvenuto and Francisco Varela, Consciousness in the Neurosciences. *The European Journal of Psychoanalysis*, 14, 2002: 109-122.

137 フランシスコ・J・ヴァレラ「知覚と人工知能」芹沢高志訳、『宇宙意識への接近――伝統と科学の融和』河合隼雄・吉福伸逸編、春秋社、一九八六年、四〇－四一頁。

138 映画『Monte Grande: What Is Life?』。ヴァレラ自身はこれを理論的に語ることはなく亡くなったが、トンプソンは、この概念をチベット仏教と認知科学の橋渡しとして理論的に論じている。（Cf. E. Thompson, *Waking, Dreaming, Being: Self and Consciousness in Neuroscience, Meditation, and Philosophy*, Columbia University Press, 2017.）

第5章　日本の心の発生と展開

1 S, 176.（『シーニュⅠ』、二二九―二三〇頁。）（傍点筆者）

2 本居宣長『古事記伝』『本居宣長全集』第九巻、筑摩書房、一九六八年、一二五頁。

3 古代の日本神話の起源については諸説あるが、とりわけ紀元前の縄文から弥生にかけて形成された記紀に見られる神道の伝統としての日本神話は、ポリネシア地域などの南洋諸島と共通する神話が多く（島造りの神話、針を探す物語等）、中国江南地域から派生した物語の伝播からの影響が見られる。日本神話の起源の複合性についての具体的事例を交えた研究として、比較神話学の吉田敦彦の文献を参照。（Cf. 吉田敦彦『日本神話の源流』講談社学術文庫、二〇〇七年。）

4 日本の神の起源として、一般的には記紀に記される、天照大御神や、伊邪那美命、伊邪那岐命などの神道の神々が想起される。しかし、人類学的な観点から言えば、共同体外部から到来する神々という伝統は日本を含む東アジアには多く見られる。日本の神話人類学の礎を築いた岡正雄は、日本古来の神の類型として、神が天上から山、森、樹木に降りてくる「垂直型」と、神は彼方から異形の仮面仮装や死者、祖霊として到来する「水平型」の二つのパターンがあると分析している。折口のまれびと思想は後者の水平型の神の起源である。（Cf. 岡正雄『異人その他——他十二篇』大林太良編、岩波文庫、一九九四年。）

5 折口信夫「万葉集の解題」『折口信夫全集』第一巻、中央公論社、一九六五年、三四一頁。

6 折口信夫「国文学の発生（第一稿）」『古代研究Ⅲ——国文学の発生』中公クラシックス、二〇〇三年、六九頁。

7 この仮説は、基本的に唐木順三が『日本人の心の歴史』で提示した枠組みであり、後に本文で確認するが、唐木は特に『万葉集』から『古今集』では「見ゆ」から「思ふ」という表現の変化が大きな心の変容をもたらしたと考えており、本章での展開もこの観点を背景に古代の心を論じていく。

8 『万葉集』に「第一期：開花期」「第二期：確立期」「第三期：最盛期」「第四期：衰退期」の四期、『古今集』は「第一期：読人知らず」「第二期：六歌仙」「第三期：撰者」の三期に区分されることが通例。

9 一般には、『万葉集』は日本固有の素朴で男性的な表現に特徴があり、『古今集』は掛詞など漢詩流の技巧的な表現に特色があるとされる。これは、一方では江戸時代、賀茂真淵に象徴される国学の伝統によって定着した解釈で、その流れを継ぐ本居宣長がこれを決定づけた。また他方では明治時代にヨーロッパの近代文学に対抗するために写実主義の文学を目指した正岡子規がいて、両者共に日本固有の文学を構築するという使命を持っていたことにより、近世において『万葉集』を日本のアイデンティティとして再評価する解釈が取られ、万葉と古今の特色の違いは強調された。むろん、近年では『万葉集』にも『文選』、『詩経』、『遊仙窟』、『論語』など、ありとあらゆる漢籍の影響が強く見られることは常識となっており、『万葉集』を日本思想のオリジナルだと単純にみなす理解は見られない。しかし、その表現の違いはたしかに存在しており、本書のテーマである心の在り方をめぐる違いは興味深い差異を見せている。

10 佐竹昭広「「見ゆ」の世界」『萬葉集抜書』岩波現代文庫、三六頁。

11 伊藤益『日本人の知——日本的知の特性』北樹出版、一九九五年。

12 唐木順三『日本人の心の歴史』（上）ちくま学芸文庫、一九九三年、五八—五九頁。

13 佐竹昭広「「見ゆ」の世界——万葉調を支えるもの」、四八二頁。

14 *Rorty, Philosophy and the Mirror of Nature*, p. 38.（ローティ『哲学と自然の鏡』、二八頁。）

15 以下、本書で引用する『万葉集』および『古今和歌集』の和歌は『新編日本古典文学全集』（小学館）より行い、巻数・番号は和歌集のものを併記する。ただし、註や文中での引用については、ルビまたは作者、巻数を適宜省略し、番号のみを記したものもある。

16 「夕月夜　心もしのに　白露の　置くこの庭に　こほろぎ鳴くも」（万葉・巻八・一五五二）（湯原王）

17 「闇の夜は　苦しきものを　いつしかと　我《あ》が待つ月も　はやも照らぬか」（万葉・巻七・一三七四）（読人知らず）

18 「嘆きせば　人知りぬべみ　山川の　激《たき》つ心を　塞かへてあるかも」（万葉・巻七・一三八三）（読人知らず）

19 「……波のむた　か寄りかく寄る　玉藻なす　寄り寝し妹を　露霜の　置きてし来れば……。」（万葉・巻二・一三一）（柿本人麻呂）

20 長岡京の造営使を務めた藤原種継が暗殺され、その犯人とされた桓武天皇の皇太弟・早良親王の流刑と憤死、また延暦七、八、九年には桓武天皇の夫人、皇太后、皇后が次々と亡くなるという不穏な悲劇が続き、さらには桓武天皇の第一皇子に当たる安殿親王（平城天皇）が病に伏せるのだが、その原因が早良親王の怨霊によると陰陽師に占われたことなどもあり、わずか一〇年という短期間で姿を消した忌まわしき長岡京からの恢復の都市として平安京は建築された。

21 内藤正敏「平安京の宗教構造——江戸・東京との比較の観点より」、鎌田東二編『平安京のコスモロジー——千年持続首都の秘密』

創元社、二〇一〇年、四六頁。
22 河合隼雄「京都の癒し空間」、前掲書、七一頁。
23 前掲書、七二頁。
24 中川真『平安京　音の宇宙』平凡社、一九九二年、四〇頁。
25 前掲書、二七頁。
26「吹く風の　色のちくさに　見えつるは　秋の木の葉の　散ればなりけり」（古今・秋歌下・二九〇）（読人知らず）などは、絵画的な自然描写の典型である。
27 たとえば「久方の　月の桂も　秋はなほ　もみぢすればや　照りまさるらむ」（古今・秋歌上・一九四）（壬生忠岑）などは、漢籍に書かれた知識として、「月に生える」とされる桂の木についての歌である。
28 四季という自然の知的区分を利用して、実際の自然空間を分割するという思想を反映した句は他にもある。たとえば「冬ながら空より花の　散りくるは　雲のあなたは　春にやあるらむ」（古今・冬歌・三三〇）（清原深養父）は、冬に降る雪を花と見て、花が空から降るならば、雲を境としたその上の空間は春ではないかと詠った歌である。
29「吉隠《よなばり》の　猪養の山に　伏す鹿の　妻呼ぶ声を　聞くがともしさ」（万葉・巻八・一五六一）、「天雲の　たなびく山の　隠《こも》りたる　我《あ》が下心　木《こ》の葉知るらむ」（万葉・巻七・一三〇四）
30 鈴木日出男『古代和歌の世界』ちくま新書、一九九九年、一三三—一三四頁。
31 同じような心情を詠った歌に「枯れはてむ　のちをば知らで　夏草の　深くも人の　思ほゆるかな」（古今・恋歌四・六八六）（凡河内躬恒）がある。

第6章　夏目漱石の苦悩とユートピア

1 私はスミレを対象として意識しているのではない。まるで私がスミレそのものであるかのように、対象と交錯している。「ゆかし」という古語は、心が惹かれるという意味だ。スミレに出会った瞬間、私はスミレへと引っ張られていく。スミレという対象が意識にインプットされ、そこからスミレへの慕情を生成させるのでは「遅い」。スミレとぱっと出会ったその瞬間、私の意識はスミレへと吸い込まれ、その山路のスミレそのものと一体化され、その全体の風景として懐かしくゆかしい感覚が、私の意識を含んだ存在の全体を包む。それがこの一句に閉じ込められた刹那の時間だ。井筒俊彦は芭蕉のこうした瞬間的な意識を「実存的緊張に充ちたこの瞬間のポエジー」と言った。Cf. 井筒俊彦『意識と本質――精神的東洋を索めて』岩波文庫、一九九一年、五六頁。

2 江藤淳は漱石における「自然」が東洋的な「無」に近い形而上学的な存在であったと指摘し、柄谷行人は「意識」（倫理）に対置される「自然」（存在）であると捉えてその乖離を問題にした。実際に漱石は、たとえば恋愛における感情は「自然」であり、結婚は「規範」であると主張するように、常に個人の倫理と対比的な超越性として自然を語る傾向がある。本書ではしかし、『万葉集』から連綿と紡がれてきた草花や動物など、いわゆる「自然」を漱石がどのように見てきたかという、日本の心の歴史の観点からその存在の意味を読み解いていきたい。

3『倫敦塔』の初出（『帝国文学』）は明治三八年一月で、処女作『吾輩は猫である』（『ホトトギス』）と同じ年（明治三八年一月）だが、漱石がロンドンに留学していたのは明治三三年〜三五年で、すでに明治三七年には『倫敦塔』の原稿を書いていることが野間真綱宛書簡に残されている。

4 夏目漱石「倫敦塔」『漱石全集』第二巻、岩波書店、五頁。（以下、夏目漱石の著作は岩波書店の全集（一九六五年版）より引用し、初出以降の引用は作品名のみの略記とする。）

5 夏目漱石「三四郎」『漱石全集』第四巻、岩波書店、二三頁。（傍点筆者）

6「三四郎」、八七頁。

7「三四郎」、二三—二四頁。（傍点筆者）

8「秋晴れと云つて、此頃は東京の空も田舎の様に深く見える。かう云ふ空の下に生きてゐると思ふ丈《だけ》でも頭は明確《はつきり》する。其《その》上、野へ出れば申し分はない。氣が暢《の》び〳〵して魂が大空程の大きさになる。」（「三四郎」、七〇頁。）（傍点筆者）

9 漱石は「三四郎には三つの世界ができた」と書く。第一の世界は、母のいる故郷・熊本、第二の世界は煉瓦造りの図書館、第三の世界は蠢く都市・東京である。すなわち彼には「自然／テクスト／都市」という三つの世界が並行して存在しており、これを統合すること（学問を修め、東京の女と結婚し、母を呼ぶこと）が三四郎の使命であったし、逆に言えばこれに引き裂かれることが三四郎を引き継ぐ「代助」（『それから』）「宗助」（『門』）や漱石自身の苦悩であった。その意味で漱石にとっての桃源郷たる自然への欲望には常に「母」的なものが重ねられていると読んでもいいだろう。

10 Cf. 濱野智史『アーキテクチャの生態系』ＮＴＴ出版、二〇〇八年。東浩紀『動物化するポストモダン――オタクから見た日本社会』講談社現代新書、二〇〇一年。

11 Cf. 柄谷行人『定本 日本近代文学の起源』岩波現代文庫、二〇〇八年。

12 このヴァーチャルな自然の象徴こそ、『草枕』で描かれた美しすぎる自然である。それはまるで、高畑勲のリアリズムに貫かれた味気ない自然描写とは対照的に、宮崎駿の描く、過剰にみずみずしく、美しく、官能的でさえある自然表現を想起させる。ちなみに宮崎駿は漱石のイラストを描き、『草枕』を偏愛していると告白しているが、そこには単なる好みを超えた近代以降のねじれた日本的な「自然」（ユートピア）への愛という重要な課題が潜んでいるだろう。

13 夏目漱石「草枕」『漱石全集』第二巻、岩波書店、四五五頁。

14 「草枕」、四六五頁。

15 漱石が湯船で心が融和すると書いているのは、文学上の表現ではなく、自身の直接的な経験に由来すると言える。漱石の友人・高浜虚子の回想録によれば、明治四〇年の春、漱石は京都に旅行した際、ひどく不機嫌で旅館の女中に当たるほどの様子であったが、一緒に風呂に入ったところ、ひどく落ち着きを取り戻したという体験が書かれている。「二人は春の日が何時暮れるとも知らぬような心持で、ゆっくりと此の湯槽の中に浸って、道後の温泉の回想談やその他取りとめもない雑談をして大分長い時間を此の湯殿で費した。湯から出た後の漱石氏は前ほどに昂奮していなかった。」（高浜虚子『回想　子規・漱石』岩波文庫、二〇〇二年、二五一頁。）

16 「草枕」、三八九－三九〇頁。

17 「〇 Self-consciousness の結果は神經衰弱を生ず。神經衰弱は二十世紀の共有病なり。人智、學問、百般の事物の進歩すると同時に此進歩を來したる人間は一歩一歩と頽廢し、衰弱す。其極に至つて「無爲にして化す」と云ふ語の非常の名言なる事を自覺するに至る。然れども其自覺せる時は既に神經過敏にして何等の術も之を救濟する能はざるの時なり。」（夏目漱石「日記及斷片」『漱石全集』第一三巻、岩波書店、一六四頁。）

18 夏目漱石「虞美人草」『漱石全集』第三巻、岩波書店、二〇頁。

19「虞美人草」、同頁。
20「虞美人草」、五〇頁。
21「日記及斷片」、一七六頁
22 柄谷行人『増補　漱石論集成』平凡社ライブラリー、二〇〇一年、一七－一八頁。
23「虞美人草」、五六頁。
24「虞美人草」、七四頁。
25 詩人と画家が「同化してその物になる」ことができるというのは、たまたま『草枕』に描かれたわけではない。漱石は日記のなかで、「主客同一」という事態をまず次のように理解して書き留めている（明治三九年）。「物ト心トハ本來分ツベキ物ニアラズ。何人モ之ヲ分チ得ルナシ。天地山川日月星辰悉ク是自己なり。但コノ自己ノ存在ヲ明瞭ナラシムル爲メ、又自己ノ存在ヲ容易ナラシメン爲メニ之ヲ主客ノ二ニ分ツニ過ギズ。分カチタル後ハ自己ヲ離レテ萬物存在スルニ至ル。」（「日記及斷片」、二二二頁。）
26「草枕」、四五三－四五四頁。
27「日記及斷片」、二六五頁。
28「日記及斷片」、二六五頁。
29「日記及斷片」、二六八頁。
30 夏目漱石「坑夫」『漱石全集』第三巻、岩波書店、四三八－四三九頁。（傍点筆者）
31「坑夫」、四八二－四八三頁。
32「坑夫」、四九二頁。（傍点筆者）
33 自己の身体から魂が抜け出すというイメージは、たとえば和泉式部の「物思へば沢の蛍もわが身よりあくがれ出づる魂かとぞ見る」（『後拾遺和歌集』）の歌にあるような日本文学の伝統に属する。唐木順三によれば、「あくがれ」は「吾《あ》（われ）」から「離れる（がれ）」という意味であり、魂が抜けることは、自我を離れてしまうことである。
34「坑夫」、五三〇頁。
35「坑夫」、五二九頁。

36「草枕」、五四三頁。

37「虞美人草」、一一一頁。

38「草枕」、五四四頁。

39夏目漱石「それから」『漱石全集』第四巻、岩波書店、六二一－六二二頁。

40「坑夫」では「――實を云ふと自分は色盲ぢやないかと思ふ位、色には無頓着な性質《たち》である。――そこで此の赤い山が、比較的烈しく自分の視神經を冒す」（五三一頁。）とも書いている。

41「坑夫」五七四頁。（傍点筆者）

42夏目漱石「彼岸過迄」『漱石全集』第五巻、岩波書店、二九九頁。

43夏目漱石「門」『漱石全集』第四巻、岩波書店、七七四頁。（傍点筆者）

44「門」、七七五頁。（傍点筆者）

45松岡讓『ああ漱石山房』朝日新聞社、一九六七年、二四頁。

46漱石の主人公の苦悩は、物語上の苦悩に見合っていない、と柄谷行人は指摘した。これを受けて石原千秋はとりわけ『門』の宗助以後は「漱石文学的主人公」ではなく「漱石的主人公」に見える傾向があり、漱石本人の苦悩に読めてしまうと述べる（石原千秋『漱石と日本の近代』（下）、新潮選書、二〇一七年、五三頁）。本書もこの仮説により強く同意し、漱石作品の主人公の苦悩を漱石本人の苦悩の究極系であると捉えて読んでいく。

47「門」、八一三頁。

48「門」、八二一－八二三頁。

49「門」、八二四－八二五頁。

50夏目漱石「行人」『漱石全集』第五巻、岩波書店、七二六頁。

51「行人」、六三一頁。

52「行人」、七〇八頁。

53「行人」、七四二頁。（傍点筆者）

54「行人」、七一九頁。

55「行人」、七四九－七五〇頁。

56夏目漱石「書簡集」『漱石全集』第一四巻、岩波書店、二一頁。

57 Blaise Pascal, Pensées and Other Writings, transl. Honor Levi, ed. Anthony Levi, Oxford University Press, p. 67.（この箇所は中公クラシックスの邦訳ではなく、一部を英訳書から拙訳した。）

58「行人」、七一〇－七一一頁。

59漱石の抱いたこのような意識や苦悩は、ある意味では「男性性」の問題とも深く関わるだろう。本書では紙幅を割くことがかなわないが、漱石が体現していた近代的意識そのものが男性的な意識の典型でもあり、同時にその限界を表しているとすれば、たとえば森鷗外が近代的で男性的な意識を真正面から生きようとしたことと比べると、漱石作品の男たちは自らその神話を遂行しながら崩壊させていった人物たちでもある。そしてまた、このような神話の解体の歪みを女性へと託すという傾向も多分に含んでいる（付言すれば、このような問題系は現代では村上春樹や宮崎駿らと言った作家にまで継承されているだろう）。したがって本書では漱石が「自然」や「詩人」に救いを求めたと読解してきたが、漱石は頻繁に「女性」に対して「自然」や「詩人」の役割を見て取ろうとする（たとえば代助は三千代との愛をたしかめるそのとき「彼は雨の中に、百合の中に、再現の昔のなかに、純一無雑に平和な生命を見出した。其命の裏にも表にも、慾得はなかつた、利害はなかつた、自己を壓迫する道徳はなかつた。雲の様な自由と、水の如き自然とがあつた。さうして凡てが幸《ブリス》であつた。だから凡てが美しかつた」（「それから」、五五六－五五七頁）と書く。）あるいは『彼岸過迄』では「僕に云はせると、恐れないのが詩人の特色で、恐れるのが哲人の運命である。僕の思ひ切つた事の出來ずに愚圖々々《ぐづぐづ》してゐるのは、何より先に結果を考へて取越苦勞をするからである。千代子が風のごとく自由に振舞ふのは、先の見えない程強い感情が一度に胸に湧き出るからである。」（二三二頁）と書く。漱石作品において女性は、一方では男性を癒す三千代（『それから』）や静（『こゝろ』）などとして描かれ、他方では藤尾（『虞美人草』）やお延（『明暗』）などのように男性への反抗的精神を抱えた人間として、悪女的に描かれるという両側面に表れている。そもそも江藤淳がこのような日本における男性性の問題を総括する『成熟と喪失』を書いたが、特に女性観から漱石を捉えた研究に石原千秋『漱石と日本の近代』、男性の成熟を女性に仮託した欺瞞を指摘した著作に、宇野常寛『母性のディストピア』がある。

60「行人」、七三八頁。
61 前掲書、七一五頁。
62 Georges Bataille, La folie de Nietzsche, *Acéphale*, 5, 1939: 1-8, p. 4-5. 日本語文献では、ジョルジュ バタイユ『無頭人（アセファル）』兼子正勝・鈴木創士・中沢信一訳、現代思潮社、一九九九年、に収録されている「ニーチェの狂気」（『アセファル』5号）がある。ここでは西谷修の翻訳を採用するために、ジャン＝リュック・ナンシー『無為の共同体』西谷修・安原伸一朗訳、以文社、二〇〇一年、で引用された邦訳を参照した。
63 江藤淳『決定版 夏目漱石』、新潮文庫、一九七九年、一〇三頁。
64 前掲書、一〇六頁。
65 前掲書、八九頁。
66 前掲書、一二五頁。
67 アセファルという秘密結社の内部で行われていた供犠や議論の詳細は、組織に参加していた会員の沈黙もあって、正確な記録は伝えられていない。しかし、結社では会員の死の供犠が計画され、バタイユ自身も自らの死を供儀に捧げると申し出たうちの一人であったと言われている。ちなみに、死を申し出る人物はいたが、執行する人物がいなかったため、実際の死の執行は成立しなかった。モーリス・ブランショは、死という究極の放棄であり贈与が行われる共同体であるがゆえに、死の執行をした者も自らの死を与えざるを得ず、原理的に全員が死ぬという結末しかありえないため、死の供犠は不可能だったが、まさにその不可能性ゆえに死を基礎とした共同体が成立したと分析している。（Cf. モーリス・ブランショ『明かしえぬ共同体』西谷修訳、ちくま学芸文庫、一九九七年。）
68 酒井健は、バタイユはコジェーヴの講義によって、若きヘーゲルが心身を患い、人間の本質を闇と捉えていたことを知ったことがヘーゲルに取り組んだ契機であると見ている。（Cf. 酒井健『バタイユ入門』ちくま新書、一九九六年。）
69 Georges Bataille, *L' Expérience intérieure*, *Œuvres complètes*, V, 1953, p. 56.（ジョルジュ・バタイユ『内的体験』出口裕弘訳、平凡社、一九九八年、一〇八－一〇九頁。）原文は「sa mémoire le ramène à l'abîme aperçu, *pour l'annuler!* Le système est l'annulation.」で、出口訳では「廃棄」となっているが、「annuler」の「キャンセルする／なかったことにする」という意味を強調するため、この訳語に関しては酒井健（前掲書）の「無化」という翻訳を採用し、訳文の表現も一部変更した。

70 バタイユの恍惚とエロティシズムによる死への接近としての「内的体験」に対して、江藤淳の批判を同じかたちで差し向けるならば——すなわち彼の恍惚による世界への連続性への欲望（死への欲望）は逃避であると——、バタイユの回答は「笑い」である。ベルクソンの『笑い』に影響を受けてより、バタイユはいかなる「企て」に対しても常にアイロニーとポエジーによって笑うことを求めたが、それは彼に永遠に笑うことを要求するだろう。しかし人間は、永遠に笑うことができるであろうか。漱石は『吾輩は猫である』ですべてをアイロニーとして笑ったが、歳を重ねるごとに笑いよりもシリアスが増大してきた。

71 江藤淳『妻と私』文藝春秋、一九九九年、一〇七頁。

72 夏目漱石「思ひ出す事など」『漱石全集』第八巻、岩波書店、三三七頁。

73 蓮實重彥『夏目漱石論』講談社文芸文庫、二〇一二年。

74 柄谷行人における漱石作品の分析の本懐は、漱石作品の登場人物たちの苦悩が、実際に起こる出来事に「釣り合っていない」ことであると喝破した点にある。すなわち、いかにも他者たちとの「倫理的問題」に悩んでいるように見える漱石作品の人物たちは、実は「存在論的」な問題に苦悩しているのである（「頭脳の苦悩」ではなく「心臓の苦悩」である）。その意味で漱石作品は常に「意識」（倫理）と「自然」（存在）が分離していると言う。この分析は慧眼であるが、本書で見たように漱石の苦悩は論理学上の（意識の）苦悩がその存在の苦悩をもたらしているのであり、両者はむしろ相互に不可分で重なっていると理解することができる。（Cf. 柄谷行人『増補　漱石論集成』）

75「日記及斷片」、一六三頁。

76「不幸な意識（des unglücklichen Bewusstseins）」は、ヘーゲルの弁証法理論における「自己意識」から「理性」へと発展する手前にある意識の状態において、すなわち「自己意識」の最終段階において見出される。自己同一性を持つべき意識（本質）と、同時にその意識を対象化することによって自らが疎外されてしまっている意識（存在）との間に生じてしまう、自己意識が必然的に抱えてしまう過程としての分裂の苦悩であり、二重化された自己意識の状態。この二つの意識の状態は、歴史的にはヘレニズム時代において、不変の意識を持つストア主義的な意識と、無限の否定的契機を持つ懐疑主義の両者の分裂に位置づけられ、ここに両者を統合して弁証させるキリスト教が登場する。

77 PP, 408.（『知覚の現象学Ⅱ』、二二一頁。）

78 PP, 408.（『知覚の現象学Ⅱ』、二二一頁。）

79 PP, 406.（『知覚の現象学Ⅱ』、二一八頁。）

80 夏目漱石「私の個人主義」『漱石全集』第一一巻、岩波書店、四四五頁。

81 江藤淳『漱石とその時代』（第五部）、新潮社、一八〇頁。

82 Cf. 和辻哲郎「夏目先生の追憶」、坂部恵編『和辻哲郎随筆集』岩波文庫、一九九五年。

83 夏目漱石「明暗」『夏目漱石全集』第七巻、岩波書店、五九一頁。

84「窓外の空模様は段々悪くなつて來た。先刻《さつき》迄疎らに眺められた雨の糸が急に數を揃へて、見渡す限の空間を一度に充たして來る様子が、比較的展望に便利な汽車の窓から見ると、一層凄まじく感ぜられた。雨の上には濃い雲があつた。雨の横にも限界の遮ぎられない限りは雲があつた。雲と雨との隙間なく連續した廣い空間が、津田の視覺を一杯に冒した時、彼は荒凉なる車外の景色と、其反對に心持よく設備の行き届いた車内の愉快とを思ひ較べた。身體を安逸の境に置くといふ事を文明人の特權のやうに考へてゐる彼は、此雨を衝《つ》いて外部《そと》へ出なければならない午後の心持を想像しながら、獨り肩を竦めた。」（「明暗」、五八〇頁）

85「此挨拶のうちに偶然使用された輕便といふ語は、津田にとつてたしかに一種の暗示であつた。彼は午後の何時間かを其輕便に搖られる轉地者であつた。」（「明暗」、五八一頁。）

86「明暗」、五九一頁。（傍点筆者）

87 江藤淳『決定版　夏目漱石』、一〇三頁。

88「明暗」、五九二頁。

89「明暗」、五九六頁。

90 芥川龍之介が自殺に服用したものの一つがこのヴェロナールであった。

91 江藤淳『漱石とその時代』（第五部）、四〇－六一頁。

92「明暗」、六〇二頁。（傍点筆者）

93 これまでの漱石研究において、『明暗』は『虞美人草』の失敗のやり直しとされることが多かった。すなわち、藤尾（『虞美人草』）の死という結末に向けて進む物語と、清子（『明暗』）という女の謎への結末を辿る物語の対比である。石原千秋は『漱石と日本の近代』下のなかで、後期漱石が「自然」や「天」によって改心するという思想が『明暗』には見られないことを指摘した藤森清の研究を援用しつつ、実は『明暗』では津田（男）ではなくお延（女）に集中して「自然」「天然」が人生観として語られていることに着目し、これまで男性主人公が担ってきた役割が女性に転換されていることによって「自然」の特権性が相対化されるとともに、主人公における自然の「崇高」がないのだと指摘している（下、二〇五―二一〇頁）。しかしながら、「山＝夢＝桃源郷」としての自然を漱石に見出すという本書の観点からは、『明暗』はむしろ『草枕』のやり直しであり、「自然」「天然」はないのではなく克服の対象として排除されていると考える。

94 「明暗」、六〇九頁。

95 「明暗」、六一四頁。

96 「明暗」、六一七―六一八頁。（傍点筆者）

97 「明暗」、三六八頁。（傍点筆者）

98 PP, 406.（『知覚の現象学Ⅱ』、二一八―二一九頁。）（傍点筆者）

99 サルトル『実存主義とは何か』伊吹武彦訳、人文書院、二〇〇四年、四七頁。

100 前掲書、六〇頁。

101 夏目漱石「こゝろ」『漱石全集』第六巻、岩波書店、二二三―二二四頁。物語のなかで、Kは真宗寺の出身で、彼の向上心はこの信仰に基づくと説明されるが、漱石自身がKに託した想いを考えるならば、この設定に従う必要はない。漱石はもしかすると、西洋近代の無限に向上を求める思想に対してこの言葉を放っていたかもしれないのだ。

102 竹内芳郎『サルトル哲学序説』筑摩書房、一九七九年、八〇頁。

103 ピクチャレスク運動とは、自然を絵画のように見るという新たなる視覚言語の獲得であり、カントに先んじて『崇高と美の観念の起原』で美学を論じたエドモンド・バークに端を発する一八世紀西洋の芸術運動である。バークは人間が広大な自然に対峙した際の死の恐怖などにさらされて昂じる不安において、「崇高」という感情が発生することを論じ、小さく、滑らかで、自己を脅かすことのない「美」と対比される崇高の概念を確立した。バークの議論は、ロセッティに代表されるラファエル前派の絵画を始め、ロマン派詩人やゴシック小説など芸術運動全般に影響を与えたほか、崇高の体験のためにアルプス山脈を旅行するツアーや観光ブックなどの社会的運動も発生させた。
104 メランコリー（憂鬱）の観点から漱石を読解した小林敏明は、漱石がワーズワースに老子の思想を読み込んで理解しようとしていることを指摘し、禅への関心を含む超越嗜好こそワーズワースへの評価の理由だったと述べる。この点を通じては漱石とワーズワースの自然観は共鳴するものとなるだろう。（Cf. 小林敏明『憂鬱なる漱石』せりか書房、二〇一六年、第三章。）
105「桃花咲き〈鶯が啼く桃源郷〉で、ひっそりと門を閉ざす〈別乾坤〉が漱石、王維のあこがれの生活だったのだろう。」（池田美紀子『夏目漱石――眼は識る東西の字』国書刊行会、二〇一三年、四五七頁。）
106 これは実際に明治四〇年に開催された「東京勧業博覧会」で、一八七三年に開催された「ウィーン万国博覧会」に刺激されて初代内務卿大久保利通が主催した「内国勧業博覧会」（第一回：明治一〇年）の第六回として予定されていたものである。
107「空は低い。薄黒く大地に逼《せま》る夜の中途に、賁え切らぬ星が路頭に迷つて放下《ぶらさ》がつてゐる。柱と連なり、甍《いらか》と積む萬點の燄は逆《さか》しまに天を浸して、寐とぼけた星の眼《まなこ》を射る。星の眼は熱い。」「虞美人草」、一九〇頁。
108 この論文における漱石の見解は、基本的にはE・ダウデンの解釈を参照したと漱石は書いてあるが、漱石独自の見解も含まれており、その相違は下記論文に詳しい。（吉武好孝「夏目漱石のホイットマン受容――E・ダウデンの「ホイットマン論」との関連」『英学史研究』第一〇号、一九七七年、一―一六頁。）
109「文壇に於ける平等主義の代表者「ウオルト・ホイットマン」Walt Whitmanの詩について」『漱石全集』第一二巻、岩波書店、一〇二頁。
110 前掲書、一〇三頁。
111 前掲書、九八頁。
112 前掲書、九六頁。
113 W・ジェイムズ『宗教的経験の諸相』上巻、枡田啓三郎訳、岩波文庫、一九六九年、一三五頁。
114 W・ジェイムズ『宗教的経験の諸相』下巻、枡田啓三郎訳、岩波文庫、一九七〇年、一九三頁。
115 前掲書、一九四頁。
116 前掲書、同頁。

117 前掲書、一九五頁。

118 「思ひ出すことなど」、三二七頁。

119 ニューエイジ思想のバイブルの一つである、オルダス・ハクスリーの『知覚の扉』は、ベルクソンの意識論を下敷きにした「意識のバルブ説」という思想を展開している。すなわち意識は世界の知覚のバルブを日常では閉じていて、世界そのものを知覚することができない。いわば、意識は常に薄い膜に覆われたように、半分しか世界を知覚することができない。ＬＳＤをはじめとしたドラッグは、このバルブを開放して世界の真実へと「知覚の扉」を開く、というのがハクスリーの主張である。

120 田中礼「ホイットマンと「父」のイメージ――ホイットマン評価史の一側面」『英文学評論』五四号、一九八七年、一九―三三頁、二八頁。

121 Allen Ginsberg, *Collected Poems 1947-1997*, HarperCollins, 2006, p. 144.（拙訳。）「grubber」は直訳すれば「貪欲な」だが、土を耕す「かく砕機」でもあり、また「grubby」は「薄汚い、不潔な」という意味を持つため、「old grubber」には、土地を耕す力を失った、古びて壊れかけた汚い「かく砕機」のように、ホイットマンが亡霊の如く歩くイメージが重ねられている。

122 John Marks, *The Search for the "Manchurian Candidate": The CIA and Mind Control*, W.W. Norton & Company, 1979, p. 120.

123 山本貴光『文学問題（Ｆ＋ｆ）＋』幻戯書房、二〇一七年、三八九頁。

124 夏目漱石へのウィリアム・ジェイムズの影響に関しては、下記文献を参照。小倉脩三『夏目漱石――ウィリアム・ジェームズ受容の周辺』有精堂出版、一九八九年。

125 夏目漱石「文學論」『漱石全集』第九巻、岩波書店、四三九頁。（傍点筆者）

126 「文學論」、四二六頁。（傍点筆者）

127 「文學論」、四一六頁。

128 「文學論」、四一七頁。

129 天才的意識は、個人の意識内部の推移においては、常人がＦからＦ'に推移するところ、ＦからＡ、ＡからＢというように分岐するように推移するという点で常人とは異なるが、集合的意識の観点から見たそのモデルは影響を伝播させる上位階層にいるという点以外は同じである。

130 「文學論」、四一七頁。

131 モリス・バーマン『デカルトからベイトソンへ――世界の再魔術化』柴田元幸訳、国文社、一九八九年、一九一頁。

132 ここに、非ヨーロッパ圏でありながら近代化を達成して歪な思想を孕んだニコライ・フョードロフに象徴される「ロシア宇宙主義」を加えてもいいかもしれない。それは、人間の不死と死者の復活を科学技術によって可能にしようとする科学と結びついた神秘主義であり、サイバネティクス／カウンターカルチャーや現代の加速主義思想とも共鳴している。こうしたカウンターカルチャー／ドラッグカルチャー／神秘主義思想を、脱魔術化への反動として位置づけつつ、現代の資本主義にまで結びつけて論じる著作は下記参照。Cf. 木澤佐登志『失われた未来を求めて』大和書房、二〇二二年。

終章　拡散と集中

1 PP, XI–XII.（『知覚の現象学Ⅰ』、一七―一八頁。）

2 ハンス・ヨーナス『生命の哲学――有機体と自由』細見和之・吉本陵訳、法政大学出版局、二〇〇八年、三三五頁。

3 ダニエル・C・デネット『心の進化を解明する――バクテリアからバッハへ』木島泰三訳、青土社、二〇一八年、六〇七頁。

本書は書き下ろしです。

装画	André Masson *Dessin Automatique* 1926

表紙・著者写真	新津保建秀
装幀	関口聖司
DTP 製作	言語社

下西風澄（しもにし・かぜと）

一九八六年生まれ。東京大学大学院博士課程単位取得退学。哲学に関する講義・執筆活動を行っている。論文に「フッサールの表象概念の多様性と機能」（『現象学年報』）ほか。執筆に「色彩のゲーテ」（『ちくま』）、詩「ねむの木の祈り」（『ユリイカ』）、絵本『10才のころ、ぼくは考えた。』（福音館書店）など。心という存在は歴史のなかでいかに構築されてきたのか。哲学を中心に、認知科学や文学史など横断的な視点から思索しており、本書はその成果をまとめた初の単著である。

生成《せいせい》と消滅《しょうめつ》の精神史《せいしんし》
終《お》わらない心《こころ》を生《い》きる

二〇二二年十二月 十 日 第一刷発行
二〇二四年 一 月二十五日 第四刷発行

著者 下西風澄《しもにしかぜと》
発行者 花田朋子
発行所 株式会社 文藝春秋
〒一〇二‐八〇〇八
東京都千代田区紀尾井町三‐二三
☎〇三‐三二六五‐一二一一
印刷所 図書印刷
製本所 図書印刷

　ISBN978-4-16-391637-8